C. R
Editor

# BASES BIBLICAS DE LA MISION

## Perspectivas latinoamericanas

NUEVA CREACION
Buenos Aires - Grand Rapids
y
William B. Eerdmans

José Mármol 1734, Florida
(1602) Buenos Aires, Argentina

Publicado y distribuido en colaboración con la
Fraternidad Teológica Latinoamericana



Impreso en los Estados Unidos
Printed in the United States of America

ISBN 0-8028-0952-9 (pbk. : alk. paper)

# Contenido

# Autores

*Pedro Arana Quiroz*, peruano, hizo estudios teológicos en Escocia y es pastor presbiteriano. Sirvió por muchos años como asesor de la Comunidad Internacional de Estudiantes Evangélicos, de la cual llegó a ser secretario general para América Latina. Actualmente se desempeña como secretario ejecutivo de la Sociedad Bíblica Peruana y presidente de Misión Urbana y Rural. Es autor de varios libros.

*Mariano Avila Arteaga*, mexicano, se doctoró en hermenéutica bíblica. Actualmente colabora con proyectos de traducción bíblica de la Sociedad Bíblica Internacional y está completando estudios doctorales en sociología.

*Nancy Elizabeth Bedford*, argentina, es doctora en teología por la Universidad de Tubinga, donde hizo sus estudios bajo la supervisión de Jürgen Moltmann. Actualmente se desempeña como profesora del Instituto Superior Evangélico de Estudios Teológicos (ISEDET) y del Seminario Internacional Teológico Bautista de Buenos Aires.

*Mervin Breneman*, estadounidense, es doctor en Antiguo Testamento. Residió por largos años en Buenos Aires, donde fue ministro de oración de la Iglesia Evangélica Bautista del Centro y profesor del Seminario Internacional Teológico Bautista. Por muchos años fue miembro del consejo académico del Centro de Estudios Teológicos Interdisciplinarios (CETI) de la Comunidad Kairós. Es autor de varios libros y escribe regularmente para la revista *Iglesia y Misión*.

*Pablo Davies*, inglés, obtuvo su maestría en misionología. Es miembro de *Enlace Latino*, de Inglaterra, y actualmente se desempeña como decano académico del Seminario Evangélico Interdenominacional de Teología (SEIT) en Buenos Aires, Argentina.

*Samuel Escobar*, peruano, se doctoró en filosofía y durante veintiseis años realizó trabajo misionero en el mundo universitario en la Argentina, Brasil, España, Canadá y el Perú. Actualmente es titular de la Cátedra de Estudios Misioneros en el Seminario Teológico Bautista del Este, en Filadelfia, Estados Unidos, y profesor visitante en varias instituciones teológicas latinoamericanas. Escribe regularmente para revistas misiológicas y es Presidente de las Sociedades Bíblicas Unidas. Durante ocho meses del año vive en Lima auspiciado por la Junta de Misiones de las Iglesias Bautistas Americanas.

*Catalina F. de Padilla*, estadounidense, obtuvo su maestría en Nuevo Testamento y desde hace muchos años reside en la Argentina. Es profesora del Instituto Bíblico Buenos Aires (IBBA) y decana del Centro de Estudios Teológicos Interdisciplinarios (CETI), el centro de capacitación teológica a distancia de la Fundación Kairós.

*Darío López*, peruano, se doctoró en estudios bíblicos. Es pastor y se desempeña como profesor del Centro Evangélico de Misiología Andino-Amazónica (CEMAA) en Lima, Perú.

*Sidney H. Rooy*, estadounidense, pastor de las Iglesias Reformadas, se doctoró en historia eclesiástica y sirvió por largos años en la Argentina como profesor de la misma materia en el Instituto Superior Evangélico de Estudios Teológicos (ISEDET). Actualmente se desempeña como profesor de historia eclesiástica y de misionología en el Instituto Misionológico de las Américas (IMDELA) y en el Seminario Bíblico Latinoamericano, y es miembro del Comité Ejecutivo de la Asociación Internacional para la Promoción de la Educación Cristiana Superior (AIPECS) y coordinador del núcleo de la FTL in Costa Rica.

*Edesio Sánchez Cetina*, mexicano, pastor presbiteriano, se doctoró en exégesis y teología bíblica, con énfasis en el Antiguo Testamento. Es consultor de traducciones de las Sociedades Bíblicas Unidas y profesor visitante en varias instituciones teológicas en Mexico y Costa Rica. Ha participado en varios proyectos de traducción de la Biblia (Biblia en Lenguaje Sencillo, Biblia de estudio Dios Habla Hoy, Nueva Version Internacional) y es autor de varios libros y un buen número de artículos y monografías. Actualmente reside en Mérida, Yucatán, México.

*Norberto Saracco*, argentino, es doctor en misionología y pastor pentecostal. Actualmente funge como director de la Facultad Internacional de Estudios Teológicos (FIET) en Buenos Aires, Argentina.

*Juan Stam B.*, estadounidense nacionalizado en Costa Rica, donde ha residido por varias décadas, enseña en varias instituciones teológicas, incluyendo la Universidad Nazarena y la Universidad de Costa Rica. Es autor de varios libros.

*Carlos Villanueva*, argentino, es doctor en Antiguo Testamento por la Universidad Católica Argentina y profesor del Seminario Internacional Teológico Bautista de Buenos Aires. Es pastor de una Iglesia Evangélica Bautista de la misma ciudad.

*Esteban Voth*, estadounidense, se doctoró en Biblia hebrea e historia del Cercano Oriente antiguo, y por muchos años sirvió como decano académico del Instituto Bíblico Buenos Aires (IBBA) y profesor de Antiguo Testamento. En ese tiempo también fungió como pastor de una iglesia evangélica e ininterrumpidamente ocupó cargos en la Asociación de Seminarios e Instituciones

Teológicas (ASIT), incluyendo el de presidente de 1992 a 1996. Actualmente se desempeña como decano y director ejecutivo de Bethel Seminary West en San Diego, California. Además, se desempeña como traductor de la Sociedad Bíblica Internacional y, como tal, participa en la elaboración de la Nueva Versión Internacional de la Biblia en castellano.

*Arnoldo Wiens*, paraguayo, estudió en el Instituto Bíblico Buenos Aires y obtuvo su maestría y luego su doctorado en teología del Seminario Internacional Teológico Bautista de la misma ciudad. Ha ejercido la docencia en varios seminarios, como también el pastorado, en Asunción del Paraguay. Es director ejecutivo de OBEDIRA, un centro de medios masivos de comunicación, que incluye una radioemisora, la producción de programas de televisión, un estudio de grabaciones, un videoclub/librería y un servicio de consejería familiar.

# Prefacio

Una señal de la gran vitalidad de las iglesias protestantes en América Latina hoy es el desarrollo, en su seno, de un nuevo movimiento misionero. Por primera vez en la historia, un número creciente de estas iglesias está cooperando en la formación de sociedades misioneras interdenominacionales y enviando misioneros a muchos lugares de ultramar, especialmente a Africa, Asia y Europa. Muchas instituciones teológicas están añadiendo cursos sobre misionología a su currículo, y el tema de las misiones a ultramar se ha constituido en parte de la agenda de consultas locales, nacionales e internacionales en muchas partes del continente. Las «misiones transculturales» son ahora un elemento integral de la vida de la Iglesia en América Latina.

Por otra parte, hay muy poca reflexión misionológica. La mayor parte de la literatura que se usa en los cursos y encuentros sobre la misión ha sido traducida del inglés y generalmente se caracteriza por su pragmatismo. La única excepción a esto es la investigación y producción misionológicas que han estado desarrollándose en el seno de la Fraternidad Teológica Latinoamericana (FTL), especialmente en el campo de la historia eclesiástica. En busca de sus raíces, varios estudiosos evangélicos han estado investigando diferentes aspectos de la historia del movimiento misionero protestante proveniente de Europa y Estados Unidos desde el siglo pasado. Sus esfuerzos han dado como resultado un número creciente de publicaciones que están desbrozando el terreno para la investigación misionológica.

En lo que atañe al estudio de la base bíblica de la misión, existe un gran vacío. Ni en castellano ni en portugués hay nada comparable a *Transforming Mission* (que se publicará próximamente bajo el sello de Nueva Creación), por David Bosch. Pero aun si lo hubiera, el campo todavía estaría abierto para el estudio de las Escrituras desde una perspectiva latinoamericana, en busca de perspectivas que ayuden a los cristianos en sus iniciativas misioneras.

La presente obra surgió de la toma de conciencia de este vacío a la vez que del considerable crecimiento, en estos últimos años, del número de estudiosos bíblicos que bien podían ser desafiados a estudiar y escribir un libro sobre el tema propuesto. El proyecto pudo concretarse gracias a la consecución de fondos, por parte de la Fundación Kairós de Buenos Aires, del *Research Enablement Program* (REP) del *Overseas Ministries Study Center (OMSC)* de New Haven, Connecticut, Estados Unidos, para realizar una serie de consultas con el propósito de producir el libro. Las consultas se llevaron a cabo entre mayo de 1995 y marzo de 1996, convocadas por la Fraternidad Teológica Latinoamericana, en colaboración con tres centros de reflexión teológica: el Centro Kairós de Discipulado y Misión (Buenos Aires), el Centro Evangélico de Misiología Andino-Amazónica (Lima) y la Comunidad Teológica (México). Cada consulta, de tres a cuatro días, contó con una asistencia de aproximadamente treinta personas y dio a los participantes la oportunidad de discutir la mayoría de las ponencias para su posterior revisión por parte de los autores. Finalmente, Néstor Saavedra, del equipo editorial de la Fundación Kairós, preparó la guía de estudio y se hizo acreedor a nuestro agradecimiento.

La presente obra es una primicia en la producción teológica evangélica en América Latina. Aunque con algunos vacíos en lo que respecta al canon bíblico, cubre prácticamente toda la Biblia, de la cual hace una lectura misionológica contextual.

Al publicarla, agradecemos a los directivos del REP por su colaboración y esperamos que estos ensayos resulten un valioso aporte al desarrollo del pensamiento misionológico a partir de las Escrituras desde una perspectiva latinoamericana. Más que nada, confiamos que las enseñanzas derivadas del texto bíblico sean útiles a la nueva generación de misioneros latinoamericanos tanto en nuestro continente como en otros países del mundo.

*C. René Padilla*

Secretario de publicaciones de la FTL

# Abreviaturas

Cuando las citas bíblicas no estén acompañadas de siglas o abreviaturas de una versión concreta provienen de la versión *Reina-Valera, 1960* (RVR-60). Las otras versiones utilizadas son las siguientes:

LPD: *Libro del Pueblo de Dios*
DHH: *Dios Habla Hoy*
BJ: *Biblia de Jerusalén*
NBE: *Nueva Biblia Española*
BLS: *Biblia en Lenguaje Sencillo*

La abreviatura WA se refiere a la edición de Weimar de las obras completas de Martín Lutero en alemán, publicada originalmente en 1883.

# I

# Introducción

# 1

# La búsqueda histórica de las bases bíblicas de la misión

*Sidney Rooy*

Decía Goethe: «Cada generación tiene que escribir su propia historia.» Parafraseando, diríamos que cada época tiene su propia visión de las bases bíblicas de la misión. Eso no quiere decir que no haya coherencia y continuidad entre las perspectivas cambiantes, sino que la manera de interpretar las bases depende del marco histórico desde el cual se ven tanto las Escrituras como la realidad que se vive.

Proponemos, por lo tanto, rastrear algunas de las interpretaciones de las bases bíblicas de la misión que se han dado a lo largo de la historia de la iglesia. Veremos que hubo muchas maneras de definir la misión de la iglesia, los motivos que impulsaron a cumplir la misión, las metodologías usadas, y aun los conceptos de lo que constituye el evangelio que hay que transmitir.

Esto significa que no existe, ni jamás ha existido, una única definición de cuál es la misión de la iglesia, ni tampoco de cuáles son las bases bíblicas de la misión. Si, como David Bosch[1] definimos la misión como *missio Dei* (la misión de Dios), podemos decir que ésta significa la revelación de Dios como el que ama al mundo que ha creado, se preocupa por ese mundo e incorpora a

---

[1]*Transforming Mission*, Orbis, Nueva York, 1991, p. 10. La versión castellana de esta obra será publicada próximamente bajo el sello de Nueva Creación bajo el título *Misión en transformación*.

la iglesia como sujeto llamado a participar en el proyecto histórico de establecer el reino de Dios.

Debe ser claro que nuestro entendimiento de esta *missio Dei* ha estado sujeto a muchas interpretaciones a lo largo de la historia. No sólo eso: ¡cuántas personas y grupos han argumentado con una certeza dogmática que su propia comprensión era la única correcta! Y, por supuesto, con muchos argumentos bíblicos. A tal pretensión le falta la humildad de reconocer nuestras propias limitaciones humanas y la ambigüedad de la realidad histórica en que vivimos. Por lo tanto, cada definición y toda comprensión de las bases bíblicas de la misión son tentativas y están sujetas a una nueva evaluación y cambio. En verdad, cada generación tiene que definir la misión de nuevo.

## Paradigma como clave de interpretación

Por «paradigma» entendemos una manera de ver la totalidad de la existencia, una red de creencias que sirve como marco de referencia global por el cual pasa nuestra interpretación del mundo, nuestra cosmovisión. Cuando usamos este término en la historia de la misión, hablamos de la manera en que la mayor parte de la comunidad de la iglesia veía la realidad cósmica y la existencia humana.

Para ejemplificar, Thomas Kuhn introdujo el concepto de paradigma para describir los cambios revolucionarios producidos por las nuevas interpretaciones en el mundo científico, el cambio de la visión de Ptolomeo a la de Copérnico, luego a la de Galileo, a la de Newton, a la de Einstein, y así sucesivamente. Por supuesto, esto no quiere decir que todo el mundo haya cambiado al instante su cosmovisión. En muchos casos pasaron siglos, incluso en el caso de la iglesia misma, para que la nueva visión fuera aceptada. Las distintas cosmovisiones convivían por mucho tiempo.

Siguiendo el ejemplo de Thomas Kuhn, el teólogo alemán Hans Küng aplicó la idea de paradigma a la historia de la iglesia de la siguiente manera:

1. El paradigma apocalíptico del cristianismo primitivo
2. El paradigma helénico del período patrístico
3. El paradigma medieval catolicorromano
4. El paradigma protestante de la Reforma
5. El paradigma moderno de la Ilustración
6. El paradigma ecuménico emergente

Por su parte, David Bosch utiliza el esquema de Küng para interpretar la historia de la misión. Considera el período de los Padres Apostólicos como una continuación de la forma apostólica neotestamentaria, o sea, a la luz del paradigma apocalíptico. Además, aplica el segundo período en forma general a la misión de la iglesia oriental, y en forma particular a las Iglesias Ortodoxas.

Seguiremos también la propuesta de Küng, pero con más detalle, introduciendo enfoques adicionales y aplicándolos al campo de la misión. Recalcamos que la introducción de nuevos paradigmas no significa la desaparición de la visión anterior. Aun podemos hablar de la pluralidad y del enriquecimiento acumulativo de los distintos paradigmas. A la vez, tendríamos que mantener una actitud crítica hacia cada uno, por la distorsión causada por su parcialidad respecto a una dimensión de la existencia humana.

## El paradigma apocalíptico

La visión paulina de la pronta venida del Señor Jesús caracteriza el pensar y actuar de los Padres Apostólicos, que escribieron entre 60 y 160 d.C. Una frase que utilizaron con cierta frecuencia tipifica su actitud: «Que pase este mundo y que venga la gracia.» En principio no hubo un desprecio por las cosas de este mundo, sino una relativización de su valor frente a su temporalidad. Más bien, los valores de la vida cristiana, la obediencia a los mandatos del Señor, el amor a sus semejantes, una conducta santa y la defensa de los pobres ocuparon un lugar central.

La mayoría de los escritos más antiguos irradian estas preocupaciones. Citan extensamente, y con preferencia, pasajes de Mateo y del Antiguo Testamento para señalar a los creyentes los dos caminos presentes en la vida y la urgencia de escoger el mejor. Este acento sobre la conducta cristiana despertaría elogios de sus más acérrimos enemigos como Celso y Juliano el Apóstata. El historiador Adolfo Harnack afirma que la conducta de los primeros cristianos, el «lenguaje de amor» en sus labios y en su vida, fue de mucho más significado para la misión de la iglesia que el ministerio de los predicadores peripatéticos y los evangelistas.

Proponemos que la clave hermenéutica para este primer período en la historia de la misión fue precisamente la perspectiva «apocalíptica». Casi toda la vida de los creyentes estaba diseñada dentro del marco de un «ínterin», hasta la venida del Señor. Todos los cristianos eran agentes de la misión. Por lo general, no había autoridad eclesiástica para acreditar a los evangelistas itinerantes y a los profetas ambulantes. La credibilidad de su vida y la fidelidad de su mensaje autenticaron su presencia temporal en las comunidades.

La conducta ejemplar, el testimonio espontáneo de cada uno y la fidelidad en el camino del discipulado, hasta llegar al martirio, fueron los métodos preferidos para la comunicación del mensaje. El amor y el cuidado que prestaron a los pobres en su medio nos indican que los sujetos privilegiados de la misión fueron los esclavos, las mujeres, los enfermos, los niños, los criminales. Los enemigos de la fe no se cansaron de identificar con gran desprecio a estos servidores como miembros de los grupos cristianos.

Las bases bíblicas de la misión, debido a la cosmovisión básicamente semítica del mensaje de la iglesia primitiva —aunque, por supuesto, dentro del marco griego más amplio— se generan en una lectura literal de las Escrituras. Como consecuencia, la tendencia dominante no fue el desarrollo de una teología misional, sino más bien una prescripción casi moralista para la vida. La vida misma se constituyó en una fuerza incontrovertible para la misión. No podemos hablar entonces, en este período, de una estrategia. La obediencia a los mandamientos de Dios para la vida y el testimonio claro de la persona y misión de Jesucristo, quien vino en cumplimiento de los propósitos de Dios, sirvieron como base para la misión de la iglesia primitiva.

En los escritos de los Padres Apostólicos no hay mención del texto bíblico que más tarde sería llamado «la Gran Comisión». Nótese bien que el hecho de no utilizar estos textos bíblicos no fue un obstáculo para la realización de la misión. Al contrario, durante este período de persecución consideramos asombrosa la preocupación que había entre los cristianos por la tarea misional.

## El paradigma helénico

Cuando el mensaje entró en creciente contacto con la cultura griega, empezó un proceso de aculturación profunda. El contexto y el espíritu de la misión cambiaron de una relación de persecución, aceptada como inevitable para el discípulo fiel del Maestro, a una defensa activa de los derechos de los cristianos como ciudadanos ejemplares del Imperio Romano. Mientras progresaba el siglo 2, hasta la oficialización del cristianismo como la religión oficial del Imperio, los apologistas no cesaban de dirigirse preferentemente a las esferas más altas del gobierno para reclamar estos derechos. Los cristianos —decían— obedecen las leyes, comparten sus bienes pero no sus lechos, oran al soberano Dios para que bendiga al emperador, no van a la guerra pero son un ejército que ora por la victoria de las tropas imperiales, no exponen a sus niños, aman a sus enemigos y perseguidores. Alguien llegó a afirmar que precisamente los cristianos dan armonía al mundo y son el alma del mundo que da sentido a la historia (*Carta a Diogneto*).

Aun en el siglo 2, Celso podía atacar a los cristianos como gente ignorante desde su perspectiva «ilustrada» de un platonismo monoteísta, aunque no del todo libre de su mundo grecorromano politeísta. Sin embargo, sólo ochenta años más tarde, Orígenes le respondió como letrado brillante inmerso en la misma cultura. Los tiempos ya habían cambiado.

La cosmovisión cristiana estaba en proceso de un cambio fundamental. De ser una religión contracultural, el cristianismo pasó a ser una religión portadora de la cultura. Muchos creyentes del pueblo común seguían siendo los agentes de la misión. Pero se introdujo una nueva clase de agentes: los defensores eruditos de la fe. El discurso cambió progresivamente del énfasis en lo testimonial a las apologías, de lo concreto de la vida a una definición de la fe, de lo auditivo (semítico) a lo visual (griego), del Sermón del Monte al Credo Niceno.

Como comenta acertadamente Bosch,[2] uno de los resultados fue la preocupación durante siglos por conceptos griegos como «*ousia, physis, hypostasis, meritum, transsubstantiatio,* etc.» Este proceso representa un cambio fundamental del paradigma anterior. Todavía hay espacio para una confesión de la segunda venida de Cristo, pero la inminencia y lo apocalíptico retroceden frente a estas nuevas fronteras. Aunque se continúa hablando sobre la encarnación de Cristo, esto ocurre más en el contexto del mundo racional y teológico que en lo concreto de la vida. No es tanto acontecimiento como conocimiento, no es tanto vida activa como problema de las dos naturalezas, no es tanto *dabar* como *logos*.

Así, el cambio del paradigma apocalíptico a la apologética racional significa un cambio en el contenido del mensaje proclamado. Un proceso de espiritualización, de interiorización de la fe, va cambiando lentamente los énfasis en la interpretación de

[2] *Ibíd.*, pp. 194-195.

las Escrituras. No es que en este período parte de la Biblia fuera olvidada o ignorada. Un gran erudito como Orígenes, por ejemplo, escribió comentarios sobre muchas partes de la Biblia, y su trabajo de comparación crítica de los diferentes textos intentó cubrir todo el texto sagrado. También Jerónimo se preocupó por la traducción de toda la Escritura, incluso de los libros deuterocanónicos. Lo que marcó la diferencia fue el método alegórico de interpretación. La salvación llegó a ser la salvación *de* este mundo (*soteria*) y no *para* este mundo (*yasha*). La doctrina de la inmortalidad del alma significó un escape de las limitaciones de la carne. La dirección de la visión del cristiano se orientó más hacia arriba que hacia adelante y, consecuentemente, más hacia el más allá que hacia el aquí y ahora. Para escapar de las tormentas del infierno, se definieron actividades moralistas y espirituales que abrieran el camino al cielo. El martirio llegó a ser el premio mayor para asegurarse la residencia celestial.

Esto no quiere decir que todo cristiano, ni que todo teólogo, tomara este camino. Pero no debemos subestimar la importancia del proceso aquí iniciado para la misión de la iglesia.

Hubo otros acontecimientos concurrentes que afectaron profundamente el desarrollo de la misión. Las comunidades de fe esparcidas por todo el Imperio se convirtieron en una organización eclesiástica. El bautismo y la cena del Señor se transformaron en ritos sacramentales con requisitos doctrinales y sentidos místicos. Los ministerios libres y carismáticos llegaron a ser oficios sagrados y órdenes sacerdotales difíciles de alcanzar.

Claro está que la Biblia no cambia en este nuevo período, aunque el canon esté en proceso de formación. Más bien, la interpretación de la misma Biblia sufre un proceso de cambio progresivo. El contenido del mensaje pasa por un proceso de espiritualización. Los agentes de la misión por excelencia llegan a ser los eruditos de la cultura grecorromana, sin excluir a los creyentes en general. Los motivos de la misión incluyen ahora la defensa de los derechos del pueblo cristiano de coexistir junto con los demás pueblos, y la tentativa de comprobar que el cristianismo es la religión universal ya anticipada en las otras religiones. Se privilegia la persuasión como instrumento racional. La percepción de los sentidos espirituales de la Escritura, no accesible para los «ignorantes» (iletrados), debe señalar los caminos para la misión.

## El paradigma constantiniano

Con el reconocimiento del cristianismo como religión oficialmente permitida por el Decreto de Milán, en 313 d.C., cambia dramáticamente para los cristianos el contexto en que se realiza la misión. Después de este gran paso, los próximos se dan rápidamente: 325 la religión favorecida, 380 la religión oficial, 392 la única religión tolerada. O sea, en el breve período de ochenta años, el cristianismo pasa de religión perseguida a religión perseguidora. Aunque quizás este hecho no nos sorprende tanto en un mundo como el nuestro, donde el poder político y militar puede hacer casi lo que quiera, sí nos asombra ver con qué rapidez la iglesia misma se acostumbra a este cambio de funciones.

¿Cómo puede responder la iglesia a este gran reverso histórico? En el paradigma apocalíptico, cada creyente testifica con su vida, a veces hasta el martirio. En el paradigma apologético, los eruditos elaboran una gran defensa dirigida a los gobernantes del estado. Ahora, por decreto imperial, todos son obligados a ser cristianos.

Eusebio, en su *Historia eclesiástica* y en su *Vida de Constantino,* apela especialmente al Antiguo Testamento para aseverar la autoridad sagrada de Constantino en el cumplimiento de profecías bíblicas. El conquistó los poderes demoníacos que obstaculizaban la venida del reino de Cristo. Los emperadores se consideraban a sí mismos como obispos sagrados de Dios en el mundo, igual que los obispos eclesiásticos en la iglesia (Eusebio, *Vida de Constantino,* iv, 24). Durante la edad media, en Occidente, el rey era considerado vicario de Cristo y de Dios. Esto ocasionó repetidas controversias entre el poder civil y el papado y los obispos.

Entonces, no sólo la iglesia resultaba el agente de misión, sino también el Imperio, representado por las personas designadas por el emperador. El método de extensión de la iglesia de Cristo incluía la imposición de la fe por medio de la destrucción de las religiones paganas y la institución de la nueva religión. Es verdad que a veces el evangelio se extendía por medio de misioneros, como notaremos más adelante, pero la mayor parte de Europa se cristianizó por la conquista, el bautismo en masa de los paganos y la construcción de templos, monasterios y escuelas, con el apoyo directo del poder político.

Este gran avance de la fe fue acompañado por los soldados del Imperio Romano para garantizar la seguridad de los misioneros, maestros y sacerdotes. Después de la conquista de un pueblo, Carlomagno preguntaba a su rey si aceptaba el bautismo cristiano o no. En una ocasión, cuando la respuesta de parte de uno de los pueblos sajones fue negativa, cuatro mil hombres fueron pasados por la espada en un solo día. Normalmente el Dios cristiano y el bautismo eran aceptados como reconocimiento del poder más fuerte del conquistador.

Salvo en la teocracia del Antiguo Testamento, es sumamente difícil encontrar las bases bíblicas para este tipo de misión. Quizás nuestra dificultad para entender sólo evidencia cuán lejos estamos de aquel tiempo histórico. No debería ser así. Es relativamente reciente el hecho de que la libertad religiosa ha llegado a ser una realidad aceptada en el «mundo occidental y cristiano». En gran parte del resto de nuestro mundo, tal herejía liberal todavía no existe. Esta es nuestra historia.

En el constantinismo, el motivo dominante era la extensión temporal y espiritual del reino de Dios. Que había una confusión de los dos reinos, estado e iglesia, no hay duda. Junto con las numerosas masas que ingresaron en la iglesia, se aceptaron muchas creencias y costumbres de los pueblos. La religiosidad popular, que siempre ha existido, tomó nuevos rumbos que afectaron no sólo las doctrinas y los ritos de la iglesia, sino también lo que se concebía como los objetivos de la misión. Ahora retrocedió el motivo apocalíptico por un tiempo, para reincidir más tarde con una fuerza sorpresiva.

## El paradigma monástico

Durante la época de los dos paradigmas anteriores, creció otro que tendría gran significado para la misión de la iglesia. Iniciado en el siglo 3 con los ermitaños y seguido prontamente por los conventuales, el movimiento del monasticismo llegó a ser una de las fuerzas más importantes en el medioevo, tanto dentro de la iglesia como fuera de ella.

El monasticismo nació por la influencia del platonismo, en el cual tiene prioridad lo espiritual a costa de lo material. El mundo concreto y físico de Platón es sólo una sombra de lo real. Lo temporal es efímero y sin significado histórico. Escapar de ello significa la salvación.

El gran filósofo judío Filón aplicó asiduamente la interpretación platónica al Antiguo Testamento durante el siglo 1 d.C. La negación de lo histórico y la elevación de lo espiritual fueron los resultados de su método alegórico de interpretación de las Escrituras. Además, las corrientes monásticas consideraban malo todo lo que a este mundo se refiere, lo que justificaba su rechazo y separación de tales cosas. Al principio, esto significaba que la misión implicaba la separación del mundo y el convencer a otros de que siguieran esos pasos.

Sin embargo, no siempre fue así. Con la destrucción definitiva de Roma en 476 d.C., los monasterios y conventos de los religiosos y las religiosas llegaron a ser pequeños centros de cultura, de agricultura, de educación y de religión. Se convirtieron, pues, en los centros de envío de misioneros por toda Europa, incluso a las Islas Británicas, Escandinavia, Bulgaria y Rusia.

La teología sustentadora de su práctica de la misión se basaba en el dualismo entre la materia y el espíritu, típico del platonismo.

Dado que en el mundo de pecado es necesario tratar con ambos, se establece una escala de valores en que es menester soportar esta vida terrenal mientras se busca la entrada a la vida celestial. Pero lo terrenal está al servicio de lo celestial. Los que se separan del mundo y dedican toda su vida al servicio de lo espiritual gozan de una cercanía a Dios que las personas comunes no pueden alcanzar.

La opción de tomar los votos de pobreza absoluta, de castidad y de obediencia total al abad de la orden colocaba al sujeto en una posición superior, con autoridad sagrada en relación con las demás personas en el mundo. Esto, por supuesto, requería renunciar a las posesiones pasajeras de este mundo, abstenerse de la vida sexual, y aceptar los requisitos impuestos por la autoridad eclesiástica superior.

Varias son las consecuencias para la misión que se desprenden de esta cosmovisión. Lleva implícita la división de la iglesia en dos clases: los espirituales y los que viven en el mundo. La misión, por lo tanto, se dirige de los primeros a los segundos. Aún más, la salvación de los segundos depende de la intervención de los primeros. Dentro del mundo constantiniano los monjes llegan a ser el brazo del estado para extender la iglesia por medio de la edificación de templos, la constitución de escuelas, el cuidado de enfermos y de forasteros, y la preocupación por los pobres. La lista de tales misioneros sacrificados es larga y honrosa.

Es verdad que las autoridades de las órdenes (p. ej., en Gran Bretaña) o el obispo de Roma enviaron algunos misioneros sin el apoyo de los reyes. Pero, aun así, la protección armada de parte de la autoridad política en muchos casos fue importante para el éxito de la misión. Lo que sí era una regla casi universal en la época medieval era la condición monacal de los misioneros.

La base bíblica que sustentaba toda la estructura monástica incluía los textos sobre la búsqueda del camino al cielo, el desprecio de todo lo mundano y físico, la vida de santidad, la separación de este mundo, el camino de la austeridad y la salvación del alma. Lo enseñado y propagado por la misión monástica cabía dentro de este marco.

## El paradigma escolástico

La visión del mundo sufrió cambios notables en la segunda mitad de la edad media. Sobre todo la introducción de los escritos de Aristóteles afectó el desarrollo teológico en este período. El idealismo platónico, imperante durante un milenio en la historia de la iglesia, entró en conflicto con la valoración de todo el mundo creado, afirmada por la nueva visión del mundo. Tomás de Aquino aseveró acertadamente: «El que yerra en su doctrina de la creación, yerra en toda su teología.» Esta nueva cosmovisión afectó el concepto de la misión de la iglesia.

La gran síntesis de los escolásticos afirmaba lo bueno del mundo creado, incluso lo físico y la sexualidad, en su esencia. El pecado irrumpió en el mundo, en la sociedad y en la persona humana, de tal manera que distorsionó el buen ordenamiento, tanto de los poderes estructurados en el mundo como de los poderes del alma. A nivel de las relaciones con Dios, se perdieron los dones *superadditum* de la fe, la esperanza y el amor, que necesitan ser restaurados por la gracia divina. A nivel de las relaciones con el mundo, la razón es el instrumento que puede guiarnos suficientemente bien, aunque con cierto debilitamiento.

El resultado de este enfoque dual de la totalidad de la existencia consiste en una doble tarea misionera: la búsqueda del bien espiritual de los hombres por medio de los ministerios de la iglesia, y la promoción de la paz, la justicia y la equidad para evitar el sufrimiento en la sociedad. El cristiano, como buen mayordomo, debe sujetarse a la autoridad de la iglesia para la salvación de su alma y servir en el mundo con sus poderes naturales en obediencia a su Creador.

Surgen dos consecuencias de esta manera de enfocar la realidad. En primer lugar, se formula ahora con claridad un nuevo concepto de la iglesia. Tomás considera la iglesia bajo dos rubros: la iglesia que enseña (*ecclesia docens*) y la iglesia que escucha (*ecclesia audiens*). Por naturaleza, el que enseña es mayor que el que escucha y, por lo tanto, al último le corresponde creer lo enseñado y obedecer a la autoridad espiritual superior. Esta autoridad viene del propio Maestro, quien señaló a Pedro y a los apóstoles como los autorizados para perdonar los pecados a los hombres y cuidar a las ovejas del redil divino. Por la doctrina de la sucesión apostólica, esta autoridad corresponde a la *ecclesia docens* hasta la segunda venida del Buen Pastor.

Con este concepto de la iglesia es fácil ver a quién le corresponde la tarea de la misión de la iglesia: a los designados por la iglesia, es decir, a los sacerdotes seculares y los monjes regulares. No sorprende, pues, que un monje, Raimundo de Montefort, invitara al gran teólogo dominicano Tomás de Aquino a escribir un libro para la conversión de los turcos y otros infieles de su tiempo. Para cumplir con este propósito, nace *Contra los gentiles*, en cuatro libros, escritos según la modalidad escolástica con su gran optimismo acerca del poder convincente de la razón. Puesto que a los gentiles no había llegado la gracia, que se comunica por el bautismo, el punto de contacto universal para todo pueblo es la razón. Tampoco nos sorprende que el mismo Raimundo de Montefort fuera el instrumento que inspiró al gran misionero y monje Raimundo Lulio en sus esfuerzos por instrumentar misiones en la iglesia de su tiempo para la conversión de los árabes. Tanto por medio de su cruzada exitosa que logra implantar en las universidades estudios culturales y la enseñanza de los idiomas de los árabes, como por sus libros apologéticos a favor de la religión cristiana (¡algunos estiman que escribió cuatro mil!), Lulio privilegió el método racional. Falleció a los ochenta años de edad, apedreado por las personas a las que predicaba.

La segunda consecuencia de la eclesiología medieval fue la relación que se estableció entre iglesia y estado. Esto es importante, porque el estado era antes, y sigue siendo durante este período, un agente principal de la misión. En la nueva síntesis escolástica, la iglesia ocupó una posición superior a la del estado. Todo lo relacionado con Dios, lo trascendental, la teología, la iglesia, la fe, la salvación del alma, la jerarquía de la iglesia, los sacramentos esenciales para recibir la gracia divina, todo fue colocado en el primer lugar en la escala de valores y de verdad en el mundo. En un segundo nivel estaba lo mundanal: la filosofía, el estado, la vida terrenal, las obras humanas, los magistrados, la justicia en la sociedad.

Con esta concepción, la iglesia tiene autoridad sobre el estado. Como un oficial eclesiástico lo definió, «como es el sol a la luna, el cielo a la tierra, el oro al plomo, así es la iglesia al estado y el papa al emperador» (Bonifacio VIII, *Unam Sanctam*, 1298). En la misma bula declaró «que es del todo necesario para la salvación de toda criatura humana estar sujeta al pontífice romano». En tal concepto, la iglesia es el agente responsable de la misión. Por supuesto, en la práctica, las autoridades políticas rara vez aceptaban esta teología. Sin embargo, los papas convocaron a las multitudes y a los reyes para las cruzadas contra el imperio turco y para extirpar las herejías cristianas.

El motivo primordial era extender la soberanía de Dios en la tierra por medio del papa y los arzobispos, usando, por supuesto, la fuerza pública como instrumento de ayuda designado por Dios. Durante la edad media se impuso el método compulsivo como el más usado para la extensión de los límites de los reinados cristianos, conforme a las palabras de Jesús: «Vé por los caminos y por los vallados, y fuérzalos a entrar, para que se llene mi casa» (Lc. 14.23). Los que condenaron a Bartolomé de Las Casas usaron este texto como evidencia bíblica para justificar la conversión forzada de los indios americanos. Como en el caso de Las Casas, los monjes misioneros Cirilo y Metodio insistieron en usar métodos pacíficos para la conversión de los rusos. Tradujeron la Biblia al idioma del pueblo y usaron la lengua nacional para su obra. De esta manera se estableció el patrón de nacionalización que sigue en pie hasta el día de hoy en las iglesias ortodoxas orientales.

## El paradigma místico

En la última parte de la edad media y en el siglo de la Reforma surgió otro paradigma que inspiró un nuevo acercamiento a la misión de la iglesia. En contraste con el énfasis en la razón y la filosofía como instrumentos predilectos para la misión, se buscó el camino de la espiritualidad mística como medio para conocer a Dios. Los místicos creían que el conocimiento inmediato de lo divino podía alcanzarse por la experiencia religiosa personal, en esta vida.

Según Aristóteles, todo conocimiento viene por medio de los cinco sentidos. A esta idea, Tomás le agregó que uno puede conocer también por la revelación divina. Así existen dos fuentes de la verdad: la revelación de las Escrituras, y la razón informada por los sentidos. Las dos dependen mayormente de la comprensión intelectual y normalmente las manejan aquellos que han sido educados y preparados para tal función, especialmente la *ecclesia docens*.

Ha habido místicos en casi todas las religiones mundiales, con fuertes tendencias al panteísmo, es decir, a la identificación del espíritu divino con el mundo. La fe cristiana subraya que existe una Realidad que trasciende el alma y el cosmos, y entonces mantiene una clara diferencia entre el Creador y lo creado. La búsqueda de la unión entre el alma y Dios procede desde la oración por medio de una serie de pasos que incluyen la meditación, el arrepentimiento, el éxtasis y las visiones celestiales, hasta el matrimonio espiritual.

Frecuentemente, en los místicos cristianos se encuentra un fuerte acento en el activismo a favor de otras personas u organizaciones. Notemos algunos ejemplos. Meister Eckhart, formado en la corriente de los escolásticos, fue uno de los más famosos predicadores de su época. Su discípulo, Johann Tauler (1300-1361), muy admirado por Martín Lutero, definió «el camino místico» subrayando la práctica de las virtudes, la humildad y el abandono a la voluntad de Dios. Durante la peste negra se dedicó completamente al servicio de los enfermos con gran riesgo personal. La unión con Dios —decía— no se busca por sí misma, sino por los resultados que produce en el alma: un aumento de la caridad, y la fuerza para vivir una vida de sufrimiento y de oración. Así también pensaban Enrique Suso (1295-1366), Tomás Kempis (1380-1471) y la *Teología alemana* (c. 1400).

De manera especial, se ve la combinación de la experiencia mística con una vida de actividad intensa en Santa Teresa de Avila (1515-1582) y San Juan de la Cruz (1542-1591). Para ellos, la contemplación ascética más alta, hasta el punto de sentirse perdidos en la unión con lo divino, es totalmente compatible con los grandes logros prácticos de la vida. Esta posibilidad se hace realidad para la misión de la iglesia en el místico-activista Ignacio de Loyola (c. 1491-1556). Convertido después de ser herido en batalla, y por la lectura de Francisco de Asís, decidió ir sin preparación alguna a los judíos y a Palestina para procurar la conversión de los turcos y los mahometanos. Al fracasar, aprendió la necesidad de contar con una preparación adecuada e inició un período de catorce años de estudio, de servicio a los enfermos y los pobres, de predicaciones callejeras pidiendo el arrepentimiento de la gente, y de formación de una pequeña comunidad de discípulos. En 1540 se estableció la orden de los jesuitas con un doble objetivo: convertir al mundo y combatir a los herejes.

Las bases bíblicas preferidas que sustentan el paradigma místico son las enseñanzas acerca de la unión con Cristo en el Evangelio de Juan, en la teología paulina y sus experiencias de éxtasis, y en el Apocalipsis. Para San Ignacio el motivo de la misión era el impulso espiritual surgido de la experiencia mística, el ejemplo de Jesús y la necesidad de convertir a los ateos y herejes. Para Ignacio y para muchos de los místicos el objetivo de la misión es Dios mismo, su reino y su gloria.

## El paradigma de la Reforma

El movimiento de la Reforma de la iglesia, objetivo principal de Lutero, Calvino y otros, surgió de varios cambios operativos en su momento histórico. Tanto la escuela del nominalismo, dentro del movimiento escolástico, como el renacimiento, proveyeron el estímulo para el retorno a San Pablo vía Agustín, en la nueva definición de doctrinas bíblicas. El énfasis de la justificación por la fe a la luz de Romanos 1.16-17 dirigió la mirada a Dios como iniciador y agente de la misión en primera instancia. Dada la condición del hombre, definida por Agustín como *massa perditione*, Dios actuó decisivamente para la salvación del hombre: la misión es *missio Dei.*

A la vez, el humanismo acentuaba el papel subjetivo y relacional de los seres humanos en la salvación. El conocimiento de Dios no se alcanza por la razón, como enseñan Tomás de Aquino y el escolasticismo, sino por la regeneración obrada por el Espíritu Santo y la participación activa del creyente por el acto de fe. Ahora la responsabilidad descansa en el individuo más bien que en el grupo, la tribu o la nación. Los sacramentos y los méritos ya no hacen posible la justificación del pecador por Dios. Ahora se subraya que «la fe es por el oír, y el oír, por la palabra de Dios» (Ro. 10.17). Desde este fundamento la predicación ocupa el centro de la misión.

No debemos subestimar lo que esto significó para el papel del creyente como agente de la misión. La enseñanza del sacerdocio de todos los creyentes, interpretado con diferentes implicaciones en diferentes contextos, estableció uno de los fundamentos básicos para toda la misión moderna.[3]

El cambio de paradigma en la Reforma traería una revolución en la manera de ver a la iglesia y su papel en el mundo. Sin

---

[3]Para una ampliación de este asunto, ver *ibíd.*, pp. 239-243.

embargo, como hemos notado al analizar las épocas anteriores, ciertos conceptos importantes de la sociedad y de la vida continuaron vigentes, por lo menos para muchos grupos, como la dependencia de la iglesia del estado y el reconocimiento de la validez de los sacramentos ya establecidos en la iglesia medieval. En todas las ramas del protestantismo hubo acuerdo en que no debe haber imposición de la fe por la fuerza y en que la fe es necesaria para la salvación.

Ha habido muchas diferencias de interpretación en cuanto a la actitud de los reformadores frente a la misión. Muchos, mayormente anglosajones, juzgan que no hubo ni teología ni práctica de la misión. Otros, mayormente personas del continente europeo, toman una posición opuesta. No repito los argumentos, desarrollados en otros lugares, que me convencen de cuál era la teología y práctica de la misión de los líderes de la Reforma.

Las bases bíblicas de la misión propuestas por los reformadores son las siguientes:

1. La salvación es un don divino, provisto por la obra redentora de Cristo, hecho accesible al individuo por la sola gracia de Dios y realizado por la regeneración del Espíritu Santo. Es por lo tanto *missio Dei*.

2. Dios requiere del hombre fe en esta obra y acción divinas, con una vida coherente con los preceptos normativos de las Escrituras. Esto hace de cada creyente un colaborador en la misión de Dios en el mundo.

3. Las declaraciones de Cristo en cuanto a que todos seremos sus «testigos» (Hch. 1.8), y de Pedro en cuanto a que todos los hijos de Dios son «sacerdotes» al servicio del Señor (1 P. 2.9), forman la base del apostolado del pueblo de Dios.

4. El ministerio de los pastores es una continuación del ministerio de los apóstoles. Por lo tanto, lo que los apóstoles comenzaron constituye el encargo y mandato para los ministros en la iglesia de toda época.

5. Los objetivos de la misión son la gloria de Dios, la conversión de los hombres, el establecimiento de la iglesia y la extensión del reino de Dios. De ellos, el primero es el fin último.

Los seguidores de los primeros reformadores afirmaron claramente su compromiso con la misión. El teólogo holandés Adrian Saravia, 1531-1613 (*De diversis ministrorum gradibus, sic ut a Domino fuerunt instituti*), afirmó enfáticamente que la Gran Comisión de Mateo 28.19-20 fue dada a toda iglesia y a todos los cristianos. Otros holandeses siguieron esta línea: Justus Heurnius (*De legatione evangelica ad Indos capessenda admonitio*, 1618), Hugo Grotius, 1583-1645 (*De veritate Religionis Christianae*), Johannes Hoornbeek, 1617-1666 (*De conversione Indorum et Gentilium*). También muchos de los puritanos, siguiendo la enseñanza de Calvino, propagaron la urgencia de la misión de la iglesia y la participación de los creyentes en esta tarea: Richard Sibbes, Richard Baxter, John Eliot, Cotton Mather y Jonathan Edwards.

Es verdad que hubo una corriente que representaba la creciente ortodoxia, que se oponía a este modo de pensar. Teodoro Beza, sucesor de Calvino en Ginebra, contradijo a Saravia en 1592, como lo hizo también Johann Gerhard (m. 1637), teólogo alemán de Jena, en sus *Loci theologici*. Sin embargo, Justiniano von Weltz se levantó en oposición a Gerhard en Alemania y propuso el establecimiento de un seminario para la preparación de misioneros (como el que J. Hoornbeek había mantenido en Holanda entre 1621 y 1634) y murió como misionero en Surinam.

## El paradigma colonialista

Hasta el fin del siglo 15 la mayor parte de la expansión del mundo cristiano estuvo restringida a Europa y sus entornos. En los siglos 16 y 17 esto cambió dramáticamente. Primero España y Portugal, y después Inglaterra, Francia y Holanda, llegaron a conquistar grandes regiones en las Américas, Africa y Asia. Estas hazañas cambiaron la práctica de la misión y, por supuesto, como siempre, le agregaron nuevas dimensiones. El enfoque de la misión volvía a enfatizar lo que había sido la situación durante la edad media, cuando los reyes conquistaron la mitad de Europa: la cristianización de los nuevos pueblos.

En este nuevo contexto surgieron diferencias entre los católicos y los protestantes en cuanto a la manera de promover la expansión de la iglesia. No vamos a hablar de la expansión de la Iglesia Católica, por considerar que cae en gran parte bajo lo desarrollado en el paradigma constantiniano. Hubo excepciones notables, como la de los jesuitas en Asia y en las reducciones latinoamericanas, y el establecimiento de los pueblos indios con la tentativa de comprender sus idiomas y costumbres. Sin embargo, durante el primer siglo de la colonización la imposición de la fe dominaba en la práctica misionera.

Las naciones protestantes sentaron bases en los nuevos territorios y fomentaron el comercio. Cuando establecieron los primeros asentamientos, trataron de hacerlo pacíficamente por medio de tratados. Sólo cuando fallaba este sistema recurrían a las armas para asegurar sus bases. La intención de los comerciantes no era convertir a los naturales de la zona. Más bien los pastores y maestros que acompañaban a los colonos hicieron las tentativas de misión. J. Hoornbeek estableció su seminario en Leiden en 1621 para los misioneros que quisieran ir al Lejano Oriente. Sin embargo, las intenciones de los representantes de la iglesia se oponían a las de las compañías comerciales, de tal manera que fue necesario cerrar el seminario.

Los esfuerzos en Nueva Inglaterra tuvieron más éxito. Allí un número de pastores, especialmente los Mayhew y John Eliot y su hijo, evangelizaron a los indios y establecieron iglesias indígenas. Eliot trabajó desde 1635 hasta 1690. Fundó catorce pueblos indígenas en la misma época en que se radicaron las reducciones jesuíticas en Paraguay. Las diferencias fueron notables. En los pueblos indígenas establecidos por Eliot no había presencia de blancos, salvo las visitas regulares para enseñar y predicar. El gobierno organizado en cada pueblo se asemejaba al que instauró

Moisés, con ancianos gobernantes. Eliot pensaba que la forma bíblica de gobierno civil era la apropiada, por lo menos en parte, porque veía semejanzas entre la cultura hebrea y ciertas costumbres y el idioma de los indios.

Para Eliot y sus colaboradores las bases bíblicas de la misión a los indios incluían: 1) El propósito de Dios para la redención humana y su elección divina que asegura la presencia de su pueblo en cada raza, 2) la predicación del evangelio como el medio establecido por Dios para la conversión de los hombres, y 3) la capacidad, por la gracia de Dios, de cada persona de responder al llamado de arrepentimiento y fe en Cristo. Dado que Eliot pensaba en la probabilidad de que los indios pertenecieran a las diez tribus perdidas de Israel, utilizaba gran parte del Antiguo Testamento en su teología de la misión. En esto concordaba con muchos de sus conciudadanos, que creían que con el establecimiento de la fe y de las iglesias en Nueva Inglaterra se cumplían las profecías del Antiguo Testamento. De todos modos los misioneros protestantes apelaron con claridad a la Gran Comisión, e igualmente a la naturaleza comunicativa de la fe.

Tenemos que lamentar que los impulsores de la expansión de los imperios coloniales no hayan compartido esta conciencia de la misión. Por treinta años (1624-1654) la tentativa de establecer una colonia holandesa en Brasil bajo un notable estadista, el príncipe Mauricio de Nassau, que dio libertad religiosa, promovió la misión y estableció congregaciones indígenas. Fue llevada a cabo con sus bemoles, según los principios elaborados por los protestantes mencionados anteriormente, quienes eran conscientes de la importancia de la misión. Sin embargo, por lo general, los protestantes y los católicos compartían los pecados de la época colonial. La práctica de la misión no alcanzó a ser aquello que definieron y propagaron quienes estaban convencidos de la urgencia de la misión. Quizás el error más grande fue el presupuesto de la superioridad de las culturas europeas y, por lo tanto, la necesidad de extirpar y/o civilizar a los nuevos pueblos para evangelizarlos. Para justificar tal concepto de misión fue necesario retroceder a conceptos teocráticos del Antiguo Testamento. La gran pregunta permanece: ¿sobre qué base bíblica se fundaba esta idea?

## El paradigma pietista

Después del dinamismo de la Reforma empieza a surgir, a fines del siglo 16 y en el siglo 17, tanto en el luteranismo como en el calvinismo, una corriente preocupada por conservar y sistematizar el pensamiento de los reformadores. A este desarrollo se lo suele denominar la «ortodoxia protestante». Llegó a ser una tendencia marcada especialmente en las iglesias protestantes del estado, donde cada persona que vivía en un territorio era considerada miembro de la iglesia.

Los pietistas rompieron esta visión de la relación entre la iglesia y el estado. Aunque no tuvieron una continuidad directa con los anabautistas, ésta ruptura ideológica indica una semejanza con esta visión que floreció casi dos siglos antes. Con este enfoque fue posible dar los primeros pasos para liberar la misión de la iglesia de su dependencia del estado. Por supuesto, establecieron ciertos compromisos para llegar a los destinos propuestos. Pero, en principio, se cortó el cordón umbilical.

La manera de ver la realidad cambió radicalmente. El mundo religioso de los ortodoxos se cerraba dentro de sí: iglesias del estado, sistemas de dogma, y una conducta moralista y correcta. Precisamente en esta corriente de la ortodoxia protestante en Alemania, algunos teólogos argumentaban que la Gran Comisión no tenía vigencia para los cristianos y la iglesia de entonces. Había un pesimismo profundo en cuanto a la conversión de la gente, porque, según este grupo, este era asunto de iniciativa divina. Aquí vemos un contraste claro con el calvinismo holandés del mismo período.

Es importante notar aquí el gran cambio que se operó en Alemania entre el fin del siglo 16, donde todavía había cierta apertura a la misión, y el desarrollo creciente de la corriente negativa durante el siglo 17. Esto contrasta con el calvinismo holandés de la misma época.

El pietismo rompió definitivamente con la corriente ortodoxa. Más bien que por lo formal, intelectual, institucional y frío, la vida cristiana se caracterizaba por lo personal, intuitivo y voluntario, y por el calor humano. No interesaba la aceptación de los dogmas de la iglesia, sino el encuentro con Cristo en el corazón por la experiencia de una conversión radical.

Jacob Spener inició la escuela de Pietismo, que tuvo su auge especialmente entre 1660 y 1764. August Hermann Franke la continuó, y el conde Ludwig von Zinzendorf la expandió en una comunidad misionera. Para ellos, el agente responsable de la misión no era la iglesia, sino los individuos que llevaban adelante el evangelio. El objeto de la misión era la conversión de las almas y no el establecimiento de una institución llamada iglesia. Este principio de voluntarismo, introducido por primera vez en la práctica de la misión, tendría mucha repercusión en la gran expansión de la iglesia en el futuro.

Los pietistas acentuaban el rechazo de la dependencia del estado porque consideraban que la relación con Dios no es externa sino espiritual. El llamado a la conversión radical por parte de Juan el Bautista y Jesús, enfatizado en los evangelios, y la unión con Cristo, desarrollada repetidamente en Pablo, eran sus temas predilectos. Estaban profundamente preocupados por la santidad de la vida y lo manifestaban en una vida dedicada al servicio de los necesitados. Es cierto que el ministerio a las almas es esencial, pero no puede existir sin el ministerio exterior a los cuerpos. Así, los textos bíblicos que hablaban sobre la ética en el trato al prójimo también eran cruciales para su fe.

## El paradigma cultural

Después del Renacimiento y la Reforma empieza a engendrarse todo el concepto moderno del mundo. La Ilustración, basada en la razón y la capacidad humanas, creó esta nueva cosmovisión. Las creencias fundamentales eran: la ciencia como llave de la comprensión del mundo, el carácter absoluto de la ley natural, la fe en el progreso humano ilimitado, la solución última de todos los misterios, el desarrollo tecnológico para el bien de todos los sectores de la sociedad.

Este concepto occidental del universo es el paradigma de la modernidad. Inspiradas por el concepto de un mundo abierto que podía alcanzarse por medio del transporte moderno y controlarse científicamente, las naciones occidentales salieron a la conquista del mundo con su poder y sus ideas. Junto con ellas hubo individuos visionarios, sociedades misioneras consagradas, asociaciones educativas iluminadas, sociedades bíblicas y organizaciones de buena voluntad que salieron a conquistar el mundo para Cristo.

Existía una marcada preferencia por la Gran Comisión, cuyo mandato de ir a todo el mundo estaba en coherencia perfecta con la expansión del mundo occidental y cristiano «hasta lo último de la tierra.» Sin embargo, éste no fue el único motivo operativo en «el gran siglo misionero» (el 19), como lo designó el historiador Latourette. Gracias a la influencia del pietismo, los grandes avivamientos y el movimiento wesleyano, el amor de Dios en Cristo motivó a miles de personas, así como a grupos voluntarios y ecuménicos, a hacer grandes sacrificios personales en favor de la misión. Por el optimismo de esta nueva cosmovisión, el acento cayó en la educación, la literatura, los hospitales, las industrias y las traducciones de la Biblia.

Nacieron dos hijos principales del Iluminismo del siglo 18: el capitalismo como filosofía individualista y providencialista, el comunismo como el socialismo colectivista que está destinado a superar las contradicciones inherentes al primero. Pero ninguno de los dos ha podido vencer al secularismo con su antropología optimista y su rechazo de la dimensión trascendental del ser humano y del universo. Por cierto, se podría argumentar que éste es hijo legítimo de aquellos.

Es importante subrayar que, mientras que miles de misioneros han ido hasta lo último de la tierra para hacer su tarea, muchísimas personas del mundo «occidental y cristiano» han abandonado su militancia como discípulos del Señor. Como consecuencia, pronto el Tercer Mundo se convertirá en el sector geográfico donde se congrega el mayor número de cristianos.

La imposición de este paradigma cultural sobre el Tercer Mundo tiene efectos impredecibles para el futuro de la misión y del progreso del evangelio. Son estos la pregunta y el desafío más grandes que la iglesia cristiana tendrá que confrontar en el futuro inmediato.

Las sociedades voluntarias llevaron a cabo la mayor parte de la obra misionera desde fines del siglo 17 hasta principios del siglo 20. La primera, establecida en 1649 por Baxter, a quien mencionáramos arriba, fue seguida por la Sociedad Bautista establecida por Guillermo Carey en 1792 y continuada por docenas de otras a comienzos del siglo 18. Fueron muy distintas entre sí. Se destacan las sociedades bíblicas para distribuir ejemplares de la Biblia, las sociedades para la publicación y distribución de literatura cristiana, las asociaciones para el establecimiento de la educación popular y las agrupaciones para la evangelización de otras naciones.

En América Latina, al margen de las incursiones temporarias de los protestantes en el período colonial, las sociedades bíblicas establecieron una obra constante y por toda la región en el siglo 19. Los colportores, la Sociedad Bíblica Británica y la Sociedad Bíblica Americana desempeñaron un papel muy importante. A finales del siglo 19 y comienzos del presente siglo las sociedades voluntarias dentro de las denominaciones de los Estados Unidos y las organizaciones de composición ecuménica, como la Misión Centroamericana y la Misión Latinoamericana, impulsaron las misiones.

Estos agentes e impulsores diversos de la misión trabajaban por diferentes motivos. En primer lugar, había algunos grupos que estaban directamente influenciados por el paradigma cultural.

Entre ellos influyó el espíritu optimista de la época con su confianza en los esfuerzos realizados en los campos de la educación, la medicina y el mejoramiento social. «Con cada capilla, una escuela» era el lema de esos días. Pronto surgieron clínicas, centros de traducción y publicación, granjas, fábricas.

Por supuesto, junto con todo este acercamiento comprensivo funcionaba el factor civilizador. En parte, puede haber sido inconsciente. Pero en otros momentos resulta muy explícito. El Congreso de Panamá (1916) confirma este espíritu de confianza. La sociedad latinoamericana sufría el oscurantismo medieval y feudal impuesto por la Iglesia Católica Romana. La luz moderna y civilizadora corregiría esta situación para el bien de todos los habitantes.

En segundo lugar, estaban los herederos de los movimientos de avivamiento que sacudieron el mundo anglosajón. Entre ellos primaban el apocalipticismo y la preocupación por la santidad, típicos de grupos disidentes del marco eclesial y social en el cual estaba insertos. Esta obra misionera a América Latina reaccionó contra muchos de los estilos misioneros del primer grupo. Comenzando en la última década del siglo 19 y durante la primera mitad del siglo 20, estas sociedades misioneras tendieron a establecer islas evangélicas separadas de la cultura dominante. El resultado fue la incorporación de modelos importados y civilizadores, como en el primer grupo, aunque no intencionalmente.

Las bases bíblicas de los dos grupos incluían la Gran Comisión, pero enfatizaban dos de sus dimensiones. Para el primer grupo era importante «enseñar todas las cosas». Esto implicaba la predicación del evangelio, por supuesto, pero con gran fe en el poder de la Palabra para iluminar la mente, disipar la oscuridad e inclinar la voluntad hacia una comprensión más cristiana del mundo moderno. Los pasajes bíblicos sobre la semilla, la mostaza, la levadura, la luz del evangelio, la enseñanza de la verdad y el amor al prójimo, todos tenían su lugar. Sobre todo, la conversión a esta nueva vida, la aceptación del discipulado como aprendizaje y el cambio de las condiciones de vida constituyeron elementos esenciales en su mensaje. Era de importancia fundamental alcanzar a los líderes de los países latinoamericanos para el proceso de cambio deseado.

Para el segundo grupo, el énfasis cayó en la conversión del individuo, la separación radical del mundo y la vida santa. De acuerdo con esto, las bases para la misión fueron semejantes a las de los paradigmas apocalíptico y pietista presentados arriba. La confrontación con el mundo católico y su cultura acentuaba lo polémico y el rechazo de cualquier acercamiento por vías racionales o culturales. En consideración del inminente juicio divino era urgente abandonar este presente mundo malo y escoger el camino del evangelio. Un texto predilecto de este grupo era Mateo 24.14: el evangelio será predicado a todo el mundo, y entonces vendrá el fin.

## El paradigma ecuménico

El siglo 20 ha sido el siglo de los movimientos globales y mundiales. Dos guerras mundiales, la Liga de las Naciones, las Naciones Unidas, Conferencias Ecuménicas Misioneras, la Organización Mundial de la Salud, el Banco Mundial, el Consejo Mundial de Iglesias, la Alianza Evangélica Mundial ... la lista es interminable. No es sólo esto: por medio de la tecnología, los medios de comunicación, la cibernética, la utilización del espacio, por no mencionar la contaminación global, el desastre ecológico y la finitud de los recursos, surgen preguntas nuevas acerca del futuro de la raza humana que afectan a todos.

Frente a estos urgentes enigmas y a lo que Hans Küng llama «el paradigma ecuménico emergente», los cristianos de hoy, junto con sus iglesias, han entrado en una época de cooperación y de comprensión mutua, sin precedentes en la historia de la iglesia. Aunque el camino esté marcado por muchos avances y retrocesos, es claro que todo ha cambiado y está en proceso de cambio. No es extraño que hoy se remarquen los pasajes bíblicos que acentúan la unidad de la iglesia, la oración sacerdotal del Señor, la centralidad del amor entre los hermanos, y la solidaridad con los menesterosos y los oprimidos. Los énfasis de la Reforma protestante en el reinado de Dios vuelven a estar sobre el tapete de las discusiones teológicas, aunque las interpretaciones sean muy variadas.

Sin embargo, grandes sombras oscurecen la visión de unidad. Hay razones para sospechar que la confesión de la unidad y la necesidad sentida del otro es ambigua. Por una parte, existen grandes reuniones y organizaciones que promueven el bien humano y que hacen declaraciones utópicas. Frente a tragedias momentáneas, surgen esfuerzos bien intencionados de ministrar en el nombre de Cristo. Por otra parte, se manifiesta mucha superficialidad en estos esfuerzos. Sólo es necesario notar las guerras genocidas de las últimas décadas: Ruanda, Sri Lanka, Irlanda, Chechenia, Serbia-Bosnia, Nigeria ... sirven como símbolos de una época del exterminio de minorías por medios brutales. Los países llamados cristianos, con la recesión económica, achican gravemente la ayuda al necesitado. La negación de comida y medicamentos al pueblo que sufre se justifica por razones políticas de seguridad nacional. Los pueblos cristianos les reclaman a sus gobernantes que acaben con las medidas discriminatorias contra las minorías para mantener el nivel de vida de los más pudientes, aun a costa de la desnutrición y muerte del menesteroso.

La crítica que Reinhold Niebuhr, teólogo neo-ortodoxo, hizo al optimismo histórico del liberalismo clásico a principios de siglo mantiene su vigencia. No es, afirmaba, que el mundo esté mejorando progresivamente. Más bien, el saber y el poder humanos (de hacer el bien o el mal, de ser justos o injustos, de instrumentar la fe para uno mismo o a favor de los demás) están en aumento.

Cuando el mundo llega a ser más y más interdependiente, como ocurre en nuestros días, ¿cuál es la misión de la iglesia? Cuando la iglesia se identifica con los intereses nacionales y provinciales para defenderse y sostenerse, ¿cómo puede distinguirse el evangelio de Cristo del evangelio de la cultura imperante? Cuando el cristiano se vuelve individualista en lugar de comunitario, defensivo en lugar de profético, conformista antes que luchador por el cambio, aliado con los ricos en vez de amigo de los pobres, ¿queda algún mensaje que valga la pena proclamar y vivir?

El juicio venidero dará su veredicto tal como Cristo lo dibujaba con una claridad transparente. La Biblia no malgasta palabras. Ovejas o cabras. Ropa o desnudez. Amor o interés propio. Esta generación también será juzgada por la capacidad de distinguir entre lo que Dios busca para el otro y a favor de su mundo y lo que no le interesa. Pero, es más. Habiendo hecho esta distinción, seremos juzgados al final por nuestra disposición de poner por obra la misión divina.

Este proceso no se ha desarrollado con facilidad. Lenta y dolorosamente se ha anulado el gran divorcio entre la iglesia y el mundo, el evangelio y el servicio social, un mensaje espiritual y un mensaje material, la salvación futura y la salvación actual, la iglesia que envía y la iglesia que recibe, el clero y el laicado, la persona de Cristo y su obra, la institución de la iglesia y las sociedades misioneras. Eso no quiere decir que no existen muchos grupos que todavía adhieren a algunos de estos dualismos, ni que haya alguna iglesia que los haya eliminado todos. Quiere decir que ha habido un acercamiento sorprendente entre las diversas tradiciones en muchas de estas cuestiones.

Existe una conciencia creciente, por otro lado, de la falibilidad de la iglesia institucional frente a la ambigüedad histórica, que aconseja humildad sobre sus interpretaciones particulares. Todas las iglesias aceptan hoy el lema de la Reforma: *ecclesia semper reformada est.* Además, progresivamente, hemos llegado a la confesión de que la misión no es nuestra sino que es *missio Dei*, la misión en la que todos tenemos el privilegio de participar como parte de la iglesia de Jesucristo. Pretender que es nuestra y que nosotros podemos asegurar su eficacia a través de estrategias imaginativas y técnicas masivas constituye un orgullo imperdonable frente a las crisis actuales.

Por esto hablamos de un ecumenismo creciente como paradigma para nuestra realidad actual. En este sentido las iglesias reflejan la realidad del microcosmos ecuménico que ha surgido en este siglo. Pero reflejan también una realidad bíblica profunda. La misión de Dios tiene que ver con todo su mundo, con toda la creación. Es una preocupación divina por todo el *ecumene*, por todo pueblo, raza, lengua y nación.

## Conclusión

En resumen, nuestra fe ha sostenido que en cada época de la historia de la iglesia los cristianos tienen su propia visión de las bases bíblicas de la misión. Las diferentes visiones corrigen las falencias de las anteriores, tienen valor acumulativo, y se juzgan y enriquecen mutuamente.

Describimos los distintos enfoques de la realidad como «paradigmas» o cosmovisiones. Las tradiciones eclesiásticas y congregaciones están insertadas en marcos históricos más amplios que afectan profundamente la manera de interpretar la misión. Dentro de estos marcos todos tenemos una red de creencias que determina cómo comprendemos el mundo y nuestra tarea como cristianos.

Hemos visto cómo cada paradigma refleja la situación de la iglesia y su respuesta a la realidad de su momento histórico. Bajo persecución tenía vigencia el paradigma apocalíptico. Frente a la cultura helénica, la apología marcó la relación entre la iglesia y el mundo. Durante la larga edad media coexistieron tres paradigmas: el constantiniano, el monástico y el místico. Con el surgimiento del humanismo junto al movimiento renacentista, la Reforma protestante ofreció otro modo de ver la realidad. El enfriamiento del dinamismo reformador produjo la ortodoxia y el pietismo como dos maneras de ver la misión. La expansión comercial y el imperialismo de las naciones protestantes se enmarcan en el paradigma colonialista. El cambio científico y tecnológico impulsado por la Ilustración creó espacio para el modelo cultural, mientras que las corrientes unificadoras del mundo moderno nos han dado el paradigma ecuménico.

Durante esta trayectoria muchos han sido los pasajes y temas bíblicos que sirvieron para fundamentar la misión de la iglesia. La tendencia anacrónica de juzgar un período por los criterios de otro, bajo otro paradigma y contexto histórico, no hace justicia a los agentes misioneros y es errónea. Más bien, se debe evaluar crítica y constructivamente cada esfuerzo según su fidelidad al evangelio, dentro del paradigma del cual forma una parte inherente. Sólo así podremos hacer justicia a la vida y misión de nuestros hermanos en la fe quienes prepararon el camino para nuestra parte en la *missio Dei* de nuestro tiempo.

# II

# Las bases bíblicas en el Antiguo Testamento

# 2

# La misión de Israel a las naciones: Pentateuco y Profetas anteriores

*Edesio Sánchez Cetina*

Si consideramos el tema de la misión del pueblo de Dios en el Antiguo Testamento apropiándonos del concepto de paradigma, podremos afirmar, sin temor a equivocarnos, que prácticamente todos los libros del Antiguo Testamento nos hablan de la *misión de Israel*[1] *a las naciones*. Cada libro del canon veterotestamentario da testimonio de un «rincón» de la vida y de la fe del pueblo elegido de Dios. Las partes que nos hablan de lo que Dios espera del pueblo constituyen el proyecto misionero de Dios; las secciones que hablan de cómo el pueblo respondió a ese proyecto dirán si el pueblo logró o no cumplir su vocación misionera.

Desde la perspectiva misionera tradicional, Israel en realidad nunca tuvo «un programa misionero significativo para hacer

---

[1]En este trabajo defino al pueblo de Dios no a partir de asuntos étnicos, raciales ni consanguíneos, sino desde el hecho de que quienes lo conforman se aferran a los cuatro elementos centrales de la fe bíblica: *un Dios, justicia social, éxodo y alianza*. George E. Mendenhall dice al respecto: «Es una confusión de términos hablar de los "israelitas" como un grupo étnico durante el período bíblico ... Una identidad étnica, unión o descendencia a partir de un ancestro común no tienen nada que ver con la naturaleza del Israel primitivo» (*The Tenth Generation. The Origins of the Biblical Tradition*, The John Hopkins University Press, Baltimore, 1973, pp. 224-225).

proselitismo entre los no judíos».[2] Si miramos la sección del canon que ahora nos ocupa —Pentateuco y Profetas anteriores[3]—, descubrimos que para Israel, como nación étnica, la elección lo involucraba en una dinámica centrípeta y lo alejaba de un compromiso centrífugo. La peculiaridad de la fe monoteísta de Israel y el contexto histórico de la ocupación de la Tierra prometida fueron para el grueso de Israel la justificación de su «encierro» frente las otras religiones y naciones.

Por ello, la teología bíblica de la misión en el Antiguo Testamento, especialmente en el Pentateuco y los Profetas anteriores, hace resaltar más el carácter de Israel como *testimonio* —paradigma— y no como *testigo* (véase Gn. 12.1-3; Dt. 4). De acuerdo con el plan de Dios para su pueblo, Israel cumple su misión viviendo de acuerdo con el proyecto divino más que viajando hacia tierras lejanas para anunciar ese proyecto.

## El proyecto universal de Dios

La afirmación misionológica básica de la Biblia aparece primordialmente en los primeros once capítulos del libro de Génesis. En ellos se plantea, de manera global, el anhelo de Dios para la humanidad y el mundo, y la resistencia humana a entender, comprometerse y realizar la misión y el proyecto divinos.

Los primeros dos capítulos son fundamentales, pues en ellos se señalan las pautas divinas para la humanidad. En esos capítulos

---

[2]Carroll Stuhlmueller, «Los fundamentos de la misión en el Antiguo Testamento», Senior y Stuhlmueller, *Biblia y misión: fundamentos bíblicos de la misión*, Verbo Divino, Estella, Navarra, 1985, p. 21.

[3]Me refiero a Josué, Jueces, 1 y 2 Samuel, 1 y 2 Reyes.

la Palabra de Dios desglosa el proyecto de Dios y enumera los elementos clave de la misión universal y eterna.

El primer tema que surge, y que será tratado más extensamente en el cuerpo de este trabajo, es el de la unicidad y singularidad del Dios de la Biblia. El capítulo 1 de Génesis es un canto a la soberanía, poder y singularidad del Dios verdadero. A diferencia de los relatos de creación que aparecen en las religiones del entorno bíblico, Génesis 1.1-2.4 no sólo excluye a otras divinidades y poderes en la obra de creación, sino que claramente separa al Creador de las creaturas. El sol y la luna, que en las religiones egipcias y mesopotámicas figuraban como divinidades, en Génesis 1 ven reducidos sus señoríos a «presidir el día y la noche» (v. 16, LPD). No aparecen como ejecutores de creación, ni como señores de la vida humana.

La estructura del pasaje resalta el papel soberano y único de Dios: empieza y termina afirmando que la presencia soberana de Dios es el espacio donde se inicia, realiza y finaliza la vida total del mundo: «En el comienzo de todo, Dios creó ... Entonces bendijo el séptimo día ... porque en ese día descansó de todo su trabajo de creación» (1.1; 2.3, VP). La palabra *señorear* que usa Reina-Valera para referirse al gobierno del sol y la luna sobre el día y la noche (vv. 16 y 18) sólo aparece de nuevo en relación con la soberanía humana sobre la creación circunscrita al globo terráqueo:« *señoree* en los peces del mar, en las aves de los cielos, en las bestias, en toda la tierra, y en todo animal que se arrastra sobre la tierra ... sojuzgadla, y *señoread* en los peces del mar, en las aves de los cielos, y en todas las bestias que se mueven sobre la tierra» (1.26, 28).

De acuerdo con nuestro pasaje, el primer compromiso misionero humano es ejercer dominio sobre la creación, del modo en que Dios lo ejerce. Según este principio teológico, la misión de la iglesia tiene su punto de arranque en el hecho de que el ser humano es *señor* de lo creado en este planeta. Realizar la misión significa reconocer el compromiso que tenemos, hombres y mujeres, como los responsables inmediatos de lo que pasa en esta «nuestra casa grande», la tierra; una responsabilidad que resulta de la incuestionable unidad entre la soberanía universal de Dios y el señorío humano sobre este planeta.

Este hecho de compartir señoríos tiene varias implicaciones para nuestra comprensión de la misión de Dios para nosotros. En primer lugar, porque en la responsabilidad y el privilegio de ejercer ese señorío, nada ni nadie se interpone entre Dios —el soberano universal— y el ser humano —su representante aquí en la tierra—. De este modo se excluye de entrada la participación de otro poder ajeno al de Dios en nuestro papel de vicerrectores. La misión de acuerdo con la Biblia es, en su raíz, una fuerza iconoclasta: destroza ídolos, y desenmascara y desplaza a dioses falsos.

En segundo lugar, la misión consiste en ser responsables de mantener *bien arreglado* este «cosmos» (la tierra) que Dios nos ha dado para guardar y cuidar. Misión en la Biblia significa mayordomía ecológica, cuidado del medio ambiente.

La misión que Dios nos ha encomendado sólo podrá ejecutarse si se mantiene en un marco donde la línea de autoridad permanece tal como la propone Génesis 1.1-2.4:

Dios
↓
ser humano
↓
animal

En tercer lugar, el señorío que Dios ejerce y comunica al ser humano es sobre todo por la palabra. De acuerdo con Génesis 1, la creación se ejecuta por medio de la palabra divina. Sólo el ser humano es creado de manera diferente. El ser humano recibe autoridad por medio de la palabra imperativa de Dios: «les dijo: fructificad y multiplicaos; llenad la tierra, y sojuzgadla, y señoread...» (v. 28, RV). En la relación entre el ser humano y Dios, ningún otro poder le ordena a la gente lo que tiene que hacer o decir, sino sólo Dios. La palabra que dirige al ser humano en su proclamación y en su actuar es la palabra de Dios y ninguna otra más. Por ello, la misión que recibe por encargo el ser humano no puede permitir la ingerencia de ninguna otra palabra que no sea la de Dios. Esto se muestra claramente en Génesis 2.16: «Y mandó Jehová Dios al hombre, diciendo...»

Para todo lo anterior resulta útil ver Génesis 3. Allí se nos muestra el reverso de lo que hemos dicho hasta aquí. El primer diálogo que tiene el ser humano —en este caso la mujer— con alguien que no es otro ser humano es con un animal: la serpiente. Pero lo más sorprendente es que el animal inicia la charla y establece la pauta del diálogo. Al final, después de un forcejeo de medias verdades, la palabra que orienta —o, más bien, desorienta— el actuar del ser humano es la del animal y no la de Dios. Cuando Dios aparece en la escena, el hombre lo culpa por haberle dado a la mujer, y la mujer también lo culpa por haber creado a la serpiente.

De acuerdo con Génesis 3, el esquema de autoridad se invierte:

animal
↓
ser humano
↓
Dios

*El animal* se convierte en el que dicta lo que se tiene que hacer y *el ser humano* pasa a ser el que pone en duda la palabra de *Dios* y enjuicia a *Dios*. En ese diálogo, Dios y su palabra son sólo el tema de la conversación: Dios no es el que habla, ni su palabra marca la pauta y la ruta del diálogo y de la acción humana.

Cuando se corrige el esquema de autoridad, en el mismo capítulo 3, la relación de Dios con el ser humano y de éste con la naturaleza ya no es de armonía y vida plena. El pecado ha minado la vida total de nuestro planeta. Y, a partir de aquí, la misión entra en una nueva dimensión que será siempre vista, juzgada y cambiada a partir del proyecto divino de los dos primeros capítulos del Génesis.

Los siguientes capítulos de Génesis (1-11) mostrarán las áreas de alienación y pecado en las que se desarrolló y se desarrolla una vida humana ajena a Dios y alejada de sus designios: fratricidios (4.1-16), venganzas (4.23), maldad (6.5), orgullo y desobediencia (11.1-9). Se trata de situaciones a las que la misión de Dios convocará a su pueblo para que juntos vuelvan a hacer de esta tierra un cosmos, un mundo de Dios y para Dios.

Por ello es importante retomar los principios teológicos de Génesis 1-2. Porque esos pasajes no sólo hablan de la misión en el contexto de la soberanía de Dios y del nombramiento del ser humano como su lugarteniente, sino que además señalan elementos clave de la misión que se tocarán tanto en este como en los otros capítulos del presente libro.

Génesis 1.26-27 dice que el ser humano (*adam*) fue creado *a imagen y semejanza de Dios*, y que como tal fue creado en una realidad plural y comunitaria. El ser humano, el que refleja de verdad la imagen de Dios, no sólo ejerce su autoridad, sino que es una comunidad y no un individuo. Así como Dios es por siempre una realidad comunitaria, su imagen también lo es. La misión no puede ignorar este hecho. Porque esa comunidad humana es, en primer lugar, una pareja (varón y mujer) y, en segundo lugar, una familia (Gn. 5.1-3).

La misión, desde este ángulo, afirma la igualdad del varón y de la mujer en todo lo que concierne a responsabilidades y privilegios. Génesis 1.28-30 y 2.18-25 son claros al indicar que la tarea humana no restringe ni libera a nadie de las responsabilidades que se mencionan como tareas del ser humano. Como bien dice Padilla en su artículo «La relación hombre-mujer en la Biblia»:

> ...nada en el texto sugiere que la mujer sería «ayuda idónea» del hombre exclusivamente en la reproducción. Si ese fuera el caso, Génesis 2 entraría en contradicción con Génesis 1,

> donde, como hemos visto, el hombre y la mujer, como *Imago Dei*, reciben de Dios una común vocación que incluye la procreación y la mayordomía de la creación.[4]

La misión, a partir de la enseñanza de estos dos capítulos, coloca a la familia y el hogar como la base indiscutible de la sociedad. Por ello, cuando Deuteronomio 6.4-9 habla del *locus* de la educación para la vida, coloca la enseñanza más central de la fe bíblica en el seno del hogar. La misión de educar al ser humano como imagen de Dios se realiza desde el hogar y hacia el hogar. Si en algo ha fracasado la misión global de la iglesia es en esto. La tarea evangelizadora ha caído presa del individualismo de la cultura occidental. De acuerdo con el testimonio global de la Biblia, el sujeto y objeto de la misión, como entidad humana, no es el individuo sino la familia. Esto lo trataremos más ampliamente en este mismo capítulo.

Finalmente, la misión, de acuerdo con Génesis 1-2, se realiza con la comprensión de que el señorío que Dios otorga al ser humano no da pie para que el varón señoree sobre la mujer, ni la mujer sobre el varón, ni para que una raza o etnia señoree sobre otra. En ningún momento Génesis 1-2 habla de una autoridad ejercida por un ser humano sobre otro. Tratar de dominar a otro ser humano es usurpar el lugar de Dios. La misión, por tanto, no deberá promover ningún tipo de supremacía de sexo, raza o etnia. La enseñanza de Gálatas 3.27-28 y la constante afirmación de la preocupación divina por los marginados, oprimidos y vulnerables no deja lugar a dudas.

---

[4] Jorge Maldonado, ed., *Fundamentos bíblico-teológicos del matrimonio y la familia*, Nueva Creación, Buenos Aires, 1995, pp. 54-55.

## «...Yavé, nuestro Dios, Yavé es uno/único»

La tradición bíblica y la tradición judía de ayer y de hoy coinciden en afirmar que el corazón de la fe bíblica es el *shemá*: «Oye, Israel, Yavé nuestro Dios, Yavé es uno. Y amarás a Yavé tu Dios con toda tu capacidad cognoscitiva y volitiva, con todo lo que eres y con todo lo que tienes» (Dt. 6.4-5).[5] Este es el primer principio teológico, y el más importante, que otorga singularidad a la fe bíblica y al pueblo de Dios. Es, por tanto, nuestro punto de partida para una reflexión sobre la responsabilidad misionera del pueblo de Dios en el Antiguo Testamento.

Las diferentes tradiciones que conforman el Pentateuco reiteran una y otra vez que Israel nace y se desarrolla para demostrar y reafirmar que la vida auténticamente humana sólo es posible si se tiene a Yavé por único Dios y Señor de la vida. Los dos temas teológicos centrales del Antiguo Testamento —el éxodo y la alianza— son categóricos al respecto. No se puede formar una verdadera familia, tribu o nación si no se vive bajo la acción, el cuidado y la dirección de Yavé.

Exodo 3.1-15 y 6.2-8 afirma que el *ontos* de Israel sólo es posible si queda investido, arropado del *ontos* divino. Veámoslo más detenidamente en ambos pasajes:

1) Exodo 3.9-15 es parte del diálogo iniciado entre Yavé y Moisés, que culmina con la revelación del glorioso nombre: *Yavé* (v. 15). Es una estructura que avanza hacia un clímax.

v. 11 Moisés es sujeto: «¿Quién *soy yo*?»
v. 12 Yavé es sujeto: «*Yo* estaré contigo. . .*Yo* te he enviado.»

---

[5]Traducción libre del autor, que destaca el sentido actual del hebreo. A este principio de lealtad total a Dios, tanto el Deuteronomio como la tradición judeo-cristiana le han añadido el elemento humanitario y de justicia social (Dt. 10.17-21; Sab. 14.27-31; Mc. 12.28-34).

v. 14 Yavé es sujeto: «*Yo soy el que soy*».
«"*Yo soy*" me ha enviado.»
v. 15 Yavé es sujeto: «*YHVH,*[6] el Dios de tus padres.»

Moisés sólo podrá hacer suya la misión de Dios —sacar al pueblo de la esclavitud egipcia (Ex. 3.7-9)— si en lugar de enfrentarse con su humano y débil *yo* al Faraón, lo hace con el maravilloso y poderoso ***YO*** de Dios (Ex. 3.11-15). Antes de esto, Éxodo 3.1-9 dice que Moisés ha tenido que dejar de ver con sus ojos humanos su vida y misión para ver, desde la perspectiva divina, lo que Dios realmente ve: *la opresión del pueblo* (vv. 7 y 9).

2) Exodo 6.2-8 presenta la revelación del nombre de Dios en una estructura concéntrica. La fórmula *Yo soy Yavé,* repetida cuatro veces, rodea el centro de la estructura: la liberación del éxodo definida como «grandes actos de justicia»[7] (Ex. 6.6).

a) Yo soy Yavé (v.2)
b) Abraham, Isaac y Jacob (v.3)
c) [Voy a] darles la tierra de Canaán (v.4)
d) Yo soy Yavé. . .Yo los libertaré (v.6)
e) Los libraré de su esclavitud (v.6)
f) Los salvaré ... con grandes actos de justicia
e) Yo los haré mi pueblo, y seré su Dios (v.7)
d) Yo soy Yavé ... los libertaré (v.7)
c) Yo los introduciré en la tierra (v.8)
b) Abraham, Isaac y Jacob (v.8)
a) Yo soy Yavé.

Ambos pasajes, en su unidad de forma y contenido, afirman la relación intrínseca entre la presencia de Dios con su grandioso *Yo soy*, presente para siempre en su nombre YHVH, y las acciones

---

[6]YHVH es una forma del verbo *ser* o *estar* en hebreo.

[7]El hebreo literalmente dice: «y con grandes [actos] de juicio/castigo».

divinas de justicia para liberar al pueblo oprimido en Egipto. La misión, desde la perspectiva del éxodo, es tener del lado del pueblo misionero a *Yo soy* y considerar como principal objetivo de misión la liberación de los marginados, oprimidos y vulnerables.

Con el éxodo no sólo nace Israel, sino que se inician y desencadenan todas las posibilidades para que individuos y naciones reconozcan que la manera humana de vivir, de acuerdo con el proyecto divino, no es ni puede ser la esclavitud o servidumbre. Con el éxodo de Israel todos los seres humanos, y con ellos los animales y las plantas, tienen la esperanza de vivir plenamente libres.

En realidad, la constante vigencia que el éxodo tiene en la historia del pueblo de Dios y de su misión, tal como aparece en el Antiguo Testamento, debe encontrarse sobre todo en la conjugación de Yavé como único Dios de su pueblo y la presencia de la justicia.

El éxodo es la primera gran afirmación misionológica del carácter único y singular de Yavé, ya que identifica a Yavé como el Dios universal y excluye toda posibilidad de reducirlo a un simple dios circunscrito a una etnia o raza. Además, el éxodo afirma que la universalidad de Yavé se relaciona directamente con el hecho de que Yavé es el Dios de justicia y por ello, el Dios de los pobres. A Yavé no le interesa liberar a Israel porque es la nación judía; lo libera porque es una nación esclavizada bajo la opresión egipcia. Es lo que lo hace un Dios único y universal.

La misión del pueblo de Dios, de la iglesia, tiene que ser desde su raíz una fuerza iconoclasta y liberadora. El futuro y el destino de cada ser humano tienen que ser arrebatados de la mano de los dioses falsos y de todo poder esclavizante. La verdadera misión del verdadero pueblo es colocar en las manos de Dios a cada individuo y nación para que puedan vivir seguros en este mundo. Así lo dice Deuteronomio 32:

La roca de Israel es Yavé, su único punto de referencia para vida y para muerte (Dt. 32.39):

Él es la Roca, su obra está completa (perfecta),
porque todos sus caminos son justicia.
Dios de lealtad y libre de injusticia,
justo y recto es él (Dt. 32.4).[8]

La salvación de Israel es considerada aquí como un acto de justicia. El contexto histórico no podía permitir definir la salvación de otra manera. Yavé libró, guió por el desierto y entregó la tierra abundante a un grupo de esclavos (Dt. 32.10-14); a un pueblo sin poder ni riqueza como para alcanzar la autosuficiencia y despertar el orgullo o el interés de otros pueblos y dioses.

En este marco grandioso, en el que Yavé aparece sin rival que pueda imitarlo, el himno de Deuteronomio 32 agrega otros vocablos que acentúan más la singularidad divina: Yavé es el único creador del pueblo de la alianza (vv. 6, 15, 18); el Dios «Altísimo» (v. 8); el protector, guía y sustentador (vv. 10-14); la «roca» de Israel (vv. 18, 30-31); un Dios de «amor» y pronto al «arrepentimiento» (v. 36); el Dios que vive y da la vida —«Yo soy», «yo hago vivir», «Vivo yo para siempre»— (vv. 39-40).

Como paradigma misionero, el pueblo aparece aquí como antimodelo. Deuteronomio 32 habla de Israel como gente «malvada» y «perversa»; han ofendido a Dios y son «indignos de ser sus hijos» (v. 5, VP). Describe a Israel como una nación necia y falta de sabiduría (vv. 6, 28-29), y como un pueblo que «rechazó» y «despreció» a Yavé, «su Roca», y lo cambió por otros dioses, provocando sus celos y su ira (vv. 15-18, 20-21). Israel aparece como una nación que valoró su existencia e importancia no a partir de lo que hizo Yavé por ella, sino a partir de lo que poseyó, producto de la dádiva divina:

Comió Jacob hasta saciarse,
engordó mi cariño, y tiró coces

---

[8]Traducción del autor.

—estabas gordo y cebado y corpulento—
y rechazó a Dios, su creador;
deshonró [despreció] a su Roca salvadora.

Le dieron celos con dioses extraños,
lo irritaron con sus abominaciones,
ofrecieron víctimas a demonios que no son dios,
a dioses desconocidos,
nuevos, importados de cerca
que no veneraban vuestros padres (32.15-17, NBE).

La posesión de bienes materiales fue la causa principal del desplazamiento de Yavé, de la consecuente actitud de autosuficiencia y de la caída en los lazos de otro dios. Aquí es donde se unen infidelidad e injusticia. Mientras que a Yavé lo mueve el desposeimiento y la pobreza, a Israel y a los otros dioses los mueven la posesión y la abundancia. Yavé hace objeto de su amor al que no tiene; Israel y los otros dioses, a los que tienen. Pero a la hora del desamparo y de la pérdida de los bienes de Israel (en el exilio), los otros dioses lo abandonan:

¿Dónde están sus dioses,
la roca en que buscaban su refugio,
que comían la grasa de sus sacrificios
y bebían el vino de sus libaciones?
¡Levántense y os salven,
sean ellos vuestro amparo! (32.37-38 BJ).

En el cuadro final de Deuteronomio 32 Yavé aparece de nuevo como soberano e incomparable, pero ahora como Dios castigador, violento y destructor. Sin embargo, su última palabra es de perdón y restauración:

¡Alégrense, naciones, con el pueblo de Dios!
¡El vengará la muerte de sus siervos,
tomará venganza de sus enemigos
y perdonará a su país y a su pueblo (v. 43, VP).

Lo que hemos visto nos indica que el éxodo no se detiene en la experiencia del ayer como evento empírico, con su límite y su condicionamiento histórico. Es evento con un «superávit» de significado y con capacidad generadora de nuevos eventos liberadores. Por ello el Antiguo y el Nuevo Testamento hablan de nuevos éxodos. Y ese dinamismo inagotable se debe a que Yavé decidió hacer del éxodo la experiencia y el concepto más querido desde el cual se definirían el *ontos* y el *ethos* tanto de Dios como de su pueblo.

Y así surge la necesidad de la alianza. Con la alianza se asegura que los logros y principios del éxodo se mantendrán para siempre: ella es en realidad el éxodo *ad perpetuam*. Convierte al evento liberador en promesa divina y compromiso humano. Es una verdadera fuerza misionera, pues convierte en agentes de justicia y misericordia a quienes antes han sido beneficiarios de la liberación. Con la fuerza del éxodo éstos buscarán en la alianza que otros, en circunstancias de esclavitud y pobreza, encuentren la concretización de las promesas divinas de liberación.

La alianza, con miras a perpetuar el modelo de vida logrado a través de la experiencia del éxodo, toma muy en serio los dos elementos primordiales para la liberación completa: un solo Dios y la práctica de la justicia. Por ello, en primer lugar, la alianza busca liberar al pueblo de su propensión de seguir a otros dioses y poderíos idolátricos. En segundo lugar, busca liberar al pueblo de toda tentación de autosuficiencia y caprichos egoístas. Así la alianza pasa a ser un poder subversivo, pues su origen y dependencia del poder de Yavé, Señor berítico, la convierte en generadora de cambios necesarios para destruir toda estructura injusta que intente perpetuar una sociedad desigual, con opresores y oprimidos.[9]

---

[9]En relación con este tema, son importantes el ya citado estudio de George E. Mendenhall y las obras de Norman K. Gottwald, *The Hebrew Bible. A Socio-Literary Introduction*, Fortress Press, Filadelfia, 1985,

Con el establecimiento de la alianza se hace efectiva la condena divina contra los otros dioses (Sal. 82). Yavé no hace causa común con los otros dioses; su compromiso será por siempre con seres humanos, con su pueblo. Y porque Yavé no pacta con los dioses, insiste en que su pueblo no tenga nada que ver con aquéllos. Con la alianza, el compromiso de justicia está en nuestras manos; esa es nuestra misión esencial. Ya no es la misión de los dioses, a quienes Yavé se la ha arrebatado de la mano. Somos nosotros, investidos con el *Yo soy* divino, los verdaderos responsables de hacer realidad la misión divina en la tierra (Mt. 25.31-40).

Dos momentos narrados en los libros de los Reyes ilustran acciones misioneras que se convierten en paradigmas o antiparadigmas:

### *Un éxodo que se convierte en esclavitud; un «Moisés» que termina siendo un «Aarón» (1 R. 12.25-33)*

Jeroboam I (ca. 922-901 a.C.), un nuevo «Moisés,» libera a su pueblo de la opresión «salomónica» (1 R. 12.1-24).[10] El evento se completa con una acción que le da a esa experiencia liberadora su fundamento teológico. Así, Israel (tribus del norte) no sólo es físicamente liberado, sino que también experimenta una liberación religiosa. Jeroboam I establece un lugar para la adoración,[11] un símbolo de la presencia de Yavé, el becerro de oro,[12] y a esto le añade una justificación teológica: «Basta ya de subir a Jerusalén.

---

pp. 284-288; *The Tribes of Yahweh. A Sociology of the Religion of Liberated Israel, 1250-1050 B.C.E.*, Orbis, Maryknoll, 1979, caps. IX-XI.

[10]Cf. J. Trebolle Barrera, «La liberación de Egipto narrada y creída desde la opresión de Salomón», *Cuadernos Bíblicos* 6, 1981, pp. 1-19.

[11]Como David había hecho en Judá con Jerusalén.

[12]Así como en el templo de Jerusalén estaban los querubines y el arca que funcionaban como símbolos o pedestales del Dios invisible.

Este es tu dios, Israel, el que te hizo subir de la tierra de Egipto» (12.28, BJ).

En 1 Reyes 12.25-28 no se notan matices negativos:[13] no hay rastros de idolatría en él, pero tampoco hay señal de la presencia de la alianza. Y esto último es lo que quizá explique por qué, años más tarde, Oseas (13.1-3) y el deuteronomista (1 R. 12.30-33; *et al.*) encontraron a un pueblo alejado del proyecto y la misión de Dios; un pueblo que había experimentado el éxodo, pero que no vivía en el marco protector de la alianza.[14]

Al final, de acuerdo con la evaluación profética, Jeroboam I, en lugar de ser un nuevo Moisés, se convirtió en un nuevo Aarón. Ya no fue un líder del éxodo, sino un quebrantador de la alianza.[15] Y fue exactamente este mal ejemplo el que siguió Israel hasta su caída en 722 a. C. La repetición del estribillo «por los pecados que Jeroboam cometió e hizo cometer a Israel y con los que provocó la irritación de Yahvéh, Dios de Israel» (1 R. 15.30; 16.19; *et al.*, BJ) en la historia deuteronómica de los reyes señala que para el Israel del norte el paradigma que lo llevó a la ruina fue el éxodo sin alianza de Jeroboam I, y no el éxodo de Egipto, acompañado del Horeb.

---

[13]Con respecto a esto véanse los estudios de Cross, *Canaanite Myth*, Harvard University Press, Cambridge, MA, 1973, pp. 72-75.

[14]No es del todo accidental que el reino del norte se haya convertido en la arena donde con más encono la proclamación profética atacó el abandono de Yavé y la ruptura de la alianza por seguir a los otros dioses y adorar a los ídolos. La ausencia de la alianza en la vida del pueblo parece ser superada por la abrumadora presencia del tema en la predicación profética: la tradición elohísta, Oseas y el círculo deuteronómico. Si Israel quería permanecer con vida, tenía que someterse a los principios reguladores de la alianza con Yavé.

[15]En algunos puntos Jeroboam I y Aarón son idénticos; compárese Ex. 32 con 1 R. 12-13. Cf. M. Aberbach y L. Smolar, «Aaron, Jeroboam, and the Golden Calves», *Journal of Biblical Literature* 86, 1967, pp. 129-149.

## *Un éxodo que lleva al Horeb, que enfrenta a «faraones» y libera a los «pobres» (1 R. 17-19, 21)*

El intento liberador de la opresión salomónica (siglo 10 a.C.) bien pronto desembocó en una nueva opresión: la cananea. El «Moisés» de aquel éxodo, Jeroboam I (1 R. 12), en su afán por liberar a Israel en forma total de la sombra del reino del sur, proveyó al pueblo de un símbolo que pronto permitió la transferencia de dioses: Yavé y su símbolo-pedestal, el becerro, fue cambiado por Baal y su símbolo, el becerro. Con el paso de los años, el símbolo que sirvió para dar razón de ser al éxodo de la opresión salomónica se convirtió en obstáculo para reconocer a Yavé como único Dios de Israel.

Los becerros de Éxodo 32, 1 Reyes 12 y Oseas 13.1-3 recuerdan al pueblo tan terrible confusión. ¡Los becerros ya no son pedestales o símbolos de la presencia de Yavé! ¡Ahora son ídolos representantes del señor de la vida cananea! Aquel éxodo de la opresión salomónica se convirtió en paradigma para asegurar un nuevo tipo de opresión. «Estos son tus *elohim*, los que te hicieron subir de la tierra de Egipto» o «Este es tu *elohim*, el que te hizo subir de la tierra de Egipto» (1 R. 12.28) dejó de ser una afirmación de fe israelita en Yavé; se convirtió en credo de fe en Baal. El pueblo había sucumbido ante una nueva estructura opresora en la que idolatría e injusticia se daban la mano.

La lectura de estos capítulos nos acerca al marco ideológico de Deuteronomio con su enseñanza sobre la fidelidad absoluta y la justicia social. 1 Reyes 17-19 y 21, en el contexto de la lucha encarnizada contra la religión de Baal,[16] nos ofrece una declaración afirmativa de la singularidad de Yavé, «¡Yahvéh es Dios, Yahvéh es Dios!» (1 R 18.39; cf. 18.21, 24, 37, BJ), y de su amor por la justicia.

---

[16]Llama la atención que en 1 R 17-19 y 21 no se hable de los ídolos de Baal, sino sólo del dios. Algo diferente ocurrirá en el libro del profeta Oseas.

Estos capítulos, en su conjunto, nos hablan de la pugna entre la fe yavista y la religión de Baal, y el enfrentamiento del profeta de Yavé, Elías, con la monarquía idolátrica e injusta de Acab y Jezabel. El cuadro en su conjunto es claro: Yavé es incomparable y no admite rival alguno, sea éste Baal o sean éstos seres humanos sedientos de poder e injusticia.

Los capítulos 17-19, en una prosa magistral, narran cómo Yavé maneja los eventos y la naturaleza a expensas de Baal, a quien sus seguidores adjudicaban control y dominio sobre la lluvia, la agricultura, el fuego y la vida.[17] Paso a paso, con la participación directa del profeta de Yavé, se va rompiendo toda posible interposición entre Yavé y Baal. En cada nuevo milagro, en cada confrontación del profeta con los seguidores de Baal, es Yavé quien triunfa y quien realiza las hazañas. Esta confrontación halla su punto culminante en el monte Horeb. Allí Elías, como un nuevo Moisés, recibe una nueva revelación de Yavé. Cada uno de los elementos que habían aparecido en el Sinaí con Moisés y que, de alguna manera, caracterizaban a Baal (el huracán, el temblor de la montaña, el fuego [cf. Ex. 19.16-25 y 1 R. 19.9-11]), va haciéndose a un lado. Yavé no estaba en ellos.

Lo que llama la atención en esta pugna entre Yavé y Baal es la preocupación concreta de Dios por los pobres y débiles. Yavé quita la lluvia, y con ella el aceite y el trigo, pero provee de alimento a su profeta y a la viuda y su hijo (1 R. 17.13-16). Yavé es el Dios que da y quita la vida: cuando muere el hijo de la viuda, Yavé da vida al muchacho por intermedio de Elías (1 R. 17.17-24).

Ni Baal ni sus adoradores Acab y Jezabel pueden ser fuente de vida y tampoco lo son de la justicia.

---

[17]El momento de mayor ironía y burla es el episodio del sacrificio en el que Baal es incapaz de levantarse de su «sueño» y de enviar fuego, siendo dios de las tormentas y el relámpago.

1 Reyes 21 presenta la otra cara de la moneda.[18] Por su secuencia en relación con los capítulos 17-19, se puede afirmar que la presencia de la infidelidad en la pareja gobernante ha abierto la puerta a la injusticia.[19] Aquí se señala, por la vía negativa, que la lealtad absoluta a Yavé va de la mano con la práctica de la justicia social. Se subraya que quienes cuestionan la singularidad de Yavé y dividen su lealtad están inclinados a dejarse llevar por la injusticia.[20]

El capítulo 21 no sólo muestra el pecado de la injusticia en las personas de Acab y Jezabel: también deja ver a Yavé como Dios de justicia. Es Yavé mismo quien ordena a Elías llevar el mensaje de condena a la pareja malvada (vv. 17-24).

Si quisiéramos contrastar la vida y obra de los protagonistas de 1 Reyes 17-19, 21, descubriríamos que mientras Jezabel siembra la muerte en Israel (1 R. 18.4), Elías es instrumento de vida en Fenicia, de donde viene la reina mala. Elías, cuyo nombre significa «Yavé es Dios», es el misionero que en nombre de Dios no sólo pone en alto ese nombre, sino que hace realidad el éxodo en medio de la maldad y la idolatría. Su fe firme y su valentía y coraje terminaron convenciendo al pueblo de la soberanía de Yahvé: «¡Yahvé es Dios! ¡Yahvé es Dios!» (1 R. 18.39, BJ). Jezabel,

---

[18]Es importante señalar aquí que en la Septuaginta el capítulo 21 del Texto Masorético es el 20. De este modo se muestra que la historia de Nabot sigue como secuencia directa de los capítulos 17-19.

[19]John Gray escribe al respecto: «En el proceso de compilación, el incidente de la viña de Nabot demuestra que el culto inmoral de la fertilidad en Canaán, contra el cual Elías protestó en los caps. 17s., reduce la responsabilidad social alentada por el sacramento del pacto en el culto a Jehová, la violación del primer mandamiento en los caps. 17s. abriendo el camino a la violación del sexto y el décimo mandamientos en el cap. 21.» *I & II Kings. A Commentary*, Old Testament Library, The Westminster Press, Filadelfia, 1970, p. 375.

[20]Véanse como contraste 2 S. 8.15 y Jer. 22.15.

misionera de Baal, sólo puede producir muerte y apostasía. Su nombre marca su misión.

## Un pueblo peregrino

El éxodo y la alianza —acompañados de las dos demandas centrales de la fe bíblica: fidelidad absoluta y justicia social— caracterizan a Israel como un pueblo peregrino. El éxodo se presenta como salida y peregrinación por el desierto. La alianza se consuma en las laderas del monte Sinaí, en medio de la peregrinación y fuera de la tierra prometida.[21] La vocación misionera del pueblo de Dios sólo se cumple en la marcha y fuera de las paredes protectoras de la ciudad.

Génesis 11.1-9, que cierra la primera gran sección del libro, termina con una afirmación contundente que leída por sí sola, en el contexto limitado del pasaje, aparece con una connotación negativa, como señal de castigo: «y desde allí los *esparció* sobre la faz de toda la tierra» (RV).

Sin embargo, cuando colocamos esta afirmación en el contexto amplio de Génesis 1-11, al elemento negativo del castigo se agrega el elemento *misionero* que responde (muy a pesar de los hombres y las mujeres) al proyecto divino con el que se abre el Génesis:

> Y creó Dios al hombre a su imagen, a imagen de Dios los creó; varón y hembra los creó. Y los bendijo Dios, y les dijo: Fructificad y *multiplicaos; llenad la tierra*, y sojuzgadla... (Gn. 1.27-28, RV).

Esta idea se repite de nuevo en Génesis 10.18 y 32:

---

[21]Cuando la epístola a los Hebreos habla del éxodo de Jesús —su muerte—, lo define como un evento que ocurre fuera de la ciudad y lo presenta como un desafío para nuestra misión. Debemos *salir* y mantenernos en «camino» (13.12-14).

> Estas son las familias de los hijos de Noé por sus descendencias, en sus naciones; y de éstos se *esparcieron* las naciones en la tierra después del diluvio (RV).

Génesis 11.1-9, que viene inmediatamente después, aparece como un intento humano, como un obstáculo, para frenar o acabar con el proyecto misionológico de Dios. «¡No, no queremos esparcirnos, queremos quedarnos acá!» Y el pasaje termina con ese tira y afloje entre la voluntad humana y el deseo divino. Es importante señalar que muy cerca de esta idea de «*esparcir*» con la que termina Génesis 11.1-9 aparece la orden de Yavé a Abraham y su familia:

> *Vete* de tu tierra y de tu parentela, y de la casa de tu padre, a la tierra que te mostraré. Y haré de ti una nación grande, y te bendeciré, y engrandeceré tu nombre, y serás bendición...y serán benditas en ti todas las familias de la tierra (Gn. 12.1-3, RV).

En esa tensión entre seguir el proyecto de Dios y resistirse a él, Babilonia se encuentra en el medio. Es la gran urbe la que tienta al pueblo de Dios a desoír su misión y seguir los «placeres» y «seguridades» de la gran ciudad.

Génesis 11.1-9 tiene dos secciones importantes, encerradas en un marco en tensión:

v. 1 *Un mismo lenguaje*

vv. 2-4 La gente *actúa-habla-actúa*
—decisión y ejecución— *quieren subir*

vv. 5-8 Dios *actúa-habla-actúa*
—decisión y ejecución— *desciende*

v. 9 *Confusión de lenguajes*

Aparece la tensión entre ser uno, tener un solo lenguaje, hacerse un nombre y dividirse. Se da también una tensión entre los planes y las acciones humanas, y los planes y las acciones divinas. De igual modo, la tensión aparece en el marco de *quedarse* en un solo *lugar* o *esparcirse.*

La tensión entre el quedarse y el moverse se resuelve de inmediato en la obediencia de Abraham al mandato de *salir.*

En Génesis 11.1-9, Babilonia aparece como punto de llegada y como punto de partida en el *esparcirse.*

Si Babilonia y el Edén pueden ubicarse, más o menos, en la misma área geográfica, podríamos decir que ese lugar, Edén o Babilonia, ejerció para el ser humano una fuerza de atracción hacia allá para regresar, para resguardarse del ser esparcidos. Y Dios saca al ser humano tanto del Edén como de Babel, y lo manda a peregrinar, a poblar la tierra.

Es interesante que cuando Judá se vio frente al castigo divino porque los judíos quisieron hacerse de un nombre —¡Jerusalén! ¡David! ¡El templo! (Jer. 7.1-15)— cuando Jerusalén era la capital de la violencia, el robo, la opresión, la prostitución y el adulterio (Ez. y Jer.), Dios llevó al pueblo al exilio, a Babilonia. Babilonia es el lugar de convocación para ir y quedarse, como querían los hombres y las mujeres, o para esparcirse, como mandaba Dios. El problema no es Babilonia en sí, sino lo que se quiere hacer de ella. Babilonia, con su fascinación de seguridad, protección, poder y fama, se convierte en el foco de tensión entre la voluntad humana y la voluntad divina: el hombre que quiere mantener la unidad, y Dios que clama por la diversidad. El hombre que busca un centro, y Dios que llama a la dispersión.

El proyecto del hombre, que choca con el de Dios, es el de convertir a la ciudad en protección, en asilo, en homogeneidad, en fama, en algo para sí. Es interesante que cuando Isaías se enfrenta a la realidad de Babilonia, la pugna se da entre Yavé y el sistema político religioso del imperio. Isaías sabía que, a la larga, la lucha era contra aquellos que gobernaban y en cuyas manos estaban al poder político y el poder religioso. Ambas fuerzas eran para dominar al pueblo. Para Isaías los miles de dioses de Babilonia eran trozos de madera y metal (Is. 44.9-20) manipulados por los hombres (Is. 46.1ss.).

Cuando Génesis 11.1-9 pinta el cuadro de una humanidad enfrentada con el proyecto redentor de Dios, se refiere a esa Babilonia que ha sido convertida en el «rincón» desde donde los poderosos crean una homogeneidad (emparchando diversidades) para manipular, oprimir y deshumanizar. Según Génesis 11.1-9, el temor del hombre a la dispersión, su búsqueda de «protegerse» en la ciudad, no es otra cosa que una huida de las «amenazas» que le impone el proyecto de Dios. Es en realidad una actitud egocéntrica.

La acción de Dios es una acción liberadora que busca redimir al ser humano de una «mentalidad de fortaleza», del querer sobrevivir por sus propios recursos.[22] Dios viene a liberar al hombre de esa unidad humana que, sin la voluntad divina, se convierte en ordenadora de una *conformación opresora*.[23]

Génesis 11.1-9 nos habla de un *éxodo al revés*. El pueblo necesita salir al exilio para aprender los caminos de Dios, someterse a su voluntad y ser actor de la misión divina.

Cuando el pueblo de Dios no *sale* a *ser bendición de las naciones* por iniciativa propia, Dios lo hace peregrinar a la fuerza, al estilo de Génesis 11.1-9. Así lo constatan también las historias (en realidad *midrashes*) paradigmáticas de Rut y Jonás.

---

[22]Walter Brueggemann, *Genesis*, John Knox Press, Atlanta, 1982, pp. 94-184.

[23]Véanse Sal. 127-128; Is. 2.2-4; Miq. 4.1-4 para descubrir cuál es la unidad del hombre en una ciudad bajo la voluntad de Dios.

## «...De los tales es el reino de Dios»

Deuteronomio hace fruncir más de una ceja cuando afirma: «Porque Jehová vuestro Dios es Dios de dioses y Señor de señores, Dios grande, poderoso y temible ... que hace justicia al huérfano y a la viuda; que ama también al extranjero dándole pan y vestido. Amaréis, pues, al extranjero; porque extranjeros fuisteis en la tierra de Egipto» (Dt. 10.17-19, RV).

Pobres, mujeres, niños, inmigrantes, todos ellos aparecen en la literatura bíblica como representantes de los vulnerables y débiles hacia quienes Yavé muestra aprecio y concede privilegios especiales.

En la afirmación misionológica de la Biblia, el reino de Dios se abre de par en par para dejar entrar a quienes, por ser lo que son, pertenecen a ese reino (Lc. 6.20; Mc. 10.14). Ellos son sujetos y objetos de la misión divina. Son, en realidad, el paradigma de la misión divina. Y como tal, no dejan de sorprender a tantos que no conocen el corazón de Dios, que no entienden hacia dónde se mueve al amor divino.

En esta perspectiva misionera, Dios elige a aquellos a quienes la sociedad margina y denigra, a aquellos a quienes la mayoría considera indignos; los elige para ser canales de su revelación e instrumentos para dar salvación y vida a otros.

El primer paradigma es una burra, *la burra de Balaam*. Parece que sólo servía para llevar carga y recibir palos, pero un buen día tuvo ojos y boca para salvar de la muerte al profeta Balaam (Nm. 22.23-33). Ese hombre que, como profeta, tenía la capacidad de conocer y leer la mente de la divinidad, en esta circunstancia no tiene ojos ni siquiera para salvar su propia vida. Y ante el peligro de muerte, Dios hace a una burra profeta para ver el peligro y salvar a su amo: «¿Por qué le pegaste tres veces a tu asna? Yo soy quien ha venido a cerrarte el paso, porque tu viaje me disgusta. El asna me vio, y me esquivó las tres veces. *Si no me hubiera esquivado, ya te habría yo matado, aunque a ella la habría dejado con vida»* (Nm. 22.33).

Así pues, Dios invita a la burra a entrar al juego del reino. Le salva la vida a su amo, y nos da una gran lección. Es la lección de un quehacer teológico de «abajo-hacia-arriba». A través de ella aprendemos que a menudo Dios nos sorprende proclamando su voluntad y sus planes a través de canales que normalmente consideramos como indignos de su santidad y de su gloria. En el juego de Dios, los burros hablan para advertirnos del peligro y para proteger nuestra vida. Se convierten en mensaje vivo de un mesianismo glorioso que nuestro mundo, sediento de poder y violencia, rechaza: sobre uno de ellos entra Jesús el Mesías. Por ello, no es extraño que en un libro bíblico para niños pequeños, el burro se pinte así:

> Si alguien para ofenderte se atreve a llamarte *burro*,
> respóndele suavemente que ese no es un insulto.
> Este animal vigoroso, que carga bultos pesados,
> en muchos relatos bíblicos, lugar de honor ha ocupado.[24]

¿No sucede con Rahab lo mismo que con la burra? ¿Rahab? ¿La que aparece en la genealogía de Jesús? (Mt. 1.5) ¡No puede ser! ¿Una prostituta como miembro del pueblo de la alianza, del reino de Dios, en la genealogía de Jesús? En efecto, Josué 2 y 6.17-25 narran la historia de una mujer moralmente despreciable y socialmente marginada que con su valentía y fe asegura para sí su salvación y la de su familia; y se convierte en heroína de la fe y testimonio eterno de salvación (Mt. 1.5; Heb. 11.31; Stg. 2.25).

Varios elementos son dignos de considerar en este relato. En primer lugar, es sorprendente reconocer que la sección de relatos en el libro de Josué (caps. 2-12) empiece con la historia de Rahab. En el capítulo 2 comienza la historia de la conquista, y con ella se

---

[24] *ABC animales de la Biblia*, Sociedades Bíblicas Unidas, México, 1991.

marca la pauta teológica y redaccional del libro. De esta manera se afirma que Rahab —¡atención! *mujer, extranjera y al margen de la sociedad y la ley* (es sin duda la samaritana del NT)— es el prototipo del verdadero miembro del pueblo berítico de Yavé. La ubicación del relato acerca de Rahab indica que todo lo que se diga acerca de ser miembros del pueblo de Dios tiene que mirarse a través de la figura de esta mujer.

En segundo lugar, el relato sobre Rahab dice mucho acerca de la teología del libro de Josué, acerca de los postulados teológicos de la historia deuteronómica, acerca de la visión de la conquista de una tierra pagana —desde el punto de vista bíblico— y acerca de *la misión de Israel a las naciones*. Discurramos al respecto a partir de las siguientes preguntas: ¿Quién es el enemigo aquí? ¿Quiénes están del lado de Dios y se constituyen en los protagonistas de la parte final del éxodo? ¿Quiénes forman el *locus* de la misión de Dios?

Ya se ha indicado anteriormente que los integrantes del verdadero pueblo de Dios no deben definirse a partir de premisas raciales, étnicas o consanguíneas. Por lo tanto, el «choque» entre Israel y Canaán no es el enfrentamiento de dos etnias, sino de un grupo de esclavos liberados de Egipto —un conjunto de gente marginada social y económicamente— contra los terratenientes y poderosos de la ciudades-estado de Canaán. Los estudios de Mendenhall[25], Gottwald[26], Brueggemann[27] y otros nos ayudan a

---

[25]*Op. cit.*, p.225: «El conflicto entre el antiguo Israel y la población no israelita no tenía nada que ver con identidad étnica. Fue un conflicto contra un régimen político o sistema de regímenes que estaban extinguiéndose en todo el mundo civilizado porque valorizaban más el poder que la ética, y consideraban de más valor la propiedad y la riqueza que a las personas.»

[26]*The Tribes of Yahweh*. Véanse pp. 226, 233 y 325.

[27]*A Social Reading of the Old Testament*, Fortress Press, Minneapolis, 1994, pp. 13-42, 285-318.

entender que, cuando la Biblia habla de los cananeos, se refiere a «aquellos que están comprometidos con prácticas sociales consideradas hostiles por la visión berítica de Israel ... Los cananeos conforman la "elite urbana" que controla la economía y que goza de un poderoso privilegio político, en detrimento de los "campesinos" productores de los alimentos, quienes se definen a sí mismos como "israelitas"».[28] Personalmente, he llegado a la conclusión de que los «gigantes» a los que se refiere Deuteronomio en los tres primeros capítulos no deben considerarse como tales en un sentido literal, sino desde la perspectiva ética y social: son los «monstruos» que quieren destruir al pueblo de Dios.

Rahab, la prostituta, representa al grupo de marginados que «alimentaban y sostenían» a los ricos y poderosos que vivían protegidos por las grandes murallas de las ciudades-estado. Dice Gottwald:

> ...las prostitutas conformaban uno de los varios grupos marginados por su ocupación cuyos servicios eran altamente apreciados pero que, por el carácter degradante de su trabajo y los tabúes, códigos y convenios sociales, llevaban sobre sí un estigma de «chivo expiatorio», y por ello trabajaban en condiciones de pobreza y marginación. Entre los grupos de marginados en las ciudades antiguas tenemos ... los esclavos, los talabarteros, los carniceros, los barberos, las comadronas, las prostitutas, los «bufones», los leprosos...»[29]

No sería nada exagerado concluir que Rahab se vio obligada a practicar la prostitución para proveer alimento y abrigo a su familia, tal como ocurre en varios países de nuestra América Latina.

---

[28]Walter Brueggemann, *Biblical Perspectives on Evangelism*, Abingdon Press, Nashville, 1993, p. 49.

[29]*The Tribes of Yahweh*, p. 557.

En tercer lugar, si hacemos la pregunta misionológica, podremos responder que la inclusión de «los de afuera» en el seno del pueblo berítico —es decir, la obra propiamente evangelizadora y misionera— tiene que ver en primerísimo lugar con los «privilegiados» de Dios. La primera preocupación misionera de Israel son los que, como Israel mismo, han compartido las mismas experiencias de esclavitud, marginación, vulnerabilidad y pobreza. Rahab y su familia encuentran abiertas de par en par las puertas del reino porque su situación de desamparo les hacen *confiar plenamente* en Yavé, el Dios de los pobres y de los niños.

La acción y la declaración de Rahab no responden solamente al hecho de que pertenecía a un grupo adverso a los poderosos de Jericó. El texto claramente señala que reconoció a Yavé como su Dios (Jos. 2.11-13). Su confianza en Yavé —nacida de su situación de vulnerabilidad— la salvó de la muerte. Es interesante considerar, en relación con esto, la estructura concéntrica de Josué 2.9-11. En los círculos externos aparecen dos confesiones de Rahab (v. 9: «Sé que Jehová os ha dado esta tierra»; v. 11: «Jehová ... es Dios arriba en los cielos y abajo en la tierra», RV). En los círculos intermedios se habla del desmayo de los moradores de la ciudad.[30] En el círculo central aparece la declaración del éxodo: «Jehová hizo secar las aguas del Mar Rojo ... cuando salisteis de Egipto» (v. 10). Así, se señala que las confesiones de fe de Rahab quedan unidas a la fe en el Dios del éxodo. La salvación de Rahab y de su familia es concebida como un nuevo éxodo. La acción contra Jericó es calificada como una acción de éxodo, a la manera de la liberación de Israel de Egipto.

A fuerza de fe en Yavé, Rahab —como la samaritana de Juan 4 y la sirofenicia de Mateo 15— se ganó su lugar en el pueblo

---

[30]Respecto de los *moradores*, algunos consideran que la palabra hebrea *yashab* debería traducirse aquí por «gobernantes». En efecto, la palabra se usa en muchos contextos para referirse no sólo a quienes se establecen en un lugar, sino también a quienes se *sientan* en un trono.

berítico y mostró el radicalismo de la misión de Dios en favor de los desposeídos y marginados. Llega a ser, para dolor de muchos, ancestro del Mesías y la única mujer en la lista de héroes de la fe de Hebreos 11.31 y Santiago 2.25.

Con Naamán, el comandante sirio de la historia de 2 Reyes 5, la salud y la salvación vienen por el camino de «hacerse niño». Como ocurrió con Zaqueo en Lucas 19, Dios abrió las puertas del reino a un hombre que aprendió la gran lección de hacerse niño. Veamos la historia:

El relato se divide en tres partes: (a) la curación de Naamán (vv. 1-14); (b) la conversión de Naamán (vv. 15-19); la mentira y la codicia de Giezi (vv. 20-27).

Como en los otros relatos, el arte narrativo del autor nos muestra un gran sentido del humor y una fina ironía: el *varón grande, valeroso, general del ejército* y valioso para su nación (vv. 1-2)[31], padece de una enfermedad de la piel. El tremendo aparato real y la burocracia que se mueven para lograr su sanidad sobrepasan en mucho las proporciones de la enfermedad, una «lepra» benigna que no obliga al enfermo a aislarse de la sociedad. Sin embargo, para Naamán y todo su pueblo el asunto es de suma importancia, como lo demuestran los regalos para el profeta de Samaria: «treinta mil monedas de plata, seis mil monedas de oro y diez trajes nuevos de tela muy fina» (v. 5, BLS).

Esa enfermedad y la gran figura del enfermo causan revuelo en Israel y su corte real. En contraste, aparece una *na'erah qetonah* (una «niña pequeña», v.2).[32] Ella no sirve al rey, sino a la esposa de

---

[31]Si Naamán era el general del ejército, él era el principal responsable de la presencia de la niña cautiva en su hogar. La que se convertiría en su «ángel» salvador, había sido parte del botín de guerra.

[32]Es importante señalar que Is. 11.6, texto que habla del liderazgo infantil en la era mesiánica, tiene la misma frase que aparece dos veces en 2 R. 5: «niño/a pequeño/a»:

Entonces el lobo y el cordero vivirán en paz,

Naamán. No llega con la pompa de Naamán y rodeada de dignidad y poder, sino como esclava de guerra. Pertenece a la nación conquistada y siempre ha permanecido en el anonimato. Pero esa *niña* es el instrumento divino para lograr la salvación de Naamán: «Si rogase mi señor al profeta que está en Samaria, él lo sanaría de su lepra» (v. 3). Ella, como *na'erah qetonah*, es en el relato la que marca la meta de perfección a la que deberá llegar Naamán: *na'ar qaton*, «niño pequeño», «niñito».

La historia se desarrolla de tal manera que el protagonista principal, Naamán, se va convirtiendo paulatinamente de un adulto rodeado de pompa y poder (vv. 1-2), en un niño refunfuñón (vv. 11-12), y luego en un niño perfecto, totalmente curado (v. 14, donde aparece la frase *na'ar qaton*, «niño pequeño», «bebito»), con la ingenuidad y el candor de un niño: «deja que me lleve una carreta llena de tierra de Israel ... que me perdone [el Señor] si tengo que arrodillarme en el templo del dios Rimón...» (vv. 17-19, BLS).

El proceso es realmente aleccionador. El hombre que tiene el poder y la gloria llega a Israel y conmueve a la nación (vv. 7-8), y se presenta con toda su «maquinaria pesada» en la puerta del profeta (v. 9). Su misma actitud muestra lo consciente que es de su importancia: «Yo estaba seguro de que el profeta vendría a verme personalmente. Después iba a orar al Señor, su Dios. Y entonces tocaría mi piel enferma y sanaría» (v.11, BLS). Pero el profeta no sale a recibirlo con «bombos y platillos». Es más, envía a su sirviente y ordena a Naamán «lavarse siete veces en el Jordán» (v.10). Así empieza la dura lección de aprender a ser niño. El señor se vuelve siervo, el «mandamás» se convierte en el «mandado»: «ve y lávate siete veces en el río Jordán» (v. 10, VP). Naamán no cede tan fácilmente; su ego nacionalista le impide ver que Israel tiene

---

el tigre y el cabrito descansarán juntos,
el becerro y el león crecerán uno al lado del otro,
y se dejarán guiar por un niño pequeño (VP).

algo mejor que Siria: «No, no obedeceré la orden del profeta.» Y cuando está a punto de perder la posibilidad de sanidad y nueva vida, de nuevo se levantan «los de abajo», sus «esclavos», para hacerlo entrar en razón (v. 13); y Naamán obedece. De niño enojado y refunfuñón, Naamán pasa finalmente a *niño perfecto*. Al obedecer la orden del profeta su piel y su carne quedan como la de un *niño pequeño*.

La conversión de Naamán, el hacerse niño, se marca con la presencia del verbo *shub* («volver»), dos veces en el relato: «su carne se *volvió* como la carne de un niño» (v. 14, RV); «Y *volvió* al varón de Dios...» (v. 15, RV). A partir de este momento, Naamán ya no es más el que da órdenes, sino el que obedece (vv. 15, 17, 18). Naamán se vuelve niño y actúa como tal. Después de haber rechazado al río de Israel, ahora pide tierra de Israel (v. 17) y se convierte en adorador del único Dios, Yavé (v. 17). Pero el «niño» no sólo pide tierra: también pide un favor que cabe y pertenece más bien a la lógica infantil: «Sólo una cosa le pido a Dios, el Señor: que me perdone si tengo que arrodillarme en el templo del dios Rimón. Porque cuando el rey de Siria va allí, entra apoyado en mi brazo y tengo que arrodillarme con él» (v. 18).

He aquí de nuevo la extraña lógica del reino de Dios: un extranjero, miembro de una nación adversa a Israel, recibe salud y vida del Dios de Israel y aprende la gran lección de hacerse niño, «porque de los tales es el reino de los cielos».

En todo el relato se respira un aire de festividad y juego; es en realidad una experiencia lúdica. Y es en este mundo y reino donde los niños son los líderes y guías. Son los misioneros auténticos de este proyecto divino. El mundo de los niños es el mundo del juego. Es el espacio donde tienen cabida la creatividad, la expectativa y la libertad. En su libro *La teología como juego*, el teólogo brasileño Rubem Alves nos ayuda a definir la perspectiva infantil del reino de Dios y a articularla teológicamente:

> ...para ver y hablar [el teólogo] tiene que abandonar la compañía de los que aprendieron a ver y hablar según manda

> la educación y el buen sentido, viéndose forzado a procurar la compañía de los bufones, de los niños, siempre unidos por la risa y la irreverencia.
>
> El teólogo vive en compañía de los niños y de los bufones, pues ellos saben que el entretenimiento y la risa son cosa seria, que quiebran hechizos y exorcizan la realidad. Octavio Paz entendió muy bien esto: «Los verdaderos sabios no tienen otra misión que la de hacernos reír por medio de sus pensamientos y de hacernos pensar contándonos sus chistes». A lo que el teólogo agrega «Amén».
>
> Y es «que todas las cosas se hacen nuevas, las viejas desaparecen» (2 Co. 5.17); los ojos comienzan a ver lo que los otros no ven. Pero es necesario decir esto en voz baja. Quien ve cosas que otros no ven y no ve cosas que los otros ven, corre el riesgo de ser encerrado en un hospicio, tal como las personas normales (cuyos nombres se perdieron) hicieron con Nietszche y Van Gogh. Los mayores piensan que los niños y los bufones son personajes curiosos y divertidos *dentro* de su mundo, sólido y firme. Mal saben ellos que los niños y los bufones son peligrosos subversivos que anuncian nuevos mundos con su risa.[33]

Pero, ¿en qué ayuda el niño al adulto en el quehacer teológico? Rubem Alves responde:

> ¿Qué es un niño?
> Parece que el mito de su inocencia y pureza murió hace mucho tiempo.
> Freud fue el sepulturero.
> Ejemplos de amor tampoco son. Su narcisismo es por demás evidente: sólo se ven a sí mismos. Si hay algo que les es característico es su capacidad de jugar.

---

[33]Rubem Alves, *La teología como juego*, La Aurora, Buenos Aires, 1982, pp. 116-117.

> En el mundo del juego las estructuras no se transforman nunca en *ley*. Cada nuevo día se presenta como un espacio libre, que permite que todo comience de nuevo, como si nada hubiera pasado. . .
>
> El juego se convierte en una denuncia de la lógica del mundo adulto. Los niños se niegan a aceptar el veredicto del «principio de realidad». Separan un espacio y un tiempo y tratan de organizarlos según los principios de la omnipotencia del deseo. Y allá se mueve un grupo de niños, en medio del mundo adulto, como una protesta contra él... ¿Será algo semejante a esto lo que Jesús tenía en mente, al hablar de la necesidad de que nos volvamos niños? Los niños no se conforman con este mundo... No es posible que la seriedad y la crueldad adulta sea lo más importante que la vida puede ofrecernos... El mundo puede ser diferente. Y, en el juego, esta cosa nueva se ofrece como aperitivo.[34]

Al tomar en serio el juego del niño, se toma en serio la tarea de ejecutar la misión más querida de Dios, pintada de modo sublime en la escena del reino mesiánico, en Isaías 11.6. Dios, el niño eterno, nos invita a jugar con él para beneficio del desvalido, del vulnerable. Es un juego en el que aquel que ha acumulado muchas «fichas» en los juegos «no divinos» deberá ir perdiéndolas para que los jugadores que carecen de «fichas» terminen poseyéndolas. Es el juego de la solidaridad y de la liberación. Es un juego que no gusta a los que tienen mucho y están «arriba», pero que celebran y aplauden los de «abajo».

En la demanda que plantea esta perspectiva misionera, la iglesia no sólo debe recobrar el espíritu festivo, sino cambiar su enfoque: Dios nos invita a celebrar fiestas en las que los que no tienen el poder, ni los privilegios, ni las riquezas, tengan la ocasión de criticar, desenmascarar y enjuiciar a los poderosos. Una fiesta

---

[34]*Ibíd.*, pp. 130,141,142.

semejante a la «fiesta de locos» de la Edad Media. En esa fiesta, un niño era el obispo y un pordiosero el rey. Con tales personajes, la «fiesta de locos» venía cargada de una dimensión radical implícita: era una verdadera crítica social.

Es en realidad la fiesta de la cruz: «Porque la palabra de la cruz es locura a los que se pierden; pero a los que se salvan, esto es, a nosotros, es poder de Dios ... nosotros predicamos a Cristo crucificado, para los judíos ciertamente tropezadero, y para los gentiles locura; mas para los llamados, así judíos como griegos, Cristo poder de Dios, y sabiduría de Dios» (1 Co. 1.18, 23-24, RV).

En la fiesta de la cruz los celebrantes llegan desprovistos de posesiones, privilegios y poderíos. Es la fiesta de los niños y de los pobres; en ella se invita a Naamán, el hombre poderoso y grande, a dejarlo todo y hacerse niño para entrar en el juego de Dios.

En el juego y en la fiesta de Dios los papeles se cambian, los valores humanos se trastocan y quienes dirigen el juego o la danza son los que la sociedad siempre tiene abajo: los niños, las mujeres, los pobres, los discapacitados, los burros. En el juego de la era mesiánica, el líder y guía de una vida de paz y armonía es un niño. El es para los adultos, en palabras de Jesús, un paradigma de aquel a quien pertenece el reino de Dios (Mc. 10.14-15). ¡Qué difícil se le hace a una mente adulta, racional y seria imaginar el cuadro que pinta Isaías 11.6, o un reinado en el que todos vivan en armonía! Pero para Dios, para un niño, ese es el mundo en el que ya se vive.

Al pasar al contexto del juego, de la festividad y de la fantasía, los adultos tenemos que ceder el liderazgo a los niños y dejarnos enseñar por ellos. En la vida de la iglesia el espacio para el juego, para lo lúdico, no sólo debe ubicarse en el momento «social», sino que debe encontrar amplia cabida en la liturgia, en la teología y en la educación.

## Serás bendición a todas las naciones

Uno de los postulados más frecuentes en la teología bíblica de la misión es el del universalismo de la fe israelita: una perspectiva que no se instala cómodamente en el testimonio bíblico, sino que lucha centímetro a centímetro por hacerse realidad en la historia de una nación que se resiste a abrirse al mundo y prefiere mantenerse cerrada en los lindes de su propia etnia.

En efecto, el testimonio bíblico final afirma que el propósito divino es que Dios «sea conocido en la tierra ... y en todas las naciones tu salvación» (Sal. 67.2, RV). Pero lo que llama de inmediato la atención es que ese universalismo de la misión y la fe bíblica, al menos en la sección del canon que aquí estudiamos (Pentateuco y Profetas anteriores), no halla su *locus* en todos los extranjeros, ni en todas las naciones, sino en quienes la Biblia misma define como vulnerables y desvalidos. Son los inmigrantes que han sido desarraigados de su pedazo de tierra por guerras y hambrunas, para quienes la vida sólo será segura si un pueblo como Israel los acoge en su seno, «porque extranjeros fuisteis en la tierra de Egipto» (Dt. 10.19).

Josué, el libro que habla de la conquista y toma de posesión de la tierra, afirma esta perspectiva teológica. En medio de sangrientas batallas de conquista, en las que poblaciones enteras desaparecen bajo la espada devastadora de Israel, Rahab y su familia (6.22-25) y los gabaonitas (cap. 9) encuentran un espacio para vivir como miembros del pueblo de Dios. Ella es una prostituta, una marginada, una cananea.[35] Ellos son un pueblo sin rey, indefenso, a quien la historia siempre reconoció como siervo de pueblos más poderosos.

---

[35]Véase el relato de Rahab mencionado anteriormente.

He aquí la historia de Josué 9. Las noticias de la llegada de los israelitas y la conquista de la tierra de Canaán corría como pólvora (Jos. 2.9-11; 9.1). Los pueblos que tenían reyes —los que vivían bajo la protección de las ciudades-estado— buscaron resolver la situación declarando la guerra a Josué y su pueblo (Jos. 9.1-2). Pero los gabaonitas, pueblo desprotegido y sin rey —y por lo tanto viviendo, probablemente, fuera del resguardo de las ciudades-estado—, encontraron una manera astuta de resolver la situación: quedándose a vivir en medio de Israel.

Un grupo de gabaonitas se hizo pasar por emisario de un pueblo que vivía en «tierra muy lejana» (vv. 6, 9, RV). Los embajadores se presentaron con asnos (no caballos), vestidos harapientos, comida añeja y recipientes de vino rotos y remendados (vv. 4-5, 12-13). Israel y sus líderes cayeron en la trampa. Tomaron las provisiones (vv. 14-15) y aceptaron así entrar en alianza con los gabaonitas. El autor del texto (vv. 1-15) califica la situación así: «Y los hombres de Israel tomaron de las provisiones de ellos, y no consultaron a Jehová» (v. 14, RV).

Cuando se descubrió el engaño, ya era demasiado tarde. Los líderes del pueblo habían hecho alianza con los de Gabaón y no podían dar marcha atrás: los gabaonitas se quedaron a vivir para siempre en medio del pueblo de Dios. Sin embargo, Josué y los líderes de Israel impusieron una carga de por vida a los gabaonitas: serían «leñadores y aguadores para toda la congregación» (vv. 21, 23 y 27, VP).[36]

Este relato, como otros que hemos estudiado en este capítulo, se presenta como arte literario de fina ironía y humorismo. El pueblo que debe estar pendiente de la voluntad de Dios en todo

---

[36]Es interesante leer en la «Epopeya de Kirta», un texto cananeo de Ugarit, que la tarea de cortar leña y acarrear agua es de las mujeres: «...barridas del campo las leñadoras ... barridas de las fuentes las aguadoras» (G. del Olmo Late, *Mitos y leyendas de Canaán*, Cristiandad, Madrid, 1981, p. 295).

momento, es sorprendido por un pueblo extranjero (v. 14) que parece conocer mejor el contenido de la Palabra divina: «Como fue dado a entender a tus siervos que Jehová tu Dios había mandado a Moisés su siervo que os había de dar toda la tierra, y que había de destruir a todos los moradores de la tierra delante de vosotros...» (v. 24, RV).

Si sólo se leyera Josué 9, sin otro contexto, el final de la historia resultaría un tanto negativo: un pueblo que salva su vida pagando con su libertad. Sin embargo, este pasaje debe leerse teniendo a la vista Deuteronomio 29.10-15 (RV):

> Vosotros todos estáis hoy en presencia de Jehová vuestro Dios; los cabezas de vuestras tribus, vuestros ancianos y vuestros oficiales, todos los varones de Israel; vuestros niños, vuestras mujeres, y tus *extranjeros* que habitan en medio de tu campamento, *desde el que corta tu leña hasta el que saca tu agua*; para que entres en el pacto de Jehová tu Dios, y en su juramento, que Jehová tu Dios concierta hoy contigo, para confirmarte hoy como su pueblo, y para que él te sea a ti por Dios...

Josué 9, en el espíritu de la teología deuteronómica, es una afirmación de la bondad de la gracia divina. Dios abre de nuevo las puertas del reino que también pertenezcan a su pueblo «los de afuera», que aquí se presentan como «los de abajo», aquellos que a la fuerza se unieron a las filas de un pueblo de esclavos que buscaba un espacio de vida en medio de la seguridad de las ciudades-estado de Canaán.

Las historias de Rahab y de los gabaonitas resaltan el propósito más especial de la misión divina: dar espacio de vida a los marginados y vulnerables, en este caso a los extranjeros desposeídos, que entran a formar parte de la alianza a fuerza de su propia astucia y de la gracia ilimitada de Dios y su Palabra.

# El hogar y la Palabra de Dios

Al iniciar este ensayo tomamos Génesis 1-11, especialmente los dos primeros capítulos, para hablar de los principios teológicos de la misión. Dichos principios nos han servido como directrices para redactar las varias secciones de este trabajo. Hemos dejado para la parte final dos cuestiones que acentuamos en esa parte introductoria: la familia como *lugar* primordial de la misión y la *Palabra de Dios* como guía y marco de referencia.

En el libro de Deuteronomio, obra que resume las enseñanzas principales de los cuatro primeros libros de la Biblia y que adelanta las enseñanzas de las siguientes cuatro obras de la Biblia (Josué, Jueces, Samuel y Reyes), esos dos elementos aparecen siempre unidos. Deuteronomio 6.4-9 (véase también 6.20-25) es el pasaje central que desarrolla esos temas.

El pasaje está estructurado de tal manera que todo cuanto se declara y ordena se dirige al principio de la unidad. En el versículo 6, la frase «estas palabras» sirve de punto de enlace, a la vez que de elemento enfático. Con esta frase el autor une cada elemento de la unidad; con ella, se asegura que, en cada nueva demanda, la declaración de los versículos 4 y 5 retumbe con majestuoso sonido. Verbos, pronombres y artículos son materialmente arrastrados al principio: «Oye, Israel. El Señor nuestro Dios, es el único Señor. Ama al Señor tu Dios...» (VP). Todo cuanto se diga en Deuteronomio 6.4-9 sólo tiene valor en relación con ese núcleo que liga íntimamente una afirmación «dogmática» (v. 4b) y una exigencia «ético-religiosa» (v. 5a).

Los versículos 4-5 expresan de manera resumida toda la enseñanza del decálogo (Dt. 5) y todo lo que Deuteronomio tiene que decir sobre la conducta y misión del pueblo de Dios. Por eso, el principio teológico acerca de la palabra divina de este pasaje se extiende sin problemas a todo lo que nosotros consideramos como Palabra de Dios.

Si bien es cierto que las palabras de Deuteronomio aparecen en el contexto del culto y ante toda la asamblea de Israel, el autor siempre deja en claro que el primer lugar de pertenencia de esta palabra es el hogar. Aun en el contexto de la asamblea del pueblo, siempre hay una cita referente a los padres y los hijos (Ex. 20; Dt. 5; 6.4ss.; 30) o a la familia (Jos. 24.15). Fidelidad a la palabra de Dios y educación en el hogar van tomados de la mano. No es accidental el hecho de que en aquellos períodos de infidelidad y apostasía el hogar de los protagonistas estuviera en «bancarrota». En relación con esto, es instructivo leer lo que dice el profeta Jeremías de los hogares de la Judá presta al exilio:

> Tú, Jeremías, no ores por este pueblo, no me ruegues ni me supliques por ellos. No me insistas, porque no te escucharé. ¿No ves lo que ellos hacen en las ciudades de Judá y en las calles de Jerusalén? Los hijos recogen la leña, los padres encienden el fuego y las mujeres preparan la masa para hacer tortas y ofrecerlas a la diosa que llaman Reina del Cielo. Me ofenden, además, ofreciendo vino a dioses extraños. Pero más que ofenderme a mí, se ofenden a sí mismos, para su propia vergüenza. Yo, el Señor, lo afirmo. Por eso yo, el Señor, les aseguro que voy a descargar toda mi ira contra este lugar y contra la gente, y aun contra los animales, los árboles del campo y las cosechas. Será como un incendio que no se apagará (Jer. 7.16-20, VP).[37]

Inclusive el autor de la obra deuteronómica no deja de estampar su crítica amarga, como mancha indeleble, en la vida familiar de aquéllos a quienes considera fieles seguidores del Señor, como Samuel (1 S. 8.1-5) y David (2 S. 12-1 R. 1).

---

[37]Véanse también los siguientes pasajes: Jue. 14-16; 1 S. 2.12, 17, 22-25, 29ss.; 3.13, 14; 4.17ss.; 1 R .11; 2 R. 21.6.

No cabe duda que el autor deuteronómico, al escribir la historia de Israel camino al exilio, tenía siempre en la mira a Deuteronomio 6.4-9 . Necesitaba dejar en claro que el desastre del presente se debía al hecho de que los israelitas no habían sido celosos en guardar ese marco ideal, dado al principio de su vida nacional: la enseñanza de fidelidad y amor al Señor y a su palabra tienen su base y centro en el hogar.

En relación con lo anterior y con la misión de la iglesia, es importante señalar el movimiento que se da en Deuteronomio 6.4-9 de lo colectivo y general («Israel») a lo individual y concreto («tu corazón», «tu casa», «tus hijos»), y de nuevo a lo general y comunitario («en tus portales», NBE). La misión, de acuerdo con este principio teológico, debe mantener en buen equilibrio al movimiento comunidad-individuo y viceversa, con el hogar como eje de ese equilibrio. Esto se muestra claramente en el triple compromiso educativo del pasaje: 1) con uno mismo («las palabras que hoy te digo quedarán en tu memoria ... las atarás a tu muñeca como un signo, serán en tu frente una señal», NBE); 2) con los hijos («...se las inculcarás a tus hijos); y 3) con la comunidad («las escribirás ... en tus portales»). El hogar es siempre el espacio donde la Palabra de Dios es objeto de enseñanza y práctica. Los versículos 20-25 hablan de esa interacción narrando los actos portentosos del Señor en el pasado y sus demandas para el futuro. No dejaremos de insistir en que los eventos y verdades más centrales del Antiguo Testamento se narran y enseñan primeramente en el hogar y desde el hogar.

La misión que encuentra su punto de inicio en el hogar, también coloca en su centro la Palabra de Dios. En la introducción de este trabajo señalamos que el descuido y la desobediencia de ella traen como resultado el pecado y una vida descarriada y perdida.

En varios lugares del libro de Deuteronomio se afirma que vivir de acuerdo con la Palabra de Dios trae vida y éxito. Véanse los siguientes textos:

> Jehová nos mandó que cumplamos todos estos estatutos, y que temamos a Jehová, nuestro Dios, para que *nos vaya bien* todos los días y para que *nos conserve la vida*... (6.24, RV 95).
>
> Ahora, pues, Israel, ¿qué pide de ti Jehová, tu Dios, sino que temas a Jehová, tu Dios, que andes en todos sus caminos, que ames y sirvas a Jehová, tu Dios, con todo tu corazón y con toda tu alma, que guardes los mandamientos de Jehová y sus estatutos, que yo te prescribo hoy, *para que tengas prosperidad*? (10.12-13, RV 95).
>
> Acontecerá que si oyes atentamente la voz de Jehová, tu Dios, para guardar y poner por obra todos sus mandamientos que yo te prescribo hoy ... vendrán sobre ti y *te alcanzarán todas estas bendiciones*... (28.1-2, RV 95).
>
> Guardaréis, pues, las palabras de este pacto y las pondréis por obra, *para que prosperéis en todo lo que hagáis* (29.9, RV 95).
>
> Harás congregar al pueblo, hombres, mujeres y niños, y a los extranjeros que estén en tus ciudades, para que oigan y aprendan a temer a Jehová, vuestro Dios, y cuiden de cumplir todas las palabras de esta Ley. También los hijos de ellos, que no la conocen, podrán oirla y aprenderán a temer a Jehová, vuestro Dios, todos los días que viváis sobre la tierra que vais a poseer tras pasar el Jordán (31.12-13, RV 95).
>
> Piensen bien en todo lo que hoy les he dicho, y ordenen a sus hijos que pongan en práctica todos los términos de esta ley. Porque no es algo que ustedes puedan tomar a la ligera; *esta ley es vida para ustedes*, y por ella vivirán más tiempo en la tierra que está al otro lado del río Jordán, de la cual van a tomar posesión (32.46-47, VP).

La exigencia de atesorar la Palabra de Dios y vivir de acuerdo con ella es un elemento vital de la misión en la Biblia. Ella, como dice Deuteronomio, es *vida*. La misma presencia del libro de los libros, la Biblia, y su permanencia desde hace varios milenios hasta hoy es el argumento más fuerte para movernos a hacer de su contenido el contenido de nuestra proclamación y misión. Ella es el secreto de una vida abundante y de éxito. Desde los púlpitos pocas veces se agrega a la necesidad de leerla y estudiarla la promesa que la acompaña: «harás prosperar tu camino, y todo te saldrá bien» (Jos. 1.8, RV 95); «y todo lo que hace prosperará» (Sal. 1.3, RV 95); «Mucha paz tienen los que aman tu Ley, y no hay para ellos tropiezo» (Sal. 119.165, RV 95).[38]

La misma Biblia da testimonio de cómo la Palabra de Dios transforma la vida de individuos y comunidades cuando se disponen seriamente a vivir de acuerdo a ella.

2 Reyes 22.3-23.27 cuenta que durante los trabajos de reparación del templo se encontró el libro de la Ley (muchos eruditos consideran que fue la primera redacción de Deuteronomio). Su lectura se convirtió en la fuerza provocadora de una reforma religiosa que desterró la idolatría de la tierra de Judá y reinstaló la celebración de la fiesta de la Pascua.

Nehemías 8.1-10.25; 13.1-31 también afirma que la lectura de la Palabra divina provocó la conversión del pueblo y de sus líderes, y una reforma de dimensiones mayores que aseguró la continuidad del pueblo judío y el desarrollo del judaísmo.

La lectura de la Palabra de Dios y su interpretación fiel y novedosa hicieron de la enseñanza y proclamación de Jesús una reforma que terminó revolucionando la historia de la humanidad y provocó el surgimiento de un movimiento religioso de dimensiones universales.

La Palabra de Dios cambia vidas y sociedades, y lo hace sobre todo si llega en el idioma que la gente pueda entender. Por ello, el hebreo y el arameo del Antiguo Testamento y el *koiné* del Nuevo Testamento no son otra cosa que el idioma del pueblo. Nuestra tarea misionera contemporánea no puede hacer el trabajo de

---

[38]Véanse las palabras y frases resaltadas arriba, en la lista de textos de Deuteronomio.

manera diferente. Así, por ejemplo, si nuestros hermanos indígenas latinoamericanos, si nuestros niños y jóvenes van a ser sujetos de su propia liberación, será necesario hacer todo el esfuerzo posible para que la Palabra de Dios entre en contacto directo con ellos.

En Colta, Ecuador, una mujer indígena visitó al misionero y muy preocupada le preguntó:

—¿Está usted enojado conmigo?

El misionero contestó:

—No. Pero, ¿por qué me lo preguntas?

—Es que anoche recibí al Señor como mi Salvador.

—¡Te felicito! —dijo el misionero—. Pero, ¿por qué habría de enojarme por eso?

La mujer respondió:

—Lo que nuestro hermano quichua predicó anoche es exactamente lo mismo que tú nos has estado diciendo todos estos años, pero en realidad nunca me había tocado el corazón. No pensaba ni sentía que eso se relacionaba con mi vida, hasta que lo escuché de alguien en mi propia lengua.

Este diálogo ilustra claramente por qué las Sociedades Bíblicas Unidas, y otras organizaciones similares, tienen como asunto prioritario traducir la Palabra de Dios a las lenguas indígenas.

Como cristianos, estamos convencidos de que el mensaje de la Biblia penetra lo más íntimo del ser humano para orientarlo y salvarlo. De ahí la importancia de hacerlo llegar en el idioma propio de cada pueblo.

Entre los tzeltales, grupo maya que vive en el estado de Chiapas, en México, el Evangelio era desconocido en la década de los cuarenta. En esos años se empezó la traducción de la Biblia al tzeltal. Durante la traducción del Nuevo Testamento algunas personas se convirtieron a la fe cristiana. Pero cuando el Nuevo Testamento empezó a distribuirse, el mensaje recibido en el idioma propio y el testimonio de los hermanos que habían participado en la traducción trajeron a miles de tzeltales a los pies de Cristo. Hoy existen más de trescientas iglesias con más de cincuenta mil evangélicos entre los tzeltales. Este grupo constituye una tercera parte de los tzeltales mexicanos. Lo maravilloso es que la traducción de la Biblia, además de servir como instrumento de salvación, también ha permitido que el número de hablantes de la lengua tzeltal se duplique al cabo de cuarenta años. El tzeltal no se está perdiendo; como la mayoría de los idiomas indígenas con gran número de hablantes en América Latina, el tzeltal se utiliza cada vez más.

Nadie duda de que la Palabra de Dios cambia vidas, pero de una cosa debemos estar bien seguros: la Palabra de Dios en el lenguaje de los pueblos hace un impacto más completo e integral que una evangelización en un idioma extraño.

## Conclusión

¿Qué es la misión? Donald Senior y Carroll Stuhlmueller la definen así:

> ...entendemos por «misión» el llamamiento divino para valorar y compartir la propia experiencia y las propias ideas religiosas, primeramente en el seno de la propia comunidad y tradición, y luego con personas y comunidades de otras tradiciones culturales, sociales y religiosas. Al hacerlo así, los cristianos tratan de cumplir el mandato divino dado a la iglesia y que quiere que la humanidad refleje la vida misma de Dios constituyendo un pueblo congregado y unido en amor y respeto.[39]

Los diferentes componentes de este capítulo giran alrededor de la afirmación teológica de esta definición. Como dijimos al principio, inclinan la balanza más hacia el hecho de ser testimonio que de ser testigo. El deseo del corazón de Dios es hacer de cada

---

[39]*Op. cit.*, p. 15. Enfasis del autor.

hombre y mujer un auténtico ser humano. Por ello hemos señalado que la misión de la iglesia tiene que colocar en primer lugar la fidelidad absoluta a Dios y a su Palabra como tema y práctica de su tarea. Si este primer elemento se cumple, le será más fácil a la iglesia cumplir la parte que tiene que ver con abrir espacios de vida a todo ser humano, especialmente al pobre, al marginado, al desvalido, al vulnerable.

En el contexto de América Latina, ambos temas son clave. Nuestro pueblo, casi en su totalidad, se llama cristiano. Pero no resulta difícil descubrir en las diversas vertientes del cristianismo latinoamericano la presencia de la idolatría y, en muchas de nuestras iglesias, de falsos dioses y falsos profetas y sacerdotes. Un falso concepto de Dios y de su Palabra ha dado como resultado comunidades falsas en sus aspectos cristianos y bíblicos. Todavía hoy hay iglesias y denominaciones que consideran como lo más normal tener entre sus miembros a opresores y a oprimidos, a acaudalados corruptos y a gente denigrada; y ambos grupos afirman que adoran al mismo Dios.

En nuestra exposición hemos afirmado que la fidelidad total a Dios es el único contexto donde se da una verdadera práctica de la justicia social. El testimonio bíblico es contundente al mostrar que una comunidad que practica la injusticia no puede ser adoradora del verdadero Dios.

¿Qué hacer entonces? Es necesario lograr que la Biblia llegue a ser realmente nuestra única fuente de fe y práctica; que su enseñanza y su aplicación vuelvan a ocupar el lugar central en la vida de nuestras iglesias. En realidad, me cuesta entender una iglesia que concentra sus energías en cantar y orar a Dios Padre y a Jesucristo, pero que no expone cualitativa y cuantitativamente su Palabra. Muchos grupos cristianos sufren de «alabancitis»: sus asambleas eclesiásticas son casi en su totalidad períodos de alabanza, como si ya estuvieran en el cielo, pero no prestan atención al desafío que impone la Palabra de Dios de ser verdadera sal y luz en el mundo. Cuando eso sucede, cuando la Palabra de Dios ni siquiera hace cosquillas en la mente calcificada de la gente, Dios echa mano de las «burras», de los niños, de la gente de «mala fama», para sacudir y llevar a cabo su misión y su reforma.

Al hablar de la misión de Dios para Israel, desde la perspectiva que hemos tomado en este ensayo, descubrimos que cuando se considera, como sujetos y objetos de la misión, a una burra, a los pobres, a los niños, a las mujeres de mala fama y a los extranjeros, los medios y métodos que se siguen no resultan ser tan «ortodoxos». No son en realidad los métodos que aparecen en los libros de texto sobre misión y evangelización de nuestras escuelas teológicas tradicionales. No se escuchan en las conferencias misioneras denominacionales ni en las arengas de las charlas sobre evangelización en nuestras iglesias locales.

Son realmente los métodos del Dios niño, del amorosísimo Yavé, los que muestran la radicalidad de su proyecto de vida sorprendiéndonos a cada paso, enseñándonos con métodos «heterodoxos» que la verdadera vida no es la que definen los reinos y poderíos de la tierra, ni la sociedad *in extenso*, ni la cultura de la mayoría.

Hoy por hoy la verdadera misión de Dios no sale de las oficinas de las majestuosas empresas misioneras del primer mundo, ni de las bien pensadas estrategias de evangelización de las fábricas de métodos de mercadeo y comunicación masiva. La verdadera misión de Dios, la que respalda su corazón, es la que ocurre en el «patio de juegos del niño», en la estrategia astuta del vulnerable y marginado que busca «salvar el pellejo» y hacerse de un espacio de vida a costa de la ingenuidad, el descuido y la tontería del mismo pueblo de Dios (como en el caso de los gabaonitas) o la de los gobernantes y sus reinos (como en el caso de la historia de Rahab). Esa misión pertenece a la esfera del juego, la fiesta y la fina ironía. Es el tipo de misión en cuyo razonamiento hay espacio para buscar «las puertas de atrás» que nos introducen al reino. Es la misión que celebra la gracia de Dios en milagros como los de *las bodas de Caná de Galilea* y *la alimentación de la multitud*. Es la misión que entiende con seriedad las palabras de

Jesús a sus discípulos adultos que trataban de impedir que los niños se acercaran al Maestro: «...de los tales es el reino de Dios». Es la misión que acoge como suyo el principio teológico de la encarnación que reúne al Dios niño con el niño humano para salvar al mundo.

Cuando Jesús expresó que el reino de Dios es de los niños y de los que son como ellos, lo hizo porque reconocía que, en la definición de la encarnación divina y en la descripción del reino mesiánico, el niño y la perspectiva infantil ocupan un lugar prominente. Veamos algunos textos:

> La joven está encinta
> y va a tener un hijo,
> al que pondrá por nombre Emanuel
> (Is. 7.14, VP).
>
> Porque nos ha nacido un niño,
> Dios nos ha dado un hijo,
> al cual se le ha concedido el poder de gobernar.
> Y le darán estos nombres:
> Admirable en sus planes, Dios invencible,
> Padre eterno, Príncipe de la paz.
>
> Se sentará en el trono de David;
> extenderá su poder real a todas partes
> y la paz no se acabará;
> su reinado quedará bien establecido,
> y sus bases serán la justicia y el derecho
> desde ahora y para siempre.
> Esto lo hará el ardiente amor del Señor todopoderoso
> (Is. 9.6-7, VP).
> Entonces el lobo y el cordero irán juntos,
> y la pantera se tumbará con el cabrito,
> el novillo y el león engordarán juntos;
> un chiquillo los pastorea;
> la vaca pastará con el oso,
> sus crías se tumbarán juntas,
> el león comerá paja como el buey.
> El niño jugará en la hura del áspid,

> la criatura meterá la mano
> en el escondrijo de la serpiente.
> No harán daño ni estrago
> por todo mi Monte Santo,
> porque se llenará el país
> de conocimiento del Señor,
> como colman las aguas el mar
> (Is. 11.6-9, *Biblia del peregrino*).

Estos textos de Isaías describen la realidad encarnacional y mesiánica de un mundo visto con ojos infantiles. Es una mirada subversiva sobre el mundo, que no se contenta con aceptar que la vida en este planeta sea definido por las guerras, la violencia, la exterminación del ecosistema, la injusticia y la opresión. Es el mundo de la armonía, la paz, la igualdad y la libertad total. Su líder es un niño y la visión que gobierna es infantil.

Cuando Dios definió la era mesiánica, la vislumbró como aparece reflejada en el profeta Isaías, y la empezó a hacer realidad con la encarnación: Emanuel, ¡Dios-con-nosotros!

El proyecto salvífico del Nuevo Testamento, donde se plantea la acción salvadora de Dios en favor de la humanidad y del mundo, comienza con la declaración plasmada por el profeta Isaías: «¡Un niño nos es nacido!» El anuncio del mensajero celestial en Lucas se expresa así:

> No tengan miedo, porque les traigo una buena noticia, que será motivo de gran alegría para todos: Hoy les ha nacido en el pueblo de David un salvador, que es el Mesías, el Señor. Como señal, encontrarán ustedes al niño envuelto en pañales y acostado en un establo (Lc. 2.10-12, VP).

¡Qué paradoja! El Mesías, salvador del mundo, está presente con nosotros en la persona de un niño envuelto en pañales y acostado en un pesebre. Para Lucas y Mateo, el evangelio de salvación empieza con Dios niño. ¡Qué cosa más tremenda! El hecho de que el Dios eterno, todopoderoso y Señor del universo, decidiera irrumpir en la historia humana como niño se convierte en declaración teológica y misionológica para definir, de principio a fin, el proyecto salvador de Dios. Porque Dios decide hacerse humano y presentarse ante nosotros como niño, y presenta ante nuestros ojos el reino mesiánico desde una perspectiva infantil. Estos dos elementos, al principio y al final de la encarnación, deben considerarse seriamente al definir y entender cada componente del Hecho de Cristo y la responsabilidad misionera de la iglesia. No hay apropiación cabal del ministerio, la pasión, la resurrección y la venida gloriosa de Cristo si no se miran desde los ojos del niño que abre y que cierra el drama redentor en el que Cristo es protagonista principal.

En relación con esto, no dejan de tener un peso enorme las palabras de Jesús: «Te alabo, Padre, Señor del cielo y de la tierra, porque escondiste estas cosas de los sabios y de los entendidos, y las revelaste a los niños» (Mt. 11.25, RV 95). Al llamarnos a formar parte del hecho portentoso de la salvación, Dios nos invita a participar en su juego. La encarnación, los milagros, la cruz, la tumba vacía y el retorno glorioso de Jesucristo pierden su dimensión real si no se miran desde la perspectiva en que deben ser miradas: la del niño.

Por ello, cuando Jesús dijo que el reino de Dios es de los niños y de los que son como ellos, se refería en realidad al hecho de que sólo quienes entran al juego de Dios y juegan de acuerdo a sus reglas podrán gozar de ese reino tan bellamente descrito en la profecía de Isaías.

Hacer llegar la Palabra de Dios a los niños, a las comunidades indígenas, a los grupos marginados, es realmente meterse en ese juego serio de Dios. Nuestra misión con la Palabra debe ser tan radical como para que llegue efectivamente a esas audiencias especiales *sin mediaciones innecesarias*. La Palabra de Dios le llega al niño a su nivel, y le llega al indígena en su propio idioma, y con los giros y formas literarias propias de ese idioma.

Desde el mismo momento en que Dios, en su soberanía, quiso que su Palabra llegase a todos, permitiendo que se transmitiera en el idioma cotidiano del pueblo (marcado por su cultura y cosmovisión), esa Palabra ya está bajo el dominio de quien la recibe, no de quien la emite.

Una traducción de la Biblia verdadera y fiel es aquella en la que los traductores pueden hacerse a un lado y permitir que la Palabra fluya libremente entre el pueblo que recibe y Dios, fuente primera de esa Palabra. Por eso la buena traducción no sujeta al receptor a la forma del texto original ni a la versión ancestral de siglos pasados. Quiere que el receptor tenga libre acceso al mensaje divino y que lo sepa suyo, lo saboree y lo ame.

Considerando lo anterior, resulta extraño leer un escrito que hable de una hermenéutica india, sin prestar suficiente atención a la necesidad de entregarle al indio la Biblia en su lengua materna.[40]

Si queremos hablar de hermenéuticas y teologías auténticamente indígenas, es necesario que se las esboce desde el idioma del verdadero sujeto hermenéutico, desde su nivel de comprensión y usando herramientas y metodologías propias. Sólo así se logrará hacer realidad la promesa divina de Joel 2.28-29 (RV 95):

> Derramaré mi espíritu sobre todo ser humano
> y profetizarán vuestros hijos y vuestras hijas;
> vuestros ancianos soñarán sueños,
> y vuestros jóvenes verán visiones;
>
> También sobre los siervos y las siervas
> derramaré mi espíritu en aquellos días.

---

[40]Pablo Richard, «Hermenéutica bíblica india», *Revista de Interpretación Bíblica Latinoamericana (RIBLA)* 11, 1992.

# 3

# La misión en los Salmos

*Esteban Voth*

¡Alaben al Señor *todas* las naciones!
¡Exáltenlo *todos* los pueblos!
¡Grande es su amor por nosotros!
¡La fidelidad del Señor es eterna!

¡Aleluya! ¡Alabado sea el Señor![1]

Este pequeño y breve salmo presenta dos elementos clave para reflexionar acerca de la presencia de una actitud misionera en el libro de los Salmos. En la segunda parte de este verso se advierte una afirmación que es más personal y se refiere al pueblo de Dios, es decir, a lo que el salmista llama «nosotros». Dios tiene un gran amor por su pueblo y le es siempre fiel. Dios se ocupa y se preocupa por su rebaño. No obstante, y simultáneamente, el poeta invita a que *todas* las naciones y *todos* los pueblos alaben al Señor. La intención de esta breve poesía es proclamar que ese amor (*jesed*) tan grande, esa fidelidad del Señor, no es solamente para un pueblo, sino para todas las naciones y pueblos[2] que habitan la creación de ese mismo Dios.

Cuando analizamos los Salmos en busca de una propuesta misionera descubrimos que a lo largo de todo el salterio existe este binomio: pueblo de Dios // naciones, pueblos. La mayoría de los exégetas de la poesía hebrea presente en el libro de los Salmos no

---

[1] Sal. 117. Las citas bíblicas de los Salmos provienen de la NVI.

[2] Para un análisis exhaustivo del significado del vocablo *pueblo*, ver R. Good, *The Sheep of His Pasture*, Scholars Press, California, 1983.

ha tratado el tema de la *misión* en estos poemas. Tampoco los expertos en misionología han encontrado en los Salmos una fuente de inspiración fecunda para sus propuestas misionológicas.[3] No obstante, más allá del peligro de encontrar lo que se busca, creo que los Salmos contienen algunas enseñanzas y propuestas para lo podríamos denominar *una misionología bíblica*. Dicha propuesta está íntimamente relacionada con la realidad personal del salmista y con la realidad de naciones y pueblos que disfrutan de los privilegios y las responsabilidades de una relación con Dios basada en el pacto.

Es de conocimiento común que los Salmos bíblicos expresan el sentir de las personas en relación con diversos ámbitos de la vida. A través de esta literatura descubrimos al ser humano hablándole a Dios. Así como una gran parte de la revelación bíblica tiene que ver con Dios hablándole al ser humano, en los Salmos encontramos a personas que se dirigen a Dios de diferentes maneras. En algunas ocasiones la poesía resuena con la alegría de la alabanza. En otras, en cambio, retumba con sonidos de desesperación humana. Pero a través de todo el salterio es posible descubrir que la manera de expresarse del poeta es franca, transparente y sin prejuicios. De pronto, para el poeta, Dios es el único objeto de toda su alabanza. De pronto, el mismo Dios es su enemigo, el que le causa dolor y tristeza. Esta franqueza con que el salmista se dirige hacia su Creador es la misma que está presente en su preocupación *misionológica*. El interés del poeta no se limita a su propia realidad, que sin duda necesita ser transformada, sino que incluye también la realidad de los *otros*. El análisis que se presenta a continuación está impregnado de esta libertad de expresión del poeta. El salmista es pasional y cree en el cambio, en la transformación y en la posibilidad de una realidad

---

[3]Cf. al respecto el comentario de M. Breneman en «Los Salmos y la misionología», *Mision* 7, 1983, p. 26.

diferente para él, para su pueblo y también para las naciones que no tienen conocimiento del Dios del pacto.

## Los Salmos como actos constitutivos de la realidad

Distintos eruditos han sugerido que los Salmos son primordialmente una respuesta a la realidad, el poder y la maravillosa actividad de Dios. Es así que von Rad, en su obra magna sobre la teología del Antiguo Testamento, afirma que los Salmos representan la respuesta de Israel a la acción de Dios.[4] Pero Brueggemann, tomando una propuesta de Mowinckel, ha dado un paso más y convincentemente ha sugerido que los Salmos, y en especial los de la alabanza, construyen un mundo teológico. Es decir, es posible considerar a los Salmos como actos constitutivos de la realidad.[5] Los poetas, a través de su obra literaria, construyen, evocan mundos alternativos de los que están experimentando. Quien es poeta conoce y cree en el poder de la palabra.

El vocablo «palabra» en hebreo (*davar*) significa mucho más que lo que generalmente se entiende por «palabra» en castellano: *davar*

---

[4]Gerhard von Rad, *Old Testament Theology*, vol. 2, Harper & Row, Nueva York, 1962. Ver en especial el capítulo D, «Israel Before Jahweh» (Israel's Answer). Cf. C. Westermann, *The Praise of God in the Psalms*, John Knox Press, 1965.

[5]W. Brueggemann, *Israel's Praise*, Fortress Press, Filadelfia, 1988, pp. 1-28. Ver también su obra titulada *The Psalms and the Life of Faith*, Fortress Press, Filadelfia, 1995, pp. 3-32. Una gran parte de la obra de Brueggemann está influenciada por las ideas de Paul Ricouer expresadas en *The Conflict of Interpretations*, Northwestern University Press, Evanston, 1974, y la de Sigmund Mowinckel, *The Psalms in Israel's Praise*, Abingdon, Nashville, 1962. A estos autores les debo la inspiración de las ideas presentadas en esta sección.

expresa evento, cosa, asunto, acontecimiento. En este sentido, lo que una persona hace, piensa, planifica, *dice*, forma parte del mismo acontecimiento. Por esto, para el israelita las palabras habladas tienen tanto poder para cambiar situaciones como un hecho o una acción.[6] Esto es mucho más significativo en el caso del poeta, cuyo lenguaje rico en imágenes y metáforas es capaz de sugerir y generar nuevas realidades. Cuando el poeta se expresa, lo hace con el poder de la «palabra», que tiene la capacidad de articular mundos diferentes, mundos que ofrecen un marco de esperanza en medio de un contexto de desesperanza.

Este proceso, según Mowinckel, ocurre en especial en el "culto". Para dicho autor, los Salmos fueron creados para el culto y, por ende, el culto es un acto constitutivo de realidad teológica y no meramente una respuesta del ser humano a Dios. Sin tener que estar necesariamente de acuerdo con la propuesta de que el salmo fue creado para el culto, lo importante de la sugerencia de Mowinckel es que lo que se hacía en el culto era construir una realidad. Mowinckel afirma:

> El culto (*'abodah*) para Israel, como para el hombre primitivo en general, era las actividades santas, festivas a través de las cuales se obtenía el poder divino y la bendición para la sociedad, la comunidad y, por medio de ellas, para el individuo...
>
> El culto ... es siempre drama ... Pero no es una obra común, sino un drama generador de la realidad, un drama que

---

[6]Para un análisis más extenso del significado lingüístico y teológico del vocablo *davar* ver E. Jenni y C. Westermann, *Diccionario Teológico Manual del Antiguo Testamento*, vol. I, Cristiandad, Madrid, 1986, pp. 614-627.

> actualiza con poder real el evento dramático, una realidad que demuestra poder real, es decir, un sacramento.[7]

Según Mowinckel, el culto impregnado de Salmos construye una realidad diferente y efectiva. Los Salmos utilizados en el culto no solamente sugieren que existe una vida diferente sino que, en efecto, la construyen a través del poder de la palabra. Tal es así, que Mowinckel entiende que el concepto de la «vida» está presente en todo este drama sacramental. Por esto sugiere:

> El hecho de que la vida es *creada* a través del culto significa la salvación de la angustia y la destrucción que ocurriría si esa vida no fuera renovada. Porque la existencia es una guerra eterna entre las fuerzas de la vida y las fuerzas de la muerte, entre las fuerzas de bendición y maldición. «El mundo» se gasta si no se renueva regularmente, tal como cualquiera puede darse cuenta observando el ciclo anual de vida en la naturaleza. Entonces, lo que se actualiza en el culto es «el hecho (*la realidad*) de la salvación» ... Esta actualización del hecho de la salvación se repite cuantas veces sea necesario.[8]

Es importante recalcar la propuesta de Mowinckel en cuanto a que la vida es «creada» a través del culto. A partir de este marco teórico queremos presentar la propuesta de que varios Salmos «crean» vida y, por ende, tienen una profunda consecuencia misionológica. Si en la antología de los Salmos los poetas están "creando" vida a través de sus palabras ricas en imágenes y metáforas, y a la vez proponiendo alternativas teológicas que conducen a la vida, entonces es posible afirmar que existe una

---

[7]S. Mowinckel, *Psalmenstudien*, vol. 2: *Das Thronbesteigungsfest Jahwäs un der Ursprung der Eschatologie*, Schippers, Amsterdam, 1961 [1922], pp. 19, 21.

[8]S. Mowinckel, *The Psalms in Israel's Worship*, Abingdon, Nashville, 1962, p. 18.

preocupación misionológica bíblica. Esta misionología presente en la poesía hebrea carece de metodologías mercantilistas, de proselitismos agresivos y deshumanizantes, y de reduccionismos nefastos. La invitación de los salmistas es a la "vida", la cual proviene del único Dios verdadero que se resiste a cualquier tipo de manipulación o reducción.

## Diversas propuestas misionológicas en los Salmos

Es muy probable que los poetas jamás hayan pensado en categorizar sus ideas, pensamientos e imágenes. No obstante, para clarificar algunas ideas que están presentes en una antología tan rica en ideas y proposiciones, miraremos algunos de los temas que surgen y que tienen relación con una propuesta misionológica.

### La universalidad de la soberanía de Dios

La universalidad de la soberanía de Dios es uno de los temas más preponderantes en todo el salterio. Cuando el salmista exclama: «¡Cuán imponente es el Señor Altísimo, el gran rey de toda la tierra!", y continúa diciendo: «Dios es el rey de toda la tierra; por eso, cántenle un Salmo solemne. Dios reina sobre las naciones; Dios está sentado en su santo trono. Los nobles de los pueblos se reúnen con el pueblo del Dios de Abraham, pues de Dios son los imperios de la tierra. ¡Él es grandemente enaltecido!» (47.2, 7-10), está afirmando que el dueño absoluto de toda la creación y de todos los reinos humanos es Dios, el creador por excelencia.[9]

---

[9]Otros pasajes del salterio que expresan esto mismo son, entre otros, 19.4; 22.27-28; 33.8-10; 36.5-9; 45.12, 17; 46.6, 9, 10; 72.8, 11; 87; 93.1-2; 96.10; 97.1.

Este tipo de exclamaciones de júbilo de parte de los poetas ha llevado a algunos estudiosos de los Salmos a sugerir que el tema teológico central, que de alguna manera une y entrelaza todos los Salmos, es «Yavé reina» (*Yhwh malak*).[10] Esta pequeña frase, cuya traducción es muy debatida,[11] declara que Yavé no solamente reina, sino que es el dueño de todo lo que existe y, por ende, tiene derecho absoluto sobre la tierra y sus habitantes.[12] Dicho concepto es realmente revolucionario para el mundo antiguo. Los dioses de las distintas naciones vecinas de Israel son dioses que están limitados en términos geográficos. Su poder y jurisdicción no van más allá de los límites geográficos que delimitan una nación. La declaración de que hay un Dios cuyo poder no está restringido por fronteras humanas es, de por sí, una afirmación misionológica radical. La soberanía y señorío del Yavé que reina es absoluta y abarca a toda la creación. Esto tiene por lo menos dos implicaciones significativas. En primer lugar, el Dios de Israel, el pueblo del pacto, no es patrimonio exclusivo de Israel. Si bien es verdad que Yavé ha decidido utilizar al pueblo de Israel como un instrumento para ser de bendición a todas las naciones, Israel no puede reclamar derechos absolutos sobre la deidad. En segundo lugar, esto indica que todo lo que significa Dios, es decir, todo lo que él es, está al alcance de todas las naciones. Dios, a través de su soberanía universal, se convierte en un recurso inagotable para toda la creación. Esta realidad articulada en los Salmos tiene una repercusión misionológica notable, en especial si se considera la frase del poeta cuando declara que los líderes de los distintos

---

[10]Ver, p. ej., J. Mays, *The Lord Reigns, A Theological Handbook to the Psalms*, Westminster John Knox Press, Kentucky, 1994, pp. 12-22.

[11]Las diversas opiniones están resumidas en M. Z. Brettler, *God is King*, JSOT Supplement Series 76, Sheffield Academic Press, 1989, pp. 125-128.

[12]Cf. los comentarios sobre el Salmo 24 de J. du Preez en «Mission Perspectives in an Old Testament Procession Song: Psalm 24», *Missionalia* 18/3, noviembre de 1990, pp. 330-343.

pueblos se reúnen con el pueblo del Dios de Abraham para enaltecer al único Dios. El hecho de que Dios, en su soberanía absoluta, sea el Dios de los imperios de la tierra sugiere fuertemente que esto debe proclamarse a todo aquel que aún no lo sabe o no lo entiende.

Es aquí, entonces, donde es importante introducir de qué manera esta soberanía universal produce o genera *esperanza*. El poeta dice, en otro contexto, que en Dios «está la fuente de la vida, y en tu luz podemos ver la luz» (36.9). Aquí tenemos otra declaración que define la realidad tal como se ha explicado anteriormente a la luz de la propuesta de Mowinckel. La vida no proviene de una casualidad cósmica ni de otros dioses cuyas jurisdicciones están limitadas por fronteras geográficas. La *vida* proviene del Dios creador de todas las cosas cuya soberanía es absoluta y universal. Esa *vida* articulada en los Salmos por los poetas hebreos es aquello que ofrece más esperanza a nuestro mundo contemporáneo. En términos de una propuesta misionológica, sugerimos que la proclamación de un Dios que es fuente, autor y generador de toda *vida* representa quizás el mensaje más poderoso y relevante para un mundo que está empecinado en destruir la vida.

La posmodernidad en la cual están inmersas las sociedades de este mundo define la realidad de tal manera que la vida, la esperanza, el ideal, la utopía ya no existen. Como parte de esta definición de la realidad, lo importante es sobrevivir en términos individualistas, sin ningún tipo de preocupación por «el otro» ni tampoco «por Dios». Este marco teórico conduce a una frustración y a un vacío carente de esperanza y vida. El poeta hebreo, en cambio, define la realidad en términos de *una vida y una esperanza* entregadas, dadas por un Dios que no puede ser manipulado ni controlado por intereses humanos que intentan definir la realidad en términos que no conducen a la vida. Esta alternativa poetizada por los hebreos ofrece un mensaje relevante que todo creyente debe abrazar con el propósito de hacer misión. Quien encarna esta definición de la realidad podrá unirse al poeta y proclamar a todo ser humano que «Tú, oh Dios y Salvador nuestro, nos respondes con imponentes obras de justicia; tú eres la esperanza de los confines de la tierra y de los más lejanos mares» (65.5).

## El pueblo de Dios y las naciones

Los Salmos hebreos hacen referencia a las *naciones* con frecuencia. El hecho de que estén mencionadas en diversos contextos, es decir, en diferentes tipos de Salmos[13] sugiere que para el poeta la realidad fuera de su propio contexto local era importante. La presencia de las *naciones* en esta literatura poética es coherente con el concepto que acabamos de analizar. Si la soberanía de Dios es absoluta y universal, es lógico pensar que esa soberanía se extenderá más allá de los parámetros del pueblo hebreo. Tal como se mencionó con anterioridad, el pueblo de Dios no tiene un monopolio sobre el Creador. Si bien ese pueblo fue creado por Dios para cumplir un propósito especial y universal (Ex. 19.5-6), esto no significa que el accionar de Dios en la historia se limitará a ese contexto específico, y es evidente que así se entendió en la poesía.

El Salmo 22 tradicionalmente se ha leído como el Salmo de la cruz,[14] porque el lector inmediatamente lo relaciona con el clamor de Jesús cuando estaba colgado del madero. Este poema, que expresa un lamento profundo de alguien que se encuentra

---

[13]H. Gunkel ha propuesto cinco categorías o géneros literarios importantes para entender a los Salmos: himnos, lamentos comunitarios, lamentos individuales, Salmos de realeza y Salmos de agradecimiento. Es necesario aclarar que dicha categorización no agota la manera de organizar los Salmos hebreos. Además, un poema puede contener características de más de un género. Ver H. Gunkel, *The Psalms: A Form-Critical Introduction*, Facet Books, Biblical Series 19, Fortress Press, Filadelfia, 1967.

[14]Ver, p. ej., el título que Kidner le da al Salmo en *Psalms 1-72*, Tyndale Old Testament Commentaries, Inter-Varsity Press, 1973, p. 105.

amenazado de muerte, retrata la realidad humana con total crudeza. El poeta no intenta esconder ni disfrazar la realidad que está viviendo y la expresa con total honestidad. Es más que interesante, entonces, que en este Salmo se mencione a las naciones y haya un preocupación por la gente que habita en ellas. El poeta declara con un sentido profético que «Se acordarán del Señor y se volverán a él todos los confines de la tierra; delante de él se postrarán todas las familias de las naciones, porque del Señor es el reino; él gobierna sobre las naciones» (22.27-28). Es significativo y digno de notar que, a pesar de que el poeta plantea una queja y un lamento descarnado, a la vez contempla la necesidad de las naciones. En el poema, el poeta no se calla absolutamente nada. Su protesta es real, su angustia interminable y su dolor insufrible. Sin embargo, en medio de una situación que no se caracteriza ni por estabilidad, ni por tranquilidad o prosperidad, el salmista es capaz de articular una visión misionológica transformadora y llena de esperanza. Se nutre de la promesa abrahámica (Gn. 12.3) para proclamar que el Dios de la vida, el Dios que lo hizo nacer (*pero tú me sacaste del vientre materno*, v. 9), es el mismo Dios que dará *vida* a las naciones. De esta manera, la poesía es constitutiva de una realidad diferente. En medio de una situación de dolor, de amenaza de muerte, la esperanza genuina es posible.

Cabe aquí una breve reflexión acerca de la posibilidad de hacer misión. Es común observar en nuestros contextos evangélicos actitudes y presupuestos que sugieren que para hacer misión deben existir ciertas condiciones mínimas de estabilidad, seguridad y comodidad. Se habla de que «todas las condiciones tienen que estar dadas» para llevar a cabo una obra misionera efectiva y exitosa. Sin embargo, el poeta hebreo propone y desafía a través de su obra poderosa que es posible articular y proclamar un mensaje de esperanza, un mensaje de vida en medio de situaciones que humanamente se definen como poco propicias. Sugerimos que el mensaje misionológico del Salmo 22 no es meramente que *las naciones* tienen el privilegio de participar de los beneficios de la bendición abrahámica, sino que esta realidad se puede y se debe proclamar en medio de cualquier circunstancia, adversa o propicia. Esto se convierte, entonces, en un verdadero desafío para nuestra realidad latinoamericana. Ya sea que nuestros pueblos estén sufriendo bajo las garras de la hiperinflación, como ocurrió en la década de los ochenta, o que ahora estén excluidos por la nefasta economía neoliberal, la proclama de *vida* y *esperanza* debe resonar en todo nuestro continente. El desafío del poeta es que la *misión* se articule en medio de circunstancias absolutamente adversas. En este sentido es importante recalcar que el sufrimiento no es impedimento ni obstáculo para hacer misión, sino todo lo contrario. El sufrimiento y el dolor pueden convertirse en canales significativos para llevar a cabo una tarea misionera. A diferencia de muchas teologías populares, donde el sufrimiento es visto exclusivamente como evidencia de pecado, el poeta entiende que en su condición de dolor puede hacer un llamado a la vida y a la esperanza que, en definitiva, construye una realidad diferente. Es así que el sufrimiento se convierte en un testimonio poderoso para aquellos que lo observan y ven cómo Dios puede y quiere obrar en medio de ese contexto.[15]

El Salmo 86 es otro poema que expresa un lamento individual. Aquí el poeta expresa su dolor y su angustia en medio de una paradoja. El es fiel y confía en el Señor. Sin embargo, su vida está amenazada y siente que Dios no lo escucha. Tal es así que clama al Señor por compasión y ayuda, porque su situación es difícil. Pero, al igual que en el Salmo 22, el poeta, en medio de paradojas

---

[15]Para una comprensión del Salmo 22 desde el lugar del sufrimiento y dolor en Nicaragua ver Ana Langerak, «Study of the Word: Psalm 22 - New World», *Mission Studies* X-1&2, 1993, pp. 53-58. La idea de «nuevo mundo» (*New World*) considerada por Langerak tiene paralelos con la propuesta de este análisis en cuanto que la poesía define una nueva realidad.

y contradicciones que afectan su realidad personal y que lo llevan a situaciones límites, es capaz de articular una realidad diferente que expresa un sentir misionero profundo. En primer lugar, define nuevamente la realidad para el mundo del cercano oriente antiguo al declarar que no hay entre los supuestos dioses otro como el Dios creador de todas las cosas. No hay *ser* que se iguale al Dios que él adora (86.8). En segundo lugar, y a partir de esta afirmación inequívoca —que construye una realidad diferente— el salmista proclama que todas las naciones que fueron creadas por Dios adorarán el nombre de Dios: «Todas las naciones que has creado vendrán, Señor, y ante ti se postrarán y glorificarán tu nombre. Porque tú eres grande y haces maravillas; ¡sólo tú eres Dios!» (86.9-10). El mensaje misionológico es muy rico. Primeramente, establece que Dios creó todas las naciones y, por lo tanto, éstas están bajo su soberanía. Seguidamente, el poeta proclama que estas naciones se postrarán universalmente ante el Creador, reconociendo así su señorío absoluto. Esta universalidad de adoración nos habla de que no habrá excluídos en términos de raza, color, clase social, nivel cultural, etc. Nos confronta con una realidad *multicultural* y *multiétnica* en la que todos están convocados a participar de la adoración de Dios. El llamado misionero aquí no es a grupos homogéneos ni a grupos sectarios, sino a todos los pueblos porque todos fueron creados por Dios. La realidad que define la poesía incluye a todas las culturas del mundo. No es una realidad que excluye ni que exige que se fusionen y sean todas iguales. Es cierto que el lugar de adoración para el hebreo era Sión. Pero Sión también simboliza el lugar donde todos los pueblos del mundo vienen al santuario de Dios,[16] tal como lo expresa otra poesía:

---

[16]Roger Hedlund, *The Mission of the Church in the World, A Biblical Theology*, Baker, Michigan, 1985, p. 87.

> Las naciones temerán el nombre del Señor;
> todos los reyes de la tierra reconocerán su majestad.
> Porque el Señor reconstruirá a Sión,
> y se manifestará en su esplendor.
> Atenderá la oración de los desamparados,
> y no desdeñará sus ruegos.
> Que se escriba esto para las generaciones futuras,
> y que el pueblo que será creado alabe al Señor.
> Miró el Señor desde su altísimo santuario;
> contempló la tierra desde el cielo,
> para oír los lamentos de los cautivos
> y liberar a los condenados a muerte;
> para proclamar en Sión el nombre del Señor
> y anunciar en Jerusalén su alabanza,
> cuando todos los pueblos y los reinos
> se reúnan para adorar al Señor (102.15-22).

Los dos ejemplos analizados demuestran claramente que el poeta hebreo era consciente de la necesidad de abrazar una visión amplia en cuanto a la gente de todo el mundo. La esperanza ofrecida por el Dios de la vida es para toda nación, pueblo, tribu, grupo y familia que habitan en esta tierra. El salmista no habla de hacer un proselitismo agresivo entre las naciones. Simplemente declara que las «buenas nuevas» harán la obra de transformar a las naciones y así llegarán a adorar al Señor. Las «buenas nuevas» declaradas en poesía posibilitan esta transformación en las naciones.

## Justicia y misión

El concepto de misión en la poesía hebrea es un concepto que abarca todos los ámbitos de la vida. La misión no se entendía en términos fragmentarios, sino en términos *holísticos* o integrales. En este sentido, una comprensión adecuada de *justicia* cobra importancia. La construcción de una realidad de vida y esperanza no puede llevarse a cabo sin la presencia real de una justicia bíblica. La justicia bíblica es una justicia relacional que contempla las necesidades de cada situación.[17] Al ser relacional, la justicia bíblica busca el *shalom* (bienestar integral) de la persona.[18] Esta es la clase de justicia que el poeta articula al construir una realidad diferente.

El poeta hebreo afirma la justicia de diferentes maneras. En primer lugar, establece que la justicia es una prioridad divina. Dios, en su preocupación por el ser humano, declara su interés por la justicia. El poeta declara esto de la siguiente manera: «El Señor ama la justicia y el derecho; llena está la tierra de su amor» (33.5). Este amor por la justicia tiene una consecuencia pedagógica: «El dirige en la justicia a los humildes, y les enseña su camino» (25.9). Además de ser pedagógica, es poderosa, amplia y abarcativa: «Tu justicia es como las altas montañas; tus juicios, como el gran océano» (36.6). También es una justicia que protege: «Porque el Señor ama la justicia y no abandona a quienes le son fieles. El Señor los protegerá para siempre, pero acabará con la descendencia de los malvados» (37.28). La justicia de Dios, al igual que su soberanía, no está limitada ni circunscrita a una región geográfica ni tampoco a un determinado pueblo. La justicia de Dios tiene alcances globales: «Que se diga entre las naciones: "¡El Señor es rey!" Ha establecido el mundo con firmeza; jamás será removido. Él juzga a los pueblos con equidad ... ¡Canten delante del Señor, que ya viene! ¡Viene ya para juzgar la tierra! Y juzgará al mundo con justicia, y a los pueblos con fidelidad» (96.10, 13). La universalidad de la justicia de Dios, que de por sí es una realidad misionológica fundamental, también se expresa en el contexto de

---

[17]Consultar el excelente análisis de J. L. Mays en su libro, «Justice, Perspectives from the Prophetic Tradition», *Interpretation* 37/1, 1983, pp. 5-17.

[18]Para una perspectiva liberadora en cuanto al significado de *shalom* ver W. Brueggemann, *Living Toward a Vision, Biblical Reflections on Shalom*, United Church Press, Nueva York, 1982.

la alabanza: «Tu alabanza, oh Dios, como tu nombre, llega a los confines de la tierra; tu derecha está llena de justicia. Por causa de tus justas decisiones el monte Sión se alegra y las aldeas de Judá se regocijan» (48.10-11).

Las diversas maneras en que el poeta hebreo expresa la justicia de Dios hace que el concepto y la realidad de dicha justicia sea realmente algo muy rico que es necesario compartir con las naciones. La justicia divina, ofrecida a las naciones y no restringida a un pueblo, representa un mensaje de esperanza muy importante. No obstante, la poesía hebrea no es ingenua y reconoce que la justicia bíblica necesita ser abrazada e implementada por los que están en posiciones de liderazgo, ya sea en cargos políticos o religiosos. En este sentido, el Salmo 72 expresa una visión y un desafío, que analizaremos a continuación.

El autor del Salmo 72 articula una propuesta concreta acerca de la justicia que involucra a la persona del rey. La realeza, en el mundo hebreo, ejerce el poder en diversas áreas de la vida. En un sentido, simboliza el poder aquí en la tierra. Para el poeta existe una realidad ineludible en la que justicia, *shalom* y esperanza no son viables a menos que los que ostentan el poder político obren a favor de ellas. Y esto sólo puede ocurrir si los que están en el poder se someten al señorío absoluto del Dios creador y dueño de todo poder. Por esto, el poeta dirige todas sus plegarias y súplicas a Dios en favor del rey (símbolo del poder político y religioso).

El poeta comienza rogando que Dios le otorgue su justicia al rey: «Oh Dios, otorga tu justicia al rey» (72.1). El es consciente del importante papel que juega el rey en todo el proceso legal y jurídico de su reino. La posibilidad de que existiera justicia en la sociedad del cercano oriente antiguo dependía primordialmente de las actitudes y decisiones del rey. Por esta razón se eleva una clamor hacia Dios, quien es dueño de la verdadera justicia, para que esa justicia divina se manifieste en la persona del rey. Es por demás interesante notar el paralelo que el poeta traza entre el hacer justicia y el verdadero *shalom* (paz, bienestar integral): «Brindarán los montes bienestar al pueblo, y fruto de justicia las colinas ... Que en sus días florezca la justicia, y que haya gran prosperidad hasta que la luna deje de existir» (72.3, 7). La realidad que define esta poesía plantea que el bienester integral de cualquier grupo humano y la prosperidad que pueda alcanzar dependen inexorablemente de la práctica de la justicia. Dicho de otra manera, el verdadero *shalom* no puede existir si no se practica y se nutre la justicia.[19] El mensaje misionológico presente aquí es que existe la posibilidad de un liderazgo político permeado por la justicia bíblica porque Dios es capaz de otorgarle esa justicia al rey. Esa justicia tiene la posibilidad de alcanzar a todas las naciones y así proveer a los pueblos una esperanza genuina de vida. La propuesta del poeta es, sin lugar a duda, «contracorriente». En las estructuras de poder latinoamericanas, y en la sociedad en general, la prosperidad no depende de la práctica de la justicia sino todo lo contrario. En términos generales, es la injusticia la que lleva a la prosperidad. La opresión injusta de los «sin voz, sin rostro y sin poder» genera la riqueza ilícita de los que ostentan el poder. La realidad que propone el poeta es una realidad «al revés», y ese mundo *al revés* es precisamente la «buena nueva» proclamada con fe a todas las sociedades del mundo.

Asimismo, en este poema, al igual que en toda la revelación bíblica, la justicia se entiende primordialmente como la preocupación, protección y rehabilitación de los pobres, desprotegidos y desposeídos que representan lo más vulnerable de la sociedad. Una vez más, el verdadero *shalom* no puede convertirse en una realidad concreta a menos que el que está en posición de autoridad «*haga justicia*» a los pobres. El poeta lo expresa de la siguiente manera: «El rey hará justicia a los pobres del pueblo y salvará a los necesitados, ¡él aplastará a los opresores! ... El librará al indigente que pide auxilio, y al pobre que no tiene

---

[19]Ver las ideas expresadas al respecto en Patrick Miller, hijo, «Power, Justice and Peace: An Exegesis of Psalm 72», *Faith and Mission* 4/1, 1986, p. 67.

quien lo ayude. Se compadecerá del desvalido y del necesitado, y a los menesterosos les salvará la vida. Los librará de la opresión y la violencia, porque considera valiosa su vida» (72.4, 12-14). El poeta, a través de su arte, establece cuál es la verdadera responsabilidad del rey. La monarquía debe tener como prioridad la ayuda al débil y al pobre, es decir, que los marginados sean tratados con justicia. El argumento detrás de la declaración poética es que la monarquía tiene el poder y, por tanto, la responsabilidad de aliviar el sufrimiento de los débiles y marginados. Paul Lehmann ha escrito: «La justicia es el eslabón crítico entre el poder de la responsabilidad y la responsabilidad del poder, porque la justicia es la acción justa de Dios que corrige lo que no está bien en el mundo».[20] En este sentido, el rey, que representa a Dios aquí en la tierra y que ostenta el poder, tiene la sagrada responsabilidad de asegurar que la justicia cale todos los ámbitos de la vida humana. Por lo tanto, la poesía construye una realidad diferente a la impuesta por la cultura dominante, porque exige, pretende y cree que el poder debe hacer justicia. Mientras que en la cultura dominante el poder se caracteriza por corrupción, injusticia y deshumanización, el poeta articula teológicamente una alternativa que tiene consecuencias universales. Estas consecuencias universales tienen que ver con la realidad de la justicia y proveen una esperanza de vida a un mundo que está empecinado en propuestas de muerte. De esta manera, afirmando la justicia, la poesía proclama un mensaje que llama a la vida. Esta *vida* forma parte del desafío misionológico presente en la poesía hebrea.

## Los pobres y la misión

La poesía hebrea, que define una realidad nueva a través del poder de la palabra expresada y escrita, de manera específica

---

[20]P. Lehmann, «The Metaphorical Reciprocity Between Theology and Law», *The Journal of Law and Religion* 3, 1985, p. 189.

incluye a los pobres en esa nueva realidad.[21] Por medio de afirmaciones contundentes vuelve a describir el proceso histórico en el que se ve inmerso el pobre. El poeta es capaz de declarar con confianza y fe: «¿Quién como tú, Señor? Tú libras de los poderosos a los pobres; a los pobres y necesitados libras de aquellos que los explotan» (35.10). Aquí el salmista reconoce que existe una realidad donde predominan los opresores que explotan a los que no tienen poder para volver a definir su situación. Pero, a la vez, proclama que existe una alternativa que proviene del único Dios, cuya soberanía es universal, y cuyo amor es justo. La existencia de este Dios significa que el poeta puede clamar a favor del que está marginado y hacerlo con la confianza de que hay una alternativa. Sin duda, esto puede considerarse como algo utópico, pero la buena nueva de la poesía hebrea es que no tiene que serlo necesariamente. Aquellos que tienen el poder (*la monarquía en Israel*) siempre tratarán de convencer a los marginados de que todo está definido y determinado, y que no existe alternativa alguna en esta realidad. No obstante, el poeta se resiste a esa descripción de la realidad y lo hace no solamente porque hay un Dios que es justo, sino porque ese Dios justo también es un Dios que actúa.

La acción de Dios a favor de los pobres está expresada de diferentes maneras. En primer lugar, existe una relación de amor paternal: «Padre de los huérfanos y defensor de las viudas es Dios en su morada santa» (68.5); «Las víctimas confían en ti; tú eres la ayuda de los huérfanos» (10.14b). Ese amor se manifiesta en la *praxis* en términos de una defensa activa de los indefensos frente a los opresores. Las viudas, cuya condición social generalmente se caracteriza por la pobreza, pueden tener la esperanza de que hay alguien que las defiende. Ese alguien es justo y poderoso. Además

---

[21]En este trabajo, la categoría «pobres» incluye al débil, desvalido, desposeído, desamparado, etc.; en otras palabras, a toda persona que por alguna razón ha sido o es marginada.

de defender la causa del débil, el poeta declara que Dios se ocupa de proveer amparo al desamparado y libertad al cautivo: «Dios da un hogar a los desamparados y libertad a los cautivos; los rebeldes habitarán en el desierto» (68.6). Esto representa una afirmación atrevida en medio de una situación de control y opresión. Proponer que existe la posibilidad de liberación y de «techo» para el marginado requiere coraje e imaginación teológica. Al imaginar una realidad diferente, el poeta articula esa nueva realidad en términos teológicos y de esa manera provee esperanza en medio de una situación de desesperanza.

La presencia preponderante de la categoría «pobres» en la poesía hebrea no significa que debamos minimizar ni «espiritualizar» la situación difícil y apremiante que viven los marginados.[22] Estos representan a todos los que no tienen derechos, a los que están en una lucha diaria por sobrevivir y que, al carecer de todo tipo de influencia, están a la merced de los que tienen un monopolio sobre el poder. Para ellos, el poeta proclama y articula una situación nueva. Así como Dios provee liberación de situaciones deshumanizantes, también se ocupa de la alimentación: «...saciaré de pan a sus pobres» (132.15). Es decir, Dios no sólo actúa en el sentido de defender los derechos de los pobres en la corte y en la sociedad, sino que también busca satisfacer las necesidades básicas de todo ser humano. El accionar de Dios afecta todas las áreas de la vida. La influencia de Dios es integral y total.

El desafío misionológico, en este sentido, está planteado. El poeta articula una realidad diferente para los pobres. La poesía transforma situaciones de injusticia, de desamparo, de soledad y de hambre en realidades de justicia, amparo, comunidad y salud. Esto sugiere que el trabajo misionero contemporáneo debe considerar todas estas áreas en su tarea de compartir las «buenas

---

[22]Ver el excelente análisis de H-J. Kraus en *Theology of the Psalms*, Augsburg, Minneapolis, 1986, pp. 150-154.

nuevas» que tienen el poder para transformar. Los pobres en el continente latinoamericano son aquellos que apenas subsisten, pero no viven. Luchan a diario con la muerte, el pecado y la maldad. Su única esperanza es el poder transformador del Dios presentado en la poesía hebrea. Este Dios de justicia, de amor, de provisión integral, puede y desea ofrecer una realidad diferente a todo aquel que sufre. Así como utilizó a los poetas de antaño para articular esta realidad novedosa, hoy también utiliza y busca a quienes están dispuestos a correr el riesgo de describir nuevamente la realidad que está definida por la cultura imperante. El poeta expresó: «Dichoso el que piensa en el débil» (41.1). Hoy Dios también busca a quienes piensen en los débiles. Pensar, en el contexto hebreo, implica no solamente meditar sino actuar. El salmista también afirma que el rey que hace justicia es el preferido de Dios: «Tú amas la justicia y odias la maldad; por eso Dios te escogió a ti y no a tus compañeros, ¡tu Dios te ungió con perfume de alegría!» (45.7). En un sentido muy real y concreto, la posibilidad de que la humanidad realmente *viva* y no solamente subsista depende de que reyes y ciudadanos vuelvan a definir la realidad desde una perspectiva teológica.

## Conclusión

Es importante aclarar que una misionología bíblica no puede nutrirse solamente de las propuestas ofrecidas por los poetas hebreos. También es menester señalar que todo análisis de los Salmos canónicos tendrá su cuota de subjetividad. No obstante, los Salmos ayudan a completar un cuadro misionológico bíblico más abarcador y real.

La condición humana, el sufrimiento y el dolor humanos son elementos que siempre preocupan a los poetas hebreos. Sus poesías tienen que ver con una realidad humana concreta. Por lo tanto, al describir poéticamente la realidad en la cual están inmersos, los poetas parten de un contexto de vida cotidiana y no desde una «torre de marfil». Por esta razón, la comunidad de creyentes a lo largo de la historia de la iglesia siempre se ha identificado de manera íntima con los poetas de antaño. Pero también, consciente o inconscientemente, la comunidad ha conmovido el corazón de los poetas porque estos artistas teológicos, a través de sus versos, proponen alternativas teológicas sumamente significativas.

Entre muchas de las alternativas que surgen de la poesía hebrea está la preocupación por el «otro». Esto, sin duda, debe formar parte de cualquier propuesta misionológica. Hacer misión sin pasión por el *otro*, es hacer proselitismo barato y mercantilista. En cambio, si existe una actitud de compasión, de amor fiel, de interés desinteresado, entonces existe la posibilidad de una realidad diferente. En este sentido, los poetas nos enseñan algo nuevo. A partir de su propia experiencia y existencia formulan alternativas que no los tienen a ellos mismos como destinatarios exclusivos, sino al ser humano en general, dondequiera que se encuentre. Por ellos proclaman que los reinos son de Dios: «pues de Dios son los imperios de la tierra...» (47.10). Esto significa que, en última instancia, los reinos, que hoy definiríamos como los grandes conglomerados multinacionales, no pertenecen a los agentes de poder. Esta nueva definición de la realidad radical afecta a toda la humanidad. Podemos sugerir entonces que la misión en los Salmos tiene como punto de partida la soberanía absoluta de Dios sobre todo lo que existe, inclusive sobre los que se «creen» soberanos. Tenemos aquí una propuesta de esperanza para nuestro continente latinoamericano que ha sufrido largamente bajo los «seudosoberanos» de la historia. Los «seudosoberanos» jamás han articulado una propuesta de esperanza y vida para la «gente». En cambio, la poesía hebrea articula una alternativa de *vida* a partir del Creador de toda *vida*.

Es significativo notar que en los Salmos hebreos la misión nunca se presenta en términos de «estadísticas» sino en la afirmación de que en Dios, el que verdaderamente reina, hay una esperanza de vida para el «otro». El «otro» nunca es un número, una persona «ganada», sino alguien que puede acceder a una nueva definición de la realidad a partir de una comprensión teológica de la misma, en la que Dios es el soberano universal que se interesa por la condición humana. Esta condición humana, definida hoy en América Latina por un *neoliberalismo* deshumanizante y demoníaco, debe ser confrontada por una *misión* radical que vuelva a definir el proceso histórico en términos de *justicia y vida*, tal como la entendieron y la definieron los poetas inspirados por el Creador de la *vida*.

# 4

# La vocación profética: un acercamiento misionológico

*Mariano Avila Arteaga*

En la segunda epístola de Pablo a Timoteo encontramos una afirmación que tiene un profundo sentido respecto a la misión de la iglesia. Pablo dice que «toda la Escritura es inspirada por Dios, y útil para enseñar, para redargüir, para corregir, para instruir en justicia, a fin de que el hombre [y la mujer] de Dios sea perfecto, enteramente preparado para toda buena obra» (3.16-17). Según el apóstol, *toda* la Escritura como Palabra de Dios tiene como objetivo proveernos una formación integral que nos prepare, como individuos y como iglesias, para la misión que tenemos en la sociedad. A partir de esta enseñanza encontramos, en parte, una de las razones por las que las iglesias de nuestros días no manifiestan una formación integral y, por ende, no cumplen integralmente con su tarea.

Si toda la Escritura es la dieta equilibrada que Dios ha provisto para que su pueblo se nutra y desarrolle saludablemente, podemos deducir que cuando éste no se alimenta de todo lo que Dios le da, se expone a un crecimiento incompleto y hasta defectuoso, y es fácil presa de las enfermedades.

Los escritos de los profetas cumplen una función primordial en la formación del pueblo de Dios: nos fueron dados para desarrollar una conciencia crítica de la realidad creada por los seres humanos y a la vez para alentar la esperanza de una nueva realidad que, como colaboradores de Dios, somos llamados a construir.

En esta artículo plantearé, en primer lugar, el trasfondo histórico-teológico de la vocación misionera del pueblo de Dios en el Antiguo Testamento. Luego, dentro de ese marco de referencia, consideraré algunas de las características generales de la vocación profética, subrayando sus implicaciones para la misión de la iglesia hoy. En tercer lugar, analizaré más específicamente un caso en la profecía bíblica que, por su tremenda actualidad, servirá para concretar algunas de las propuestas del capítulo.

## El marco de referencia: el universalismo o la vocación misionera del pueblo de Dios en el Antiguo Testamento

Hablar acerca de la perspectiva misionológica de la vocación profética nos obliga a considerar el tema desde un punto de vista más amplio y ubicarlo en el contexto de la historia de la salvación, o más precisamente de la *missio Dei* (misión de Dios). Por ello, a manera de introducción, bosquejaremos el concepto del *universalismo* a fin de elaborar un marco de referencia desde el cual entendamos las dimensiones misioneras de la vocación profética.

### Abraham: llamado a ser «bendición a todas las familias de la tierra»

El tema del *universalismo*[1] está presente desde los albores de la historia de la nación de Israel. En el contexto inmediato de una narración (Gn. 3-11) que nos muestra los orígenes y el desarrollo de la maldad humana en el mundo (que empieza con una acción

---

[1]Aquí usamos el término «universalismo» *no* en el sentido teológico de que todas las personas son y serán salvas como resultado de la obra redentora de Cristo, doctrina que consideramos contraria a la enseñanza bíblica. Nos referimos a la misión universal (o más precisamente internacional) que Dios le dio a Abraham. Al llamar a Abraham, Dios quería incluir en su pueblo («bendecir») a gente de todas las naciones y no solamente de Israel.

individual, pasa por la familia y pronto adquiere dimensiones sociales y estructurales), Dios llama a Abram para la misión (Gn. 12.1-3) que desde un principio tiene una clara orientación universalista, es decir, la tarea de «ser bendición para todas las familias de la tierra».

En seis pasajes que tratan de la misión y las promesas dadas a Abraham y sus descendientes, predomina la nota universalista (Gn. 12.1-3; 17.4; 22.18; 26.4; 28.14; 49.10). Si bien es cierto que el llamamiento de Abraham es un ejemplo de la elección de Dios, no debe eclipsar la verdad de que fue una elección con fines universalistas. Dios eligió a Abraham *para* bendecir por medio de él a *todas* las familias de la tierra, como claramente lo indican los pasajes mencionados.[2] Fue una elección *para* la misión.

La misión empieza con la formación de una familia y posteriormente de una comunidad que han de regirse con leyes, principios y valores que tienden a recrear el *shalom* prístino. La familia es el campo de entrenamiento para la misión. La solidaridad y el amor fraternal han de extenderse a la vida comunitaria y a las relaciones internacionales.

La familia de Abraham era un pequeño clan que, en el seno de las sociedades que lo circundaban, estaba llamado a ser «bendición» para ellas. Con Abraham Dios empieza a formar una comunidad cuyo estilo de vida, valores y relaciones interpersonales han de ser un modelo para la humanidad violenta.

Resulta muy interesante notar que la forma de organización social de los patriarcas, el clan, era en sí una escuela en la cual sus miembros aprendían a ser responsables unos de otros. Dios usó expresiones culturales para lograr sus fines y así las características sociológicas del clan resultaron un campo de entrenamiento para la fraternidad humana. Como dice Walter Eichrodt:

---

[2]«El principio de esta obra de gracia es la *elección de una minoría para la redención del conjunto*, o dicho de otro modo, el principio de la *substitución*» (Oscar Cullmann, *Cristo y el tiempo*, Estela, Barcelona, 1967, p. 98).

> ...en una fuerte conciencia de solidaridad [encontramos] el rasgo más llamativo de las formas comunitarias de la Antigüedad, y en especial de las israelitas; esa conciencia, aunque se va adaptando bajo formas diferentes a situaciones sociales cambiantes, constituye siempre su núcleo más característico.[3]

## Israel: llamado a ser «un reino de sacerdotes y gente santa»

Siglos después Dios confirmó al pueblo de Israel la vocación misionera de los patriarcas. Israel fue llamado a ser bendición a todos los pueblos de la tierra. El medio por el cual el Señor los entrenó para tal fin era la Ley. Ella les indicaba cómo vivir delante de Dios y de sus hermanos. La Ley les enseñaba la senda de la justicia, el modo de cumplir con su vocación.

En Exodo 19.4-6 leemos acerca de la vocación histórica de Israel. Dios lo había sacado de Egipto y la nación había experimentado la liberación de Dios; en consecuencia, el Señor le señala:

> Vosotros visteis lo que hice a los egipcios, y cómo os tomé sobre alas de águilas, y os he traído a mí.

Al mismo tiempo, el Señor soberano le señala a Israel su posición singular y privilegiada *si* éste es obediente en guardar el pacto:

> Ahora, pues, si diereis oído a mi voz, y guardareis mi pacto, vosotros seréis mi especial tesoro sobre todos los pueblos; porque mía es toda la tierra.

---

[3]W. Eichrodt, *Teología del Antiguo Testamento*, tomo II, Cristiandad, Madrid, 1975, p. 236.

Y entonces, Jehová indica la elevada vocación histórica que Israel ha de cumplir entre las naciones de la tierra:

> Y vosotros me seréis un reino de sacerdotes, y gente santa.

El objetivo que Dios le había trazado a Abraham y su descendencia (ser bendición a todas las familias de la tierra) ahora es tarea ineludible de la nación de Israel, los hijos de Abraham. Pero, ¿qué significa ser un reino de sacerdotes?

En primer lugar, toda la nación está llamada a *mediar* la presencia de Dios ante las naciones de la tierra. Serán un «reino de sacerdotes». Las naciones conocerán al verdadero Dios por medio de Israel. Por ello, en segundo lugar, la santidad es indispensable: «... y gente santa». Los sacerdotes deben ser santos. Israel, como un reino de sacerdotes, ha de ser ejemplo de santidad para todos los pueblos, ya que así éstos conocerán al Señor. Ahora bien, ¿en qué consiste la santidad?

El texto mismo lo dice: «guardar el pacto de Dios». Dicho pacto se encuentra expresado principalmente en la Ley, que se resume en los Diez Mandamientos que Dios da a continuación a Israel, según se expresa en Exodo 20. La Ley establece con suma claridad que la santidad tiene un doble sentido: hacia Dios y hacia el prójimo. La santidad debe expresarse tanto en el culto como en la conducta *social* de la persona. Es adoración y también servicio.[4]

---

[4]En este punto es necesario aclarar un malentendido muy frecuente con respecto a la Ley de Dios. Se cree que ésta se le dio a Israel para que, por medio de ella, lograra su salvación. En otras palabras, se piensa que la salvación en el Antiguo Testamento se alcanzaba por medio de las obras (obedeciendo la Ley) y que en el Nuevo Testamento se logra por la fe en Jesucristo. Esta era la creencia de los judaizantes en los días del Nuevo Testamento, creencia que tanto Jesús como Pablo refutaron. La enseñanza de toda la Biblia contradice este malentendido. Por ejemplo, si tomamos los Diez Mandamientos como síntesis de la Ley, notamos que se dividen en dos áreas generales: los cuatro primeros regulan nuestra relación con

## La Tora: pedagoga del pueblo, teóloga del camino

La Ley regula las relaciones fundamentales y vitales del ser humano: relaciones con Dios, con el prójimo y con la creación. En ese sentido, la Ley nos muestra el camino de regreso al huerto de Edén, a la armonía original. Además, la Ley establece la manera en que podemos llevar una vida equilibrada e integral. Al mostrarnos que existe una relación íntima entre las dos tablas de la Ley (el amor a Dios y el amor al prójimo), impide que nos desequilibremos llevando una vida centrada solamente en Dios pero que descuida al prójimo o viceversa. Ambas relaciones deben mantenerse en equilibrio. Ninguna puede ser saludable si se olvida la otra.[5]

La responsabilidad para con nuestro prójimo está presente en la Ley que Dios le dio a Israel como nación cuando ésta surgió a la historia como resultado de un acto liberador de Dios (el éxodo). El mandato: «Amarás a tu prójimo como a ti mismo» (Lv. 19.18) se especifica y desglosa en todo el Pentateuco, en las múltiples circunstancias de la vida cotidiana, sean éstas en el hogar, en el trabajo, en la sociedad o en las relaciones internacionales.

---

Dios y los seis restantes, las relaciones con nuestro prójimo. El preámbulo del Decálogo empieza con las palabras: «Yo soy Jehová tu Dios que te saqué de la tierra de Egipto, de casa de servidumbre...» (Ex. 20.2; Dt. 5.6). Es decir, Dios llama la atención en primer lugar al hecho de que él *ya* es su Dios y que además es su Salvador. La Ley que a continuación se promulga es la Ley que Dios da al pueblo que él redimió de la esclavitud para que lo sirviera. La Ley le indicará a Israel cómo debe adorar a su Dios y servir a su prójimo.

[5]Por ello es que en su esencia moral la Ley está vigente con toda su fuerza hasta hoy. Jesús mismo dijo que él no vino para abrogar la Ley sino para cumplirla (Mt. 5.17) e hizo del amor a Dios y el amor al prójimo (resumen de la Ley y los profetas) el deber fundamental y supremo de sus seguidores (Mt. 5.19-20; 7.12; 19.18-19; 22.34-40).

Así aprendemos que en la Ley de Dios no sólo se protegen los derechos humanos fundamentales sin distinción de clase social, nacionalidad, religión o raza (como bien lo ilustran los Diez Mandamientos), sino que de manera especial se protege a aquellos que, en la estructura social y política de la vida comunitaria, son fáciles presas y víctimas de los pecados de otros. Se ampara a aquellos que por su posición económica (pobres y esclavos), legal y social (huérfanos y viudas), moral (criminales y «pecadores») e incluso racial y religiosa (extranjeros) pueden ser ignorados por sus semejantes, abandonados en su miseria y/o explotados por la opresión e injusticia de quienes se encuentran en posiciones ventajosas y privilegiadas.

La Ley de Dios advierte al creyente tanto de la injusticia que se comete siendo indolente e insensible a las necesidades humanas, como de la que se comete con actos violentos contra quienes no pueden defenderse. Dios detesta a ambas por igual: son violaciones flagrantes de los derechos que estamos llamados a respetar y de la justicia que debemos practicar.

La Ley le enseñaba al israelita recién redimido cómo restaurar y mantener las múltiples relaciones con las que el ser humano fue creado: el *shalom*. «*Shalom* se expresa en una comunidad *responsable*, en la que las leyes de Dios para la multifacética existencia de sus criaturas son obedecidas.»[6] De esta manera, Israel sería luz de las naciones («un reino de sacerdotes y gente santa») en la medida en que practicara la ley de Dios que, de acuerdo con la enseñanza de Jesús, se resume en el amor a Dios y al prójimo.

Por ello, Dios condiciona el cumplimiento de la misión universal de Israel. En la medida en que el pueblo obedezca la Tora, será «bendición» a todas las familias de la tierra: «Si diereis oído a mi voz, y guardareis mi pacto...»

---

[6]Nicholas Wolterstorff, *Until Justice and Peace Embrace*, Eerdmans, Grand Rapids, 1983, p. 71.

# La vocación profética desde la perspectiva de la misión

Con el transcurso del tiempo, los notables cambios sociales que experimentó la nación dieron lugar a una teología que dejó de ser misionológica. Israel puso un énfasis tan fuerte en su elección que pronto olvidó su vocación misionera. En Israel la particularización de la gracia divina eclipsó la conciencia de la nación del pacto con respecto al hecho de que Dios, a quien confesaban como el Señor soberano de la tierra, deseaba redimir a todas las gentes y que Israel, como siervo de Dios, sería el medio por el cual se cumplirían sus propósitos para la creación (Ex. 19.4-6).

La historia del profeta Jonás es representativa de la actitud particularista de la nación de Israel. La historia muestra claramente la actitud de rebeldía y rechazo ante el propósito de Dios de extender su gracia y salvación a los gentiles.

Dios, por su parte, mantuvo siempre viva su palabra e intención de incluir en su *shalom* a todas las gentes. Por ejemplo, en los Salmos 2, 67 y 72, entre otros, se enseña que el Mesías reinará sobre *todas las naciones*. En los escritos de los profetas, particularmente en Isaías, encontramos muchas enseñanzas en cuanto a que las expectativas mesiánicas trascienden el particularismo judío y abarcan a todas las naciones.

Según la profecía de Isaías, el Mesías cumplirá su ministerio en dos etapas. Como el siervo del Señor «levantará las tribus de Jacob», pero además será «luz de las naciones ... mi salvación hasta lo postrero de la tierra» (Is. 42.6; ver también 49.1-7; 43.10; 45.20-25; 51.4-5; 52.10-15; 55.3-5; 56.7-8; 60.1-5). El siervo del Señor renovará al pueblo de Israel y también restaurará a todas las naciones de la tierra. La primera etapa es necesaria y contribuirá a la realización de la segunda. Todo esto concuerda con la visión del profeta de un único Dios, Salvador de toda la tierra (Is. 43.11; 44.6-8; 45.5, 14, 18, 21-22; 46.9; 47.10).

La rebeldía de Israel no podía frustrar el propósito redentor de Dios, quien llevó adelante su plan, aunque por medio de una *reducción progresiva,* como la llama Cullmann.

> Este principio de la substitución determina claramente el desarrollo posterior de la obra de la salvación ... Se produce de este modo una *reducción progresiva.* Al no cumplir el pueblo de Israel, en su conjunto, la misión que le fue atribuida, es, en primer lugar, un «*resto*» que substituye al pueblo ... Este «resto» disminuye y aun se reduce a *un solo* hombre, el único que puede encargarse de la misión del pueblo de Israel ... es el «servidor de Yahvé» que representa al «pueblo de los santos». Este ser único entra en la historia en la persona de Jesús de Nazaret que ... por su muerte substitutoria lleva a cabo la obra para la cual Dios había elegido a Israel.[7]

En ese contexto podemos analizar ahora la vocación profética. De hecho, el ministerio de los profetas tiene como objetivo que el pueblo se vuelva a Dios en una genuina conversión y asuma su vocación misionera.

## Características fundamentales del ministerio profético: la naturaleza histórica de la profecía bíblica

El profeta es una persona que da su palabra con una clara conciencia de las dimensiones históricas de su misión. Es común pensar que *profecía* es sinónimo de *predicción.* Eso es una equivocación. Sin duda, la profecía se ocupa del futuro, pero desde una perspectiva bíblica más amplia es necesario reconocer que la profecía tiene que ver con el pasado, presente y futuro del pueblo de Dios. De hecho, su énfasis recae en el *presente.*

---

[7]Oscar Cullmann, *ibíd*, p. 116.

## La interpretación del pasado: memoria histórica

El profeta asume la tarea de ser portador de la memoria histórica de Israel. No sólo es un historiador que, desde la perspectiva de su fe y compromiso con el Señor, interpreta los grandes actos de Dios (aquí vale la pena rescatar la intuición del canon judío que clasifica los libros de Josué, Jueces, Samuel y Reyes como «profetas anteriores»), sino que también es un intérprete de la Ley de Dios.

Desde esa perspectiva, el profeta (deuteronomista) se planta en la Ley del Deuteronomio y desde ella nos ofrece una interpretación teológica de la historia de su pueblo. Esta historia, vista desde la fe y el compromiso con la nación del pacto, ilumina el presente de un pueblo que vive uno de los momentos más traumáticos y críticos de su vida. Es, tal como nos lo dice Pedro, «una antorcha que alumbra en lugar oscuro» (2 P. 1.19).

Esta interpretación tiene el propósito de transformar el presente. El mensaje profético, cuando rescata la historia o relee la Ley, no se hace para que sea una pieza de museo sino para iluminar y transformar el presente. Es una demanda a vivir de acuerdo con la voluntad de Dios. Leer a los profetas sin obedecerlos es traicionarlos.[8]

Por ello, esa narración profética de la historia plantea la vigencia y urgencia de la Palabra para la vida cotidiana. «La palabra del Dios nuestro permanece para siempre» (Is. 40.8). Vivir en la obediencia de la fe trae bendición y bienestar (*shalom*). Desobedecer la voluntad divina acarrea juicio y maldición. La historia es descriptiva y *prescriptiva.* La historia es también tora.

## Denuncia y crítica del presente

El profeta es un inconforme y un crítico constante de la vida de la nación. Interpreta también los signos de los tiempos. Sabe

---

[8] Así lo expresa José Luis Sicre en *Con los pobres de la tierra. La justicia social en los profetas de Israel*, Cristiandad, Salamanca, 1984.

descubrir en su horizonte la presencia o ausencia de Dios. Discierne los tiempos y los mensajes. Interpreta las señales y advierte. Amonesta y llama al arrepentimiento. Lamenta y llora. Promete y amenaza.

En este contexto podemos entender mejor la descripción de la vocación profética de Jeremías (1.10):

> Mira que te he puesto en este día sobre naciones y sobre reinos, para arrancar y para destruir, para arruinar y para derribar, para edificar y para plantar.

La tarea presente del profeta tiene dos dimensiones básicas: una destructiva y otra constructiva. El profeta es llamado a «derribar» todo aquello que se opone a la voluntad de Dios. Y esta tarea se realiza en varios niveles que aquí distinguimos para el análisis, pero que en la realidad y experiencia histórica de la nación se enfrentan como un todo integrado.

1) *Nivel socio-económico-político.*

El profeta acusa al pueblo de sus pecados individuales, socio-estructurales e internacionales.

a. *Dimensión personal, social y política del pecado del pueblo.* La Ley proveía regulaciones encaminadas a prevenir el pauperismo y restaurar la igualdad entre los israelitas (algunos de los muchos pasajes al respecto son: Ex. 22.21-27; 23.9-12; Lv. 19.9-13, 33-34).

La razón fundamental de la justicia social demandada en la Ley estribaba en su dogma esencial en el que Dios decía: «la tierra mía es» (Lv. 25.23). Sobre esta base Dios estableció varias instituciones tendientes a restaurar la justicia social. Entre ellas sobresalen el año sabático (Ex. 21.2-6, 10-11; Dt. 15.1-8; Lv. 25.2-7) y el año jubilar (Lv. 25.8-24).[9] Dios es el dueño soberano de la tierra; el hombre, sólo un mayordomo. En esto consisten el estímulo y la razón de la ética bíblica. Sin embargo, todo se había convertido en letra muerta para la nación.

Durante la monarquía Dios levantó a los profetas que, como intérpretes de la Ley, eran la conciencia de un pueblo rebelde y contradictorio, injusto y opresor. Ellos llamaron a Judá e Israel a practicar la justicia demandada por la Ley.

> Los profetas condenaron a sus contemporáneos por su lujo en la construcción (Os. 8.14; Am. 3.15, 5.11), en las diversiones (Is. 5.11-12; Am. 6.4) y en el vestido (Is. 3.16-24). Condenaron la compra de la tierra por quienes «juntan casa a casa, y añaden heredad a heredad hasta ocuparlo todo» (Is. 5.8).
> Las riquezas de la época estaban de hecho mal distribuidas y frecuentemente mal adquiridas: «Codician las heredades, y las roban; y casas, y las toman; oprimen al hombre y a su casa, al hombre y a su heredad» (Mi. 2.2). Los ricos terratenientes especulaban y defraudaban a la gente (Os. 12.8; Am. 8.5; Mi 2.1-2), los jueces recibían soborno (Is. 1.23; Jer. 5.28; Mi. 3.11; 7.3) y los acreedores no conocían la misericordia (Am. 2.6-8; 8.6).[10]

---

[9]Eran también importantes las leyes sobre el *Go'el* (o redentor familiar: Lv. 25.10, 47-49 ilustrado en la historia de Rut), el *levirato* (Dt. 25.5-10), los *levitas* (Nm. 35.9-29; Dt. 19.1-13), *los pobres de la tierra* (Ex. 22.25-26; Dt. 15.7-11; 24.12-22; 10.18; Lv. 19.10; 23.22), las *viudas* y los *huérfanos* (Ex. 22.21; Dt. 10.18; 24.17-21; 26.12-13; 27.19; Is. 1.17; Jer. 22.3; 1 R. 17.8-15; 2 R. 4.1-7 en contraste con Is. 1.23; Jer. 7.6 y Job 29.13; ver Sal. 146.9), los *trabajadores* y *asalariados* (Dt. 24.14; Lv. 19.13; Job 7.1-12; 14.6; Jer. 22.3, 13; Mal. 3.5) y los *extranjeros* (Lv. 19.10; 23.22; Dt. 10.18; 12.12; 14.29; 15.3; 23.21; 24.14, 19-21; 26.12-15; Jue. 17.7-10; Sal. 146.9; Mal.3.5).

[10]Roland de Vaux, *Ancient Israel, Social Institutions*, vol. I, Mc Graw Hill, Nueva York, 1965, p. 73.

Los reyes eran propietarios de grandes porciones de tierra. Por ejemplo, Saúl venía de una familia de mediana posición económica (1 S. 9.1-2; 11.5). Durante su reinado distribuyó tierras a sus oficiales (1 S. 22.7) y cuando murió era dueño de grandes extensiones (2 S. 9.9-10).

El caso de David es también digno de reflexión. Un joven pastor de ovejas surge a la historia como miembro de una familia a la que, utilizando un anacronismo, podríamos llamar de clase media (1 S. 16.1-13; 17.12-15). Cuando llega al fin de su administración pública y desaparece de la historia, puede «contribuir» para la construcción del templo con «*tres mil* talentos de oro, de oro de Ofir, y *siete mil* talentos de plata refinada» (1 Cr. 29.4). Esta fortuna por lo menos nos da una idea de la gran riqueza que logró amasar el rey poeta, sobre todo si se la compara con la ofrenda que «los jefes de familia, y los príncipes de las tribus de Israel, jefes de millares y de centenas, con los administradores de la hacienda del rey, ofrecieron voluntariamente ... *cinco mil* talentos y *diez mil* dracmas de oro, *diez mil* talentos de plata...» (1 Cr. 29.6-7). Es decir que un solo hombre, David, tenía la capacidad económica de dar alrededor de un cuarenta por ciento del total del oro y la plata para la construcción del templo, y toda la nación aportaba el resto. Por supuesto, David no se quedó en la inopia después de su ofrenda.

A partir de los días de Salomón, los reyes, siguiendo una costumbre generalizada en el antiguo oriente, efectuaron levas reclutando gente para los trabajos forzosos. Samuel ya había predicho que esto sucedería (l S. 8.12, 16-17 ). Sin embargo, el sentimiento popular consideraba el trabajo forzoso como una exacción (un impuesto injusto) y el profeta Jeremías denunció al rey Joaquín (un hecho rarísimo en el contexto del oriente antiguo) por construir su palacio sin respeto a la justicia, haciendo trabajar a los hombres sin salario:

> ¡Ay del que edifica su casa sin justicia, y sus salas sin equidad, sirviéndose de su prójimo de balde, y no dándole el salario de su trabajo! (Jer. 22.13).

En el siglo 7 a.C. la prosperidad de unos pocos estaba a la orden del día. En Oseas 12.8 Efraín (Israel) dice: «Ciertamente he enriquecido, he hallado riquezas para mí». Isaías también denuncia: «Su tierra está llena de plata y oro, sus tesoros no tienen fin» (2.7).

Si analizamos esta situación a la luz del mandato «amarás a tu prójimo como a ti mismo», el corazón de la ética veterotestamentaria, vemos que los responsables de administrar justicia en Israel respondieron con *injusticia y opresión*. Los profetas Oseas, Amós, Isaías, Jeremías, Miqueas y Habacuc subrayan elocuentemente los pecados sociales de los encargados de impartir justicia. Por ejemplo, el profeta Amós dice con términos gráficos y claros:

> Así ha dicho Jehová: Por tres pecados de Israel, y por el cuarto, no revocaré su castigo; porque vendieron por dinero al justo, y al pobre por un par de zapatos. Pisotean en el polvo de la tierra las cabezas de los desvalidos, y tuercen el camino de los humildes; y el hijo y su padre se llegan a la misma joven, profanando mi santo nombre. Sobre las ropas empeñadas se acuestan junto a cualquier altar; y el vino de los multados beben en la casa de sus dioses (2.6-8).

La gravedad del pecado de los israelitas se acentuaba más por el hecho de que pecaban contra la gracia divina. El profeta Miqueas, enviado a Judá, vio las rebeliones del pueblo en el contexto de la gracia que Dios les daba y, por ello, las consideró doblemente aborrecibles: eran crímenes contra el amor de Dios, sin razón y sin excusa. Bajo la imagen de un pleito judicial que Dios emprende contra su pueblo, le oímos decir:

> Oíd, montes, y fuertes cimientos de la tierra, el pleito de Jehová; porque Jehová tiene pleito con su pueblo ... [Y, entonces, una vez convocados los testigos, Dios mismo interroga a la nación:] Pueblo mío, ¿qué te he hecho, o en qué te he molestado? Responde contra mí. Porque yo te hice subir de la tierra de Egipto ... te redimí ... acuérdate ... para que conozcas las justicias de Jehová (Mi. 6.2-5).

b. *La dimensión de las relaciones internacionales: viejos rencores tribales, imperialismos y opresión.* La vocación de los profetas es universalista. Ya desde entonces descubrimos que el Evangelio (como buena nueva y anuncio de juicio) es para todas las naciones y no sólo para Israel. Dios es Señor y juez moral de todas las naciones como lo es de Israel y Judá. Esta es una constante en el mensaje de los profetas menores y mayores.[11] Mencionaremos tres casos que ilustran las consecuencias misionológicas de la vocación profética.

*Jonás* representa la resistencia a cruzar fronteras étnicas, a llevar el mensaje a quien se considera enemigo, aunque sea por razones justificadas.

En el mensaje de los profetas, Dios se revela como el Señor soberano de todas las naciones. Es Rey no sólo de Israel y Judá, sino también de todas las naciones de la tierra. Su gobierno moral se aplica a todos los seres humanos por igual, independientemente de su raza, religión o cultura. Así, Dios corrige la miopía de la nación del pacto que, encerrada en un exclusivismo nacional, es incapaz de cumplir con la misión universalista que

---

[11]Ante la imposibilidad de hacer justicia a la gran cantidad de pasajes bíblicos que tratan este asunto (p. ej., Is. 13.1-23.8; 34.1-35.10; Jer. 46.1-51.64; Ez. 25.1-32.32; Dn. 2, 7, 8, 11; Am. 1.1-2.16; Abd.; Jon.; Nah; Hab.; Sof. 1.4-15; Zac. 9), nos limitaremos a hacer un análisis somero de los textos más relevantes.

Dios le ha asignado desde los días de Abraham, como lo ilustra claramente el caso del profeta Jonás.

El diálogo final entre Jonás y el Señor es por demás elocuente. Manifiesta una teología defectuosa: Jonás cree en el amor de Dios, pero no está dispuesto a vivir su fe y lo que ella implica.

> Ahora, oh Jehová, ¿no es esto lo que yo decía estando aún en la tierra? Por eso me apresuré a huir a Tarsis; porque sabía yo que tú eres Dios clemente y piadoso, tardo en enojarte, y de grande misericordia, y que te arrepientes del mal. Ahora pues, oh Jehová, te ruego que me quites la vida; porque mejor me es la muerte que la vida (4.2-3).

Dios, por su parte, se muestra congruente con su naturaleza misericordiosa, dispuesto y determinado a redimir a toda su creación.

> ¿Y no tendré yo piedad de Nínive, aquella ciudad donde hay más de ciento veinte mil personas que no saben discernir entre su mano derecha y su mano izquierda, y muchos animales? (Jon. 4.11)

*Abdías* considera la responsabilidad moral que las naciones tienen unas con otras. En días como los nuestros, en los que el surgimiento de tribalismos, fundamentalismos ideológicos, religiosos y políticos dañan severamente la comunidad humana, el mensaje de Abdías tiene mucho que enseñarnos. Las rencillas étnicas de los días del Antiguo Testamento son parte de una larga cadena de luchas sangrientas que hoy día seguimos presenciando con horror y tristeza. A menudo se manifiestan entre grupos hermanos que no han logrado superar sus rencores históricos. Con frecuencia, para saciar sus intereses las grandes potencias luchan entre sí y llevan a cabo sus ensayos bélicos en países vulnerables e incapaces de resistir.

> No es extraño encontrar en los profetas oráculos contra países extranjeros. Incluso podemos decir que estas denuncias y amenazas son fundamentales dentro de su mensaje; demuestran la soberanía absoluta de la palabra de Dios, que desborda los estrechos límites territoriales de su pueblo. Lo original ... de Abdías ... es que se centra casi exclusivamente en la denuncia y el castigo de Edom ... Las relaciones entre los dos países hermanos nunca fueron de buena vecindad. A Judá le interesaba la ruta meridional, con salida al golfo de Aqaba; además codiciaba las ricas minas de Edom. No extraña que David, deseoso de ampliar sus fronteras, conquistase este territorio (2 S. 8.13s.), actuando con suma crueldad (1 R. 11.14-16). Los deseos de independencia de los edomitas se pusieron ya de manifiesto en tiempos de Salomón (1 R. 11.25), aunque al parecer sólo consiguieron la libertad a mediados del siglo IX, durante el reinado de Jorán (2 R. 8.20-22). Pero esto no curó la antigua llaga. Edom guardó «un rencor antiguo» (Ez. 35.5), «ahogando la compasión, conservó siempre la cólera» (Am. 1.11). Por eso, aunque en el año 594 está dispuesto a aliarse con Judá por conveniencias políticas (Jer. 27.1-3), poco más tarde, cuando las tropas de Nabucodonosor asedian Jerusalén, los edomitas son los primeros en colaborar con los babilonios y en alegrarse de la derrota de Judá.
> Esta venganza motivada por antiguos rencores causó honda impresión a los judíos. Se recordaba con amargura en Babilonia (Sal. 137.7) y en Palestina (Lm. 4.21s.). Y dio paso a denuncias que encontramos en los más diversos libros proféticos (Am. 1.11-12; Ez. 25.12-14; 35.1-15; Jer. 49.7-22; Is. 34.5-17).[12]

La lección central de esta breve profecía aparece en los versículos 10 a 14. Edom es juzgada por haber actuado

---

[12]Luis Alonso Schökel y José Luis Sicre, *Profetas*, tomo II, Cristiandad, Madrid, 1980. pp. 995-996.

perversamente en contra de una nación hermana en el día de su desgracia. El profeta denuncia la espiral de violencia, los rencores entre comunidades que, incapaces de olvidar errores antiguos, cometen venganzas sanguinarias. La historia de muchas de nuestras comunidades, nacionales e internacionales, demuestra que el mensaje de Abdías conserva en este punto su actualidad.

*Habacuc*, como Abdías, inquieto por la violencia e injusticia manifiestas en las relaciones internacionales, pone bajo un signo de interrogación la justicia divina y busca respuesta a sus inquietudes, y la encuentra.

De la enseñanza de los profetas podemos derivar principios que nos ayuden a leer los tiempos que nos han tocado vivir. El mensaje profético adquiere una relevancia particular en nuestros días, cuando el mundo se globaliza aceleradamente y ya no es posible para ninguna sociedad o estado vivir aislado e independiente del resto de las naciones.

Ante tal realidad, la iglesia del Señor tiene la urgente necesidad de formar criterios bíblicos que le permitan adoptar una postura crítica ante las modernas ideologías y hegemonías que controlan y determinan la vida de millones de seres humanos. Tenemos que aprender a ver no sólo hacia dónde vamos sino quién nos lleva.[13]

---

[13]«Con la disolución del socialismo europeo el mundo regresa al siglo XVI ... La especie humana se queda organizada en forma dicotómica (Primer/Tercer Mundo) y jerarquizada, desde las cúpulas del poder mundial hasta el último poblado.

«Tal como lo intuyó Orwell en *1984*, hay tres "cumbres" dentro de este sistema global dicotomizado y jerarquizado, en el cual actúa la especie *in concreto*: Japón, Estados Unidos y Alemania. En rigor pueden distinguirse ya tres esferas de poder en este sistema...

«La cabeza del Leviatán la forma el grupo de los Siete, compuesto por las tres potencias mencionadas y, en un segundo nivel, por Inglaterra, Francia, Italia y Canadá. Este grupo, a través de su poder económico, político y militar particular y su control de las instituciones internacionales más poderosas (el Consejo de Seguridad de la ONU, el

Habacuc es un profeta con hambre y sed de justicia.

> ...Aparece a lo largo del libro como un profeta tremendamente inserto en la problemática de su tiempo. Pero es también un símbolo, porque este hombre, superando su

---

FMI, el Banco Mundial, la UNESCO, etc.), determina hoy en día la vida de todas y cada una de las personas en la tierra. Está sometido a un solo amo: las leyes de su sistema económico.

«En términos generales, la gran demagogia del actual paradigma hegemónico occidental consiste en sugerirle a las masas del Tercer Mundo que, mimetizando a las metrópolis del sistema, podrían llegar a vivir como la población de aquellas: el águila sugiriendo a la gallina que puede ser igual, con tal de sólo imitarla.

«La trágica verdad es que el nivel de vida de los países del Primer Mundo es inalcanzable para las masas del Tercer Mundo, ya que las riquezas naturales del planeta y sus limitaciones ecológicas hacen imposible la generalización del estándar de vida primermundista con su corolario de democracia política y cultural...

«El sistema internacional impuesto a partir de 1492, que está llegando a su punto de desarrollo máximo con su actual modalidad de capitalismo industrial-cibernético, cambió el plan bíblico de la creación. Descubrió efectivamente un "nuevo mundo", pero no en el sentido de las cínicas celebraciones oficiales del V Centenario, sino en el del *brave new world* de Huxley: que el 15 por ciento de la humanidad podría vivir bien, si lograra poner el resto a trabajar para ellos.

«Esto sí se ha logrado. De ahí que haya motivos de sobra para que el 12 de octubre de 1992 se descorchen las botellas de champán en Washington, Bonn, Madrid y Tokio. La batalla de los quinientos años ha terminado. Se cierra con "broche de oro" la hazaña iniciada por el almirante hace quinientos años. Y la filosofía de la historia desciende de las alturas iluminadas del optimismo hegeliano al valle de las lágrimas de Schopenhauer...»

*¿Consummatum est?* (Roberto García, «El Tercer Mundo y el fin del socialismo», *1492-1992 La interminable Conquista*, DEI, San José, Costa Rica, 1990, pp. 224-226).

> momento histórico, se sumergirá en el problema de la historia en cuanto tal y de la acción de Dios en ella...
> Igual que su contemporáneo Jeremías, toma la iniciativa, pregunta a Dios, exige una respuesta, espera. La profecía se convierte en diálogo. Un diálogo entre el profeta y Dios, del que saldrá la enseñanza para los contemporáneos y para las generaciones futuras...
> Habacuc, como otros profetas, se enfrenta al problema de la historia ... Sigue en pie el problema de la justicia de Dios en la historia...
> Pero supera el problema con una postura de fe, convencido de que todo grupo opresor, cualquiera que sea, terminará castigado por Dios. La novedad de Habacuc consiste en que presenta a Dios como quien juzga y condena no a un imperio, sino a toda forma de opresión.
> Por eso podríamos decir que el mayor mensaje de este profeta no radica en el contenido teológico de su obra, aunque es muy importante, sino en la postura vital que él adopta. Sólo el diálogo con Dios, la pregunta, la objeción, la actitud de fe, la esperanza contra toda esperanza, constituyen el camino para interpretar el curso de la historia y los problemas que plantea.[14]

Así, pues, en Habacuc encontramos un diálogo apasionado de un profeta que, inserto profundamente en la realidad social de su comunidad y a la vez conocedor de que Dios es justo, no puede conciliar su comprensión de ambas realidades. Ello lo lleva a buscar, inquirir y esperar en Dios.

La vida y el ministerio de Habacuc por sí mismos son un modelo. No era un profeta ajeno a los problemas de su sociedad; los vivía en carne propia y buscaba primeramente el reino de Dios y su justicia. En palabras de Jesús, tenía hambre y sed de justicia, y esta necesidad no lo dejaba reposar hasta ser saciada.

---

[14]Luis Alonso Schökel, *op. cit.*, pp. 1091, 1094.

Era un hombre a quien Dios le había abierto los ojos para ver (1.3) la triste realidad social de su comunidad, en su crudeza y escándalo. Desde esa experiencia escuchó la palabra de Dios.

*2) Nivel ético-religioso: formalismo religioso vs. amor al prójimo*

Si bien la conducta de Judá e Israel durante la monarquía era una clara violación de la ley de Dios, resulta sorprendente ver que la nación había logrado mantener una «paz» interior y una falsa seguridad en sí misma gracias a su abundante religiosidad externa. El formalismo religioso había sustituido la práctica de la santidad demandada por Dios, que debía expresarse no sólo en el culto sino también en la vida comunitaria.

A pesar de las graves injusticias, que eran el pan de cada día en la sociedad israelita, existía una gran seguridad y confianza, falsa por supuesto, que hacía permanecer a muchos impasibles e indiferentes ante las denuncias proféticas y el juicio histórico que se les avecinaba, y era anunciado constantemente por los profetas del Señor.

La falsa confianza se apoyaba en dos cosas. En primer lugar, en el culto y las observancias religiosas que eran guardadas escrupulosamente y se usaban como sustitutos de una justicia y rectitud genuinas. En segundo lugar, en la elección y las promesas del pacto, que el pueblo manipulaba, subrayando los compromisos y promesas de Dios para con ellos y olvidándose de su responsabilidad de obediencia al Señor y servicio a su prójimo (ver Mi. 3.9-12).

Dios, por medio de sus profetas, denunció esta hipocresía y combatió la falsa confianza, llamando a la nación a un verdadero arrepentimiento, que consistía no sólo en volverse a Dios dolidos por su maldad sino también en restaurar el daño cometido contra sus hermanos (tal como lo haría Juan el Bautista en su predicación, según leemos en Lc. 3.1-20).

De esta manera, Dios da a su pueblo de todos los tiempos una lección fundamental: si el culto religioso que le brindamos en el templo no está respaldado por una práctica de vida que se caracterice por la justicia, la equidad y el amor a nuestros semejantes, es una abominación ante el Señor (como lo dice elocuentemente Is. 1).

Cuando Israel quiso basar su confianza en sus prácticas religiosas y en la elección divina, y descuidó sus deberes morales y sociales hacia sus semejantes, es decir, cuando Israel divorció la ética social del culto y quiso sustituir con éste su responsabilidad hacia sus semejantes, la reprensión divina no se hizo esperar, llamando a Israel a un verdadero arrepentimiento:

> Aborrecí, abominé vuestras solemnidades,
> y no me complaceré en vuestras asambleas.
> Y si me ofreciereis vuestros holocaustos
> y vuestras ofrendas,
> no los recibiré,
> ni miraré a las ofrendas de paz de vuestros animales
> engordados.
> Quita de mí la multitud de tus cantares,
> pues no escucharé las salmodias de tus instrumentos.
> Pero corra el juicio como las aguas,
> y la justicia como impetuoso arroyo. (Am. 5.21-24)

Jesús encontró el mismo fenómeno en sus días (ver Mt. 23) y lo consideró un serio obstáculo para su propia misión y la de sus primeros discípulos (Mt. 10.24-25). Dada la formalidad religiosa de nuestras comunidades evangélicas a lo largo del continente, y al fenómeno que Norberto Saracco llama «la nueva religiosidad evangélica» (representada por los crecientes e influyentes grupos neopentecostales), que privilegia las prácticas cúlticas (alabanza, oración, *glosolalia,* unción o soplo) como lo que define la verdadera espiritualidad, debemos recuperar esta dimensión de la vocación profética para llamar a nuestras propias iglesias al arrepentimiento y a la práctica de una misión que responda a los múltiples desafíos de nuestras sociedades, sobre todo al considerar que estas prácticas cúlticas llegan a ser un serio obstáculo para la misión definida biblicamente.

Así pues, vemos que tanto la Ley como los profetas definían claramente lo que significaba ser el pueblo de Dios. Si bien es cierto que el gran mandamiento consiste en «amar a Dios con todo el corazón, con toda el alma, con todas las fuerzas y con todo el entendimiento», también es cierto que es imperativo «amar al prójimo como a uno mismo». De hecho, el cumplimiento del segundo es prueba irrefutable de que obedecemos el primero, pues « el que no ama a su hermano a quien ha visto, ¿cómo puede amar a Dios a quien no ha visto?» (1 Jn.4.20).

3) *Nivel teológico-ideológico*

Una parte fundamental del quehacer profético es la creación y producción de una cosmovisión alternativa a la de la cultura dominante, sobre todo en lo que ésta tiene de diabólica y deshumanizante. Si la misión cristiana se ha de realizar cristianamente, es indispensable una conversión epistemológica, una estricta *metanoia* (cambio de mentalidad), una transformación en nuestra manera de pensar, para cambiar así nuestra manera de ser y hacer misión. De otra manera, seguiremos siendo esclavos de las estructuras y mentalidades que han determinado la misionología contemporánea surgida del mundo capitalista, caracterizada por el libre mercado y los valores de dicho sistema: la competitividad, la opción múltiple, la calidad total, la modernidad, etc.

Walter Brueggemann ha enriquecido notablemente nuestra comprensión de la vocación profética, al llamarnos la atención a la función de la Palabra en una cultura consumista, Palabra que desmantela y socava las ideologías dominantes y que dinamiza al pueblo por medio de la esperanza y la imaginación. Es el «arrancar» y «plantar» de Jeremías.

> La tarea del ministerio profético consiste en propiciar, alimentar y evocar una conciencia y una percepción de la realidad alternativas a las del entorno cultural dominante ... El ministerio profético no se concreta, ante todo, en hacer frente a las crisis públicas puntuales y concretas, sino en

> abordar en todo momento la persistente, tenaz y avasalladora crisis que significa el hecho de que nuestra vocación alternativa se vea cooptada y domesticada.[15]

Por otra parte, en el terreno de las actitudes los profetas reprenden y denuncian las formas de idolatría rebuscada, que más allá de la adoración burda de la piedra y el palo se manifiestan en la divinización del poder (encarnado en los grandes imperios) y las riquezas, que José Luis Sicre llama *Los dioses olvidados*.[16] Además, estas formas de idolatría, lejos de ser inocuas, conllevan el sacrificio del pueblo y de los valores esenciales para una convivencia fraternal, fundamentada en el respeto, la justicia y la solidaridad.

> ...El pueblo no sólo es víctima futura, sino también presente. Aunque los textos proféticos no insisten en este tema, es indudable que las ofrendas y tributos enviados a las grandes potencias suponían muchas veces nuevos y fuertes impuestos, que perjudicaban no sólo a los ricos (2 R. 15.20) sino también a las clases más débiles (cf. 2 R. 23.35). Por consiguiente, podemos decir que esta idolatría de los políticos daña los intereses de los ciudadanos bajo la capa de un futuro mejor y más seguro. Los ejemplos de Ajaz, Menajén, Oseas, etc., nos demuestran la validez perpetua del principio: «La seguridad de un régimen se compra al precio de la inseguridad del pueblo».[17]

Respecto a la divinización del dinero, ese poderoso caballero, Sicre apunta que

---

[15]Walter Brueggemann, *La imaginación profética*, Sal Terrae, Santander, 1986. p. 12.

[16]Las ideas de esta sección resumen las pp. 81-84 y 153-156 del libro de José Luis Sicre *Los dioses olvidados: poder y riqueza en los profetas preexílicos*, Cristiandad, Madrid, 1979.

[17]José Luis Sicre, *op. cit.*, p. 84.

> Lo que más sorprende en este rival del Señor es su gran poder y su enorme influjo, que supera con mucho al de Baal o al de cualquier otra divinidad pagana. Baal se limitaba a conceder la lluvia, la fecundidad de la tierra, la abundancia de frutos ... Mammón proporciona lo mismo y mucho más. Concede tener grandes palacios, objetos costosos, banquetear espléndidamente, comer los mejores terneros del rebaño, beber vinos exquisitos, ungirse con excelentes perfumes. En una palabra: «vivir con lujo y darse la gran vida» (Stg. 5.4).
> Al mismo tiempo, su influjo social es mayor. Abre todas las puertas y doblega todas las voluntades, incluso la de muchos «celosos yahvistas». Influye en los oráculos de los profetas y en la instrucción de los sacerdotes; ante él se inclinan los jueces y cambian sus declaraciones los testigos; domina sobre reyes, terratenientes y comerciantes.
> ...El culto a Mammón es uno de los más cruentos. Huérfanos, viudas, emigrantes, pobres, débiles, miserables e incluso los mismos padres aparecían como víctimas del deseo de enriquecerse.
> Pero las víctimas de Mammón no son sólo las personas. También encontramos enumeradas la justicia, el derecho, la misericordia, esos intereses de Dios a través de los cuales desea regular las rectas relaciones entre los hombres ... Pero hay otra víctima más de este culto a los bienes terrenos: el mismo hombre que lo practica. Podríamos pensar que él es el gran beneficiado. Pero cometeríamos un grave error. Aunque el hombre se imagina dominar esa riqueza, es ella quien lo domina a él. No se trata sólo de que acapara su vida y le exige un esfuerzo continuo, una preocupación constante. Se trata de que lo destruye interiormente, cerrándolo a Dios, al prójimo y a su misma realidad profunda. El culto al dinero es una de las formas más claras de alienación.[18]

---

[18]*Ibíd.*, pp. 153, 156. Washington Padilla expresa muy bien esta conexión entre idolatría y violencia cuando señala: «El que rechaza a Dios se crea ídolos, valores falsos a los cuales dedica su vida."La explicación de este fenómeno tiene su fundamento ... en la necesidad de absoluto de la persona humana, que bien se vincula a la realidad absoluta [Dios] o bien

## Anuncio de bendiciones y juicios venideros

Una buena parte del mensaje de los profetas tiene que ver con el futuro inmediato, mediato y lejano del pueblo de Dios. Promete bendiciones y tiempos de prosperidad para los fieles, y anuncia destrucción, maldición y juicio para los rebeldes. Ambos elementos suelen venir juntos: al juicio le seguirá la bendición y restauración, o el mismo acto será para unos juicio y para otros salvación.

Isaías, Jeremías y Ezequiel (por mencionar los más conspicuos) ejercen su ministerio en estos dos contextos. Ante la falsa seguridad de la nación, su insensibilidad social y su letargo ante el juicio inminente (previos al exilio), los profetas socavan las débiles bases de la religiosidad del pueblo llamándolo a una conversión verdadera.

Cuando, ya exilados, los israelitas han caído en la depresión y desesperanza, los profetas dinamizan al pueblo y alientan la esperanza (Is. 40; Ez. 37). Además, ante el prolongado dominio de los imperios brutales, depredadores y bestiales (Dn. 7), que hacen casi imposible una existencia humana y violentan el *shalom*, y sofocan las ilusiones, sueños y esperanzas, los profetas mantienen viva la certeza de la venida de un reino humano y humanizante, un nuevo cielo y una nueva tierra en los cuales mora la justicia (Is. 60 y 65.17-25; 2 P. 3.13).

Aunque ese Reino vendrá del cielo (Dn. 7.13), el pueblo debe empezar, como colaborador de Dios, a construirlo desde ahora, aquí en la tierra (el mensaje de Hageo y Zacarías en el contexto histórico de Esdras es muy significativo para entender esta tensión escatológica; cf. Esd. 5.1 con Hag. 2.1-9 y Zac. 8).

---

absolutiza realidades parciales [los ídolos]". Pero al hacer esto, pierde toda perspectiva respecto a sus semejantes, y los convierte en objeto de su crueldad y de su provecho económico» (*Amós-Abdías*, Comentario Bíblico Hispanoamericano, Caribe, Miami, 1989, pp. 48-49).

La certeza de la esperanza se arraiga en la *continuidad histórica entre promesa-cumplimiento*. Desde el libro de Génesis encontramos profecías que, a manera de promesas, Dios va dando a su pueblo. Muchas de esas promesas fueron cumpliéndose con el paso de los años y siglos, de manera que, en la historia de la salvación, va cimentándose la esperanza, y por ello las promesas no resultan absurdas o inalcanzables.[19]

También es importante resaltar que la profecía futurista nunca fue dada para promover la especulación y/o la adivinación respecto a cuándo, cómo y en quién se cumplirán los anuncios de Dios. El mensaje acerca del futuro tiene como motivación fundamental provocar cambios y transformaciones en el presente: conducir al arrepentimiento y/o estimular la esperanza y la acción.

## Un caso para la fusión de horizontes: el «neoliberalismo» de Salomón[20]

> La intervención social de los profetas es toma urgente de conciencia de un fallo en la vida israelita. La acusación es

---

[19] Así, por ejemplo, podríamos citar Gn. 9.8-17 (el pacto con toda la creación), Gn. 12.1-3, con promesas de una nación numerosa (que se cumple ya en Ex. 1.7), de una tierra (entregada en Jos. 11.23) y de ser bendición a todas las familias de la tierra (ilustrada en la vida de los patriarcas y la experiencia de la nación de Israel).

[20] Cabe aclarar aquí que, aunque hablamos del «neoliberalismo» de Salomón, no queremos decir que dicho sistema económico-político ya existiera en esos días. Sería un grave anacronismo. Por ello lo hemos entrecomillado. Sin embargo, nos parece que el modelo económico de la monarquía bajo Salomón, al facilitar el lujo y la riqueza de unos cuantos y descuidar el bienestar de las grandes mayorías, «los pobres de la tierra», es digno precursor del neoliberalismo salvaje que se ha impuesto en muchos países latinoamericanos.

grave: ha desaparecido la base de la convivencia humana. Hay robos, maldiciones, asesinatos, esclavitud, sangre inocente derramada, lujo, explotación, derroche, despotismo ... El recuento de las miserias del pueblo de la alianza no es ahora lo importante. Interesa el cómo llegó a una caída semejante... [Esta es una descripción de] las tremendas conmociones sociales que ha de sufrir el antiguo Israel con la ocupación de la tierra prometida. De una sociedad organizada colectivísticamente pasa precipitadamente al modelo de intereses individuales. Es la crisis de solidaridad dentro de la antigua organización ...Vayamos al momento en que Israel se funda como pueblo sobre la base de la ley mosaica. Su economía era entonces agraria. Van a influir sobre ella en manera decisiva esos primeros habitantes cananeos. Los israelitas conquistan sus tierras e imitan su avidez, la habilidad para el comercio, formas refinadas de vida. En las primeras épocas, Israel se contenta con practicar un comercio interno, ya que las grandes rutas seguían controladas por los cananeos. El giro favorable llega con David: el minúsculo Estado emprende una política económica en contradicción con todas sus costumbres anteriores. Entonces, los productos servían para cubrir necesidades del propio país; comercio y exportación tenían importancia secundaria. La monarquía transforma el Estado agrícola en Estado comercial; desplaza el centro de gravedad del campo a la ciudad. David conquistará el emporio de Damasco y otras posiciones junto al Mar Rojo, estratégicas rutas comerciales. Inicia duraderas relaciones con Jiram, el rey comerciante de Fenicia. También la elección de Jerusalén como capital del reino reúne, además de las ventajas políticas, inmejorables condiciones económicas: un centro político, cultural, religioso no tardó en convertirse en centro floreciente de comercio.

Salomón no sólo hereda un reino lanzado hacia el progreso; recibe también condiciones envidiables de paz externa y bienestar. Su política es comercial: importa metales y productos de otras tierras, introduce medidas metálicas en los pagos, aduanas y tarifas en las rutas de caravanas, una flota marítima bien organizada, graneros estatales de reserva. El progreso se ha impuesto. ¿Para cuántos?, ¿para cuáles? La psicología del campesino ha cambiado; no produce para sí o la casa real. Ahora piensa en sus negocios. Crecen otros vínculos por encima de familia y tribu. El compatriota, más que hermano es cliente de productos a precios sustanciosos. Parejo con el comercio prospera un interés de lucro desmedido. Aumentan febrilmente las exportaciones, mientras los pobres escasean de pan. Hay turbias especulaciones con el grano de reserva, y comienza la vertiginosa diferenciación de las capas sociales. Abundancia y miseria no se comparten por igual: unos pocos siguen acaparando terrenos, fuente de negocios redondos de cereales. A otros no les queda otra solución que la venta apurada de sus tierras para sobrevivir en año de sequía. Resta aún la baza de la monarquía, con su aristocracia militar y de corte y todo el aparato burocrático. Las soberbias construcciones y el lujo de palacio obligan a apretar la tuerca de los impuestos, tan bien calculada y engrasada que no dejaba escape. Faltan brazos libres para la construcción, y el Estado recurre a las levas. Salda sus importaciones de hierro y de caballos inaugurando en Israel la venta de esclavos.

El cambio que supuso la política de Salomón en la vida israelita es parangonable con la suerte del exilio o la tiranía de los tiempos de Antíoco...

La ley fracasa en todos los puntos a la hora de contener la ruina social. Baste recordar ... la institución del año sabático, el año jubilar, minuciosas prescripciones sobre límites de propiedad, leyes comerciales y las relativas a la esclavitud: letra muerta que los poderosos no acatan; los magistrados actúan en connivencia con los fuertes. Este fracaso de la ley significa el fracaso sacerdotal en la superación de la crisis.

Los profetas protestan con violencia, amenazando con la inminente catástrofe del juicio. El Dios de Israel es un Dios de justicia; el Dios que oyó el clamor del pueblo esclavizado en Egipto debe intervenir de nuevo salvando al oprimido, descargando su cólera contra los nuevos opresores ... El juicio anunciado por los profetas es juicio ya decidido, irrevocable, que hace inútil todo esfuerzo humano de conversión. Están de más las amonestaciones proféticas. Dios es el único que

> renueva el interior del hombre después de hacerle beber el cáliz de su juicio.[21]

## Algunas implicaciones misionológicas

El espíritu profético aquí descrito no ha dejado de estar presente en la historia de la iglesia. Sin embargo, en la mayoría de nuestras iglesias hoy parece estar ausente. Por ello planteamos algunas implicaciones para nuestra misión. Es urgente e inevitable cultivar una conciencia crítica de la realidad en la cual vivimos y a la que somos enviados a hacer misión. Esto implica, a la luz de lo ya expuesto:

*1) Adquirir una memoria histórica* que incluya por lo menos la historia bíblica y nuestra propia historia. Y si seguimos el modelo del deuteronomista, tendríamos que aprender a leer esa historia desde una perspectiva de la voluntad de Dios para su creación, de la Tora.

*2) Promover una cosmovisión bíblica* desde la cual podamos leer «esa realidad tirana», interpretarla, denunciarla y transformarla. Esa cosmovisión hace necesaria una genuina conversión que debe empezar por nosotros mismos. Esto no excluye el uso de las ciencias sociales que nos abren esa realidad; por el contrario, las hace indispensables. Pero necesitamos manejarlas dentro de un marco de referencia bíblico que siempre será mucho más radical y creativo que cualquier ciencia e ideología humana.

Míguez Bonino ha expresado programáticamente una propuesta para un cambio significativo del protestantismo en América Latina, a fin de que se transforme en un agente de cambio en el seno de nuestras sociedades:

---

[21]Luis Alonso Schökel y J.L. Sicre Díaz, *Profetas*, tomo I, Cristiandad, Madrid, 1980, pp. 56-58.

> Finalmente, a fin de hacer esa contribución, el protestantismo debe re-estructurarse internamente para devenir un instrumento más flexible y dispuesto. En otros términos, el protestantismo mismo tiene que pasar por una conversión, una renovación que será, por cierto, un retorno a su origen (la concentración en el poder transformador del Evangelio), pero a la vez un radicalmente nuevo comienzo (la ruptura con la ideología, la dependencia cultural, la alienación económica e institucional que ha marcado la vida del protestantismo en nuestro continente). Esta renovación debe llevar a una nueva situación en la que la conciencia de nuestro pueblo protestante, tanto como la forma de nuestras instituciones, el contenido de nuestros planes y la manera de desarrollarnos resulte de una reflexión teológica original y de las condiciones de nuestra situación en la historia y sociedad latinoamericanas.[22]

*3) Imaginar futuros escenarios y poner cimientos a la esperanza.* En días en que la crisis de ideologías y la ausencia de proyectos alternativos al modelo neoliberal agobian y hunden en la desesperanza y cinismo a tantos pensadores, necesitamos articular la escatología bíblica de manera que en nuestro suelo surjan nuevas utopías y se expresen en proyectos concretos de transformación de la realidad.

Cavalcanti expresa su visión para América Latina y el desafío que esta representa para los cristianos de la siguiente manera:

> Creo firmemente que el reto para la Fraternidad Teológica Latinoamericana para el final del siglo veinte será el de ser promotora de una re-evaluación y de una re-elaboración de utopías para América Latina, y que la herencia universal de los proyectos libertarios podrá ser sistematizada por ópticas cristianas para nuestros lugares y situaciones. Sin utopías no

---

[22]José Míguez Bonino, *Protestantismo y liberalismo en América Latina*, DEI/SEBILA, San José de Costa Rica, 1985, pp. 34-35.

> hay historia; la inconformidad con la realidad es una marca del *homo sapiens*. Es el camino para la construcción de la cultura. Para el cristiano esa inconformidad tiene una dimensión ética: el rechazo del mal y la búsqueda del bien. Somos nostálgicos del Edén perdido y aspiramos a la nueva Jerusalén. Como pecadores vivimos la distancia entre lo ideal y lo real; muchas veces peleamos contra algo negativo para, al fin y al cabo, sustituirlo por otra negatividad. Sin embargo, debemos siempre luchar por lo mejor en cada generación. Entiendo que utopía no es lo irrealizable, sino lo que no ha sido todavía realizado. El problema de las utopías contemporáneas reside en su concepto de la naturaleza humana: la bondad natural de Rousseau o el lobo inmutable de Maquiavelo y Hobbes. Nosotros los cristianos tenemos una alternativa de realismo y esperanza, de un pecador regenerable y redimible tocado por la gracia y la asistencia de Dios. Las utopías contemporáneas han fallado por reducir al ser humano apenas al *homo faber,* al cuerpo como pieza para la máquina de trabajo, olvidándose de sus necesidades espirituales y lúdicas, y de su necesidad de libertad. La escatología no niega las necesidades utópicas; por el contrario, las inspira a realizar construccciones posibles como señales del Reino en la historia ... El Cristo de Dios ... vuelve a encarnarse en nuestra militancia por las utopías y por la militancia que consiste en el amor manifestado concretamente.[23]

*4) Articular una escatología realista y no escapista.* Debemos articular una escatología que no se traduzca en especulación, adivinación y terrorismo ideológico salpicado de citas bíblicas;

---

[23]Robinson Cavalcanti, «Itinerario de Robinson Cavalcanti», itinerario personal dado por el autor en la Consulta sobre «Teología y vida», celebrada en Quito, Ecuador, del 3 al 14 de diciembre de 1990, en ocasión del vigésimo aniversario de la *Fraternidad Teológica Latinoamericana* (grabación magnetofónica).

una escatología que, sin divorciarse de la ética, estimule a la acción responsable y a la transformación de una realidad ajena a los propósitos de Dios para la vida de los seres humanos y de la creación.

*5) Valorar desde la perspectiva de la fe las relaciones internacionales* en un mundo globalizado en el que la explotación, la injusticia y la desigualdad son practicadas a nivel internacional por corporaciones trasnacionales y estados que, por medio del mercado, dominan y determinan el destino de millones de personas. La vocación profética nos abre un espacio de análisis y nos da un lugar desde el cual evaluar moralmente al mundo neoliberal.

# 5

# La misión en Isaías

*Mervin Breneman*

En nuestros días se habla mucho de misión y se han hecho algunos buenos trabajos sobre su base bíblica, pero muchos trabajos misionológicos dependen más de ciertas filosofías o estrategias humanas que de esa base bíblica. Por cierto, aun la investigación bíblica está influida por la perspectiva del investigador. Pero no creo que estemos a merced de una hermenéutica relativista. Aunque nos acercamos a las Escrituras desde diferentes perspectivas, si estamos de acuerdo en cuanto a su absoluta autoridad para nuestra fe y vida, y si contamos con la dirección del Espíritu Santo, podemos reflexionar juntos y esperar que la misma Palabra de Dios y el Espíritu Santo vayan corrigiéndonos.

El propósito de este trabajo es descubrir qué nos dice Isaías en cuanto a nuestra misión como pueblo de Dios. Con este fin buscaremos los énfasis misionológicos en el libro y también las enseñanzas que ayuden en los temas contemporáneos de debate misionológico. Cualquier estudio de Isaías tiene que tomar en cuenta las varias teorías que existen sobre el origen del libro. Puesto que hay un cambio de énfasis del capítulo 40 en adelante y puesto que la segunda parte parece enfocar el cautiverio, muchos críticos han sostenido que ésta la escribió un segundo «Isaías» en tiempos del cautiverio babilónico. Encuentran, sin embargo, que los capítulos 56 a 66 más bien caben en un tiempo postexílico, por lo que los asignan a un tercer Isaías o, en ambos casos, a una escuela de discípulos de Isaías.

Existen además otros problemas. En los capítulos 1 a 39 hay muchas referencias a Babilonia, lo que induce a algunos a decir que estas partes también se escribieron más tarde. Derek Kidner señala que si se siguen hasta sus conclusiones lógicas los mismos criterios que se usan para dividir Isaías en dos o tres partes, en vez de dos o tres Isaías se acaba con una docena.[1]

Por otro lado, hay varios críticos y exégetas que siguen sosteniendo que todo el libro, o casi todo, proviene de los mensajes del Isaías del siglo 8 a.C. En un estudio que hice hace años, llegué a la conclusión tentativa de que los mensajes de los capítulos 40 a 66 podrían ser de Isaías, pero que más tarde sus discípulos los juntaron y los agruparon según la disposición actual.

Un enfoque bastante sano y reciente es el de Brevard Childs en su «Crítica canónica». Childs empieza su «crítica canónica» primero con el libro de Exodo, y luego la aplica a otros libros y a toda la Biblia. No rechaza las teorías críticas, pero dice que hemos recibido la Biblia, y estos libros, como un canon ya terminado, así que no nos toca estudiarlos fragmentados, como hace gran parte de la crítica literaria, sino que debemos leerlos como están, como un todo.

En cuanto a Isaías, Childs hace unas declaraciones importantes para nuestro estudio del libro. Dice que la crítica nos señaló que los capítulos 40 a 66 fueron dirigidos a los exiliados en Babilonia, pero la forma canónica del libro les asigna un contexto diferente. Ahora se entienden como una palabra profética de promesa que el profeta Isaías del siglo 8 le dio a Israel.[2] El contexto no histórico en que el canon ha colocado estas tradiciones es reflexivo y teológico. Según Childs, los editores canónicos de esta tradición dejaron a un lado su contexto original y usaron el material eliminando casi por completo las figuras concretas del contexto. Al poner los mensajes en el contexto del primer Isaías, el mensaje de promesa vino a ser un mensaje profético no atado a un tiempo histórico sino dirigido al futuro. El mensaje ya no es un

---

[1]D. Guthrie y J. A. Motyer, eds., *Nuevo comentario bíblico*, Casa Bautista de Publicaciones, El Paso, 1977, p. 443.

[2]Brevard Childs, *Introduction to the Old Testament as Scripture*, Fortress, Filadelfia, 1979, p. 325.

comentario específico sobre las necesidades del Israel exiliado, sino tiene que ver con el plan redentor de Dios en toda la historia. El anuncio de perdón a Israel se ofrece como promesa del propósito de Dios en cada época. La pérdida de su contexto histórico ha dado a este material una forma casi totalmente teológica. Señala Childs que «a la luz de la actual forma del libro de Isaías, se debe cuestionar seriamente si el material del segundo Isaías alguna vez circuló separado del primer Isaías.»[3] Cuando vemos los aspectos misionológicos de Isaías debemos recordar este enfoque teológico.

## Isaías en el plan global de Dios

Este énfasis integral es importante para nuestra comprensión de la misión de la iglesia. Como cristianos, somos parte de un plan global de Dios, hemos recibido un canon de Escrituras y nuestra perspectiva debe tomarlo en cuenta. Las enseñanzas que Dios ha dado a su pueblo por medio de toda la Biblia deben formar nuestra visión de la misión. Así, quiero dejar en claro mis presupuestos al hacer este trabajo. Considero que Isaías es Palabra de Dios, inspirada y dirigida por Dios, y parte del canon, de toda la revelación escrita de Dios. Por supuesto, nuestra primera responsabilidad en la exégesis es encontrar lo que el profeta entendió y quiso decir con su mensaje, y qué comprendieron sus primeros lectores. Para esto siempre es importante tomar en cuenta el género literario del escrito y su contexto histórico y literario.

A la vez, creo que Dios pudo inspirar al profeta de tal manera que lo que predicó y escribió apuntara al futuro. Como decía Childs, estos capítulos de Isaías han llegado a nosotros con este enfoque hacia «el futuro verdadero de Israel». Muchos eruditos

---

[3]Todos estos conceptos se encuentran en *ibíd.*, pp. 325ss.

bíblicos tienen miedo de ver algo en el texto que creen que el profeta no pudo ver; tienen miedo de caer en el «error» de leer el Nuevo Testamento en estos pasajes del Antiguo Testamento. De hecho, por lo menos a veces es legítimo elaborar el tipo de teología bíblica que trata de limitarse sólo a lo que el profeta pudo saber en su tiempo. Sin embargo, como cristiano también acepto lo que Jesucristo enseñó. Los autores del Nuevo Testamento, siguiendo la pauta que les había enseñado Jesús mismo, vieron que Dios había inspirado a los profetas para decir cosas que se cumplirían más adelante. Los mismos judíos habían hallado en los mensajes de Isaías profecías para el futuro. En pasajes como Isaías 7.14 y 9.1-7 y 11.1-9 empezaban a ver que Dios quería hablar del futuro y de alguien que vendría. Los mismos judíos estaban esperando al Mesías y un futuro glorioso sobre la base de los mensajes de Isaías y otros profetas.

Los profetas se vieron a sí mismos como eslabones en una cadena de profetas de Dios. El fenómeno de la profecía en Israel es algo extraordinario. Aunque se puede hablar de casos aislados de profecías en otros pueblos antiguos, en ninguna parte ha habido una cadena de profetas con una relación continuada histórica y moralmente como en Israel. Debemos más aprecio por el maravilloso aspecto profético de toda la Biblia.

Debemos tomar a Isaías, por lo tanto, como un eslabón en el proyecto global de Dios que se desarrolla a lo largo de toda la Biblia. En Génesis vemos la creación y el deseo de Dios de compartir su amor y su comunión con los seres humanos que creó. Pero, al escuchar a la serpiente y al desobedecer a Dios, los seres humanos se alienaron de Dios, quien en su gran misericordia preparó un proyecto para rescatarlos y restaurarles la vida sana que había planeado para ellos.

Un punto clave en este plan de Dios es el pacto con Abraham, cuyo propósito es bendecir a todos los pueblos por medio del patriarca. Dios forma un pueblo para llevar su revelación y su Salvador a toda la humanidad. Así se hila una serie de pactos o subpactos que culmina en la promesa del Nuevo Pacto. Se podría preguntar por qué Dios empleó este método y demoró tanto tiempo. Lo cierto es que el Mesías vino por medio de este proyecto en el que llegamos a participar y que aún tiene un gran futuro.

Cuando presentamos el evangelio a veces decimos: «Acepta a Cristo y encontrarás que Dios tiene un plan para tu vida.» Esto es cierto, pero la Biblia presenta una visión más grande: «Acepta a Cristo y serás parte del gran plan de Dios para todo el mundo.» Isaías puede ayudarnos a ampliar nuestra visión de la misión de Dios y de nuestra parte en esta misión.

Isaías es uno de los libros del Antiguo Testamento más citados en el Nuevo Testamento. Con razón se lo llama «el evangelio del Antiguo Testamento». Más que cualquier otro libro del Antiguo Testamento, presenta claramente el mensaje de redención, la obra expiatoria del Mesías, la necesidad de arrepentimiento y la invitación a acercarse a Dios. A la vez, presenta una misión integral que abarca todos los aspectos de la vida humana. Dice Stuhlmueller: «Isaías, además, actuaba más que nada desde la perspectiva de la fe: la convicción a toda prueba de que Yahvé era siempre el *Emmanuel*, "Dios con nosotros", en todas las esferas de la vida, tanto seculares como religiosas».[4]

## La misión más allá de Israel

Desde el capítulo 12 de Génesis hasta el fin del Evangelio de Juan, desde el pacto con Abraham hasta la gran comisión de Jesús, casi toda la Biblia se preocupa por Israel. Entonces, ¿cómo podemos hablar de una visión misionera a lo largo de toda la Biblia? Por un lado, si entendemos que en la visión global del plan de Dios, él escogió a Abraham y desarrolló una nación para bendecir a todos los pueblos, podemos comprender que Dios

---

[4]Donald Senior y Carroll Stuhlmueller, *Biblia y misión*, Verbo Divino, Madrid, 1985, p. 100.

usaría a esta nación y enviaría su enseñanza para todos por medio de ella. Al principio —en el pacto con Abraham— y al final —en la gran comisión de Jesús— se hace claro el propósito de Dios de extender su salvación a todos los pueblos. Por lo tanto, es comprensible que gran parte de la revelación escrita se ocupe del pueblo de Israel.

Sin embargo, en toda esta trayectoria de la historia de la salvación surgen muchos indicadores de la intención misionera de Dios, de su interés por todas las naciones. Aquí veremos algunos de estos detalles en Isaías.

## Los oráculos a las naciones

Cuando alguien lee el libro de Isaías se sorprende del espacio que ocupan los oráculos a otras naciones o contra ellas. Si el profeta predicaba a los israelitas, y los otros pueblos no estaban presentes (a menos que hubiera algunos embajadores), ¿por qué pronunciaba estos oráculos? La sección de Isaías dedicada casi completamente a ellos abarca los capítulos 13 a 23, donde encontramos oráculos contra Babilonia, Asiria, Filistea, Moab, Damasco, Samaria, Etiopía, Egipto, Edom, Arabia y Tiro.

Al reflexionar sobre estos oráculos y su por qué, notamos que Dios quiere darnos algunas enseñanzas. Primero, Isaías proclama que Dios es soberano en la historia y sobre todas las naciones. Es la misma visión de la historia que corre a lo largo de toda la Biblia. Esta perspectiva bíblica y profética de la historia es de vital importancia para la iglesia hoy, ya que la visión de la historia que tiene un pueblo moldea su propia historia. Es hora de que los cristianos tomemos conciencia de la visión bíblica de la historia y, a la vez, de nuestra responsabilidad de cambiar la historia, de hacer historia. El evangelio de Cristo, proclamado y vivido en el poder de Dios, influye en la historia, cambia la historia, hace historia. Es el medio que usa el Señor de la historia para llevarla a su meta: el Reino de Dios.[5]

Además, estos oráculos enseñan que todas las naciones son responsables delante de Dios. El profeta menciona muchas de sus fallas, actos de violencia, idolatría y otros.[6] Entonces, Dios tiene que juzgarlas, conforme se nota en los oráculos.

En segundo lugar, estos oráculos indican algo del interés misionero de Dios. El quiere que las naciones cambien su actitud, acepten su señorío y se reconcilien con él. Quiere bendecirlas a ellas también. Aun en estos oráculos se vislumbra un día futuro en que todas las naciones también disfrutarán la salvación y las bendiciones de Dios.

> En aquel tiempo será traído presente a Jehovah de los Ejércitos, de parte del pueblo de alta estatura y piel brillante, pueblo temido por todas partes, nación agresiva y atropelladora, cuya tierra dividen los ríos. Será traído presente al lugar dedicado al nombre de Jehovah de los Ejércitos, al monte Sion (Is. 18.7).[7]

> En aquel día habrá un altar de Jehovah en medio de la tierra de Egipto, y un obelisco dedicado a Jehovah junto a su frontera (Is. 19.19).

Aunque no las desarrollaremos ahora, otras enseñanzas de estos oráculos son: la realidad del mal, la realidad del juicio de Dios, y el ejemplo de estas verdades para advertir al pueblo de Dios.[8]

---

[5]Mervin Breneman, «Los profetas y las naciones», *Misión* 8, marzo de 1984, pp. 28-30.

[6]Más adelante se tocará el tema de la idolatría y el sincretismo.

[7]Las citas bíblicas corresponden a la versión Reina-Valera Actualizada, Mundo Hispano, El Paso, 1989.

[8]Estos temas también se desarrollan en Breneman, *op. cit.*

## Que las naciones conozcan la gloria de Dios

Esta nota de promesa, aun en los oráculos contra las naciones, se desarrolla más en la segunda parte del libro, la cual subraya la grandeza y la gloria de Jehová. Y cuando el profeta piensa en este Dios tan glorioso, expresa el deseo, que es el deseo de Dios mismo, de que todos los pueblos conozcan la gloria de Dios.[9]

> Así ha dicho el Señor Jehovah: «He aquí, yo alzaré mi mano hacia las naciones, y levantaré mi bandera a los pueblos. Ellos traerán en su seno a tus hijos, y tus hijas serán traídas en hombros» (Is. 49.22).
>
> A los hijos de los extranjeros que se han adherido a Jehovah para servirle y que aman el nombre de Jehovah para ser sus siervos, a todos los que guardan el sábado no profanándolo y que abrazan mi pacto, a éstos yo los traeré al monte de mi santidad y les llenaré de alegría en mi casa de oración. Sus holocaustos y sus sacrificios serán aceptos sobre mi altar, pues mi casa será llamada casa de oración para todos los pueblos (Is. 56.6-7).
>
> Pondré en ellos una señal, y enviaré algunos de los sobrevivientes de ellos a las naciones: a Tarsis, a Fut, a Lidia (donde disparan el arco), a Tubal, a Grecia y a las costas más distantes que no han oído de mi fama ni han visto mi gloria, para que anuncien mi gloria entre las naciones. Y traerán a todos vuestros hermanos de entre todas las naciones, como ofrenda a Jehovah, a mi santo monte en Jerusalén, tanto en caballos como en carros, en literas, en mulos y en camellos, de la misma manera que los hijos de Israel traen su ofrenda en vasijas limpias a la casa de Jehovah, ha dicho Jehovah. Y también de entre ellos tomaré para sacerdotes y levitas, ha dicho Jehovah (Is. 66.19-21).

---

[9]Este motivo para la misión a otros pueblos se destaca en los Salmos (p. ej., Sal. 96 y 97).

En estos pasajes el profeta presenta una amplia visión de la misión a las naciones. Aun parece que, en el primero, contempla el tiempo en que los creyentes gentiles evangelizarán a los judíos. Young cita con aprobación una declaración de Pieper: «La misión a los judíos es una tarea constante para la iglesia tomada de las naciones, aun hasta los últimos días.»[10] En cuanto a 66.19, «en la última frase se explica la naturaleza de la predicación misionera y bíblica con gran claridad; es la proclamación de la gloria de Dios entre las naciones.»[11] Y en los versículos 20 y 21, a estos gentiles se los llama «hermanos», que compartirán el ministerio del Reino con los hijos de Israel.

## Otros énfasis misioneros

El libro de Isaías provee mucho material para varios temas importantes en las discusiones misionológicas contemporáneas. En el diálogo con otras religiones, debemos recordar el énfasis de Isaías en la singularidad de Dios: sólo hay un Dios, no hay otro. Los mensajes contra la idolatría son fuertes a lo largo de todo el libro. Asimismo, las advertencias contra el sincretismo religioso son necesarias hoy. Dice Hedlund: «El significado misionero de los profetas se revela en su respuesta a los problemas de idolatría, sincretismo y religión externa.»[12]

Precisamente en la obra misionera la iglesia confronta el peligro del sincretismo. A veces, por el afán de comunicar el mensaje de manera relevante, se puede comprometer su misma esencia. El sincretismo es la deformación de la contextualización. La iglesia con misión transcultural no debe olvidarse de sus

---

[10]Edward J. Young, *The Book of Isaiah* III, Eerdmans, Grand Rapids, 1972, p. 290.

[11]*Ibíd.*, p. 533.

[12]Roger E. Hedlund, *The Mission of the Church in the World: A Biblical Theology*, Baker, Grand Rapids, 1985, p. 93.

propios sincretismos (materialismo, racionalismo, formas de adoración, etc.).

Otro tema misionero en Isaías es la urgencia de llevar el mensaje de Dios. Israel es parte del plan de Dios (43.10; 44.1, 21) que extiende hasta abarcar a todas las naciones (43.8-9; 45.5-6, 22-23). Dios llama a su pueblo a ser testigo para llevar las buenas nuevas al resto del mundo.

> No temáis, ni tengáis miedo. ¿No te lo hice oír y te lo dije desde antaño? Y vosotros sois mis testigos. ¿Hay Dios aparte de mí? No, no hay otra Roca; no conozco ninguna (Is. 44.8).
> ¡Cuán hermosos son, sobre los montes, los pies del que trae buenas nuevas, del que anuncia la paz, del que trae buenas nuevas del bien, del que anuncia la salvación, del que dice a Sion: «¡Tu Dios reina!» (Is. 52.7; cf. su aplicación en Ro. 10.15).
> He aquí que yo lo he puesto como testigo a los pueblos, como jefe y comandante de los pueblos (Is. 55.4).

«La simiente de David no sólo redime a su pueblo, que le había conocido y sobre quien reina en el trono de David, sino también llama a sí a naciones no conocidas como miembros de su reino mundial y reina sobre ellas.»[13]

Este mismo énfasis se encuentra en pasajes que hablan específicamente del Siervo de Jehová. El mandato es explícito en Isaías: la salvación se esparcirá por todo el mundo, el Siervo la llevará hasta el fin del mundo (49.6) y no terminará su obra hasta que la justicia prevalezca en la tierra.[14] Profundizaremos el tema al hablar sobre el Siervo de Jehová.

La visión misionera de Isaías también se pone en evidencia en las invitaciones a la gente de todo el mundo para que venga a conocer al Dios verdadero y a disfrutar de su gracia. Con razón

---

[13]Young, *op. cit.*, p. 379.

[14]Hedlund, *op. cit.*, p. 93.

muchos evangelistas encuentran aquí textos apropiados para invitar a aceptar a Cristo.

> ¡Reuníos y venid! ¡Acercaos, todos los sobrevivientes de entre las naciones! No tienen conocimiento los que cargan un ídolo de madera y ruegan a un dios que no puede salvar ... ¡Mirad a mí y sed salvos, todos los confines de la tierra! Porque yo soy Dios, y no hay otro. Por mí mismo lo he jurado; de mi boca salió palabra en justicia, y no será revocada: que delante de mí se doblará toda rodilla, y jurará toda lengua (Is. 45.20-23).
>
> Oh, todos los sedientos, ¡venid a las aguas! Y los que no tienen dinero, ¡venid, comprad y comed! Venid, comprad sin dinero y sin precio, vino y leche (Is. 55.1).

En este último versículo encontramos cinco imperativos que indican que Dios quiere una decisión. «Comprad» sugiere la legitimidad de la transacción, aunque no haya que pagar. «Este versículo es equivalente al imperativo divino del evangelio, por el cual a los seres humanos perdidos se les manda que vengan a Cristo en quien encontrarán las bendiciones que necesitan tan desesperadamente y que sólo él puede dar.»[15]

## Ministerio al pueblo de Dios

Uno no puede desligar la misión al pueblo de Dios —la iglesia— de la misión al mundo no evangelizado. En Isaías, la misión de Dios también incluye un ministerio al mismo pueblo de Dios. La misión no es solamente ir a otros pueblos: es también ministrar a los que tienen el mensaje de Dios y se consideran parte del pueblo de Dios. Podemos entender esta faceta de la misión

---

[15]Young, *op. cit.*, p. 375.

especialmente al examinar el ministerio del profeta, del Siervo de Jehová y del remanente.

Isaías desarrolló su enseñanza sobre el remanente desde el comienzo de su ministerio. El Reino del Norte se había apartado de Dios. También muchos de Judá se habían alejado, al punto que, al predicar en Jerusalén, Isaías los llamó «gobernantes de Sodoma» y «pueblo de Gomorra» (1.10). Quizá Isaías pensó que no había más esperanza para el cumplimiento del Reino de Dios. Pero Dios le mostró que el futuro de su misión se concretaría por medio de un resto, un remanente. En el mismo llamamiento del profeta, Dios le habló sobre el remanente: «Pero aunque quede en ella la décima parte, volverá a ser consumida como la encina o el roble de los cuales, después de ser derribados, aún les queda el tronco. Su tronco es la simiente santa» (6.13).

Entonces, a pesar de los juicios de Dios que Isaías anunció contra Judá e Israel, había esperanza: la misión de Dios no fracasaría, Dios guardaría un remanente. Así se desarrolló la idea de un Israel espiritual, un remanente fiel. «¡Un remanente volverá; un remanente de Jacob volverá al Dios fuerte!» (Is. 10.21). El vínculo ya no sería con toda la nación sino con un pueblo dentro del pueblo. Más adelante esto desembocaría en la iglesia. La misión siempre se ha realizado por medio de una minoría.

## Mirar a Dios

Una de las primeras misiones que se le encargó al profeta fue volver los ojos de su pueblo a Dios. «Los instrumentos de Dios para purificar y revigorizar las actitudes religiosas de Israel fueron los profetas clásicos.»[16] El pueblo de Dios necesitaba una nueva visión de su propio Dios. En la primera parte de Isaías hay mensajes que enfocan la grandeza de Dios.

---

[16]Stuhlmueller, *op. cit.*, p. 81.

> En aquel día diréis: «¡Dad gracias a Jehovah! ¡Invocad su nombre! Dad a conocer entre los pueblos sus hazañas; recordad que grande es su nombre. ¡Cantad salmos a Jehovah, porque ha hecho cosas magníficas! Sea esto conocido en toda la tierra. Grita y canta, oh habitante de Sion, pues el Santo de Israel es grande en medio de ti» (Is. 12.4-6).

Pero los pasajes más sublimes sobre la grandeza de Dios se encuentran en la segunda parte. El profeta llama a su pueblo a mirar a Dios y reconocer su incomparable majestad y poderío.

> Una voz proclama: «¡En el desierto preparad el camino de Jehovah; enderezad calzada en la soledad para nuestro Dios! ... Sube sobre un monte alto, oh Sion, tú que anuncias buenas nuevas. Levanta con fuerza la voz, oh Jerusalén, tú que anuncias buenas nuevas. Levántala; no temas. Di a las ciudades de Judá: "¡He aquí vuestro Dios!" ... El es el que está sentado sobre el círculo de la tierra, cuyos habitantes le son como langostas. El despliega los cielos como un velo y los extiende como una tienda para habitar» (Is. 40.3, 9, 22).

## Mensaje de esperanza

Con este llamado a mirar y reconocer la incomparable grandeza de Dios viene un mensaje de esperanza. Cuando la gente se olvida de Dios, vuelve a sus propios caminos y sufre las consecuencias en el desbarajuste social, Dios le envía un profeta que la llama al arrepentimiento y a renovar su fe en él. Este mensaje, que tiene sus aspectos duros, también enfatiza la esperanza. Un pueblo desanimado necesita un mensaje de esperanza. La misión del profeta remarcaba la esperanza basada en la gracia y la misericordia de Dios.

> Pero tú, oh Israel, eres mi siervo; tú, oh Jacob, a quien escogí, descendencia de Abraham mi amigo. Yo te tomé de los extremos de la tierra, y de sus regiones más remotas te llamé diciéndote: «Tú eres mi siervo; yo te he escogido y no te he desechado. No temas, porque yo estoy contigo. No tengas

> miedo, porque yo soy tu Dios. Te fortaleceré, y también te ayudaré. También te sustentaré con la diestra de mi justicia» (41.8-10)...
> Así ha dicho Jehovah: En tiempo favorable te he respondido, y en el día de salvación te he ayudado. Te guardaré y te pondré por pacto para el pueblo, a fin de que restablezcas la tierra y poseas las heredades desoladas; para que digas a los presos: «¡Salid!»; y a los que están en tinieblas: «¡Mostraos!» En los caminos serán apacentados, y en todas las cumbres áridas estarán sus pastizales. No tendrán hambre ni sed; ni el calor ni el sol los golpeará. Porque el que tiene misericordia de ellos los guiará y los conducirá a manantiales de aguas (49.8-10)...
> Pero Sion dijo: «Jehovah me ha abandonado; el Señor se ha olvidado de mí.» ¿Acaso se olvidará la mujer de su bebé, y dejará de compadecerse del hijo de su vientre? Aunque ellas se olviden, yo no me olvidaré de ti (49.14-15)...
> ¡Levántate! ¡Resplandece! Porque ha llegado tu luz, y la gloria de Jehovah ha resplandecido sobre ti. Porque he aquí que las tinieblas cubrirán la tierra; y la oscuridad, los pueblos. Pero sobre ti resplandecerá Jehovah, y sobre ti será vista su gloria. Entonces las naciones andarán en tu luz, y los reyes al resplandor de tu amanecer (60.1-3).

## La misión al pueblo de Dios hoy

La misión de Dios incluye hoy, de manera similar a la época del Antiguo Testamento, un ministerio dirigido a la iglesia, para llamar al pueblo de Dios a arrepentirse de su sopor, de sus idolatrías, y a volverse a él con todo su corazón. El mismo pueblo de Dios tiene que volver a mirar la grandeza y el poder de Dios. Debe aceptar su mensaje de esperanza y promesa. Y hoy, como en el tiempo de Isaías, este despertar de la obra de Dios produce una nueva visión misionera: «Entonces las naciones andarán en tu luz...» La historia de la iglesia muestra que el empuje misionero más fuerte de la iglesia siempre ocurre cuando la misma iglesia experimenta renovación y avivamiento.

En este ministerio al pueblo de Dios es necesario condenar sus errores y sus pecados. Isaías clamaba contra el sincretismo religioso. En Israel y Judá siempre había una tendencia de dejar el «exclusivismo» del *yahveísmo* (hay un solo Dios, no debe haber ningún otro, ni deben emplearse imágenes para adorar a Dios) y mezclar sus creencias con las de los vecinos paganos. Isaías tuvo que condenar el sincretismo en el pueblo de Dios.

> Entonces os avergonzaréis de los robles que habéis amado, y tendréis afrenta a causa de los jardines que habéis escogido (1.29)[17]...
> Te has agotado con tus muchos planes. Pues que se pongan de pie y te libren tus astrólogos, los que contemplan las estrellas y anuncian el comienzo de los meses, para pronosticar lo que vendrá sobre ti (47.13).

Hedlund, quien escribe desde un contexto de misión en Asia, dice: «El significado misionero de los profetas se revela en su respuesta a los problemas de idolatría, sincretismo y religión externa.»[18] Israel perdió su papel misionero cuando participó en las prácticas religiosas paganas de sus vecinos. Hedlund reconoce la importancia del diálogo con la cultura, lo que en Asia especialmente implica mucho diálogo con otras religiones. Para cumplir la misión de llevar el evangelio a todos los pueblos es necesario este diálogo, el que —dice Hedlund— puede degenerar en sincretismo. «En sus esfuerzos creativos, los teólogos contemporáneos necesitan la claridad de los profetas del Antiguo Testamento.»[19]

El mismo pueblo de Dios siempre está expuesto a caer en dos males que Dios rechaza: el orgullo y la religión externa. El orgullo parece ser la raíz de todos los pecados y de la rebelión contra Dios.

---

[17]Las encinas eran arboledas sagradas relacionadas con los ritos cananeos.

[18]Hedlund, *op. cit.*, p. 93.

[19]*Ibíd.*, p. 96.

Quizá sea el impedimento más grande que frena la obra del Espíritu de Dios, tanto en los incrédulos como en los cristianos. Así el profeta enfatiza la necesidad de humillarse delante de Dios clamando por una actitud humilde.

> Porque así ha dicho el Alto y Sublime, el que habita la eternidad y cuyo nombre es el Santo: «Yo habito en las alturas y en santidad; pero estoy con el de espíritu contrito y humillado, para vivificar el espíritu de los humildes y para vivificar el corazón de los oprimidos (57.15)... Mi mano hizo todas estas cosas; es así como todas estas cosas llegaron a existir, dice Jehovah. Pero a éste miraré con aprobación: al que es humilde y contrito de espíritu, y que tiembla ante mi palabra» (66.2).

A menudo el orgullo hace que un pueblo se satisfaga con su religión externa. En su misión a Judá, Isaías tuvo que condenar al pueblo por hacer ejercicios religiosos sin efectuar lo que Dios deseaba. Ofrecían ritos religiosos, pero a la vez cometían injusticia contra su prójimo. El profeta los llama a rectificar su estilo de vida.

> Dice Jehovah: ¿De qué me sirve la multitud de vuestros sacrificios? Hastiado estoy de holocaustos de carneros y del sebo de animales engordados. No deseo la sangre de toros, de corderos y de machos cabríos (1.11)...
> Aprended a hacer el bien, buscad el derecho, reprended al opresor, defended al huérfano, amparad a la viuda (1.17)...
> ¿No consiste, más bien, el ayuno que yo escogí, en desatar las ligaduras de impiedad, en soltar las ataduras del yugo, en dejar libres a los quebrantados y en romper todo yugo? ... ¿No consiste en compartir tu pan con el hambriento y en llevar a tu casa a los pobres sin hogar? ¿No consiste en cubrir a tu prójimo cuando lo veas desnudo, y en no esconderte de quien es tu propia carne? (58.6-7) ... si tu alma provee para el hambriento y sacias al alma humillada, tu luz irradiará en las tinieblas, y tu oscuridad será como el mediodía (58.10).

## La injusticia social

Isaías, como otros profetas, condenó la injusticia social y lo hizo en ambas partes del libro. En el primer capítulo, que sirve como introducción a todo el libro, el profeta dice que por causa de la injusticia Dios tiene que juzgar duramente a la nación.

> ¡Cómo se ha convertido en prostituta la ciudad fiel! Llena estaba de derecho, y en ella habitaba la justicia; pero ahora la habitan homicidas. Tu plata se ha convertido en escoria; tu vino está adulterado con agua. Tus magistrados son rebeldes y compañeros de ladrones; cada uno ama el soborno y va tras las recompensas. No defienden al huérfano, ni llega a ellos la causa de la viuda (1.21-23).

Lo que dice José Luis Sicre es muy cierto: «El diagnóstico de Isaías se asemeja al que muchos contemporáneos emiten sobre nuestra sociedad ... Para Isaías, Jerusalén ha traicionado a Dios porque ha traicionado a los pobres.»[20]

Más adelante en el libro el profeta sigue condenando la injusticia que se encuentra en el mismo pueblo de Dios.

> Pero ellos me consultan cada día, y les agrada saber mis caminos, como si fuese gente que hubiera obrado con justicia y que no hubiese dejado el juicio de su Dios. Me piden justos juicios y quieren acercarse a Dios. Dicen: «¿Por qué ayunamos, y no hiciste caso? ¿Por qué afligimos nuestras almas, y no te diste por aludido?» «He aquí que en el día de vuestro ayuno lográis vuestro deseo y explotáis a todos vuestros trabajadores» (58.2-3).
>
> No conocen el camino de la paz, ni hay justicia en sus sendas. Sus senderos son torcidos; cualquiera que vaya por ellos no conocerá la paz. Por esto el derecho se ha alejado de nosotros, y no nos ha alcanzado la justicia. Esperamos luz, pero he aquí

---

[20] José Luis Sicre, *Los profetas de Israel y su mensaje*, Cristiandad, Madrid, 1986, p. 102.

> tinieblas. Esperamos resplandor, pero andamos en la oscuridad (59.8-9).

Comentando el pasaje de Isaías 58, dice Sicre: «Indirectamente, el autor pone el dedo en la llaga y devela una de las causas capitales de la injusticia: la falta de identificación con el que sufre, el no sentirnos afectados personalmente por el hambre, la desnudez o la pobreza de los otros, considerando estos hechos "datos" fríos de una posible encuesta sobre problemas sociales.»[21]

Isaías también muestra la causa que subyace a la injusticia y el desbarajuste social: básicamente la apostasía, el abandono del primer amor, el haber dejado de poner a Dios primero en la vida. Al fin y al cabo, la apostasía es idolatría. Cuando uno no adora al Absoluto, termina absolutizando el dinero, el poder, la fama o alguna otra cosa.[22] En su obra sobre los profetas preexílicos, Sicre muestra que los profetas condenaron al pueblo por idolatrar el poder y los bienes terrenales.

Varios pasajes de Amós e Isaías indican que el amor al dinero, el dios secular «Mamón», es la causa principal de la injusticia.

> ¡Ay de los que establecen leyes inicuas y dictan decretos opresivos, para apartar del juicio a los pobres, para privar de sus derechos a los afligidos de mi pueblo, para hacer de las viudas su botín y para despojar a los huérfanos! ¿Qué haréis en el día del castigo y de la devastación que vendrá de lejos? ¿A quién huiréis a pedir auxilio, y dónde dejaréis vuestra gloria (o riquezas)? (10.1-3).

Comentando este pasaje dice Sicre:

---

[21]*Ibíd.*, p. 120.

[22]Dice Sicre: «La persona humana tiene que vincularse a la realidad absoluta o bien absolutiza realidades parciales» (*Los dioses olvidados: poder y riqueza en los profetas preexílicos*, Cristiandad, Madrid, 1979, p. 174).

> ¿A qué se debe esta actitud tan contraria a la justicia? ... El verso 2b sugiere que es el afán de lucro. Y la última frase del v. 3 indica con absoluta claridad que lo único que cuenta para estas personas son sus riquezas (*dbdkm*) ... Isaías ha dejado más claro aún que Amós que el dinero es el gran rival de Dios ... Y esta actitud —Isaías coincide con Amós— lleva a los funestos resultados que ya conocemos: la opresión de los pobres, el desprecio de la justicia y el derecho, la subversión de todos los valores.[23]

## Implicaciones para nosotros

Este énfasis de Isaías tiene grandes implicaciones para nosotros porque vivimos en una sociedad que padece de los mismos males. Lo que le aconteció al pueblo de Dios en ese entonces, le sucede al pueblo de Dios hoy también. Muchos israelitas se consideraban muy buenos *yahveístas* (iban a los cultos, ofrecían sus sacrificios), pero Isaías y Amós decían que estaban quebrantando la ley de Dios, robando y matando a su prójimo. Los profetas aplicaron las normas éticas de Dios, los Diez Mandamientos, a una nueva situación, a una sociedad compleja donde se podía idolatrar, robar y matar de manera indirecta, casi inconscientemente, mientras se proseguía con una vida piadosa y respetable, ganando una vida cómoda «legalmente».[24]

Vivimos en una sociedad mundial aún más compleja que la del tiempo de los profetas. Sin embargo, las normas éticas de Dios no han cambiado. Debemos contextualizarlas en nuestra situación actual. ¿De qué manera estamos oprimiendo a otros por nuestras decisiones? La misión de Dios hoy incluye proclamar al mismo pueblo de Dios y a toda la sociedad la advertencia que articuló Isaías:

---

[23]*Ibíd.*, pp. 122-123.

[24]Véase Mervin Breneman, «Los profetas, la justicia y la misión», *Misión* 11, diciembre de 1984, pp. 146-149.

> Lavaos, limpiaos, quitad la maldad de vuestras acciones de delante de mis ojos. Dejad de hacer el mal. Aprended a hacer el bien, buscad el derecho, reprended al opresor, defended al huérfano, amparad a la viuda. Venid, pues, dice Jehovah; y razonemos juntos: Aunque vuestros pecados sean como la grana, como la nieve serán emblanquecidos. Aunque sean rojos como el carmesí, vendrán a ser como blanca lana (1.16-18).

## Una misión integral

Aunque Isaías habla mucho de juicio sobre las naciones y sobre Israel por su apostasía y su injusticia, también alude a lo que Dios quiere para los seres humanos. Los mensajes de juicio se intercalan con mensajes de bendición y de paz. Después de las fuertes advertencias en el capítulo 1, sigue un hermoso cuadro de paz:

> Muchos pueblos vendrán y dirán: «Venid, subamos al monte de Jehovah, a la casa del Dios de Jacob, para que él nos enseñe sus caminos, y nosotros caminemos por sus sendas.» Porque de Sion saldrá la ley, y de Jerusalén la palabra de Jehovah. El juzgará entre las naciones y arbitrará entre muchos pueblos. Y convertirán sus espadas en rejas de arado, y sus lanzas en podaderas. No alzará espada nación contra nación, ni se adiestrarán más para la guerra (2.3-4).

Los mensajes proféticos que prometen un tiempo de paz con una sociedad sana a veces están ligados a las profecías de un Mesías que vendrá, como sucede en los conocidos pasajes de capítulos 9 y 11.

> Porque un niño nos es nacido, un hijo nos es dado, y el dominio estará sobre su hombro. Se llamará su nombre: Admirable Consejero, Dios Fuerte, Padre Eterno, Príncipe de Paz. Lo dilatado de su dominio y la paz no tendrán fin sobre el trono de David y sobre su reino, para afirmarlo y fortalecerlo con derecho y con justicia, desde ahora y para

> siempre. El celo de Jehovah de los Ejércitos hará esto (9.6-7).
> ... juzgará con justicia a los pobres, y con equidad arbitrará a favor de los afligidos de la tierra. Golpeará la tierra con la vara de su boca, y con el aliento de sus labios dará muerte al impío. La justicia será el cinturón de sus lomos, y la fidelidad lo será de su cintura. Entonces el lobo habitará con el cordero, y el leopardo se recostará con el cabrito. El ternero y el cachorro del león crecerán juntos, y un niño pequeño los conducirá. La vaca y la osa pacerán, y sus crías se recostarán juntas. El león comerá paja como el buey. Un niño de pecho jugará sobre el agujero de la cobra, y el recién destetado extenderá su mano sobre el escondrijo de la víbora. No harán daño ni destruirán en todo mi santo monte, porque la tierra estará llena del conocimiento de Jehovah, como las aguas cubren el mar (11.4-9).

A menudo estos pasajes provocan mucha discusión sobre diferentes teorías de la escatología. ¿Están hablando de un milenio o del reino eterno en los cielos? ¿Están ofreciendo un cuadro de la sociedad sana que Dios quiere aquí y ahora? Cabe preguntar: ¿es necesario escoger una sola de estas opciones? Si entendemos que Isaías, y toda la Biblia, presentan una visión integral de la misión de Dios, podremos ver la posibilidad de que esta visión incluya todas estas opciones y quizá más. «En ti serán bendecidas todas las naciones» abarca una visión global. Dios quiere que los seres humanos alienados se reconcilien con él y que vivan de tal manera que disfruten de todas las bendiciones físicas, psíquicas y espirituales que él ha propuesto. De modo que si pasajes como estos (en seguida veremos 65.16-25) presentan los elementos que Dios quiere en una sociedad sana, hemos de aprender de ellos para fijar nuestras metas en nuestra sociedad, primero dentro del pueblo de Dios y luego para ayudar a la sociedad que nos rodea. Por otra parte, si estos pasajes indican lo que Dios quiere para su pueblo, y si los profetas dicen que el cumplimiento pleno del propósito de Dios depende del Mesías y se realizará en etapas todavía futuras, no veo ninguna razón para no ver también en estos pasajes profecías de aquellas etapas futuras. De modo que no debemos fraccionar lo que Isaías presenta como una visión integral del propósito de Dios.

## La agenda de Isaías

> Cualquiera que sea bendecido en la tierra será bendecido por el Dios de la verdad, y el que jure en la tierra jurará por el Dios de la verdad. Pues las angustias del pasado habrán sido olvidadas y estarán ya encubiertas a mis ojos. Porque he aquí que yo creo cielos nuevos y tierra nueva. No habrá más memoria de las cosas primeras, ni vendrán más al pensamiento. Más bien, gozaos y alegraos para siempre en las cosas que yo he creado. Porque he aquí que yo he creado a Jerusalén para alegría, y a su pueblo para gozo. Yo me gozaré por Jerusalén y me regocijaré por mi pueblo. Nunca más se oirá en ella la voz del llanto ni la voz del clamor. No habrá allí más bebés que vivan pocos días, ni viejos que no completen sus días. Porque el más joven morirá a los cien años, y el que no llegue a los cien años será considerado maldito. Edificarán casas y las habitarán; plantarán viñas y comerán de su fruto. No edificarán para que otro habite, ni plantarán para que otro coma; porque como la edad de los árboles será la edad de mi pueblo. Mis escogidos disfrutarán plenamente de las obras de sus manos. No se esforzarán en vano, ni darán a luz hijos para el terror; porque serán linaje bendito de Jehovah, y de igual manera sus descendientes. Y sucederá que antes que llamen, yo responderé; y mientras estén hablando, yo les escucharé. El lobo y el cordero pacerán juntos. El león comerá paja como el buey, y la serpiente se alimentará de polvo. «No harán daño ni destruirán en todo mi santo monte», ha dicho Jehovah (Is. 65.16-25).

En muchos otros pasajes, Isaías condena la injusticia que incluye el descuido de los niños, las viudas y los pobres, y condena el robo de propiedades y los sueldos injustos, aunque la injusticia se cometa indirectamente. En estos versículos presenta el cuadro positivo de lo que Dios propone. En un estudio de Isaías 65, Raymond Fung toma un conjunto de elementos y lo llama «la agenda de Isaías».[25] Menciona cuatro elementos que deben ser parte de nuestra agenda de acción comunitaria: 1) los niños no mueren; 2) los ancianos viven con dignidad; 3) los que construyen casas viven en ellas; 4) los que plantan viñas comen su fruta.

Aquí quiero agregar algunos elementos más, pues el pasaje presenta una visión amplia de lo que Dios quiere para una sociedad bendecida.

1. En el versículo 16 se habla de una obra especial de Dios. No podemos esperar esta sociedad sana sin la obra de Dios. No sólo la iglesia debe evangelizar en el poder de Dios, sino también practicar la acción comunitaria bajo la dirección del Espíritu Santo y en el poder de Dios. Es un proyecto de toda la iglesia.

2. Dios quiere que su pueblo se goce, se alegre en lo que Dios ha creado y en sus hechos (v. 18). Dios quiere que su pueblo goce de los bienes materiales. Es cierto que Isaías condena al pueblo porque ha divinizado e idolatrado los bienes terrenales, pero Dios quiere que los disfrutemos dependiendo de él y agradeciéndole. La injusticia reinante en el mundo hoy hace difícil realizar este propósito de Dios.

3. Dios no quiere que la gente sufra (v. 19). Es cierto que los que viven fielmente para Cristo van a sufrir, como también que todos sufrimos por ser parte de la raza humana caída. Pero Dios quiere aliviar el sufrimiento de su pueblo. El ministerio de Jesús nos da un buen ejemplo: siempre estaba liberando, sanando y ayudando a los que sufrían.

4. En esta visión integral de la sociedad, los niños no deben morir. Uno de los graves problemas de nuestros días es la muerte de muchísimos niños, sencillamente por las injusticias de la sociedad. Cada vez más iglesias están abriendo hogares para niños de

---

[25]Raymond Fung, *The Isaiah Visión*, WCC, Ginebra, 1992.

la calle y huérfanos. Si tomamos en serio esta «agenda de Isaías», también debemos atacar las causas de tanto sufrimiento infantil.

5. Puesto que nuestra sociedad de consumo sólo da importancia a los que producen y consumen, también descuida a los ancianos. Pero en el propósito de Dios, los ancianos deben vivir dignamente (v. 20). También muchas iglesias están empezando a dirigirse a esta necesidad, que es parte de la misión de la iglesia.

6. La visión integral de la misión busca más equidad en la sociedad. En el presente orden económico crece la brecha entre los ricos y los pobres. Algunos acumulan muchas casas y mucho dinero, mientras la mayoría no tiene vivienda digna. El versículo 21 indica el propósito divino de que cada uno disfrute de su propia casa.

7. Asimismo, esta visión contempla que cada uno disfrute de los recursos de la tierra (v. 21) y los frutos de la obra de sus manos (v. 22). Como iglesia nos toca promover todo lo que posibilite esto, dentro de la comunidad de fe y también en nuestra sociedad.

8. Hoy muchos son tan pesimistas en cuanto al futuro que desesperan al pensar en la vida de sus hijos y nietos. Este pesimismo también influye sobre los hijos: la juventud tiende a vivir sólo el presente porque tampoco tiene esperanza en cuanto al futuro. Pero en la sociedad que Dios quiere hay seguridad y esperanzas de una vida sana para los descendientes (v. 23).

9. El mundo que no cree en Dios también busca todas estas bendiciones. Precisamente, lo que dicen los profetas es que la sociedad no puede encontrarlas a menos que las busque en relación con Dios. De cierta manera, la Biblia nos presenta un enigma: Dios quiere que disfrutemos los bienes materiales, pero si vivimos para ellos no podremos disfrutarlos. El versículo 24 indica la clave para esta sociedad sana: la confianza y dependencia en Dios.

Entonces habrá una verdadera *shalom*, una paz y un bienestar total de la comunidad que «no harán daño ... en todo mi santo monte». ¿Cuándo veremos cumplida esta visión integral de la sociedad? Los que no ven aquí ninguna profecía del futuro dicen que es sencillamente la agenda para la sociedad en la que debemos trabajar, aunque emplee un lenguaje un tanto hiperbólico. Los amilenaristas dicen que es la visión final del tiempo eterno con Dios, aunque use figuras terrenales (muerte, labor). Los premilenaristas dicen que no puede ser el tiempo eterno, porque todavía hay muerte y trabajo.

Sugiero que los tres puntos de vista pueden ser correctos. Si Dios tiene un plan global e integral, ¿no puede usar el mismo modelo y hablar de diferentes etapas del proyecto en el mismo pasaje? La esperanza de la segunda venida de Jesucristo, el milenio y el reino eterno (o ambos) es un factor importante en la fe del Nuevo Testamento. No debemos olvidarlo. Algunos lo callan porque temen que hablar de ello traerá como resultado una evangelización que solamente trata de rescatar a la gente para el cielo, pero hace caso omiso de la misión integral. Es cierto que muchos han caído en ese error. Pero no es necesario ni sucede si tomamos en serio la enseñanza de este libro y de toda la Biblia.

Esta óptica de rescatar a las personas sólo para el cielo sin mejorar su vida presente, sería como la actitud de un médico que se niega a tratar a un anciano porque, de todos modos, va a morir en unos cinco o diez años. Ningún médico cristiano serio tomará esa actitud y ningún misionólogo cristiano tampoco enfocará la evangelización tan estrechamente. Si creemos que el destino eterno de las personas depende de su reconciliación con Dios, no consideraremos digno de la iglesia de Cristo a ningún enfoque misionológico que haga caso omiso de esta verdad.

## El ministerio profético hoy: formar una comunidad alternativa

En un dinámico trabajo sobre los profetas, Brueggemann llama a la iglesia a tomar en serio el mensaje de los profetas del Antiguo

Testamento.[26] Isaías y otros profetas exhortaban a la gente a que volviese a la comunidad alternativa de Moisés. Debemos liberarnos de nuestro estereotipo tradicional de pensar que los profetas sólo predicaban o protestaban en el plano social. Los conservadores ven su mensaje como todo *predicción*; los liberales, como todo *acción social*. Los profetas buscaban los cambios más elementales en la sociedad humana. Entendían bien cómo se efectúan estos cambios.

La iglesia hoy vive una aculturación al consumismo, con sus costumbres y valores. Esta cultura del consumo está organizada contra la historia, pues desprecia la memoria y ridiculiza la esperanza. Hace falta volver a la tradición de fe.

Como Isaías y Moisés, tenemos que llevar los reclamos de esta tradición de fe a una confrontación con la situación de aculturación. El quehacer del ministerio profético es crear y desarrollar una conciencia y una percepción que constituyan una alternativa a la conciencia y la percepción de la cultura de moda que nos rodea. El ministerio profético incluye la crítica para desmantelar la conciencia equivocada y la activación de personas y comunidades por medio de valores y metas hacia los cuales la comunidad de fe puede moverse.

Isaías, como Moisés, nos da un ejemplo de la ruptura con la realidad social contemporánea. Muestra que los dioses de la sociedad no tenían poder y no eran dioses. Las bases míticas del imperio caen por la presentación de la religión de la libertad de Dios. Entonces propone una política de *justicia y compasión* contra una política de opresión y explotación. La *libertad de Dios es básica* para la justicia y la compasión.

Nuestra sociedad nos ha hecho insensibles a la injusticia y al sufrimiento. La gente ya no siente la muerte, no quiere darse

---

[26]Walter Brueggemann, *La imaginación profética*, Sal Terrae, Santander, 1986. Lo que sigue se basa en los conceptos que Brueggemann expone tan creativamente.

cuenta del peligro en nuestro tiempo. El profeta hoy debe ofrecer, como Isaías, símbolos adecuados que describen el horror de la miseria, la muerte, la pobreza, etc. Tiene que potenciar a la comunidad, mostrar el poder de Dios y presentar también la esperanza de una nueva vida. La tarea del ministerio profético es formar una comunidad alternativa que sabe que tiene que ver con diferentes cosas y diferentes maneras de vivir; y aquella comunidad alternativa tiene una variedad de relaciones con la comunidad dominante.[27]

# El método de la misión

Isaías también provee material sobre los métodos que Dios usa para cumplir su misión. Por falta de espacio no voy a desarrollarlos aquí. Sólo ofrezco algunas sugerencias que pueden ampliarse en otro momento.

## La proclamación (comunicación)

Los profetas eran muy buenos comunicadores. Ponían mucho énfasis en la proclamación de la Palabra de Dios. La proclamación de Isaías es un ejemplo de buena comunicación. Casi todo el libro es poético, con los versos más hermosos y sublimes del Antiguo Testamento. Además, el profeta usa todo tipo de símbolos y ayudas visuales para comunicar la Palabra de Dios a la gente.

---

[27] ¿Cómo debe ser la agenda de esta comunidad alternativa?: a) un encuentro con Dios; b) el culto, formador de valores; c) «desdivinizar» los falsos dioses, la concientización; d) formar valores del reino, la concientización; e) desarrollar una visión hacia afuera; f) amar a Dios, desear lo que él desea; g) dar lugar a la obra del Espíritu Santo. (Apuntes del trabajo grupal en la consulta sobre misión, organizada por la Fraternidad Teológica Latinoamericana, en Buenos Aires, 8 y 9 de septiembre de 1995.)

> Así será mi palabra que sale de mi boca: No volverá a mí vacía, sino que hará lo que yo quiero, y será prosperada en aquello para lo cual la envié (55.11).
> Por amor de Sion no callaré, y por amor de Jerusalén no me quedaré quieto, hasta que su justicia irradie como luz, y su salvación arda como antorcha ... Tampoco le deis reposo, hasta que él restablezca a Jerusalén y haga de ella una alabanza en la tierra (62.1, 7).

## Llevar el mensaje (testificar)

Ya hemos hablado de la importancia de llevar el mensaje de Dios. Para cumplir la misión de Dios a las naciones es necesario *ir*, como dice la Gran Comisión en Mateo 28.19-20, Marcos 16.15; Lucas 24.46-48; y Hechos 1.8.

## Vivir el mensaje

Todos sabemos que debemos vivir el mensaje, pero a veces lo olvidamos. Isaías destaca la sinceridad en la adoración a Dios y la importancia de profundizar la comunión con él.

> Vosotros sois mis testigos, dice Jehová; mi siervo que yo escogí, para que me conozcáis y me creáis, a fin de que entendáis que Yo Soy. Antes de mí no fue formado ningún dios, ni lo será después de mí (43.10).

## Orar

Cada vez más se reconoce la oración como base fundamental para llevar a cabo la misión. Isaías oraba y también enseñaba sobre el tema, la grandeza de Dios, su interés en cada persona, su invitación a acercarse a él.

> A los hijos de los extranjeros que se han adherido a Jehovah para servirle y que aman el nombre de Jehovah ... a éstos yo los traeré al monte de mi santidad y les llenaré de alegría en mi casa de oración. Sus holocaustos y sus sacrificios serán

aceptos sobre mi altar, pues mi casa será llamada casa de oración para todos los pueblos (56.6-7).

### ¿Quiénes realizan la misión?

En el libro de Isaías, a menudo se lo llama a Israel el «Siervo de Jehová». Todo el pueblo tiene una misión. A veces se dice que el remanente tiene una misión a todo Israel. Otras veces se habla de un profeta o un siervo de Jehová en particular. El Nuevo Testamento ve al Mesías como el que cumple el papel del Siervo de Jehová. El tema del Mesías también se aprecia en otras partes de Isaías, quien le asigna un papel preponderante en el cumplimiento de la misión.

Según García Cordero, «la idea central de la teología del Antiguo Testamento es, sin duda, la esperanza mesiánica.»[28] Ya vimos los pasajes mesiánicos en Isaías 9 y 11, donde se destaca el carácter integral de su misión: traerá luz (9.2), traerá gozo (9.3), será Consejero y Príncipe de paz (9.6), es divino (9.6), su reino se caracterizará por la justicia y socorrerá a los pobres y mansos (cap. 11).[29]

## El Siervo de Jehová (eje de la misión)

Dentro de los capítulos 40 a 55 de Isaías, los eruditos bíblicos han notado cuatro poemas que designan «los cánticos del Siervo de Jehová». Es importante la misión que tiene este siervo, aunque los teólogos y estudiosos de la Biblia han discutido su identidad. En el primer cántico (42.1-9), el Siervo parece ser Israel, pueblo al que se lo identifica como el Siervo de Dios en el contexto (41.8;

---

[28]M. García Cordero, *Biblia Comentada* 3: *Libros proféticos*, Biblioteca de Autores Cristianos, Madrid, 1967, p. 3.

[29]Cf. Mervin Breneman, «Mesías y misión en los profetas», *Misión* 12, marzo de 1985, pp. 19-21.

42.19; 44.1). Sin embargo, en el segundo canto (49.1-6), el Siervo también tiene una misión a Israel y por eso algunos lo identifican con el remanente fiel. En el tercer cántico (50.4-9), ingresa el tema del sufrimiento del Siervo. La misión no se cumple por honor o prestigio sino por el sufrimiento. Por eso algunos identifican al Siervo con Jeremías u otro profeta que haya sufrido. Notemos que Jesús entendió que su misión incluía el sufrimiento (Lc. 9.22; 17.25; 22.37).

El cuarto cántico (52.13-53.12) es el que ha provocado más discusión en cuanto a la identidad del Siervo. El Nuevo Testamento pone mucho énfasis en la identificación del Siervo de este capítulo con Cristo Jesús (Jn. 12.38; Mt. 8.17; 1 P. 2.24-25; Hch. 8.32-35; Lc. 22.37). Sin embargo, algunos estudiosos de la Biblia opinan que el profeta no hablaba del Mesías. Aun algunos estudiosos evangélicos dicen que no debemos ver al Mesías aquí. Una razón que suelen alegar quienes no aceptan la identificación del Siervo con el Mesías es que en la literatura rabínica existente no se identifica al Siervo sufriente con el Mesías. La figura del Siervo en los cuatro cánticos está sujeta a múltiples interpretaciones.

En un estudio profundo y detallado del asunto, Joaquín Jeremias da razones contundentes para mostrar que los judíos de Palestina sí identificaron al Siervo de Isaías 53 con el Mesías.[30] La razón de por qué no se encuentra esta interpretación en la literatura rabínica es que ella se escribió después del 200 d.C., luego de la ardua polémica con los cristianos. Puesto que éstos usaban mucho Isaías 53 para demostrar que Jesús era el Mesías, el trabajo editorial en la literatura rabínica eliminó todo lo que daba base a esa identificación.

J. Jeremias da varios datos para apoyar su tesis, entre ellos el testimonio del Tárgum de Isaías. En Isaías 42.1; 43.10 y en 52.13

---

[30]En G. Kittel, ed., *Theological Dictionary of the New Testament* V, Eerdmans, Grand Rapids, 1967, pp. 677-717.

este tárgum traduce: «mi siervo el Mesías». El capítulo 53 es claramente mesiánico, pero se cambia el contenido de manera que el Siervo no es el que sufre. Por ejemplo, 53.5 dice: «Pero él construirá el santuario que fue profanado por nuestras transgresiones y entregado por nuestros pecados...». Los tárgumes son importantes porque muestran la interpretación judía precristiana de las Escrituras. Para J. Jeremias, las pruebas son tan contundentes que puede decir: «Es dudoso que en el judaísmo de Palestina en el primer milenio existiera otra interpretación de Isaías 53 aparte de la mesiánica».[31]

Al analizar lo que se dice del Siervo en los cuatro cánticos surgen varias interpretaciones o cumplimientos y es legítimo que así suceda. En esto nos ayuda un concepto que era común en la hermenéutica judía: «la solidaridad corporativa». Lo que se dice del pueblo también puede aplicarse a parte del pueblo o a un representante. Esto nos ayuda a entender algunos usos del Antiguo Testamento que encontramos en el Nuevo Testamento. Cuando Mateo (2.15) cita Oseas 11.1 («De Egipto llamé a mi hijo») y lo refiere al regreso de José, María y Jesús de Egipto a Nazaret, parece que se trata de una interpretación forzada. Sin embargo, es más fácil entenderlo si tomamos en cuenta el uso judío de la solidaridad corporativa.

Asimismo, lo que se dice del Siervo puede tener varias lecturas. En algunos aspectos, el Siervo es Israel, en otros es el remanente, en otros puede ser un profeta. Pero en algunos aspectos no puede referirse a ningún otro que al Mesías que ha de venir. Es decir, el Siervo por excelencia y en su cumplimiento pleno es el Mesías, aunque muchos detalles de estos cánticos también tienen que ver con el pueblo, el remanente y un profeta. Con esto en mente queremos ver los énfasis misioneros en los cánticos del Siervo de Jehová.

---

[31]Véase Mervin Breneman, «Misión cristiana y el mensaje de Isaías 53», *Misión* 13, junio de 1985, pp. 58-59.

## Enfasis misioneros en los cánticos del Siervo

El mensaje del Siervo de Jehová es tan rico y tan lleno de significado para la misión que puede leerse de muchas maneras. Podemos aprender mucho de estas lecturas pero, a la vez, no debemos perder el mensaje central de los cánticos.

Carlos Mesters hace una interesante lectura de los cánticos a la luz de la misión del pueblo de Dios.[32] En este enfoque, los cuatro cánticos indican cuatro pasos del caminar del pueblo como Siervo de Dios. Mesters reconoce que Jesús se inspiró en estos cánticos para realizar su misión, y por eso el Siervo también es Jesús. El Siervo también es nuestro pueblo, el pueblo sufrido que imita a Jesús y continúa su ministerio. Estos cánticos sirven para que el pueblo tome conciencia de su misión.

En el primer cántico (42.1-9) el pueblo es una simiente de resistencia. Dios escoge al pueblo pobre y sufrido. El Siervo no levanta la voz, no usa propaganda, ni demagogia, ni los métodos del mundo. Cree en Dios y está de acuerdo con la justicia. Es un valor escondido. Sus recursos aparecen en los versículos 1 y 6: el Espíritu de Dios y su protección.

En el segundo paso (49.1-6), el pueblo asume su misión como Siervo de Dios, la práctica del derecho y la justicia. En el tercer paso (50.1-9), el pueblo reconoce que es el agente de la misión, sirve a todo el mundo, lucha por la justicia, pero no con los métodos de los opresores. El desafío en este paso es mantenerse bien unidos a Dios y atentos a las necesidades de los hermanos.

En este punto muchos se equivocan, pues son tentados a creer que sólo un grupo que entiende el problema tiene la clave de la liberación. Y con esta tentación va la tentación de usar la fuerza como hacen los opresores. Jesús también fue tentado a tomar el poder sin sufrimiento.

---

[32]Carlos Mesters, *A Missâo do povo que sofre*, Vozes, Petrópolis, 1981.

El cuarto paso o cántico (52.13-53.12) describe la lucha final entre la justicia del Siervo de Dios y la injusticia del sistema que oprime a los pobres. El Siervo va a triunfar: Dios garantiza la victoria. Pero el triunfo no es como la gente espera (52.13-15). ¿Cómo puede una derrota traer la victoria, la extraña victoria de la justicia de Dios sobre la injusticia de los hombres? El triunfo está en el cuarto paso. No se habla más de lucha, sino de sufrimiento y derrota. Jesús dio el cuarto paso: mostró cómo el pueblo debe realizar su misión aquí en la tierra. Por treinta años vivió la condición del pobre, como oprimido, aunque sin oprimir. En Nazaret anunció su programa de buenas nuevas a los pobres y de libertad a los presos (Lc. 4.18). Más tarde definió su misión como servicio. Fue criticado, tentado y atacado, pero perdonó a sus opresores y torturadores, y puso su vida en las manos del Padre. Ese perdón y esa entrega están en el centro de la pasión de Jesús.

El perdón vence la injusticia de raíz haciendo que el injusto se vuelva justo; el opresor, compañero; el enemigo, hermano y amigo. Cuando el opresor reconoce su culpa las cosas cambian. El perdón destruye los muros de división y restablece la fraternidad mediante la justicia y el derecho. «Esta es la victoria que, al fin, vencerá la injusticia del mundo: nuestra fe en el Dios de la vida» (1 Jn. 5.4).[33]

La lectura de Mesters muestra cómo puede aprovecharse la riqueza de enseñanzas que contienen estos cánticos. Es una lectura y no agota su significado ni su interpretación. Sin embargo, la conclusión de Mesters parece algo forzada. Dice que el mismo cántico muestra los resultados: los opresores se convierten por el testimonio del Siervo (53.6), y reconocen que causaron el sufrimiento del pueblo, del Siervo (53.4), y que ellos mismos fueron libertados y curados por este pueblo (53.4). La victoria final será la conversión de la clase opresora por el testimonio temeroso

---

[33]*Ibíd.*, p. 137.

y fiel del Siervo.[34] Aunque no debemos dejar que tal aplicación oscurezca la obra expiatoria del verdadero Siervo, Jesucristo, es interesante advertir que los resultados que Mesters apunta se cumplieron, en gran medida, con la predicación cristocéntrica y el sufrimiento de la iglesia primitiva, como, por ejemplo, el fin de la esclavitud y el cambio radical en gran parte de la sociedad (cf. el enfoque de la carta a Filemón).

Ahora, recordando la identificación múltiple del Siervo, y que su cumplimiento pleno se encuentra en Cristo y que el pueblo de Dios hoy continúa su misión, queremos ver más específicamente los énfasis misionológicos de estos cuatro cánticos.

En el primer cántico (42.1-9), el Siervo tiene la misión de hacer conocer el carácter y la voluntad de Dios a todo el mundo. Se pone énfasis en la sensibilidad de su ministerio (vv. 2-4), en la justicia (v. 4) y en su papel misionero: «te pondré ... como luz para las naciones». El versículo 7 («a fin de que abras los ojos que están ciegos y saques de la cárcel a los presos, y de la prisión a los que moran en las tinieblas») es muy similar a Isaías 61.1, fragmento que Jesús usó cuando comenzó su ministerio (Lc. 4.18). Por cierto, algunos consideran que Isaías 61.1-3 es un quinto cántico del Siervo de Jehová.

El ministerio del Siervo se cumplirá por medio del Espíritu de Dios (v. 1). Los Evangelios indican que Jesús llevó a cabo su ministerio en el poder del Espíritu y su pueblo, la iglesia, ministra por el mismo Espíritu. El versículo 5 fortalece la magnitud del mensaje al apelar al Dios Creador.[35] Según el versículo 6 la misión depende del llamado de Dios y el llamado es *para* la misión. El mismo versículo pone énfasis en la misión del Siervo al pueblo y a las naciones.

Desde el principio, el segundo cántico (49.1-6) está dirigido a gente extranjera. Todo lo que dice tiene referencia a las naciones.

---

[34] *Ibíd.*, p. 141.

[35] Young, *op. cit.*, p. 117.

De nuevo vemos que la misión está basada en la elección, cuyo propósito es el servicio. Parece que el Siervo es Israel, pero también tiene una misión a Israel (v. 5), y las frases «desde el vientre» y «desde las entrañas de mi madre» (v. 1) apoyan la idea de un individuo.[36] Después vuelve a la misión a los gentiles, con los que el cántico empieza y termina. Hedlund dice que el versículo 6 es la Gran Comisión en el Antiguo Testamento.[37]

> Poca cosa es que tú seas mi siervo para levantar a las tribus de Israel y restaurar a los sobrevivientes de Israel. Yo te pondré como luz para las naciones, a fin de que seas mi salvación hasta el extremo de la tierra (49.6).

El tercer cántico (50.4-9) habla del ministerio profético del Siervo. Dice que el propósito de su «lengua adiestrada» es «saber responder palabra al cansado» (v.4): es un maestro de la palabra. El versículo 5 dice que no fue rebelde sino obediente, a pesar de la persecución que lo acosaba. Todo este cántico tiene como protagonista al Siervo. Aquí ingresa el tema del sufrimiento del Siervo. La misión se ejecuta no por honor o prestigio sino por el sufrimiento. Así también Jesús entendió que se llevaría a cabo su misión (Lc. 9.22; 17.25; 22.37).

Con el cuarto cántico (52.13-53.12) llegamos al punto culminante del mensaje de los cánticos del Siervo. El enfoque misionero se ve al principio (52.15) y al final (53.10-11) del cántico.

> Así asombrará a muchas naciones...
> Cuando se haya puesto su vida como sacrificio por la culpa, verá descendencia ... A causa de la angustia de su alma, verá la luz y quedará satisfecho. Por su conocimiento mi siervo

---

[36]Young dice que esta segunda frase tiene que referirse a un individuo (*ibíd.*, pp. 267-268).

[37]Hedlund, *op. cit.*, p. 114.

> justo justificará a muchos, y cargará con los pecados de ellos (52.15; 53.10-11).

Estos detalles, y lo que vimos en los otros cánticos, dejan en claro que el Siervo es misionero, enviado al pueblo de Dios y a todas las naciones. Pero el énfasis en este cántico recae en *cómo* cumple esta misión: su sufrimiento expiatorio por «el pecado de todos nosotros». De modo que este cántico nos da el corazón del mensaje misionero del Siervo, del pueblo de Dios, y el mensaje central de toda la Biblia.

Se puede decir que toda esta visión misionera integral de Isaías se concentra en el Siervo de Jehová. El plan de Dios va enfocándose en un punto céntrico: empieza con la elección de Israel, después concede al remanente un papel más específico, luego da al profeta, o a los profetas, una vocación más definida, y por último se concentra y se consuma en la persona del Mesías. Podemos indicarlo gráficamente con la figura de un embudo: todo el plan global de Dios se enfoca en la persona del Mesías. Cuando comprendemos este plan y vemos su alcance misionológico, tenemos que decir con Pablo: «¡Oh la profundidad de las riquezas, y de la sabiduría y del conocimiento de Dios! ¡Cuán incomprensibles son sus juicios e inescrutables sus caminos!» (Ro. 11.33).

## Conclusión

Es claro que el libro de Isaías presenta grandes desafíos misionológicos y nos desafía a tomar en serio nuestra parte en la misión integral de Dios. Con la figura de un embudo, podemos ilustrar cómo este plan global de Dios se concentra, se enfoca y se cumple en nuestro Señor y Salvador Jesucristo. La combinación de este cuadro con la visión de misión en el Nuevo Testamento nos plantea un gran desafío. El Nuevo Testamento agrega otro embudo, en posición inversa. El Antiguo Testamento enfoca a Israel, al remanente, al profeta, y al Mesías; el Nuevo Testamento empieza con Cristo, quien preparó a sus apóstoles y formó la iglesia. Los cristianos primitivos llevaron el evangelio a otros pueblos y ese evangelio luego llegó hasta nosotros. Ahora seguimos bajo el mandato de Jesús de *ir*[38] y *hacer discípulos* a *todas las naciones*. ¡Qué privilegio tenemos en ser parte de este plan de Dios y ser los representantes de este Mesías en su misión a todas las gentes del mundo![39] Como proclamó por medio del profeta Isaías, el Señor siguió hablando por medio de nosotros: «¡Mirad a mí y sed salvos, todos los confines de la tierra!» (Is. 45.22).

---

[38]Aunque el mandato principal es «haced discípulos», nótese que «id» también es un mandato, como indican los pasajes paralelos de la gran comisión y el uso del participio *poreuthentes* en otros pasajes donde claramente se entienden dos mandatos, y como lo traducen correctamente las principales versiones modernas. En el arameo, seguramente Jesús usó dos imperativos.

[39]Véase Mervin Breneman, «Mesías y misión en los profetas».

# 6

# La misión en Jeremías

*Norberto Saracco*

> Palabra de Jehová que le vino en los días de Josías... Joacim ... Sedequías (Jer. 1. 2-3, RV).

Josías (640-609 d.C.) llegó al trono a la edad de ocho años, lo que permitió un relativo paréntesis en la actividad de los negocios del estado y cierta actitud discreta frente a Asiria. El año doce de su reinado marcó el inicio de una época de reformas sociales, religiosas y políticas que llevaron a Judá, aunque por un breve tiempo, a un estado de esplendor y felicidad sólo comparable al reino davídico.[1]

La destrucción de imágenes, esculturas y altares de los cultos paganos (2 Cr. 34.3-7) fue un acto religioso de profundas connotaciones políticas, pues implicaba el rechazo de las divinidades asirias, a quienes los hebreos debían adorar como muestra de sumisión al imperio. La reforma de Josías llegó a Samaria y hasta el norte de Galilea. Josías murió peleando contra el faraón en Meguido (2 R. 23.29), y desde entonces se abrió un camino de desgracias nacionales que culminaron en el 587 a.C. con la conquista de Jerusalén y la destrucción del templo. Paradójicamente, algunos llegaron a pensar que la fuente de tantas desgracias había sido la propia reforma:

> Mas desde que dejamos de ofrecer incienso a la reina del cielo y de derramarle libaciones, nos falta todo, y a espada y de hambre somos consumidos (Jer. 44.18, RV).

---

[1]Claus Westerman, *Comentario al profeta Jeremías*, Fax, Madrid, 1972, p. 21.

En verdad, el exilio fue el último acto de un drama que había comenzado mucho antes, quizás, con los primeros fracasos de la monarquía. Lo que otros profetas habían anunciado para el futuro, a Jeremías le tocó vivirlo en tiempo presente. Fue testigo de las más altas esperanzas de Israel y de su más profunda desesperación. Delante de sus ojos se derrumbaron el templo, Jerusalén y el estado; pero, desde las cenizas de lo que otrora fuera el sustento de las esperanzas del pueblo, proclamó el día de salvación.

## La misión y el misionero

Las narraciones bíblicas de las vocaciones proféticas no sólo revelan una experiencia religiosa íntima, sino que se proponen mostrar la soberana intervención de Dios en la vida de un hombre para transformarlo en su mensajero.

El relato del llamado de Jeremías aparece en el primer capítulo de su libro.[2] Allí lo pone en el marco histórico: «en los días de Josías ... en el año decimotercero de su reinado» (v. 2); y dentro de la tradición a la que pertenece: «hijo de Hilcías, de los sacerdotes que estuvieron en Anatot» (v. 1).[3] El decimotercer año de Josías (627-6 a.C.) estuvo signado por la actitud amenazante de los pueblos del norte hacia Palestina. La caída de Asur y la aparición

---

[2]Generalmente se acepta que los primeros tres versículos no pertenecen a Jeremías. Posiblemente los versículos 1 y 2 son de Baruc, y el 3 de un compilador posterior. Para discusiones al respecto ver: Antonio García Moreno, «Vocación de Jeremías», *Estudios Bíblicos*, vol. XXVII, cuaderno 1, enero-marzo de 1968, pp. 49s.; Westerman, *op. cit.*, pp. 40ss.

[3]C. F. Whitley sostiene que Jeremías no inició su ministerio sino hasta después de la batalla de Carquemis; cf.: C. F. Whitley, «The Date of Jeremiah's Call», *Vetus Testamentum*, vol. XIV, nº 4, octubre de 1964, pp. 467-483; J. Bright, *La historia de Israel*, Methopress, Buenos Aires, 1966, p. 347.

de los escitas y medos habían hecho variar significativamente la situación política de la Mesopotamia. Los profetas, entre ellos Jeremías y Ezequiel, veían cada vez más próxima la catástrofe (Jer. 1.13; Ez. 7.2). Al mismo tiempo, se nos dice que Jeremías pertenecía a una de las familias sacerdotales residentes en Anatot. Anatot era una de las ciudades levíticas de la tribu de Benjamín y las familias sacerdotales que habitaban en ella no formaban parte del clero del templo de Jerusalén, sino del santuario de Silo. Por tal razón, sobresalen en Jeremías los acentos de la antigua alianza, en contraste con una ausencia casi total de elementos propios de la tradición de Sión. Dios sale al encuentro de este sacerdote de Anatot para hacerlo su profeta. Es Dios quien elige a su misionero. A éste le tocará cumplir con la misión de Dios.

En el versículo 5, los cuatro verbos cuyo sujeto es Yavé nos muestran el cuidado especial que el Señor pone en la formación de su siervo: *yasar* (formar), *yada* (conocer, escoger), *qadas* (consagrar), y *natan* (dar, constituir). El verbo *yada* entraña una «elección amorosa y especial predilección». Tal predilección existía antes de que Yavé lo formase ( *yasar*) con el mismo cuidado y dedicación con que el alfarero trabaja el barro. Yavé también consagró a Jeremías antes de su nacimiento, lo puso aparte (*qadas*) y lo destinó a un fin sagrado: lo constituyó por profeta a las naciones (v. 5). Por lo tanto, Jeremías no es llamado a gozar místicamente de Dios, sino a ser intermediario entre Dios y el pueblo, a ser portador de una palabra nueva de Dios.[4] Queda claro que no es la institución la que suscita al profeta, sino Dios. Por lo tanto, no es un profesional. La misión trasciende el marco de lo institucional y lo juzga. La fidelidad del misionero es, por encima de todo, hacia quien lo llamó y lo envió.

La misión conlleva un juicio de la realidad y, a la vez, la creación de lo nuevo. Al profeta le corresponde la doble y difícil

---

[4]Enzo Giustozzi, «Los profetas hoy», *Revista Bíblica*, año 33, nº 142, 1971/4, p. 292.

tarea de sembrar la destrucción donde está lo opuesto a Yavé y construir lo nuevo en armonía con los propósitos de Dios. En Jeremías 1.10 tenemos sintetizada la misión encomendada por Dios: arrancar, destruir, arruinar, derribar y, también, edificar y plantar. El verbo *natas* (arrancar) implica extirpar, sacar algo desde sus raíces y con violencia. En los textos paralelos en que se encuentra este verbo, siempre es Yavé el sujeto de la acción y la lleva a cabo con enojo e ira.[5] El binomio de destrucción lo completa el verbo *natas* (demoler, destruir). Se lo usa en sentido figurado para hablar de la destrucción de una nación al socavar su poder. Pero también, y por lo general, se lo emplea literalmente en la destrucción de los altares a otros dioses (Jue. 2.2), los «lugares altos» (2 R. 23.12), una torre (Jue. 8.9), o en el caso de la destrucción total de los muros de Jerusalén por medio del ejército de los caldeos (Jer. 52.14).[6]

De lo anterior queda claro que la misión no puede realizarse sobre fundamentos inapropiados. Es parte esencial de la misma la destrucción inexorable de todo signo de pecado y de aquello que se opone al plan salvífico de Yavé. El misionero jamás podrá ser imparcial frente a las manifestaciones del pecado. Por lo tanto, sus enemigos serán aquellos que se sienten amenazados, los que no pueden seguir viviendo impunemente: «los reyes y príncipes de Judá, los sacerdotes, y los terratenientes (Jer. 1.18, NBE). El aniquilamiento no es un fin en sí mismo. Para el misionero su labor no está motivada por el odio. La destrucción es sólo el primer paso de un proyecto histórico-salvífico que tiene como meta una relación con Dios nueva y más profunda (Jer. 31.27-40). El misionero es llamado a tomar parte en la construcción de un futuro nuevo. En vista de este objetivo derriba en el presente lo opuesto a tales aspiraciones. Es el aspecto más difícil de la misión

---

[5]Francis Brown, S. R. Driver y Charles Briggs, *A Hebrew and English Lexicon of the Old Testament*, Clarendon, Oxford, 1952, p. 684.

[6]*Ibíd.*, p. 683.

(Jer. 26.11). En este contexto adquiere un valor especial la promesa de Yavé en el momento de conferir la misión:

> Yo te convierto hoy en plaza fuerte, en columna de hierro, en muralla de bronce, frente a todo el país: ...lucharán contra ti, pero no te podrán, porque yo estoy contigo para librarte —oráculo del Señor— (Jer. 1.18s., NBE).

Es una promesa que no admite euforias. No se auguran grandes victorias, ni un camino de éxitos permanentes. Simplemente un «no te podrán».

Por último, la misión tiene una dimensión universal. La potestad que le es dada a Jeremías es «sobre pueblos y reyes» (Jer. 1.10). El carácter universal de la misión se fundamenta en el señorío de Yavé sobre toda la creación. El es quien dispone de las naciones y pueblos de la tierra. La misión no está limitada a las fronteras del «pueblo de Dios»: también incluye a «las naciones» (Jer. 46.1). Naciones, reinos y la historia toda son el campo de la misión de Dios.

## El misionero y el mensaje

> El Señor extendió la mano, me tocó la boca y me dijo: Mira, yo pongo mis palabras en tu boca, hoy te establezco sobre pueblos y reyes, para... (Jer. 1.9s., NBE).

Con estas palabras, que guardan similitud con otras narraciones de vocaciones proféticas, Jeremías marca con claridad meridiana el momento en que es transformado en profeta de Yavé. En el acto sacramental en que Yavé le toca la boca se convierte en *nabí*, pues será el heraldo de Dios. A partir de este momento las palabras de Jeremías adquieren un valor especial: él ha recibido en sus propios labios la Palabra de Yavé. La Palabra en boca del profeta conlleva un dinamismo especial. Su función no será meramente anunciar ruina, sino arruinar; ni anunciar esperanza, sino edificar (Jer. 1.10). Es la Palabra con fuerza creadora que actúa desde los orígenes del universo triunfando sobre el caos (Gn. 1.3). No queda circunscrita a «lo verbal», sino que se manifiesta en hechos concretos. Es palabra sustantiva. En el momento de ser predicada la Palabra produce su impacto. Arranca y destruye, edifica y planta.[7]

La palabra profética, como Palabra de Dios en la historia, es proclamada en un momento histórico determinado. Su aceptación o rechazo implicará siempre una opción histórica concreta, del mensajero y del que escucha. La *dabar* de Dios no es meramente «palabra» sino, y por encima de todo, acción. Por ello se dirige a la voluntad, antes que al oído. Es una invitación al arrepentimiento y un juicio de la realidad. Nunca se acomoda al sistema. El mensajero auténtico no habla del producto de su imaginación, y mucho menos de acuerdo con sus deseo o intenciones. La Palabra le es una carga impuesta desde fuera, que en muchas oportunidades va en contra de sus más caros deseos. Jeremías nos hace oír su grito de agonía frente a este destino: «Me sedujiste, y me dejé seducir; me forzaste, me violaste. Yo era el hazmerreír todo el día, todos se burlaban de mí» (Jer. 20.7, NBE).

## La misión y las falsas esperanzas

El propósito último de la misión es la conversión. Dios habla esperando que una respuesta obediente se haga visible en un cambio de actitud. Tal pretensión choca con la dureza de corazón del destinatario del mensaje. Por lo general, éste construye murallas defensivas de indiferencia no dándose por aludido. Muchas veces las actitudes defensivas se van constituyendo en una maraña impenetrable de argumentos y autojustificaciones. Jeremías tuvo que dedicar gran parte de su ministerio a luchar

---

[7]A. García Moreno, *op. cit.*, p. 55.

contra las falsas esperanzas detrás de las cuales se ocultaba un pueblo que no quería escuchar la voz de Dios. La esperanza estaba sustentada en una teología ocultadora y justificadora de la realidad. En aquellos momentos era incuestionable la inviolabilidad del templo, de la ciudad de Jerusalén y de la nación. Jeremías y Ezequiel debieron cumplir la tarea de desenmascarar y echar por tierra, uno por uno, los fundamentos de la falsa seguridad. Fueron acusados de traidores y blasfemos (Jer. 26.7-11) por oponerse a la legitimación que propiciaba la religión oficial.

## Cuando se confunde promesa con derecho a la impunidad

Uno de los mayores obstáculos que enfrentó Jeremías fue la creencia en la inviolabilidad de Sión. Según el entender del pueblo y gobierno de Judá, y de la colonia en el exilio, todos ellos alentados por los falsos profetas, Yavé no permitiría ningún castigo que en última instancia violara el pacto hecho con la casa de David. Enceguecida por el falso optimismo la nación se encaminaba al desastre. Las raíces de esta confianza suicida en la alianza davídica se remontan al momento mismo de la conquista de Jerusalén y al traslado del arca a la ciudad. Después de reinar por siete años y medio en Hebrón, David emprendió la conquista de Sión (2 S. 5s.). El triunfo de David y un grupo de sus hombres sobre los jebuseos que habitaban Jerusalén le proporcionaron al rey de Judá mucho más que una importante victoria militar: le dio una ciudad para su residencia y un lugar «neutral» para cristalizar la confederación de tribus de Israel y Judá. Así Jerusalén llegó a poseer un *status* jurídico particular: ella era y sería la «ciudad de David». Desde allí David reinaba sobre todo el pueblo y sentía la necesidad de asociar su realeza al beneplácito del Dios de Israel. El paso decisivo en este sentido fue el traslado del arca a Jerusalén (2 S. 6). Fue un acto eminentemente político que permitió vincular al reino con la idea de que era la continuación legítima de la antigua federación de tribus aunadas en torno del arca. La presencia del arca en Jerusalén significaba que Yavé la había elegido como el lugar de su habitación.

Con el establecimiento de la dinastía davídica, y de Jerusalén como ciudad real, se originaron dos tradiciones que marcaron el futuro de Israel: la elección de David, y la elección de Sión.[8] La legitimación del trono de David se produjo a través de la profecía de Natán (2 S. 7). Las constantes interpretaciones y actualizaciones que sufrió esta profecía nos revelan la importancia que tuvo en la historia de Israel. La promesa «Tu casa y tu reino durarán por siempre en mi presencia; tu trono permanecerá siempre» (2 S. 7.16, NBE), que en un primer momento aparecía dirigida sólo a David, se hizo extensiva a todo el pueblo de Dios: «Has establecido a tu pueblo, Israel, como pueblo tuyo para siempre...» (2 S. 7.24s., NBE). Esta promesa recibió en el lenguaje de los Salmos el nombre de «juramento» y «pacto» (Sal. 132.11; 89.3s.).

En el año 689 a.C. la creencia en la inviolabilidad de Sión se vio robustecida por la profecía de Isaías que, en el momento del asedio asirio por el ejército de Senaquerib, prometió la protección de Yahvé sobre Jerusalén y la huida de las fuerzas enemigas. En aquella oportunidad Isaías dijo:

> Así dice el Señor acerca del rey de Asiria: No entrará en esta ciudad, no disparará contra ella su flecha, no se acercará con escudo ni levantará contra ella un talud ... por mi honor y el de David, mi siervo» (Is. 37.33-35, NBE).

Evidentemente Isaías tomó la tradición de la elección de Sión y la utilizó en su oráculo de esperanza. El hecho de que se cumpliera al pie de la letra confirmó terminantemente las promesas de la alianza davídica. En las horas de mayor desesperación la nación se aferró a las promesas hechas a David y rechazó de plano

---

[8]John H. Hayes, «The Tradition of Zion's Inviolability», *Journal of Biblical Literature*, vol. LXXXII, n° 4, diciembre de 1963, p. 420.

las advertencias de Jeremías y Ezequiel. La alianza davídica se había constituido en el gran manto protector de todo tipo de pecado:

> ...ponen trampas como cazadores y cavan fosas para cazar hombres: sus casas están llenas de fraudes como una cesta está llena de pájaros ... rebosan de malas palabras, no juzgan según derecho, no defienden la causa del huérfano ... los profetas profetizan embustes, los sacerdotes dominan por la fuerza, y mi pueblo tan contento. ¿Qué haréis en el desenlace? (Jer. 5.26-28 y 30, NBE).

## Cuando se confunde religiosidad con honrar a Dios

La reforma de Josías culminó con la centralización del culto nacional en el templo de Jerusalén, después de lograr la destrucción de los santuarios locales con sus respectivos elementos de culto y sacerdotes paganos (2 R. 23.4s.; 2 Cr. 34.5; 2 R. 23.15-20). Tal situación sirvió para consolidar la idea del templo como único lugar de morada de Yavé y su consiguiente inviolabilidad. Al igual que con el dogma de la inviolabilidad de Sión, la seguridad de la protección divina para el templo y su culto se había estructurado a lo largo de los años y fue uno de los grandes obstáculos que Jeremías y Ezequiel tuvieron que derribar.

Ya en el día de la dedicación del templo, Salomón dijo que había construido para Yavé «un palacio, un sitio donde vivas para siempre» (1 R. 8.13, NBE). La idea se impuso definitivamente cuando en el 701 a.C. Jerusalén fue salvada del ataque de Senaquerib. Tal era el apego a la creencia de Jerusalén como único santuario legítimo que se continuaron registrando peregrinaciones hasta allí aún después de la destrucción (Jer. 41.5). Los profetas no rechazaron esta creencia, sino el uso que se hacía de ella para legitimar todo tipo de comportamiento opuesto a la voluntad de Yavé.[9]

La reforma deuteronomista, lejos de corregir estas actitudes erróneas, se conformó con medidas externas que produjeron un incremento de la actividad cúltica sin llegar a lograr una conversión real y terminó degenerando en un formalismo vacío. Jeremías puso de manifiesto y atacó toda esta religiosidad de apariencia en su famoso sermón del templo (Jer. 7 y 26). El cumplimiento de los ritos era el fin último, por lo que no se tomaba en cuenta el comportamiento cotidiano de los profesantes, fueran éstos individuos o la nación entera. En aquella oportunidad Jeremías dijo:

> Os hacéis ilusiones con razones falsas, que no sirven: ¿de modo que robáis, matáis, cometéis adulterio, juráis en falso, quemáis incienso a Baal, seguís a dioses extranjeros y desconocidos, y después entráis a presentaros ante mí en este templo que lleva mi nombre, y decís: «Estamos salvados», para seguir cometiendo tales abominaciones? (Jer. 7.8-10, NBE).

El lugar y la ocasión en que el profeta pronunció este sermón eran estratégicos: el atrio del templo, un día de fiesta. Probablemente haya sido el día de la coronación de Joaquín, en medio de un espíritu de alegría y «habiendo recibido nueva fuerza la creencia de la inviolabilidad del santuario, por el hecho de haber sido preservado el Estado, al poner en el trono de David a un monarca nativo».[10] Jeremías afirmó que para él la religión pública no era más que una hipocresía organizada. Fue en esta ocasión cuando dijo lo que luego Jesús retomó en el episodio de la

---

[9]R. de Vaux, *Instituciones del Antiguo Testamento*, Herder, Barcelona, 1964, p. 427.

[10]J. Skinner, *Jeremías: Profecía e Religiao*, ASTE, San Pablo, 1966, p. 160.

purificación del templo: «¿Creéis que es una cueva de bandidos este templo que lleva mi nombre?» (Jer. 7.11, NBE). Para Yavé, toda expresión religiosa que no proviene del corazón ni se avala en el comportamiento cotidiano es abominación. El verdadero culto a Yavé no se logra mediante ritos sagrados.

Con su anuncio de destrucción del templo como castigo a la religión falsa Jeremías ataca el centro de la reforma deuteronomista. Para los propiciadores de la reforma era un signo de esperanza ver al pueblo acudiendo masivamente al templo en las festividades y días de reposo. Para ellos el futuro del Estado estaba asegurado con el resurgimiento de la piedad popular. Para Jeremías era abominación y constituía un espectáculo deplorable.

Jeremías hizo extensivo el juicio sobre el templo a todo el sistema sacrificial:

> Añadid vuestros holocaustos a vuestros sacrificios y comeos la carne; pues cuando saqué a vuestros padres de Egipto, no les ordené ni hablé de holocaustos y sacrificios; ésta fue la orden que les di: «Obedecedme, y yo seré vuestro Dios y vosotros seréis mi pueblo; caminad por el camino que os señalo, y os irá bien» (Jer. 7.21-23, NBE).

Para el pueblo los sacrificios eran una parte vital de la religión, porque les aseguraban la protección divina o porque suponían que Yavé dependía de su culto. Esta creencia en la mutua necesidad del sistema cúltico les hacía suponer que Yavé nunca dejaría de lado los sacrificios. Pero para Yavé, y por supuesto para Jeremías, la religión verdadera era una comunión real con el Dios moral y no con una serie de homenajes expresados en ceremonias.[11]

Ezequiel, contemporáneo de Jeremías, dirá que la gloria de Yavé abandonó el templo:

---

[11] *Ibíd.* p. 167.

> La gloria del Señor se remontó sobre los querubines y se colocó en el umbral del templo; la nube llenó el templo y el resplandor de la gloria del Señor llenó el atrio ... Luego la gloria del Señor salió... (Ez. 10.4 y 18, NBE).

El abandono del templo por parte del *kabod* de Yavé fue no sólo un rechazo a las prácticas paganas sino a toda la religión oficial. El *kabod* y Yavé son una misma cosa. El abandono del templo significa que Dios «sale» del ámbito de las manipulaciones humanas. El Señor no quiere aparecer como legitimador de las injusticias y pecados del pueblo; por lo tanto se marcha a otro lugar. En contra de la teología oficial el Dios del lugar santísimo se va, y a veces se hace presente en tierra inmunda, junto al río Quebar (Ez. 1).

## La esperanza como actitud misionera

Todo ha terminado. Con palabras cargadas de dolor Jeremías describe los acontecimientos de la caída de Judá: «...llegó a Jerusalén Nabusardán ... Incendió el templo, el palacio real y las casas de Jerusalén y puso fuego a todos los palacios» (Jer. 52.12s., NBE). En la realidad de la destrucción de Jerusalén y el exilio la fe de Israel es sometida a su prueba más dura. Se ha dado un golpe mortal al fundamento del estado y el culto. Para muchos ya no quedaba ninguna esperanza y el pueblo entró en una profunda crisis de fe. Pero Yavé no ha dicho aún la última palabra. Jeremías y Ezequiel, que sistemáticamente ha atacado todo aquello con lo cual el pueblo podía sentirse seguro, ahora, ante el hecho consumado de la destrucción, son quienes siembran la esperanza de un futuro mejor. Ha llegado el momento de edificar y plantar. Atento a las nuevas circunstancias, el profeta da un giro total a la temática de su mensaje, iniciando una nueva dimensión de su ministerio.

Jeremías ya ha dado una lección de esperanza y fe cuando, días antes de la caída de la ciudad y estando preso en el patio de la cárcel (Jer. 32.2), compró una propiedad en el pueblo vecino de Anatot. En un acto cargado de simbolismo compra la propiedad delante de testigos y cumpliendo con todas las disposiciones legales, mostrando así su fe en la restauración (Jer. 32.12-14). Allí recibe el mandato de pronunciar unas palabras muy sobrias y modestas, pero cargadas de fe: «Porque así dice el Señor de los ejércitos, Dios de Israel: Todavía se comprarán casas, campos y huertos en esta tierra» (Jer. 32.15, NBE). Para Jeremías el exilio no es más que un período de transición, purificación y castigo merecido. No hay contradicción entre esto y las intenciones salvíficas de Yavé. A la certidumbre de la catástrofe el profeta le añade la certidumbre de la redención. Sus esperanzas no se basan en las «posibilidades» sino en el señorío de Yavé sobre todas las potencias terrenas. Para el profeta, exilio y liberación son las dos caras del mismo acto salvífico de Dios. Por ello anuncia un futuro mejor con la misma fe, firmeza y convicción con que ha predicho la destrucción. La apelación no es a un retorno a los buenos días del pasado, sino a una conversión que permita disfrutar a plenitud las cosas nuevas que Yavé haría.

En la perspectiva de un futuro en el que Dios recreará todas las cosas, Jeremías vincula la esperanza a la manera en que Dios se relacionará con las personas y éstas entre sí, sobre la base de la nueva alianza (Jer. 31.31-34). Las palabras de la nueva alianza marcan la división entre lo antiguo y lo nuevo. El nuevo pacto, aunque contenga algunos elementos del anterior, será precisamente eso: *nuevo.* El nuevo pacto abarcará a toda la nación, pero al mismo tiempo a cada individuo, basándose en el conocimiento personal de Dios de parte de los miembros de la comunidad. En esta concepción del futuro pueblo de Dios la persona adquiere una nueva y mayor importancia. Jeremías no trata de elevar una religión individual por encima de una corporativa, sino de establecer la importancia de la persona en la comunidad.

# Conclusión

Como cristianos vivimos la doble tensión entre una misión hacia las naciones y otra hacia el propio pueblo del Señor. No son cuestiones independientes ni caminos paralelos. Se afectan, desafían y enriquecen mutuamente. Quizás, al igual que le ocurrió a los profetas, la dimensión interna de la misión sea la más difícil de sobrellevar, por la incomodidad que causa y que nos causa. Observamos claramente en Jeremías cómo la misión se halla indisolublemente unida al misionero. Este, «seducido» por Dios, encarna hasta el final las consecuencias de ser coherente con el mensaje. Su lección de vida es especialmente pertinente hoy cuando, para muchos en América Latina, el evangelio ha dejado de ser creíble porque los testigos no son creíbles.

En la última década hemos visto surgir una religiosidad evangélica vigorosa que no siempre es fiel al Señor de la iglesia. También sentimos las demandas de una sociedad cada vez más alejada de los designios divinos. ¿Cuál es el sentido hoy de «arrancar y destruir»? ¿Cuáles son las falsas esperanzas? Jeremías pudo vislumbrar un futuro para plantar y edificar, pero no a costa de traicionar el mensaje. La tentación de evitar el alto precio de «arrancar» está siempre presente. ¿En qué basamos nuestros pensamientos de cierta impunidad frente a Dios, creyendo que él tiene la obligación de bendecirnos de cualquier manera? Por otro lado, ¿qué será hoy «edificar y plantar»? ¿Cuál es el modelo de persona y sociedad que Dios nos manda construir? Quizás no tengamos todas las respuestas. La tarea misionera de Jeremías aporta ciertos indicios que valdría la pena tomar en cuenta.

# III

# Las bases de la misión en la apocalíptica y en el Nuevo Testamento

# 7

# La misión en la literatura apocalíptica

*Carlos Villanueva*

Cuando tratamos el tema de la misión en la literatura apocalíptica debemos comenzar definiendo qué se entiende por *misión*. A pesar de que existen distintos puntos de vista en cuanto al significado e implicaciones de la misión, es necesario recordar la instrucción de Jesús al *enviar*, o comisionar, a sus discípulos: «Como me envió el Padre, así también yo os envío...» (Jn. 20.21, RV). A partir de este texto podemos mencionar algunos aspectos que se deben tener en cuenta. En primer lugar, se trata de un concepto que indica la totalidad de la tarea que el Señor ha encomendado a su iglesia y que, de acuerdo con el pasaje citado, tiene que ver con la *continuidad* de la obra de Cristo. Esta continuidad es, de acuerdo con J. Stott, «una misión holística» ya que «la misión auténtica es una actividad abarcadora».[1] Aunque seguramente *holística* no es el mejor epíteto para aplicar a la misión cristiana, tiene como propósito dejar en claro que «la misión auténtica es una actividad abarcadora que abraza la evangelización y la acción social, y se niega a permitir que se las mantenga divorciadas»,[2] dado que se dirige al hombre como un todo.

En segundo lugar, debemos señalar que, si bien es cierto que el concepto de la tarea de la iglesia se encuentra en el Nuevo Testamento, las raíces de la misión deben rastrearse en el Antiguo

---

[1]John Stott, *El cristiano contemporáneo*, Nueva Creación, Buenos Aires, 1995, p. 323.

[2]*Idem*.

Testamento. El Dios soberano congregó a un grupo de personas sin ninguna característica o virtud especial y constituyó con ellas un «pueblo escogido», un «real sacerdocio» cuya responsabilidad («ser bendición») se extendía a otras naciones (Gn. 12). A esto hay que agregar que sólo a fines del período veterotestamentario se desarrolla con mayor profundidad el énfasis misionero, especialmente en la segunda parte de Isaías (42.4; 45.22-23; 49.6; 53.11). Estos pasajes deben interpretarse como escatológicos: se trata de una promesa según la cual llegará el día de salvación, que alcanzará no sólo a Israel sino a toda la tierra.

Nuevamente de acuerdo con Stott, «el Dios del Antiguo Testamento es un Dios misionero... el Cristo de los evangelios es un Cristo misionero ... el Espíritu Santo de Hechos ... es un Espíritu misionero ... De modo que la religión de la Biblia es una religión misionera.»[3] Este concepto debe relacionarse con el carácter de las Sagradas Escrituras. La Palabra de Dios es única en el sentido de que, a pesar de las diferencias existentes entre los distintos libros —diferencias que abarcan, por ejemplo, lo literario o las situaciones del pueblo—, a lo largo de sus páginas existe unidad. El mensaje de la Palabra es esencialmente *misionero*. Por supuesto, esta afirmación involucra también a la literatura apocalíptica.

## La literatura apocalíptica

El uso del término *apocalíptico* ha cobrado gran difusión en los últimos años, no sólo para designar un género literario sino también una actitud religiosa. Este vocablo es el nombre dado por eruditos modernos, y no por los mismos autores, a un tipo de escritos. El nombre fue tomado del libro neotestamentario Apocalipsis que fue el primero en ser introducido de esta manera,

---

[3] *Ibíd.*, p. 321.

aunque no es claro si se usa para referirse a una clase especial de literatura o en el sentido sencillo de la palabra[4].

## Razones del creciente interés en la apocalíptica.

Existen varias razones que se pueden mencionar para explicar el incremento del interés en este tipo de literatura:

1. *La relación de la apocalíptica con el trasfondo y la teología del Nuevo Testamento.* Una de las principales razones para el interés que ha surgido en el último tiempo hacia la literatura apocalíptica se encuentra en el descubrimiento y la demostración de la importancia de la apocalíptica en la literatura y la teología del Nuevo Testamento.

Una de las características de la investigación reciente ha sido el reconocimiento de los elementos apocalípticos en todo el Nuevo Testamento, y no sólo en algunos libros, como por ejemplo Tesalonicenses y Apocalipsis. Hasta qué punto el Nuevo Testamento y, por lo tanto, el mensaje de Jesús se encuentran vinculados con conceptos e ideas apocalípticas es una pregunta que no tiene una respuesta segura. Sólo se puede decir, sin lugar a dudas, que la conexión es estrecha.

---

[4]L. Morris, *Apocalyptic*, Grand Rapids, Eerdmans, 1972, p. 19, menciona que la palabra se puede usar de dos maneras: en primer lugar, para referirse a un tipo de literatura y, en segundo lugar, en relación con ciertas ideas y conceptos, generalmente contenidos en la literatura denominada de la misma manera. Se debe notar que en el corpus joanino casi no se usa el término griego *apokalypsis*. P. ej., en el Evangelio sólo aparece en una cita de Is. 53.1, y en Ap. 1.1. El concepto *revelación* se expresa con la palabra *faneroo*, p. ej., Jn. 1.31; 2.11; 1 Jn. 1.2; 3.8. De manera que es probable que el término se utilice en Ap. 1.1 como una denominación y no con la acepción simple de la palabra.

2. *Los escritos de Qumrân*. El descubrimiento y traducción de los escritos de Qumrân[5] arrojaron una nueva luz sobre la comunidad judía precristiana. Se debe reconocer el carácter apocalíptico de la literatura de Qumrân, que ha demostrado la influencia de esta forma literaria sobre el judaísmo, trasfondo del cristianismo primitivo.

3. *Una nueva comprensión de la apocalíptica*. Y por último, la nueva comprensión de la apocalíptica la liberó de algunos de los errores de interpretación que la acompañaron por bastante tiempo[6]. Entre éstos se pueden mencionar la identificación entre apocalíptica y escatología, el hecho de considerarla un simple apéndice de la profecía o pensar que se trata de ciertas descripciones del futuro que, a manera de especulaciones, sirven solamente para satisfacer la curiosidad humana, prescindiendo del propósito salvífico de Dios.

---

[5]También deberían citarse los descubrimiento de Nag Hammadi que, aunque son libros gnósticos y no pertenecen a la comunidad apocalíptica judía, muestran que esa literatura se usaba también en el grupo gnóstico, lo que pone de manifiesto su importancia en la comprensión del trasfondo del cristianismo primitivo.

[6]Lo que se dice de la apocalíptica se podría afirmar de toda la Biblia. Hubo un tiempo en que la Biblia era considerada «palabra de Dios atemporal»: servía para todos los tiempos y a la vez no se encontraba relacionada con ningún momento histórico. El Antiguo y el Nuevo Testamento eran vistos en un mismo plano histórico, lo que impedía tomar conciencia del desarrollo que hubo entre ambos. Esto trajo aparejado considerar a la Biblia un tipo de literatura único, en el sentido de que perdió su relación con los movimientos literarios del mundo en el que apareció. Desde esta perspectiva la literatura apocalíptica era considerada como profética, lo que hizo que el término *profético* sufriera una descompensación. A partir del siglo 19 la literatura apocalíptica salió de su cárcel y, al ser comparada con la literatura extrabíblica, comenzó a liberarse de antiguos prejuicios.

## Definición de apocalíptica

Para entender de qué se habla cuando se usa esta palabra es necesario comenzar por una comprensión de la terminología —pocos términos han sido tan mal interpretados como *apocalipsis* y *apocalíptico*—[7] para luego tratar con el concepto y lo que éste representa.

En cuanto a los términos debemos decir que las palabras griegas usadas para expresar estas ideas son: el adjetivo *apokalyptikos*, el verbo *apokalypto* y el sustantivo *apokalypsis*. Algunos de éstos no tienen traducción al español. Estas palabras provienen de un compuesto formado del simple *kalypto* (ocultar, esconder) más la preposición *apo*. El énfasis está en el descubrimiento de lo que hasta entonces estaba oculto.

Estos vocablos se utilizan para mostrar un concepto, por lo que es necesario reconocer que, cuando se habla de apocalíptica, no se hace referencia a algo homogéneo, estático o fijo, sino a un fenómeno que se caracteriza por ser dinámico en varios niveles.

Se pueden definir tres frases que representan distintos niveles contenidos en el concepto de apocalíptica. En primer lugar, *los escritos apocalípticos*. Esta frase designa un género literario que usa formas distintivas y adecuadas para la transmisión de su mensaje. Se lo ha definido como literatura de revelación con una trama narrativa, en la cual la revelación es transmitida por un ser celestial. En cuanto a su contenido, tiene que ver no solamente con el mundo temporal, sino también con realidades trascendentes. En realidad, esa es la principal diferencia entre la escatología profética y la apocalíptica.

---

[7]Un claro ejemplo se encuentra en el uso del término «apocalíptico» en la literatura secular, especialmente en los periódicos, para referirse a un evento catastrófico.

En segundo lugar, debemos mencionar que este concepto implica *el mensaje apocalíptico*. Por medio de esta frase se hace referencia a la escatología apocalíptica. P. D. Hanson la define como «una forma de ver el plan de Dios en relación con las realidades mundanas». No se trata de una perspectiva exclusiva de un partido o un grupo, aunque hay que tener en cuenta que la aparición de la escatología apocalíptica en los escritos de Qumrân podría indicar eso. Es necesario reconocer que otro de los errores cometidos es que, en general, ha habido una identificación entre apocalíptica y escatología, y se ha estudiado la apocalíptica a partir de la escatología, perdiendo de esta manera parte de su mensaje.

Por último se debe mencionar *el lenguaje apocalíptico*. Se trata del universo simbólico en el cual el movimiento apocalíptico apoyó su propia identidad e interpretación de la realidad. El lenguaje apocalíptico fue el medio adecuado para expresar el contenido de la revelación. Presenta dos características sobresalientes: en primer lugar, contiene largos discursos, es repetitivo y está cargado de listas y cifras; en segundo lugar, hay una gran profusión de simbolismos. El sistema de símbolos y figuras, hace que difícilmente se lo pueda entender sin una preparación anterior o sin conocer la «clave» del código que se usa.

## La apocalíptica en el final del segundo milenio

Como ya se ha mencionado, la apocalíptica es más que una literatura o un sistema de símbolos: contiene una visión de la vida, un estilo de pensamiento y una actitud frente a las realidades del mundo que deben ser considerados en conjunto. Como tal, debe ser vista como un fenómeno *universal*.

La recuperación actual de la apocalíptica se debe a circunstancias históricas parecidas a las que determinaron su momento de mayor esplendor. Es necesario tener en cuenta dos factores:

*1. Estamos viviendo en los años finales del siglo 20.* El final de siglo ha despertado en los pensadores dos tipos de reacciones. Por un lado están quienes piensan que se viven momentos muy difíciles, donde la corrupción y la inmoralidad han superado lo imaginable.

Por otro lado están quienes afirman que la situación mundial ha cambiado positivamente. La caída del muro de Berlín, el desmantelamiento del Pacto de Varsovia, entre otras señales, parecen mostrar una luz de esperanza en la historia de la humanidad. A esto habría que sumar el resurgimiento de la religiosidad: iglesias llenas, deseos de trascender, aunque no siempre en la búsqueda del Dios de las Sagradas Escrituras.

Es interesante notar lo que cuenta Tom Sine acerca del final del siglo 10. En la última noche del año 999, multitudes que cantaban y oraban, agitando antorchas y palmas, llenaron las calles de Roma mientras sonaban las campanas de la iglesia del Vaticano. Cuando llegó la hora «fatal» la multitud contuvo el aliento, pero cuando la hora pasó y la *tierra no se abrió ni tragó a sus moradores*, una nueva expectativa ganó a la multitud. Hubo reconciliaciones y un compromiso de vivir la nueva etapa de una manera diferente. Las campanas volvieron a sonar. La opinión general era que «el mundo había renacido».[8]

Todo parece indicar que estamos llegando a una situación semejante a la descrita por los historiadores: la gran expectativa por la llegada del nuevo milenio.

*2. Estamos viviendo en un tiempo que se ha llamado a sí mismo posmoderno.* Este cambio de nombre indica, según González-Carvajal, un deseo de «despedirse de la modernidad»[9] y, como el mismo autor menciona más adelante, la posmodernidad aparece como un creciente y generalizado espíritu de la época. La aparición de este fenómeno se ha dado en virtud del desencanto

---

[8]Tom Sine, *Wild Hope*, Word Publishing, Dallas, pp. 2-3.

[9]Luis González-Carvajal, *Ideas y creencias del hombre actual*, Sal Terrae, Santander, 1992, p. 153.

que ha provocado la modernidad. Sin embargo, el sustantivo principal aún sigue siendo *modernidad*. De la misma manera que a comienzos del siglo 19 parece que el ser humano quiere volver a la Edad Media.

Entre las características de aquel tiempo podemos mencionar el énfasis en lo estético más que en la ética, el ocaso de la razón y la «explosión de los sentimientos» y la globalización de la cultura, a través de lo que en su momento fue el idioma griego. El posmodernismo puede agregar a esto la gran importancia corporal y sensorial, la expansión del esoterismo, cierto tipo de búsqueda de Dios y la estandarización de los valores.

Es notable la semejanza entre este tiempo postmoderno y el momento en que el imperio griego se impuso en la Palestina. Debemos recordar que este imperio se desarrolló allí después de la muerte de Alejandro y a través de sus sucesores. Llama la atención la gran cantidad de gimnasios que había, el énfasis en la estética y la búsqueda de emociones, que caracterizaron aquella época y cómo se relaciona con la nuestra.

## La importancia de la literatura apocalíptica

A las razones ya presentadas para explicar el fenómeno del avivamiento del interés en la literatura apocalíptica en las últimas décadas, debemos agregar una razón teológica que surgió a partir de la afirmación de E. Käsemann de que la apocalíptica es la madre de la teología cristiana. Esta ha despertado entre los teólogos un debate sobre el lugar e importancia de tal literatura en la doctrina cristiana.

En la excelente obra de R. H. Charles hay una extensa lista de pasajes donde se puede notar la influencia de Enoc sobre los escritos intertestamentarios y neotestamentarios.[10] En estas obras se puede advertir la relación con la literatura apocalíptica canónica. Sin entrar en el tema de las influencias, es importante notar que tienen un trasfondo común, dado por el contexto de persecución en el que nacieron, las formas del lenguaje que usaron y su ubicación en el desarrollo teológico intertestamentario. Podría decirse, sin lugar a dudas, que son el *nexo-coordinante* entre la teología del Antiguo Testamento y la enseñanza del Nuevo.

Ya hemos mencionado la influencia de la apocalíptica en el trasfondo del Nuevo Testamento. Ahora, para concluir, examinaremos primeramente el porqué de esta influencia y luego cómo se expresó en Juan el Bautista y en Jesús.

## El porqué de la influencia de la apocalíptica

La importancia de esta literatura está fundamentada en su extensión en el tiempo, el tamaño de su corpus, su influencia y la popularidad de sus enseñanzas.

1. *La era apocalíptica.* En cuanto a la *extensión en el tiempo,* la «era apocalíptica» podría ubicarse entre los años inmediatamente

---

[10]R. H. Charles, *The Apocrypha and Pseudepigrapha of the O. T.*, vol. II, pp. 177-184, menciona que las principales enseñanzas en las que influye sobre el N. T. son:

(1) Naturaleza del reino mesiánico y la vida futura.
(2) El Mesías.
(3) Sheol y resurrección.
(4) Demonología.

Se prefiere hablar de los puntos de contacto, pues si bien es un elemento casi seguro que Enoc es anterior a los escritos del Nuevo Testamento, es probable que estas enseñanzas formaran parte del legado religioso del judaísmo, tanto sobre los escritos apocalípticos como sobre los autores del NT.

anteriores a la revuelta macabea y la rebelión de Bar-Cojbá.[11] Este período puede ser definido como un «tiempo de crisis» que comenzó y terminó con un conflicto armado durante el cual el judaísmo fue perseguido. De esta persecución se deriva su carácter de literatura esotérica o «clandestina», que explicaría en principio el uso de los símbolos.

2. *El corpus apocalíptico.* En cuanto al *tamaño del corpus apocalíptico* debemos recordar que el autor de 4 Esdras (14.26, 44-46) menciona setenta libros que debían permanecer ocultos hasta el tiempo en que serían revelados a los sabios de entre el pueblo. A ellos habría que sumar el descubrimiento de la biblioteca de Qumrân, con su profusión de obras apocalípticas, como una clara muestra de la gran cantidad de obras que componen este corpus.

3. *La influencia apocalíptica.* A pesar de que la lectura de estos libros estaba restringida a determinados círculos de la comunidad judía, su influencia llegó a toda la sociedad. Esto es evidente a partir de la difusión que cobraron sus enseñanzas. Algunas de las cuestiones que Jesús debió enfrentar con sus contemporáneos surgen de los contenidos de la literatura apocalíptica.[12]

4. *Las contribuciones de la apocalíptica.* Mencionaremos ahora algunos de los aportes distintivos de la apocalíptica que forjaron su popularidad. En primer lugar, este tipo de literatura tenía *elementos que apelaban al corazón del pueblo*, en particular su celo por la ley y el énfasis puesto en el triunfo final del pueblo de Dios.

En segundo lugar, su *vinculación con el profetismo*. Ya hemos mencionado cómo a partir de los profetas del exilio babilónico comenzó un proceso que desembocó en la apocalíptica. El lugar que tuvo entre los profetas le dio a esta literatura un gran ascendiente sobre el pueblo.

---

[11]Es decir, entre mediados del siglo 2 a.C. y el siglo 2 d.C. El libro de Daniel aparece inmediatamente antes de los macabeos, y el libro conocido como 4 Esdras puede ubicarse a finales del siglo 1 d.C.

[12]Como, p. ej., la doctrina de la resurrección: Mc. 12.18; Lc. 14.14; etc.

En tercer lugar, su *escatología*. Esta tuvo gran difusión y era aceptada en tiempos del Nuevo Testamento. Con la aparición del movimiento apocalíptico la escatología veterotestamentaria entró en un estadio trascendental en el que tuvo a la vista el final de la historia y la venida de un mundo nuevo, producto de la influencia de una situación de crisis sobre el pensamiento teológico. Los profetas postexílicos, especialmente Zacarías y Joel, habían comenzado a desarrollar una perspectiva de salvación bajo la presión de la situación crítica de una existencia casi miserable. Pero fue sobre todo en Daniel 7-12 que la literatura apocalíptica alcanzó por primera vez su fisonomía plena y peculiar dentro del Antiguo Testamento. Creó su propio estilo y forma de expresión, llena de imágenes y símbolos, usando un lenguaje y formas literarias propias, constituyéndose en un eslabón entre la profecía y la literatura de sabiduría.

La apocalíptica no solo trató de penetrar en el curso de la historia del mundo calculando su final, sino que intentó dar a sus contemporáneos una orientación para la vida, un propósito y la esperanza cierta de que el futuro estaba en las manos de Dios.

En cuarto lugar, su *mesianismo*. Esta enseñanza, que encuentra sus raíces en la época preexílica, tuvo un mayor desarrollo en los profetas postexílicos (especialmente en la segunda parte de Isaías y Daniel) y alcanzó su punto máximo en la literatura apocalíptica (Dn. y 4 Esd.). El mesianismo corriente en tiempos de Jesús combinaba elementos de los profetas con algunos extraídos de la apocalíptica.

Y por último, el desarrollo de su *angelología y demonología*. Entre la figura de Satán (sobresale en el libro de Job; cf. Job 1.6 y los *bene 'elohim* de Gn. 6) que aparece en el Antiguo Testamento y la del *diablo* del Nuevo Testamento hay una gran diferencia. Este es uno de los puntos en donde la influencia de las culturas extranjeras se hace notar con mayor claridad.

Como ya se ha mencionado, la apocalíptica resaltó el tema de la soberanía de Dios. Este fue en realidad el telón de fondo o quizás la bóveda bajo la cual todos los otros componentes adquirieron sentido. Los apocalípticos tienen esta visión particular de la historia y su devenir porque saben que Dios tiene el control de la situación.

En este contexto y con esta influencia Jesús desarrolló su ministerio. La pregunta natural es: ¿de qué manera influyeron en su mensaje las enseñanzas de la apocalíptica?

## La expresión de esta influencia

¿Fue la literatura apocalíptica, como dice Käsemann, la «madre» de la teología cristiana? Quizás el término «madre» sea exagerado. Es más preciso hablar de trasfondo o punto de partida desde el cual Jesús transmitió, y la comunidad cristiana primitiva aplicó, el mensaje cristiano.

1. *La expresión del Precursor.* Sin duda, Juan el Bautista tuvo una estrecha relación con la apocalíptica. De acuerdo con el testimonio de los Evangelios, su mensaje se encuadra claramente en el tipo apocalíptico.

Algunas de las características que muestran esta conexión son:

a) Su mensaje era preeminentemente un mensaje de juicio (Mt. 3.7-12; Lc. 3.7-9, 15-18), con énfasis en la inminencia del fin: no sólo afirmó que el fin estaba cerca, sino que ya había comenzado.

b) Hizo un uso amplio de la imaginería apocalíptica. El ejemplo de la cosecha era común tanto a la profecía como a la apocalíptica (Jl. 3.13; 4 Esd. 4.30), pero la enseñanza del juicio por medio del fuego es una característica típica de esta última (cf. Mt. 3.10-12 con 1 Enoc 10.6, 13; 90.24ss.; 100.9; etc.). Dentro de esta misma semejanza debemos ubicar el uso que hizo Juan del bautismo. Siguiendo la dirección de la literatura apocalíptica, éste fue presentado como una señal del juicio divino (cf. Mt. 3.11 con Is. 30.27-28; Dn. 7.10; 1 Enoc 14.19; 17.5; 2 Enoc 10.2; Oráculos Sibilinos 3.54; 4 Esd. 13.10).

c) Tanto en Juan como en la apocalíptica se advierte la tensión pesimismo-esperanza. En los mismos términos, esta literatura no tuvo ningún tipo de esperanza para la sociedad que la rodeaba.

Pero en el caso de Juan, él tuvo una visión de la esperanza muy particular: afirmó que la llegada del reino estaba allí, frente a él, en la persona de Jesús.

2. *La expresión de Jesús.* En primer lugar, Jesús usó el lenguaje característico de la enseñanza apocalíptica de las dos épocas (Mc. 3.29; 10:30; 11.14; Mt. 13.22; 13.39ss.; Lc. 16.8). En este sentido debe interpretarse su enseñanza acerca del *reino de Dios*. Se trata de una entidad que trasciende este mundo (Mt. 6.10; 8.11; 10.7; Mc. 9.1), que representa el *poder* de la edad por venir. Este es un concepto claramente escatológico (Mt. 12.27-28; Mc. 3.28-29). Jesús presentó la discontinuidad entre la edad presente y la futura de diferentes maneras: mostrando las diferencias en las relaciones existentes (p. ej., Mc. 12.25ss.), señalando un tipo diferente de templo (Mc. 14.58; Jn. 2.19) y, particularmente, indicando que el juicio final marcaría el comienzo del reino (Mt. 19.28; Lc. 22.29-30).

En segundo lugar, la tensión pesimismo-esperanza no se encuentra tan marcada en Jesús como en los apocalípticos. El vio que las esperanzas escatológicas comenzaban a cumplirse en su propio ministerio. Sin embargo, de la misma manera que Juan y los apocalípticos, afirmó claramente que el mundo como tal está destinado a su fin. Es una edad dominada por demonios y espíritus inmundos como un reino opuesto a Dios (Mc. 1.23-27; 3.22-26; Mt. 4.8-10; véase en este mismo sentido Ef. 6.12). Sin arrepentimiento no hay esperanza para personas o ciudades, sean judías o no (Mt. 11.21-24; 12.41-42; Lc. 13.1-5). Todo Israel, y en especial Jerusalén, es como un árbol estéril que se encuentra bajo el juicio de Dios (Mc. 11.12-14; Mt. 23.37-39).

En tercer lugar, la influencia apocalíptica es evidente en la presentación que hizo Jesús de los eventos del fin. El anticipó *sufrimiento* y *tribulación* como preparación para los últimos tiempos (Mt. 5.11-12; Mc. 10.39; Mt. 10.23-25). Serán días marcados por una enemistad que afectará aun las relaciones más estrechas (cf. Mt. 10.21-22, 34-36 con 1 Enóc 100.2; 4 Esd. 5.9). De la misma manera que Juan, Jesús usó la imagen del fuego en dos sentidos: como un símbolo del juicio final (Mc. 9.43, 48; Mt. 5.22; 7.19; 13.40, 42; etc.)

y como una representación de la purificación necesaria para los que quieran participar en el reino (Mc. 9.49; Lc. 12.49). También afirmó que la edad por venir estaría precedida por la resurrección, en concordancia con la literatura apocalíptica (cf. Mc. 12.25; 14.25; Mt. 19.28 con Dn. 12).

En cuarto lugar, existe una clara influencia de la apocalíptica en la enseñanza de Jesús acerca de la inminencia del fin (Mc. 1.15; 9.1; Mt. 10.7, 23). En muchos de sus dichos y parábolas se advierte un sentido de urgencia y crisis (Mt. 5.25-26; 8.22; 24.43-44; Lc. 9.61-62; 10.4; 12.36; etc.).

Por último, encontramos la influencia de la dimensión cósmica de la *parusía*, si bien faltan en las enseñanzas de Jesús las visiones que tienen un lugar principal en la literatura apocalíptica.[13] Su victoria sobre los demonios tiene que ver con el eterno conflicto entre Dios y las fuerzas del mal (Mc. 3.27, entre otros). En cuanto a su regreso, el lenguaje que empleó recuerda a Daniel 7 (Mc. 8.38 y par.).

En conclusión, podemos afirmar con bastante certeza que Jesús se inscribe en la tradición apocalíptica, no sólo por pertenecer a un tiempo en el que esta literatura había alcanzado gran influencia, sino porque su mensaje contiene elementos claramente apocalípticos.

## La misión en la literatura apocalíptica: el desafío de Marcos 13.10

Uno de los pasajes más interesantes del Nuevo Testamento es el que varios autores han denominado «discurso apocalíptico o escatológico», que se encuentra en Marcos 13 (Mt. 24 y Lc. 21). De acuerdo con este título, tal discurso surge como respuesta a dos

---

[13] Los únicos pasajes que podrían citarse en este sentido son Lc. 10.18; Mt. 4.1-11.

preguntas que hicieron los discípulos: «¿Cuándo serán estas cosas? ¿Y qué señal habrá cuando todas estas cosas hayan de cumplirse?» (Mc. 13.4, RV). Una interpretación que no toma en cuenta que este discurso está estructurado siguiendo las pautas de la literatura apocalíptica podría dejar de lado el profundo valor parenético que tiene el mismo[14] y podría poner el énfasis sólo en el futuro, sin tomar en cuenta el desafío presente.

La lectura de la literatura apocalíptica ha favorecido, y aún favorece, una suerte de evasión del presente, como una especie de huída hacia un futuro más o menos incierto. Es interesante comparar dos maneras posibles de interpretar esta literatura. Por un lado, si se refiriera primordialmente a eventos del futuro podría considerársela como un *mapa*, es decir, una hoja de ruta de los sucesos por venir. Por el otro, si se refiriera principalmente a eventos del presente interpretándolos como modeladores y preanunciadores de un futuro más o menos inmediato, sería necesario considerarla más bien como una *brújula*, es decir, una dirección o guía.

Un error bastante generalizado es tomar a la literatura apocalíptica más como mapa que como brújula, elucubrando a partir de ella manifestaciones de los eventos por venir, incluyendo detalles precisos, situaciones históricas claras, personajes definidos e interpretaciones absolutistas. Así se pretende descubrir cuándo serán *los tiempos del fin*. Sin embargo, ése no es el propósito de esta literatura y especialmente de este pasaje. Aquí hay un desafío que la iglesia debe volver a escuchar y aplicar a la situación que hoy nos toca vivir.

---

[14] Recordar que este discurso tiene casi tantos verbos en imperativo como en futuro, lo que le da un fuerte sentido de exhortación.

## El lugar de Marcos 13 en las enseñanzas de Jesús

Una de las características del Evangelio de Marcos ha sido justamente la ausencia de discursos de Jesús, por lo que este pasaje ha llamado poderosamente la atención de los eruditos. La mayoría de ellos afirma que se trata de una inserción en el relato, incluido por el evangelista o por la iglesia cristiana primitiva. Frente a esto debemos mencionar los siguientes puntos:

En primer lugar, es necesario destacar la semejanza entre las principales enseñanzas de Marcos 13 y otros pasajes de los Evangelios. Ya hemos mencionado que existe una estrecha relación entre el discurso escatológico y la literatura apocalíptica. Las diferentes teorías que han surgido para explicarla, en general concluyen negando la autenticidad de las palabras de Jesús y asignando éstas a la comunidad cristiana primitiva. Sin embargo, las semejanzas son tales que si Marcos 13 no fuera auténtico cabría dudar de la autenticidad de todo el corpus sinóptico, lo que resulta inadmisible. Por otro lado, ya hemos demostrado que la totalidad del mensaje de Jesús está relacionada con la apocalíptica.

En segundo lugar, si bien la aceptación de estas palabras como *ipsissima verba* de Jesús presenta dificultades, tampoco es probable que él no haya dicho nada sobre los tiempos del fin. Las palabras en cuestión caen naturalmente dentro del esquema verbal del Señor, por lo cual es posible deducir que el autor evangélico, sin duda, contó con una tradición que se remontaba a Jesús mismo, y a partir de ella elaboró su discurso siguiendo el bosquejo de una obra apocalíptica.

En tercer lugar, es necesario reconocer el papel que desempeñó la comunidad cristiana primitiva en la formación del discurso escatológico. En este sentido, es menester tener muy presentes las indicaciones temporales que contiene el discurso. Todas tienen como propósito limitar la efervescencia apocalíptica característica de la iglesia primitiva. El evangelista tomó un instrumento conocido por sus lectores, la literatura apocalíptica, con el propósito de frenar el entusiasmo escatológico. Debemos recordar también que en el judaísmo de mediados del siglo 1 hubo un despertar de la esperanza apocalíptica.

Y por último, el propósito teológico evidente de Marcos 13 fue proponer un marco que le diera a la iglesia una continuidad previa y posterior al hecho de Jesús de Nazaret. Todo el discurso está estructurado con el propósito de mostrar el desafío y la esperanza introducidas por Jesús. Frente a la gran crisis que enfrentaba, la comunidad necesitaba recibir de su Maestro seguridad en cuanto al futuro y necesitaba saber que éste está en las manos de Dios.

Frente a tiempos de crisis y persecución como los que dieron forma a la literatura apocalíptica, la comunidad cristiana no debía perder su sentido misionero. La persecución debía ser para la iglesia la oportunidad de proclamar (*kerusso*) el evangelio en todas las naciones. En este sentido es interesante esta continuidad:

| | Juan el Bautista | Jesús | iglesia cristiana |
|---|---|---|---|
| *kerusso*: | Mc 1.4 | Mc 1.14 | Marcos 13.10 |

Esta continuidad tiene que ver con las esperanzas *escatológicas*. El sentido de urgencia es un factor vivificante del desafío entregado a la comunidad cristiana. De la misma manera que Juan y Jesús sabían que disponían de un tiempo limitado para el cumplimiento de su misión, el discurso enfrenta a la comunidad con el mismo hecho: la inminencia del fin y el desafío misional.

Es evidente que la comunidad cristiana primitiva entendió perfectamente el sentido del desafío presentado por el discurso. Los tres primeros siglos de la era cristiana estuvieron caracterizados por las persecuciones a la iglesia naciente. Desde la ascensión de Jesús de Nazaret hasta el edicto de Milán (313 d.C) los cristianos fueron perseguidos, primero por los judíos y, a partir de Nerón, por los romanos. Sin embargo, en medio de esta persecución la comunidad se extendió y no perdió de vista su sentido evangelizador.

## Consecuencias hermenéuticas para la misión de la iglesia.

El mundo ha vivido varias coyunturas en las que las expectativas escatológicas fueron muy fuertes y el fin parecía cercano e inminente. Se podría mencionar, por ejemplo, el paso del cometa Haley o el advenimiento de la era atómica con los peligros que ésta implicó. En este tipo de circunstancias el orden de ideas, creencias, valores y pautas culturales entran en un proceso de revisión.

Estamos en los albores del siglo 21. De la misma manera que en las situaciones anteriores, las expectativas escatológicas han comenzado a despertarse e irán en aumento. Una nueva lectura de los Evangelios, y especialmente del discurso apocalíptico, permitirá a la comunidad de fe prepararse para este despertar y para responder a las necesidades de la sociedad.

En este sentido podemos mencionar las siguientes cuestiones:

En primer lugar, *el sentido de urgencia que fue una de las características del mensaje de Jesús*. Vivimos en los últimos tiempos y debemos ser conscientes de esto, con todas las implicaciones que conlleva para la evangelización. La iglesia no debe dejar de lado el desafío misionológico que tiene frente a tiempos de crisis. Se trata de un llamado hecho por Jesús mismo. Ante la inminente llegada del siglo 21, y al recordar los quinientos años de la conquista/evangelización de América, debemos tomar muy en cuenta el sentido de urgencia unido al desafío.

En segundo lugar, *la tensión entre los elementos futuros y presentes en la escatología de Jesús*. El reino de los cielos está presente en él, pero habrá de encontrar su expresión plena en la segunda venida. El discurso de Marcos 13 es escatológico y apocalíptico en el sentido preciso de los términos. Es escatológico porque en él Jesús se ocupó del tiempo del fin,[15] pero no siguiendo los patrones de la

---

[15]Una de las pruebas de esta afirmación se encuentra en el uso de términos como *sunteleia*, *telos*, y por supuesto el tenor general del discurso.

expectativas escatológicas comunes de su entorno, sino dándole un enfoque totalmente nuevo. Es una escatología[16] que tiene que ver con la realidad presente y que convoca al creyente a vivir con los ojos puestos en los cielos de donde «esperamos al Salvador».

En tercer lugar, *el compromiso con el futuro.* La situación imperante en América Latina, que incluye vastas zonas de extrema pobreza y corrupción generalizada, insinúa de por sí una cosmovisión apocalíptica. Hoy podemos preguntarnos lo mismo que los discípulos: «¿Hasta cuando, Señor?» La apocalíptica surgió como una ayuda a los atribulados, a fin de que pudieran comprender que aún en estas terribles circunstancias Dios es soberano.

Debemos estar atentos para no caer en una fiebre apocalíptica, buscando señales del fin del mundo o de la llegada definitiva del reino de Dios, tal como hicieron los fariseos tendiéndole una trampa a Jesús al pedirle que probara que venía de Dios:

> Llegaron los fariseos y comenzaron a discutir con Jesús. Para ponerlo a prueba, le pidieron una señal del cielo (Mc. 8.11, NVI).

El cristianismo contemporáneo enfrenta el peligro de poner a prueba a Jesús con la insistencia de ver sanidades u otros carismas como demostración de la presencia de Dios.

Es necesario mencionar uno de los aspectos que este discurso de Jesús resalta: *la iglesia de Jesucristo debe estar encaminada hacia el futuro, asumiendo su responsabilidad presente.*

Podemos ver que en el Nuevo Testamento el regreso de Cristo es como un faro que ilumina todas sus páginas. Una de las grandes enseñanzas que encontramos allí es que el futuro no viene

---

[16]El reconocimiento del mesianismo de Jesús significó para la comunidad cristiana judía primitiva el enfrentamiento con una concepción mesiánica que involucraba aspectos escatológicos.

automáticamente, sino que requiere nuestra participación. En las palabras de Jesús no hay un determinismo pasivo sino un desafío a vivir el presente de tal manera que a la vez prepare y anticipe ese futuro, que está en las manos de nuestro Dios.

## Conclusión

Al leer de corrido Marcos 13.9-11 podemos encontrar cuestiones que el pueblo de Dios debe tener presente en su compromiso con la misión actual:

En primer lugar, *el pueblo de Dios deberá enfrentar persecuciones* (vv. 9,11-13). En el primer versículo éstas se manifiestan en arrestos, torturas y declaraciones delante de las autoridades. En los últimos, se extiende a la esfera familiar y llega hasta la muerte, es decir, que tendrán un carácter ascendente.

Frente a esto, el versículo 5 comienza con un llamado a la vigilancia: «mirad». La vigilancia a la que los exhorta recae sobre los mismos sujetos que la ejercen: los mismos seguidores de Jesús. Anteriormente los había alertado sobre los «agentes externos» (vv. 5-6). En este momento los exhorta a estar a la altura de las circunstancias. Debemos recordar que en Marcos 8.34 Jesús había anunciado que el que quería seguirlo debía estar dispuesto a tomar su cruz.

Desde el comienzo Jesús planteó a sus discípulos que debían estar dispuestos a aceptar un desafío que requería asumir el rechazo. Los profetas del Antiguo Testamento sabían que debían estar dispuestos a predicar lo que el pueblo no quería oír, si ese era el mensaje de Dios. La iglesia cristiana contemporánea debe volver a asumir el compromiso con el sufrimiento vicario, por causa de Jesús y para testimonio, como parte de su tarea. Es importante resaltar el detalle: tomar parte en la extensión del reino de Dios tiene su costo.

En segundo lugar, *el desafío de predicar el evangelio ocupa un lugar fundamental* (v. 10). Este versículo parece romper la secuencia de los versículos 9-13; sin embargo, se trata del pasaje central ya que las dos secciones dependen de éste.[17]

Los procesos que debían enfrentar, como ya hemos mencionado, tenían que ser tomados desde una perspectiva misionera. A esto se le agrega ahora el desafío implícito de predicar. El propósito de este discurso sobre el fin de los tiempos no es satisfacer la curiosidad escatológica sino alentar y desafiar a los discípulos o ministros del evangelio.

En realidad, lo que se le está encomendando a la iglesia es la continuidad de lo que Jesús comenzó a hacer:

> Después de que encarcelaron a Juan, Jesús se fue a Galilea a anunciar las buenas nuevas de Dios (Mc. 1.14, NVI).

Y es notable que ésa es una de las dos razones por la cual el mismo Jesús llamó a los doce:

> Designó a doce —a quienes nombró apóstoles— para que lo acompañaran y para enviarlos a predicar (Mc. 3.14, NVI).

Otro elemento que debe tenerse en cuenta en la lectura del pasaje es lo que se ha denominado «la necesidad de la proclamación». La predicación del evangelio no depende sólo de la voluntad humana, sino que está calificado como algo necesario. Esto implica que los seguidores de Jesús deben entender que se trata de un deber.

Por último, en la secuencia de esta sección se menciona la ayuda divina (v. 11). En el versículo 10 se mencionó el *deber* que tenían los discípulos; ahora el Señor les presenta la manera de

---

[17] Un análisis estructural de estos versículos mostraría:

a. Persecución (v. 9)

b. Misión (v. 10)

a´. Aumento de la persecución (vv. 11-13)

*poder* cumplir con esa misión. El Espíritu Santo aparece en escena como el capacitador general para el cumplimiento de la misión.

La lectura de los textos anteriores deja a los discípulos frente a un panorama algo sombrío o desalentador: el desafío estaba seguido de sufrimiento. Ahora les da la clave para enfrentar esta circunstancia.

Si bien es cierto que en los versículos anteriores la responsabilidad era de los discípulos, posteriormente se los invita a no preocuparse. Es una exhortación a no dejarse apresar por la inquietud que les provoca esta situación, pues tienen la promesa de una ayuda eficaz. El discípulo de Cristo puede pasar de la inseguridad y ansiedad ante la magnitud del desafío que tiene por delante, a la seguridad que consigue cuando no se apoya en su propia capacidad, sino que acepta lo que el Espíritu Santo le puede dar. La acción del Espíritu es una evidencia de que Dios es aliado de la iglesia. Pero para ello es necesario dejarlo hacer la obra en libertad, no tratar de limitarlo ni usarlo en beneficio propio.

La literatura apocalíptica, cuya enseñanza se encuentra entretejida a lo largo de todo el Nuevo Testamento, contiene más que una descripción del futuro: contiene un llamado a cumplir con la misión sin perder la visión de ese futuro.

# 8

# La misión liberadora de Jesús según Lucas

*Darío López*

Jesús fue pobre y vino para proclamar el Evangelio a los pobres. No sólo a los *pobres en espíritu*, conscientes de su necesidad de Dios, sino a los que padecen penurias de orden económico, los pobres sin más ni más..[1]

En los últimos años, la discusión sobre las dimensiones de la misión integral de la iglesia fue uno de los factores que marcaron el proceso teológico seguido por las comunidades evangélicas caracterizadas por una perspectiva política conservadora. En ese contexto, el conjunto de cambios sociales ocurridos en países de América Latina, como el Perú y Nicaragua, forzó a un considerable sector del pueblo evangélico a replantearse su comprensión y práctica de los derechos humanos y de la justicia social, dentro de marcos políticos altamente críticos.

Sin embargo, actualmente, se observa, por lo menos en el caso del Perú, que en muchas denominaciones vienen gestándose nuevas maneras de «ser evangélico». Esta situación tiene lugar en un clima de tensiones teológicas marcado por la mayoritaria asimilación sin crítica, o el minoritario rechazo, de ciertos modos de entender la misión, como la llamada «teología de la prosperidad», que descansa sobre una perspectiva ideológica orientada por los ideales del «sueño americano». Dentro de esta

---

[1]René Padilla, «El Evangelio de los pobres», *Certeza* 60, octubre-diciembre de 1975, p. 96.

realidad, existe el peligro de una reducción de la misión de la iglesia al simple crecimiento numérico y de un «vaciamiento» de la conciencia social de los creyentes. Considerando esta serie de cambios que vienen perfilando «los nuevos rostros» de la iglesia evangélica, en el presente trabajo buscamos conocer y comprender la práctica liberadora de Jesús como paradigma para la misión, en una realidad social orientada por los valores de la «cultura del mercado». En ese sentido, esta reflexión parte del presupuesto de que en el Evangelio de Lucas encuentra campo en común un conjunto de temas teológicos que articulan una comprensión de la misión en términos de liberación integral.

## El horizonte teológico de Lucas

Contemporáneamente, el Evangelio de Lucas ha sido ampliamente estudiado e interpretado desde diversos enfoques teológicos. Sin embargo, los exégetas no siempre están de acuerdo en sus énfasis particulares y en las líneas misioneras que se derivan de estos énfasis. Por ejemplo, según Philip Esler, Lucas hilvana una teología de la pobreza influenciada por una serie de factores sociales y políticos presentes en su contexto histórico. Siguiendo a Peter Berger, Esler entiende que este hecho confirmaría la existencia de una relación siempre dialéctica entre religión y sociedad.[2]

Por su parte, Senior y Stuhlmueller creen que la nota clave de la teología de la misión en Lucas es la conexión entre la historia de Jesús y la historia de la iglesia. Para ambos autores es importante resaltar tanto el énfasis lucano en la universalidad de la misión y

---

[2]Philip Francis Esler, *Community and Gospel in Luke-Acts: The Social and Political Motivations of Lucan Theology*, Cambridge University Press, Cambridge, 1967, pp. 2, 48, 164-169.

la continuidad con la historia de Israel, como la inserción de Jesús en el mundo de los marginados[3]. Según Senior y Stuhlmueller:

> ...para san Lucas el concepto del Espíritu sella la íntima relación entre la universal voluntad divina de salvar, el ministerio liberador de Jesús y la misión universal de la iglesia. Durante la historia de Israel, ese potencial universal está oculto en la promesa: Dios redimiría un día a su pueblo y daría la vuelta a la situación de opresión en la que vivían los humildes ... Durante la vida terrena de Jesús, el Espíritu de Dios comienza a cumplir la promesa: los que sufren son liberados, los pobres reciben atenciones, los marginados y rechazados son conducidos de nuevo a casa ... Por la forma en que narra la historia evangélica, Lucas sabe fundamentar el alcance y el carácter de misión de la iglesia en la persona y en el ministerio de Jesús[4].

Senior y Stuhlmueller señalan también que el *relato climático de las apariciones del resucitado* en Lucas 24.44-49 y su eco en Hechos 1.3-8 sintetizan la teología lucana del Evangelio. En este texto aparecen temas clave: la naturaleza universal de la misión, la muerte y la resurrección de Jesús como el acontecimiento cumbre de su historia, el llamado a la conversión, la promesa de perdón, y el lugar de la comunidad de discípulos como testigos «potenciados» por el Espíritu[5].

Desde otro enfoque, comparando el Evangelio de Lucas con los otros sinópticos, Marshall sostiene que, en contraste con Marcos, Lucas resalta la naturaleza del mensaje de Jesús acerca del Reino de Dios como salvación para los perdidos. Sostiene también que, mientras Mateo presenta a Jesús como Maestro de la verdadera

---

[3]Donald Senior y Carroll Stuhlmueller, *Biblia y misión: fundamentos bíblicos de la misión*, Verbo Divino, Estella, 1985, pp. 345-366.

[4]*Ibíd.*, p. 366.

[5]*Idem.*

justicia, Lucas pone más acento en su acción como Salvador.[6] De igual manera, Marshall puntualiza el interés de Jesús por los pobres y los marginados. Desde su punto de vista:

> En su presentación del ministerio de Jesús, Lucas llama la atención particularmente al interés que el Señor mostró por los marginados; todos los evangelios testifican de este indudable hecho histórico, pero es Lucas quien se deleita más en ponerlo de manifiesto...Otro aspecto de Jesús que Lucas se ocupa de hacer resaltar es su interés en los pobres, y sus advertencias de que los ricos que viven para sí se excluyen así del reino de Dios...[7]

Como puede inferirse de esta cita, Marshall sugiere que Jesús tuvo un particular interés en «sumergirse» en espacios sociales críticos, como la frontera de la pobreza y la marginalidad. De acuerdo con Marshall, Lucas es suficientemente enfático en este aspecto.

Por otro lado, para Gustavo Gutiérrez uno de los aspectos más interesantes del enfoque teológico de Lucas es su especial sensibilidad hacia los sectores sociales menos favorecidos. Por ejemplo, en su aproximación general a este Evangelio, analizando la crítica situación de la mujer en el contexto cultural judío, sostiene lo siguiente:

> ...El solo hecho de que hubiera mujeres colaborando con Jesús muestra la originalidad de su actitud; por otro lado, esto no hacía sino alimentar los prejuicios y la hostilidad de quienes se sentían cuestionados por el ministerio del predicador galileo...[8]

---

[6]Ver I. H. Marshall, «Lucas», J. D. Douglas y N. Hillyer, eds., *Nuevo diccionario bíblico*, Certeza, Buenos Aires, 1991, p. 829.

[7]*Ibíd.*, p. 830.

[8]Gustavo Gutiérrez, *El Dios de la vida*, CEP, Lima, 1989, p. 317.

Por esta razón, según Gutiérrez, durante su ministerio Jesús se situó en abierta contradicción con las normas culturales y religiosas de su tiempo. Desde su punto de vista, esta actitud de Jesús frente a la mujer representó una verdadera ruptura con las categorías sociales dominantes en esa situación histórica.[9]

En otro sentido, aparte de reconocer el ministerio de Jesús entre los pobres y marginados como uno de los énfasis lucanos, Barclay y Bruce señalan que Lucas fue el primer evangelista que ubicó los orígenes del cristianismo en el contexto de la historia mundial.[10] Según Barclay:

> Lucas es el primer hombre que ve los eventos cristianos desde la perspectiva de la historia mundial ... Para Lucas los eventos del cristianismo no se realizaron en forma aislada sino que él los contempla a la luz de la historia ... Sólo Lucas comprende el impacto de la historia pasada, presente y futura...[11]

Por tanto, la unidad de Lucas-Hechos es importante dentro del planteamiento de Barclay. Esta es también la perspectiva de otros intérpretes de la teología lucana como Senior y Stuhlmueller, para quienes los escritos de Lucas revelan la existencia de una continuidad entre la historia de Jesús y la historia de la iglesia.

Desde otro marco interpretativo, David Bosch sugiere que Lucas no puede ser llamado el evangelista de los pobres. Siguiendo la propuesta teológica de Schottroff y Stegemann, propone que más correctamente debe ser llamado el evangelista

---

[9]*Ibíd.*, pp. 317-318.

[10]William Barclay, *Cristo y nuestra época*, TIDINGS, Nashville (Tennesse), 1973, p. 17; F. F. Bruce, *El mensaje del Nuevo Testamento*, Certeza, Buenos Aires, 1975, p. 65.

[11]Barclay, *op. cit.*, pp. 17-18.

de los ricos.[12] Para Bosch, el deseo de Lucas es que sus lectores conozcan que hay esperanza para los ricos en la medida en que éstos sirvan y se identifiquen con los pobres y los oprimidos. Desde su perspectiva, al convertirse a Dios ricos y pobres se convierten el uno al otro.[13] En consecuencia, Bosch postula que Lucas es un Evangelio para los pobres y para los ricos.[14]

Este autor sostiene también que la perspectiva lucana de la salvación tiene seis dimensiones: económica, social, política, física, psicológica y espiritual. Según Bosch, en este Evangelio se presta mayor atención a la primera de ellas. En ese sentido, cree que uno de los aspectos centrales en el paradigma misionero de Lucas es el énfasis en la nueva relación entre ricos y pobres. Finalmente, contrastando Lucas con Mateo sugiere que, mientras Mateo enfatiza la justicia en general, Lucas tiene especial interés en enfatizar la justicia en términos económicos.[15]

Por su parte, Gooding cree que Lucas presenta la historia de Jesús en dos grandes momentos y señala que, dentro de éstos, se entrecruzan varios temas teológicos. El primer momento corresponde a la venida del Señor del cielo a la tierra. El segundo momento corresponde a su regreso de la tierra al cielo. Según Gooding, el punto de cambio entre ambos momentos se encuentra en Lucas 9.51, pasaje que narra el inicio del ascenso de Jesús a Jerusalén.[16] Quizás por esta razón, Fitzmyer sostiene que Lucas describe la actividad de Jesús como un *camino* o como una *carrera*,

---

[12]David Bosch, *Transforming Mission: Paradigm Shifts in Theology of Mission*. Orbis, Nueva York, 1993, p. 103. Esta obra se publicará próximamente en castellano bajo el sello de Nueva Creación.

[13]*Ibíd.*, p. 104.

[14]*Ibíd.*, pp. 98-104.

[15]*Ibíd.*, p. 117.

[16]David Gooding, *According to Luke: A new exposition of the Third Gospel*, Inter-Varsity, Leicester, 1987, p. 9.

y lo presenta en movimiento ascendente de Galilea a Jerusalén (9:51-53; 13:22; 17:11).[17]

En suma, esta breve discusión sobre los diversos enfoques y análisis interpretativos de Lucas conduce a establecer que varios temas se intersectan o entrecruzan para perfilar el horizonte teológico de este Evangelio. En términos generales, cada uno de estos temas es relevante como paradigma para la misión de la iglesia, en cualquier coyuntura política o situación histórica.

En primer lugar, como lo reconoce la mayoría de los exégetas, el eje o uno de los ejes teológicos que articula la perspectiva lucana de la misión es el *especial interés de Jesús* por los pobres y los marginados (publicanos, samaritanos, leprosos, mujeres. niños y enfermos), en un clima cultural que consideraba a las mujeres como «cosas» y a los niños como «seres humanos incompletos»[18]. Esta asociación de Jesús con personas subestimadas en su dignidad y consideradas «escoria» de la sociedad explica las razones por las cuales los representantes de la sociedad judía vieron en el ministerio del galileo una permanente amenaza a sus intereses religiosos y políticos particulares. Bajo este marco, las referencias a la sistemática oposición y conspiración de los escribas y fariseos (6.7-11; 7.49; 11.53-54; 14.1-6; 19.47-48; 20.1-8, 19-40; 22.1-6; 23.1-25) revela la incomodidad de los dirigentes judíos frente al anuncio del Reino de Dios por parte de Jesús, que Lucas resalta permanentemente (4.43; 6.20; 7.28; 8.1, 10; 9.2, 11, 27, 60, 62; 10.9, 11; 11.2, 20; 12.31-32; 13.18-20, 28-29; 14.15; 16.16; 17.20-21; 18.16-17, 24-25, 29; 19.11; 21.31; 22.16-18, 29-30).

---

[17]Joseph Fitzmyer, *El Evangelio según San Lucas: Introducción general, tomo I*, Cristiandad, Madrid, 1986, p. 282.

[18]Así, por ejemplo, a pesar de que su perspectiva teológica difiere marcadamente de la opinión de otros intérpretes, Bosch reconoce que un considerable porcentaje de exégetas supone (*op. cit.*, p. 98) que este es el énfasis o uno de los énfasis centrales del Evangelio de Lucas.

Por otro lado, como muchos exégetas lo señalan, tanto el *Magnificat* (1.46-55) como el *Benedictus* (1.67-79) subrayan la intervención poderosa de Dios en la historia para hacer justicia a los débiles y para traer salvación a los que esperaban el cumplimiento de la promesa de salvación. En ese sentido, María, José, Elizabeth, Simeón, Zacarías, Ana y los pastores formaban parte del remanente de los justos y piadosos que esperaban la *consolación de Israel* (2.25) y la *redención en Jerusalén* (2.38). En otras palabras, desde el comienzo de la historia de Jesús, Lucas va indicando que los sectores sociales ubicados en la «otra orilla de la historia», los *anawim* (los humildes ante Dios), fueron los más sensibles a la voz del Señor.

En segundo lugar, se destaca *la universalidad de la misión*. En Lucas se sugiere que el amor de Dios es incluyente y abarcador. Es un amor que cruza las fronteras geográficas de la Palestina y las barreras religiosas, culturales, sociales, políticas y económicas. El canto de Simeón durante la presentación de Jesús en el templo de Jerusalén fue un indicador de esta realidad (2.29-32). Este hecho fue confirmado por el Señor en la sinagoga de Nazaret cuando en presencia de un auditorio judío puso a dos gentiles como expresiones concretas del alcance universal del amor de Dios (4.25-27).

Asimismo, es sumamente interesante que, a diferencia de Mateo, Lucas no comienza la genealogía de Jesús con Abraham, sino que se remonta hasta Adán (3.23-38). De esta manera Lucas insinúa que Jesús vino a traer la salvación no sólo al pueblo de Israel sino a toda la humanidad. Pasajes como la parábola del buen samaritano (10.25-37), la sanidad del leproso samaritano (17.11-19) y la versión lucana de la «Gran Comisión» (24.44-49) corroboran este énfasis teológico.

En tercer lugar, es pertinente resaltar el esfuerzo de Lucas por conectar los eventos de la historia de Jesús y de la iglesia con *la historia secular* (2.1-7; 3.1-2; Hch. 11.28; 18.2). Dicho de otra manera, el horizonte teológico lucano ve la intervención soberana de Dios en la historia para cumplir su promesa de salvación.

Según Lucas, Dios es Dios de la historia y de todas las naciones, y los procesos sociales y políticos pueden ser canales a través de los cuales el amor y la justicia de Dios se manifiestan alcanzando a todas las personas, culturas y pueblos.

En cuarto lugar, otro de los temas dominantes en este Evangelio es *la presencia del Espíritu en la misión*. La experiencia de María, Zacarías, Elizabeth, Juan el Bautista, Simeón y Ana confirma esta observación (1.15, 35, 41, 67; 2.25-27). Jesús mismo tuvo que ser ungido con el Espíritu antes de dar inicio a su ministerio itinerante por ciudades y aldeas (4.1, 14, 18), y los discípulos tuvieron que esperar a ser investidos con poder de lo alto para dar testimonio de las buenas noticias de salvación (24.49; Hch. 1.8; 2.1-13).

En quinto lugar, es pertinente indicar que *la noción del jubileo* recorre todo el Evangelio. El canto de María es una primera señal de esta realidad. Lucas enfatiza insistentemente que Jesús vino para liberarnos de todo tipo y forma de opresión. El texto conocido como «el manifiesto de Nazaret» resume esta perspectiva lucana de la misión de Jesús (4.16-30). En este pasaje Jesús presenta claramente su ministerio en términos de liberación integral. Los ejemplos de la viuda de Sarepta y de Naamán el sirio, que provocaron una respuesta violenta por parte de los judíos (4.29), dejan constancia de que la justicia de Dios es radicalmente distinta de la justicia de los hombres.

Finalmente, otros temas que hilvanan el horizonte teológico lucano son, por ejemplo, el lugar de la oración como sustento de la misión (3.21; 5.16; 6.12; 9.18, 29; 11.1-4; 22.39-46; 23.26-49); el énfasis reiterado en la oración en dos hermosas parábolas (11.5-13; 18.1-8); el costo del seguimiento (5.1-11; 9.57-62; 14.25-35); el ministerio itinerante de Jesús recorriendo ciudades y aldeas (8.1; 13.22; 17.11-12); la expulsión de demonios como una dimensión de la misión liberadora de Jesús (6.18; 7.21; 8.26-39; 9.37-43; 10.17; 11.14-23; 13.10-17) y el gozo que acompaña la experiencia de un encuentro con el Señor en distintos momentos de la vida (1.44, 58;

2.10, 20; 24.41, 52-53). Barclay resume dos de estos énfasis, en los siguientes términos:

> Es claro que Lucas está tratando de demostrarnos el lugar de la oración en la vida de Jesús y, por lo tanto, el lugar de la oración en nuestra propia vida personal ... El Evangelio de Lucas es el Evangelio de la oración, y es el evangelio del misionero de Jesús, quien también ha de ser un hombre de oración.[19]

En suma, se puede afirmar que el horizonte teológico lucano se caracteriza por el anuncio del evangelio del reino de Dios como buenas nuevas de liberación a los pobres y a los marginados. De este modo, sin perder de vista el alcance universal del amor de Dios, que no excluye a los ricos de su propósito de salvación, Lucas subraya el amor especial de Dios por las personas consideradas como «desechables» por los que se *enseñorean* de las naciones (22.25). En otras palabras, según el testimonio de Lucas, Dios tiene un especial interés en los sectores sociales ubicados en «la otra orilla de la historia».

## Temas teológicos clave

En esta sección, nos interesa enfatizar y desarrollar con mayor cuidado dos temas teológicos que consideramos centrales para entender la perspectiva lucana de la misión. En líneas generales, estos dos temas resumen en muchos aspectos la naturaleza liberadora de la misión de Jesús. Y, vistos como una unidad, son de particular relevancia hoy para articular una plataforma misionera bastante útil para una inserción integral en el mundo de los pobres y los marginados.

---

[19]Barclay, *op. cit.*, pp. 52, 59.

## El amor abarcador de Dios como paradigma y desafío misionero permanente

Como indicamos previamente, uno de los énfasis teológicos lucanos es la afirmación del carácter universal del amor de Dios. Es decir, según Lucas, Dios extiende su amor a todos los seres humanos, culturas, pueblos y naciones. En ese sentido, Dios no tiene «favoritos» o «preferidos», pero sí tiene un interés o amor especial por los débiles y por los que están en desventaja. El canto de Simeón (Lc. 2.29-32), que descansa en un texto del profeta Isaías (42.6), es un primer indicio de esta característica del evangelio del reino:

> Ahora, Señor, despides a tu siervo en paz, conforme a tu palabra; porque han visto mis ojos tu salvación, la cual has preparado en presencia de todos los pueblos; luz para revelación a los gentiles, y gloria de tu pueblo Israel.

Simeón entendió que la venida del Mesías implicaba el cumplimiento de esta promesa: todos los pueblos serían testigos de la intervención poderosa del Señor en la historia. Simeón había visto con sus propios ojos al Ungido del Señor (2.26), el ungido que sería *luz de las naciones* (Is. 42.6). En el contexto general del pasaje (Is. 42.1-9), esta afirmación profética es altamente significativa: la llegada del Mesías traería *justicia a las naciones* (Is. 42.1).

Por otro lado, en el texto conocido como la plataforma mesiánica o «el manifiesto de Nazaret» (4.16-32), la mención que hace Jesús de dos personas no judías es un claro indicador de la inclusión de los gentiles en el propósito salvífico de Dios. El texto es muy enfático al señalar que los judíos presentes en la sinagoga de Nazaret entendieron el mensaje de Jesús y que, por esta razón,

> al oír estas cosas, todos en la sinagoga se llenaron de ira; y levantándose, le echaron fuera de la ciudad, y le llevaron

> hasta la cumbre del monte sobre el cual estaba edificada la ciudad de ellos, para despeñarle...

Como el texto lo señala, para la mentalidad provinciana y el etnocentrismo de los judíos resultaba bastante ofensivo que el «hijo de José» (4.22) reconociera a dos gentiles como seres humanos dignos del amor de Dios.

En el mismo sentido, el pasaje que narra la curación del siervo de un centurión (7.1-10) es marcadamente sugestivo, sobre todo por las palabras finales de Jesús luego de escuchar las razones que este representante del imperio romano expuso para ser atendido:

> ...Cuando el centurión oyó hablar de Jesús, le envió unos ancianos de los judíos, rogándole que viniese y sanase a su siervo. Y ellos vinieron a Jesús y le rogaron con solicitud, diciéndole: Es digno de que le concedas esto; porque ama a nuestra nación, y nos edificó una sinagoga. Y Jesús fue con ellos. Pero cuando ya no estaban lejos de la casa, el centurión envió a él unos amigos, diciéndole: Señor, no te molestes, pues no soy digno de que entres bajo mi techo; por lo que ni aun me tuve por digno de venir a ti; pero di la palabra, y mi siervo será sano. Porque también yo soy hombre puesto bajo autoridad, y tengo soldados bajo mis órdenes; y digo a éste: Ve, y va; y al otro: Ven, y viene; y a mi siervo: Haz esto, y lo hace. Al oír esto, Jesús se maravilló de él, y volviéndose, dijo a la gente que le seguía: Os digo que ni aun en Israel he hallado tanta fe (7.3-9).

Dos hechos interesantes sobresalen en este relato. Por un lado, algunos ancianos judíos consideraban a este soldado extranjero como digno de que el Señor le concediera su petición (7.4). Y sus razones eran bastante sugerentes: «porque ama a nuestra nación, y nos edificó una sinagoga» (7.5). Por otro lado, la fe y la actitud humilde de este soldado extranjero fueron reconocidas públicamente por Jesús (7.9).

Lucas presenta también el ejemplo de la reina del Sur que vino a escuchar la sabiduría de Salomón y el de los habitantes de Nínive que se arrepintieron de sus pecados por la prédica de Jonás (11.29-32), como señales de juicio para una generación perversa que no conoció lo que era «para tu paz» ni el «tiempo de tu visitación» (19.42, 44). De esta manera, tanto personas como pueblos gentiles fueron puestos como ejemplos de apertura a la voz de Dios, en contraste con la «dureza de corazón» de escribas y fariseos.

Otro texto clave por su contenido misionero es el pasaje de la curación de los diez leprosos (17.11-19). En este pasaje es bastante significativo el acento que se pone en la actitud del samaritano, un extranjero para los judíos, en contraste con la actitud desagradecida de los otros nueve leprosos. Lucas subraya que sólo el samaritano «volvió glorificando a Dios a gran voz, y se postró rostro en tierra» a los pies de Jesús. Dos hechos son relevantes en este texto. En primer lugar, que el ministerio de Jesús alcanzó a los samaritanos, una raza mixta, odiada y segregada por los judíos. En segundo lugar, que este samaritano, a quién Jesús reconoció como un extranjero, respondió con gratitud al milagro del Señor en su vida. En otras palabras, a diferencia de los otros nueve leprosos que también fueron sanados por Jesús, sólo un extranjero samaritano reconoció y fue sensible al amor de Dios. Desde este marco interpretativo, las preguntas formuladas por Jesús y sus palabras finales son bastante elocuentes respecto a la forma en que consideró y trató a este extranjero agradecido:

> Entonces uno de ellos, viendo que había sido sanado, volvió, glorificando a Dios a gran voz, y se postró rostro en tierra a sus pies, dándole gracias; y éste era samaritano. Respondiendo Jesús, dijo: ¿No son diez los que fueron limpiados? Y los nueve, ¿dónde están? ¿No hubo quien volviese y diese gloria a Dios, sino este extranjero? Y le dijo: Levántate, vete; tu fe te ha salvado (Lc. 17.17-19).

Lucas es muy enfático en señalar que el samaritano no sólo fue limpiado de una enfermedad que la ley judía consideraba impura, sino también que este hombre, por su fe, fue salvado. En otras palabras, el encuentro con Jesús en una aldea entre Samaria y Galilea liberó integralmente a este no judío: física, espiritual, social y culturalmente.

La parábola del buen samaritano (10.25-37) jalona otro interesante momento en la perspectiva lucana del amor abarcador de Dios. Frente a las preguntas teológicas de un intérprete de la ley —«Maestro, ¿haciendo qué cosa heredaré la vida eterna? ¿Y quién es mi prójimo?»— Jesús respondió comparando la reacción de un levita y un sacerdote, ambos representantes del pueblo judío, con la reacción de un samaritano ante la situación apremiante de un hombre que estaba «medio muerto» en el camino. Mientras los dos primeros pasan de largo, sólo el samaritano fue «movido a misericordia». En este pasaje, la generosidad del samaritano se expresa en acciones concretas de amor, que van desde vendar las heridas y cargar al herido hasta cuidar de él y gastar de su tiempo y dinero. Por esta razón, Jesús lo pone como ejemplo de misericordia y como modelo de prójimo. En ese contexto, las palabras de Jesús al intérprete de la ley («Ve, y haz tú lo mismo») fueron un abierto desafío a la mentalidad estrecha de los religiosos judíos, que limitaban el amor de Dios y el concepto de prójimo a las fronteras de la Palestina y a una raza en particular.

Finalmente, la declaración final del Cristo resucitado (24.44-49) es sumamente importante, entre otras razones porque conecta el cumplimiento de las profecías del Antiguo Testamento con la voluntad de Dios de que el evangelio del reino se predique en todas las naciones:

> Entonces les abrió el entendimiento, para que comprendiesen las Escrituras; y les dijo: Así está escrito, y así fue necesario que el Cristo padeciese, y resucitase de los muertos al tercer día; y que se predicase en su nombre el arrepentimiento y el

> perdón de pecados en todas las naciones, comenzando desde Jerusalén (Lc. 24.45-47).

Este texto, hondamente relevante, confirma que el amor de Dios tiene un alcance universal que trasciende los límites de Israel y la barreras culturales impuestas por la religión judía. El horizonte del mensaje de arrepentimiento y perdón de pecados en el nombre de Jesús es «todas las naciones» (24.47). El libro de los Hechos de los Apóstoles, que da testimonio de la expansión misionera de la iglesia comenzando desde Jerusalén y llegando a la capital del Imperio Romano, corrobora ampliamente este suceso.

Por lo tanto, tomando como base y fundamento teológico lo discutido hasta aquí, queda claro que todas las fronteras culturales, religiosas, sociales, políticas y económicas son espacios naturales de misión para el pueblo de Dios. En todos estos lugares o estructuras de la sociedad, el evangelio del reino de Dios tiene que ser anunciado por testigos que viven diariamente bajo el impulso del Espíritu.

La ruta misionera perfilada por Lucas en su Evangelio indica que no existe lugar o espacio social «prohibido» para la acción evangelizadora y para el compromiso social de la iglesia. Si el amor de Dios es inclusivo y abarcador, el correlato natural de esta afirmación es que la vocación misionera de su pueblo está por encima de cualquier factor teológico o ideológico limitante.

La voluntad de Dios es que todas las personas y pueblos conozcan su propósito de salvación. Dios ensancha su amor más allá de los fronteras y las barreras impuestas por los prejuicios de los hombres. El horizonte de su amor incorpora a todas las razas y culturas. Dios es luz para todas las naciones. Entonces, el mensaje de arrepentimiento y perdón de pecados tiene que ser proclamado y vivido en todo lugar donde se encuentre un ser humano necesitado de la gracia de Dios.

En ese sentido, es profundamente significativo que la narración lucana de la crucifixión y muerte de Jesús subraye que, en ese momento dramático, uno de los malhechores o ladrones (un marginado) recibió la promesa de estar con Jesús en el paraíso: «De cierto te digo que hoy estarás conmigo en el paraíso» (23.43). Subraya también que, al pie de la cruz, un centurión romano (un extranjero) reconoció que Jesús era justo: «Cuando el centurión vio lo que había acontecido, dio gloria a Dios, diciendo: Verdaderamente este hombre era justo» (23.47).[20] En otras palabras, en esa hora decisiva, al pie de la cruz, dos seres humanos representantes de dos sectores sociales distintos y distantes entre sí, un marginado, como el ladrón, y un agente del Estado, como el centurión romano, fueron confrontados con el mensaje liberador de Jesús.

En suma, se puede afirmar que la iglesia, la comunidad de Jesús, es desafiada permanentemente a ser como el buen samaritano de la parábola. Pasar de largo frente a las necesidades de los seres humanos, como el sacerdote y el levita, es negar la naturaleza liberadora del evangelio y la vocación misionera integral de la iglesia. Ser como Jesús, que extendió su amor a los samaritanos despreciados y segregados por los «piadosos» judíos, es abrir un camino de esperanza y alegría en una sociedad sacudida por la violencia, una sociedad que desprecia la dignidad y los derechos de los más débiles. Dios nos invita a ensanchar nuestra tienda más alla de los límites de nuestros prejuicios teológicos e ideológicos.

## Los pobres y los marginados como sujetos de la misión de Dios

La inmersión de Jesús en el mundo de los pobres y los marginados es otro de los temas teológicos dominantes en Lucas.

---

[20]Los otros sinópticos señalan que el centurión romano reconoció que Jesús era el hijo de Dios (Mt. 27.54 y Mc. 15.39).

En este Evangelio, el amor especial de Dios por «los de abajo» es permanentemente reiterado. En palabras de Mears:

> Lucas es el Evangelio para los proscritos de la tierra. Es Lucas el que cuenta la historia del buen samaritano ... la del publicano ... la del hijo pródigo ... la de Zaqueo ... y la del ladrón en la cruz ... Es el autor que más habla en beneficio de la mujer...[21]

Tomando como punto de partida este hecho, se puede sostener que en el horizonte teológico lucano, desde un inicio la «opción galilea» articula el estilo misionero de Jesús[22]. Por ejemplo, Lucas puntualiza que Jesús comenzó su ministerio itinerante por ciudades y aldeas, predicando el evangelio del reino de Dios desde la provincia subdesarrollada de Galilea (4.14-15, 42-43; 8.1) y que fue en la sinagoga de Nazaret donde expuso su plataforma mesiánica (4.16-21). Según esta «declaración de principios», Jesús había venido a predicar «el año agradable del Señor» (4.19), que se asociaba con el anuncio de un mensaje de liberación. En palabras de Yoder:

> El pasaje de Isaías 61 que Jesús utiliza aquí para aplicarlo a sí mismo, no sólo es uno de los más explícitamente mesiánicos: es también el que establece las expectativas mesiánicas en los términos sociales más expresivos.[23]

Para Yoder, lo más probable es que estas expectativas estuvieran asociadas al impacto igualitario del año sabático o

---

[21]C. Henrietta Mears, *Lo que nos dice la Biblia*, Vida, Miami, 1979, p. 368.

[22]C. René Padilla, «La opción galilea», AGEUP, Lima, documento de trabajo.

[23]John H. Yoder, *Jesús y la realidad política*, Certeza, Buenos Aires, 1985, pp. 32-33.

jubileo[24]. Dicho de otra manera, la declaración de Jesús en la sinagoga de Nazaret tenía un contenido social y político bastante explícito. El había venido para dar buenas nuevas a los pobres (4.16).

Entonces, a partir de un área geográfica considerada como marginal, desde una región poblada por cientos de viudas, huérfanos, pobres y desempleados, comenzó el anuncio de las buenas nuevas de salvación.[25] En consecuencia, desde Galilea les fue anunciado el evangelio del reino a los pobres y oprimidos (4.18). Sobre el particular, la respuesta de Jesús a los discípulos de Juan el Bautista es bastante elocuente:

> ...Juan el Bautista nos ha enviado a ti, para preguntarte: ¿Eres tú el que había de venir, o esperaremos a otro? En esa misma hora sanó a muchos de enfermedades y plagas y de espíritus malos, y a muchos ciegos les dio la vista. Y respondiendo Jesús, les dijo: Id, haced saber a Juan lo que habéis visto y oído: los ciegos ven, los cojos andan, los leprosos son limpiados, los sordos oyen, los muertos son resucitados, y a los pobres es anunciado el evangelio (Lc. 7.20-22).

Pero en realidad, Mateo y Marcos dan testimonio también de la «opción galilea» de Jesús. Desde Galilea comenzó el anuncio de las buenas nuevas del reino de Dios (Mt. 4.12-23; Mc. 1.14-15), a orillas del lago llamó a sus primeros seguidores (Mt. 4.18-25; Mc. 1.16-20), y fue en Galilea donde se apareció a sus discípulos (Mc. 16.6-7) y donde les dio el encargo de anunciar el evangelio a todas las naciones (Mt. 28.16-20). Tales hechos contrastan abiertamente con la opinión generalizada de los judíos respecto a Galilea: «¿De Nazaret puede salir algo bueno?», «¿Eres tú también galileo?

---

[24]*Ibíd.*, p. 33.

[25]Gustavo Gutiérrez, *op. cit.*, pp. 197-198; Norberto Saracco, «Las opciones liberadoras de Jesús», *Misión* 3, octubre-diciembre de 1982, p. 9.

Escudriña y ve que de Galilea nunca se ha levantado profeta» (Jn. 1.46, 7.52).

Dentro de esta misma línea interpretativa es interesante resaltar dos hechos. Por un lado, el Señor se presentó como Jesús de Nazaret en su revelación a Saulo de Tarso: «Yo soy Jesús de Nazaret, a quien tú persigues» (Hch. 22.8). Por otro lado, en su predicación y testimonio, la iglesia apostólica reconoció esta realidad (Hch. 4.10):

> ...Sea notorio a todos vosotros, y a todo el pueblo de Israel, que en el nombre de Jesucristo de Nazaret, a quien vosotros crucificasteis y a quien Dios resucitó de los muertos, por él este hombre está en vuestra presencia sano.

Sin embargo, a diferencia de Mateo, Marcos y Juan, lo característico de Lucas es que presenta a Jesús en permanente relación y contacto con los sectores sociales desprotegidos y menospreciados. Por esta razón, para Gustavo Gutiérrez

> Lucas es el evangelista de mayor sensibilidad a las realidades sociales. Tanto en su Evangelio como en los Hechos de los apóstoles, los temas de la pobreza material, de la puesta en común de los bienes, de la condenación de los ricos, son frecuentes.[26]

En el mismo sentido, Marshall sostiene que en Lucas se observa el interés de Jesús en la gente menos privilegiada: los pobres, las mujeres, los niños y los pecadores declarados.[27] Sobre este mismo hecho es muy interesante el comentario del *Nuevo*

---

[26]Gustavo Gutiérrez, *Teología de la liberación: perspectivas,* 6 ed., CEP, Lima, 1988, p. 423.

[27]Ver I. H. Marshall, *op. cit.*

*Testamento de Estudio*, editado por las Sociedades Bíblicas Unidas. Según este comentario:

> ...El tercer Evangelio destaca de manera especial la parte que tuvieron las mujeres en los acontecimientos que relata, y muestra un interés muy especial en señalar el amor de Dios por los pobres y los pecadores.[28]

Entonces, uno de los temas teológicos centrales de Lucas es la presentación del ministerio de Jesús como anuncio de buenas nuevas de liberación a los pobres y los marginados. Al respecto, la evidencia acumulativa del Evangelio es suficientemente sólida. Por otro lado, haciendo una exegésis bastante interesante de pasajes (p. ej., 1.46ss., 68ss.; 3.21-4.14; 4.14ss.; 6.12ss.; 9.1-22; 12.49-13.9; 14.25-36; 19.36-46; 22.24-53 y 22-24) Yoder ha demostrado ampliamente las implicancias sociales y políticas del enfoque teológico lucano. En ese sentido, Yoder sugiere que pasajes como el *Magnificat* hacen pensar en «la doncella María» como una macabea.[29]

Pero, ¿quiénes son estos pobres y marginados? No es nada fácil establecer con precisión las características básicas que definían a los sectores marginados y los límites de los espacios sociales donde éstos se movilizaban. De todas maneras, algunos factores teológicos, culturales y políticos serán de gran utilidad para intentar explicar a qué grupos sociales nos referimos cuando hablamos de los pobres y de los marginados en el presente trabajo.

De acuerdo con un considerable porcentaje de comentaristas del Nuevo Testamento, en la Palestina del siglo 1 el mundo de los marginados estaba integrado por los leprosos, publicanos, samaritanos, mujeres, enfermos y los niños. Dentro del marco

---

[28]Sociedades Bíblicas Unidas, *Nuevo Testamento y Salmos: Biblia de estudio*, 1990, p. 124

[29]Yoder, *op. cit.*, pp. 27-48.

cultural judío estos sectores sociales eran menoscabados en su dignidad y sus derechos eran bastante limitados. En otras palabras, en una sociedad marcada por los valores religiosos de un fariseísmo insensible y los intereses mezquinos de escribas y saduceos, la marginación alcanzó niveles económicos (los pobres), sociales (niños y enfermos), culturales (samaritanos y mujeres) y políticos (publicanos).

En ese contexto, si bien es cierto que los pobres formaban parte del mundo de los marginados, no todos los marginados formaban parte del mundo de los pobres. Por ejemplo, los publicanos Zaqueo y Leví no eran pobres en el sentido material del término, pero se ubicaban en el mundo de los marginados. Cultural y religiosamente, por su condición de publicanos, eran personas marginales en la sociedad judía. A partir de este hecho, se entiende por qué escribas y fariseos murmuraron cuando Jesús y sus discípulos entraron a los hogares de dos «pecadores públicos» como Leví y Zaqueo. Por ejemplo, para el caso de Leví, Lucas señala lo siguiente:

> Y Leví le hizo gran banquete en su casa; y había mucha compañía de publicanos y de otros que estaban a la mesa con ellos. Y los escribas y los fariseos murmuraban contra los discípulos, diciendo: ¿Por qué coméis y bebéis con publicanos y pecadores? (5.29-30)

Y en relación con Zaqueo, Lucas puntualiza que frente a la acción de Jesús, que accedió a entrar en la casa de este conocido publicano, «todos murmuraban, diciendo que había entrado a posar con un hombre pecador» (Lc. 19.5-7).

Por otro lado, algunas de las mujeres que seguían a Jesús y que eran marginadas cultural y religiosamente, como María llamada Magdalena (8.2), tenían recursos económicos que las ubicaban socialmente dentro de un sector privilegiado. Juana, esposa de Chuza intendente del rey Herodes, y Susana, entre otras mujeres, son dos ejemplos que ilustran esta afirmación (8.3).

No tenemos datos precisos sobre la condición social y económica de todos los leprosos, enfermos, endemoniados y samaritanos con los cuales el Señor se contactó. Es posible que algunos o varios de ellos, social y económicamente, formaran parte del mundo de los pobres. Sin embargo, a pesar de esta carencia de información y tomando como base los ejemplos anteriormente planteados, se puede sostener que no todos los marginados con quienes Jesús se relacionó eran materialmente pobres.[30]

Entonces, en primer lugar, cuando hablamos de los marginados nos referimos a los pobres en el sentido sociológico y económico del término. Es decir, a ese inmenso contingente de seres humanos que habitan en espacios sociales marcados por niveles de vida infrahumanos, con carencias materiales definidas y con expectativas políticas y económicas limitadas por la opresión de los sectores dominantes. En otras palabras, hablamos de los pobres materiales.[31]

---

[30]Contemporáneamente ocurre lo mismo. Así, por ejemplo, los enfermos de sida, los homosexuales, los drogadictos, las prostitutas, los minusválidos, los delincuentes y los narcotraficantes, entre otros, están presentes en todos los sectores sociales. En ese sentido, hoy en día la marginalidad es también un problema que cruza fronteras de todo tipo.

[31] Según Gutiérrez, la palabra griega *ptojós*, que aparece 34 veces en todo el Nuevo Testamento, mayormente hace referencia al indigente, carente de lo necesario para vivir. Este término es utilizado 10 veces en el Evangelio de Lucas para designar a aquellas personas que viven en una situación social caracterizada por la carencia o ausencia de bienes materiales (4.19; 6.20; 7.22; 14.13, 21; 16.20,22; 18.22; 19.8; 21.3). De igual forma, Bosch sostiene que en contraste con Marcos y Mateo en los cuales el término *ptojós* aparece 5 veces, en Lucas ocurre 10 veces. Según Bosch, en Lucas la pobreza es primariamente una categoría social y *ptojós* es usualmente un término colectivo para todos los que se encuentran en una situación de desventaja. Gustavo Gutiérrez, *Teología de la liberación*, p. 425; David Bosch, *op, cit.*, pp. 98-99.

En segundo lugar, nos referimos a los sectores o subculturas que dentro de cualquier sistema social y político están considerados como marginales o periféricos y, por lo tanto, con derechos humanos limitados. Este fue, por ejemplo, el caso de los publicanos y los leprosos en el mundo cultural de la Palestina durante el ministerio de Jesús. Su situación explica por qué los escribas y los fariseos criticaron permanentemente a Jesús por su vinculación a estos sectores despreciados.

Lucas nos presenta a un Jesús que se sienta a la mesa con los odiados publicanos e invita a uno de ellos a ser su discípulo; que toca a los leprosos religiosamente impuros, sana a un extranjero samaritano, tiene entre sus seguidores a varias mujeres y coloca a algunos gentiles como personas merecedoras del amor de Dios. De esta manera, durante su ministerio Jesús cuestionó tanto los prejuicios religiosos de los escribas y fariseos, como los prejuicios culturales y sociales de su entorno histórico. En palabras de Senior y Stuhlmueller:

> Aunque Jesús ... ejerce su ministerio dentro de Israel, el estilo de dicho ministerio conserva el potencial ilimitado anunciado en Nazaret. Jesús ofrece su amistad y se sienta a la mesa con recaudadores de impuestos y con pecadores ... Más que ningún otro evangelista, san Lucas acentúa la asociación y trato de Jesús con las mujeres, derribando así —para asombro de todos— una barrera social y religiosa impuesta por la sociedad patriarcal de sus días. El Jesús lucano está abierto a los que «oficialmente» quedan al margen, como el centurión gentil ... y los samaritanos ... Jesús se llega a los leprosos ... y la solicitud por los pobres es tema constante de su predicación...[32]

---

[32]Senior y Stuhlmueller, *op. cit.*, p. 354.

Lucas resalta también la misión liberadora de Jesús en el día de reposo (4.31-37; 6.6-11; 13.10-17; 14.1-6). Este hecho provocó la airada reacción de escribas y fariseos, que comenzaron a buscar motivos para acusar a Jesús. En ese sentido, el pasaje de la sanidad del hombre de la mano seca, un minusválido, es paradigmático:

> Aconteció también en otro día de reposo, que él entró en la sinagoga y enseñaba; y estaba allí un hombre que tenía seca la mano derecha. Y le acechaban los escribas y los fariseos, para ver si en el día de reposo lo sanaría, a fin de hallar de qué acusarle ... Y ellos se llenaron de furor, y hablaban entre sí qué podrían hacer contra Jesús (Lc. 6.6-7, 11).

En todos estos textos referentes al sábado se nota la diferencia entre la comprensión que Jesús tenía del significado del día de reposo, y la miopía teológica de escribas y fariseos, que limitaban el amor de Dios a seis días de la semana. Las palabras del principal de la sinagoga en la cual Jesús sanó a una mujer que por dieciocho años anduvo encorvada ilustra ampliamente la perspectiva teológica de escribas y fariseos sobre este punto: «Seis días hay en que se debe trabajar; en éstos, pues, venid y sed sanados, y no en día de reposo» (13.14). Sin embargo, para Jesús el sábado era día de afirmación de la vida y de valoración de la dignidad humana: «Entonces Jesús les dijo: Os preguntaré una cosa: ¿Es lícito en día de reposo hacer bien, o hacer mal? ¿salvar la vida, o quitarla?» (6.9). Era también un día para desatar las ligaduras de opresión: «Y a esta hija de Abraham, que Satanás había atado dieciocho años, ¿no se le debía desatar de esta ligadura en el día de reposo?» (13.16).

La relevancia de este pasaje descansa en las preguntas formuladas por Jesús, que cuestionaron tanto los valores de una sociedad que colocaban sus prejuicios religiosos y prácticas culturales por encima del valor de la vida humana, como la falta de misericordia de personas que se consideraban a sí mismas como piadosas. En ese sentido, la intención pedagógica de la parábola del fariseo y el publicano (18.9-14) ilustra esta observación: «A unos que confiaban en sí mismos como justos, y menospreciaban a los otros, dijo también esta parábola...» (18.9).

Por otro lado, varios casos pueden analizarse con la intención de hilvanar algunos de los principios que aparecen como constantes en la relación de Jesús con los pobres y los marginados. El llamamiento de Leví es uno de ellos (5.27-32). En este pasaje, la conexión entre *salir* y *ver* es particularmente importante. Fue cuando Jesús salió a caminar por el mar que vio a Leví inmerso en su trabajo cotidiano. El Señor no encontró a Leví fuera de su ambiente laboral habitual. Por el contrario, la invitación a seguirle ocurrió en el marco de su espacio marginal: «sentado al banco de los tributos públicos» (5.27). En consecuencia, para ver y conocer es necesario salir de nuestros estrechos marcos teológicos e ideológicos limitados y limitativos. Es necesario cruzar las fronteras o barreras que nos impiden «sumergirnos» en el mundo de los «olvidados».

La aceptación de participar en una misma mesa con publicanos y pecadores en la casa de un odiado publicano jalona otro interesante principio misionero. En ese sentido, la solidaridad con los marginados, más que un interesante discurso teológico o ideológico, tiene que ser una experiencia cotidiana que descansa en el riesgo de identificarse públicamente con los sectores social y culturalmente despreciados. Sentarse a la misma mesa y partir el pan en comunión con los «desheredados» forma parte de un estilo misionero que tiene como punto de partida un encuentro con el prójimo en algún recodo del camino.

Entonces, «salir-ver-misericordia-identificación-solidaridad», más que etapas de un proceso hermenéutico o «una forma» de caminar entre los pobres y los marginados, es un «estilo de vida» que reconoce en el otro, no a un objeto, sino a un sujeto con dignidad y derechos. Al respecto, la respuesta del Señor a la murmuración de los escribas y los fariseos es bastante explícita:

> Y los escribas y los fariseos murmuraban contra los discípulos, diciendo: ¿Por qué coméis y bebéis con publicanos y pecadores? Respondiendo Jesús, les dijo: Los que están sanos no tienen necesidad de médico, sino los enfermos. No he venido a llamar a justos, sino a pecadores al arrepentimiento (Lc. 5.30-32)

Por otro lado, el pasaje que narra la ofrenda de la viuda pobre (21.1-4), bosqueja también otras interesantes aristas misioneras. Nuevamente, la acción de *ver* como un camino para *conocer* lo que ocurre en el entorno es relevante para comprender la pedagogía de Jesús. Es un *ver* que sabe diferenciar las motivaciones y la práctica religiosa de los ricos y de una viuda pobre, que trasciende el mundo de las apariencias, que discierne y valora la intención del corazón antes que el poder del dinero.

Esta viuda, marginada social y económicamente por su condición de mujer y por ser muy pobre, confió en Dios como Señor de la vida. Por esta razón: «...de su pobreza echó todo el sustento que tenía» (21.4). Dos blancas, dos monedas insignificantes en el mercado cambiario y en el mundo de los negocios, expresan la riqueza de una fe que espera en Dios. La viuda no echó de lo que le sobraba, sino de lo que necesitaba para sobrevivir en ese día. En otras palabras, lo dio y arriesgó todo, por causa de su fe. Por tanto, con este hermoso ejemplo, Jesús nos invita a ser como esta viuda y no como muchos ricos que viven de las apariencias, convirtiendo la fe en una mercancía.

Una mujer pobre, una marginada, fue puesta como paradigma de «espiritualidad evangélica». Su práctica de fe revela que para ella Dios era una realidad cotidiana. Bajo este marco, el ejemplo de esta viuda deja establecido que la fe en Dios como Señor de la vida nos libera del amor al dinero. En palabras de Jesús:

> ...En verdad os digo que esta viuda pobre echó más que todos. Porque todos aquéllos echaron para las ofrendas de

> Dios de lo que les sobra; mas ésta, de su pobreza echó todo el sustento que tenía (Lc. 21.3-4).

Entonces, la pobreza y la marginalidad no son impedimentos para hacer teología. La experiencia de esta viuda permite señalar que desde la periferia de la sociedad es posible articular una propuesta teológica implícita que anuncia y confiesa a Dios como Señor de la vida.

Los casos de Leví y de la viuda pobre son dos paradigmas para el compromiso misionero de la iglesia en este tiempo. Aunque estos relatos se encuentran también en los Evangelios de Mateo y Marcos (Mt. 9.9-13; Mc. 2.13-17; 12.41-44), ubicados en el marco del énfasis lucano de la relación de Jesús con los sectores sociales periféricos tienen implicaciones y significado teológico bastante relevantes para la misión de la iglesia en la presente coyuntura histórica.

Por otro lado, textos lucanos como las parábolas de los convidados a la bodas (14.7-14), la gran cena (14.15-24) y el rico y Lázaro (16.19-31) ahondan el significado teológico del amor especial de Jesús por los «oficialmente» marginados. Las parábolas de la oveja perdida (15.1-7) y del hijo pródigo (15.11-32) son también claros testimonios del amor especial de Dios por los desheredados. Y los casos paradigmáticos del joven rico (18.18-30) y del jefe de publicanos Zaqueo (19.1-10) revelan dos maneras en que los ricos responden a Jesús.

En suma, en Lucas los ricos no quedan a un lado, pero el acento de este Evangelio recae en los otros, en los olvidados que son recogidos del camino, tal como se expresa en la parábola de la gran cena:

> ...Ve pronto por las plazas y las calles de la ciudad, y trae acá a los pobres, los mancos, los cojos y los ciegos. Y dijo el siervo: Señor, se ha hecho como mandaste, y aún hay lugar. Dijo el señor al siervo: Ve por los caminos y por los vallados, y fuérzalos a entrar, para que se llene mi casa. Porque os digo

> que ninguno de aquellos hombres que fueron convidados, gustará mi cena (Lc. 14.21-24).

Queda claro entonces que en el Evangelio de Lucas los pobres y los marginados son seres humanos dignos del amor de Dios y sujetos misioneros. Consecuentemente, el interés especial de Jesús en estos grupos sociales puestos al margen es un desafío para la iglesia, en un paisaje religioso saturado de propuestas teológicas que ve objetos y cosas antes que seres humanos con dignidad y derechos. Ver y actuar como el buen samaritano es el modelo misionero que se nos propone. Sentarse en la mesa de publicanos y pecadores, y dar como ofrenda «dos blancas» siguiendo el ejemplo de la viuda pobre, más que opciones misioneras son formas concretas de una «opción galilea» que confiesa y celebra a Dios como Señor de la vida.

Seguir el camino de Jesús, sumergirse en el mundo de los olvidados, conocer «desde adentro» sus esperanzas y desesperanzas, hacerse solidario con ellos en la lucha por una democratización de la política y la economía, identificarse con sus necesidades cotidianas, puede llevar a que nos acusen y digan de nosotros: «Este es un hombre comilón y bebedor de vino, amigo de publicanos y pecadores» (7.34). Quizás ese es el costo del seguimiento de Jesús en un contexto eclesial que no ve con «buenos ojos» la defensa de los derechos humanos y un compromiso militante con la justicia social.

Denunciar proféticamente la superficialidad, el egoísmo, el provincialismo, la hipocresía, la injusticia y la ausencia de misericordia de las elites religiosas o de los fariseos contemporáneos puede provocar reacciones políticas, que ponen en riesgo la seguridad personal de los creyentes que tienen el valor de anunciar y vivir la integralidad del evangelio, antes que «acomodarse» o «venderse» a la ideología dominante. Al respecto, Lucas es suficientemente claro cuando narra la reacción de los escribas y los fariseos, frente a la denuncia pública de su hipocresía religiosa:

> Mas ¡ay de vosotros, fariseos! que diezmáis la menta, y la ruda, y toda hortaliza, y pasáis por alto la justicia y el amor de Dios. Esto os era necesario hacer, sin dejar aquello...Diciéndoles él estas cosas, los escribas y los fariseos comenzaron a estrecharle en gran manera, y a provocarle a que hablase de muchas cosas; acechándole, y procurando cazar alguna palabra de su boca para acusarle (Lc. 11.42, 53-54).

En suma, el costo del seguimiento del Señor nunca debe llevarnos a rebajar las demandas del evangelio, tener temor de anunciar las buenas nuevas de liberación, cambiar el propósito de Dios de que toda rodilla se doble y confiese a Jesús como Señor, limitar las implicaciones misioneras de su amor abarcador que cruza todas las fronteras, o desconocer por nuestros prejuicios teológicos el amor especial del Señor por los pobres y los marginados. El enfoque teológico que Lucas nos presenta es bastante claro en este aspecto.

## Conclusiones

La misión liberadora de Jesús tiene un alcance universal. El anuncio del evangelio del reino de Dios cruza fronteras de todo tipo. Los pobres y los marginados son agentes de la misión de Dios. Por lo tanto, en el mundo de la pobreza y la marginalidad, es necesario plantar una tienda misionera permanente, como espacio de solidaridad y como un canal abierto para la búsqueda colectiva de la justicia.

Las buenas nuevas de liberación, que alcanzan a todas las personas y pueblos, tienen un doble efecto. Por un lado, pueden transformar y liberar integralmente la vida de todos los seres humanos. Por otro lado, cuestionan tanto las estructuras sociales, políticas y económicas, como los prejuicios religiosos y culturales. Bajo este marco, la perspectiva de Lucas de la misión de Jesús propone una plataforma de acción hondamente relevante para una inserción de la iglesia en toda frontera misionera.

El amor especial de Dios por los pobres y por los sectores sociales condenados al olvido por la historia oficial es el tema teológico que Lucas nos recuerda como tarea permanente para la acción misionera de la iglesia. En ese sentido, aunque nuestra perspectiva teológica y ubicación ideológica lea o interprete a Lucas de manera distinta, no se puede eludir ni desconocer que uno de los énfasis centrales de este Evangelio es la afirmación del *amor especial de Dios* por los «desechables».

Finalmente, de acuerdo con el testimonio de Lucas, la iglesia tiene que ser como el buen samaritano y como la viuda pobre. El pueblo de Dios no ha sido llamado para ser indiferente o pasar de largo (10.31-32) esquivando su responsabilidad misionera integral frente a las necesidades del mundo. Tampoco ha sido llamado para acumular egoístamente pensando que la vida del hombre «consiste en la abundancia de los bienes que posee» (12.15). Por lo tanto, individual y colectivamente, tenemos que ser como Jesús: «amigo de publicanos y de pecadores» (7.34), anunciando el evangelio del reino de Dios por ciudades y aldeas (8.1). Según Lucas, no existe otra opción ni ruta misionera. Como Jesús, en el poder del Espíritu, estamos llamados a predicar el año agradable del Señor (4.14, 18-19).

# 9

# La misión en el Evangelio de Lucas y en los Hechos

*Pablo Davies*

Dice Lucas: «Muchos han tratado de escribir la historia de los hechos sucedidos entre nosotros» (Lc 1.1, VP). Como sucedió con la historia de Jesús y la de la iglesia posteriormente, muchos han tratado de escribir acerca del Evangelio de Lucas y el libro de los Hechos.[1] Los misionólogos, en particular, han considerado los escritos de Lucas como una obra especial. Según David Bosch, hay varias razones que justifican este interés. En primer lugar, la iglesia emplea Lucas 4.16-21 como el principal pasaje misionero. En algunas tradiciones este pasaje ha reemplazado a la Gran Comisión. En segundo lugar, en los escritos de Lucas se aprecia el carácter central de la misión, ejemplificada por el hecho de que escribió una historia de la misión de la iglesia y una historia de Jesús. En tercer lugar, posiblemente Lucas fue el único gentil que escribió un libro del Nuevo Testamento. Esto implica que sus obras son una muestra de un escritor de la primera generación de cristianos gentiles y también presentan las primeras disputas entre el cristianismo judío y el de los gentiles.[2]

---

[1]D. Senior y C. Stuhlmueller (*Biblia y misión, fundamentos bíblicos de la misión*, Verbo Divino, Estella, 1985) mencionan a C. Talbert, «Shifting Sands: The Recent Study of the Gospel of Luke», *Interpreting the Gospels*, J. L. Mays, ed., Fortress, Filadelfia, 1981, pp. 197-213; R. Karris, *What are they saying about Luke Acts?*, Paulist, Nueva York, 1979. Senior dice que a pesar de que hay mucho interés en Lucas en la exégesis actual, no hay un consenso en cuanto a su teología.

[2]David Bosch, *Transforming Mission: Paradigm Shifts in Theology of Mission*, Orbis, Maryknoll, 1992, pp. 84-85. Próximamente Nueva Creación publicará en castellano esta obra bajo el título *Misión en transformación*.

Comenzaremos examinando varios aspectos misioneros del Evangelio de Lucas y de Hechos, y después reflexionaremos acerca de algunos de los temas principales y su relación con la realidad latinoamericana.

## Una misionología de Lucas

### La estructura misionológica de Lucas-Hechos: el progreso del «camino»

Como lo expresara Tannehill, la estructura de Lucas-Hechos es importante para entender la obra completa.[3] Podemos considerar esta estructura como la historia del progreso del «camino» del Señor, según lo demuestra el uso de las citas del Antiguo Testamento.

Isaías 40.3-5 Isaías 61.1-2 Joel 2.28-32 Isaías 6.9-10 (40.5)
[Lc. 3.4-6] [Lc. 4.18-19] [Hch. 2.17-21] [Hch. 28.25-28]
Lucas 24.44-49

Estas citas proveen un armazón para entender la misionología de Lucas a partir de la clave que proporciona Isaías 40.3-5.[4] El «camino» del Señor progresa y nada puede detenerlo.

Lucas empieza el cuerpo de su Evangelio con esta cita y Hechos termina con una referencia a Isaías 6, que parece oponerse a la idea de que «todo el mundo verá la salvación de Dios». Aunque Mateo y Marcos usan esta cita de Isaías 40 en sus

---

[3]R. C. Tannhehill, *The Narrative Unity of Luke-Acts: A Literary Interpretation*, vol. 2: «The Acts of the Apostles», Fortress, Filadelfia, 1990.

[4]R. E. Davies, en *«All Flesh Shall See the Salvation of God»: The Foundation of Luke's Mission*, Fuller SWM, Pasadena, inédito, 1987, argumenta que a Is. 40.3-5 se lo puede ver como «el texto» de toda la obra.

Evangelios, sólo Lucas incluye el versículo 6, enfatizando que «todo el mundo verá la salvación que Dios envía» (Lc. 3.6, VP). Navone dice que el hecho de que Lucas use este versículo «subraya el camino del Señor a los gentiles»[5] y por eso se lo puede entender como el pasaje clave de toda la obra,[6] que muestra el progreso del «camino» del Señor.

La comprensión del progreso del «camino» del Señor y la misión de Jesús se amplía en las palabras del sermón de Nazaret (Lc. 4.18-19 [Is. 61.1-2]). En esta forma el relato sólo aparece en Lucas y se lo ha llamado «un discurso programático».[7] En ella Jesús establece los parámetros de su misión.

Algunos de los temas de esta sección, tales como la prioridad de los pobres y el año favorable del Señor, son asuntos claros en todo el Evangelio. Después del incidente en Nazaret, el «camino» siguió adelante y Jesús comenzó a ir de un lado para otro llevando a cabo su ministerio. Su actividad no tenía pausas (Lc. 4.1, 14-31, 43-44; 5.1, 12; 6.12, 17; 7.1, 11). «Da la impresión de que Jesús se mueve de un lugar a otro ... llevando la salvación de Dios a su pueblo.»[8]

Vemos nuevamente este movimiento en «la crónica de viaje» (9.51-19.44). Sin embargo, inmediatamente antes de esta narración aparece una parte de la historia de la transfiguración que es distintiva de Lucas donde Jesús está hablando con Moisés y con Elías. En 9.31 Lucas emplea la palabra «éxodo» («partida», NVI) para enfatizar la naturaleza dinámica de la misión de Jesús y la importancia del progreso del «camino» en su ministerio. También durante la crónica de viaje Jesús repite varias veces su intención

---

[5]John Navone, *Themes of St. Luke*, Gregorian University Press, Roma, 1970, p. 188..

[6]Davies, *op. cit.*, p. 5.

[7]David J. Bosch, *op. cit.*, p. 89.

[8]Davies, *op. cit.*, p. 10.

de ir a Jerusalén (9.51; 10.22; 14.25; 17.11; 18.35; 19.28) para sufrir y morir, hecho que se registra como el fin del «camino» (Lc. 19-24).

Es obvio que no todos vieron la salvación de Dios a través del ministerio de Jesús, pues su misión estuvo dirigida principalmente al pueblo judío. Sin embargo, Hechos 1.1 señala que el primer libro (el Evangelio) contaba todo lo que Jesús *comenzó* a hacer y enseñar hasta el día en que fue llevado al cielo (Hch. 1.1-2, NVI) y esto sugiere que el segundo tomo contaría lo que Jesús *continuó* realizando por medio de su iglesia.[9] El fin del versículo 2 lo resalta más aún con la explicación de lo que los discípulos debían hacer.

La tercera cita del Antiguo Testamento explica la manera en que se llevará a cabo la obra de Cristo (Hch 2.17-21 [Jl 2.28-32]): mediante la acción del Espíritu Santo. Es importante notar que, además de la obra misionera que realiza, el Espíritu une la misión de Jesús con la de la iglesia. El Espíritu descendió sobre Jesús al principio de la misión del nazareno (Lc. 3.22; 4. 18 [Is. 61.1]) y se derramó sobre todo su pueblo al comienzo de la misión de la iglesia (Hch. 2.17 [Jl. 2.28]).

El Espíritu guía al «camino» para que lleve la salvación hasta el fin del mundo. El mensaje está moviéndose en círculos concéntricos crecientes. Jesús predijo que los discípulos iban a ser testigos en Jerusalén, Judea y Samaria llevando el «camino» (Hch. 9.2; 19.9, 23; 22.4; 24.14, 22) hasta el fin del mundo. Algunos eruditos consideran que esta declaración es un orden de trabajo para la historia de los Hechos. El evangelio se mueve *de* Jerusalén *hacia* el fin del mundo. Al fin de cada sección, Lucas hace un resumen del movimiento del evangelio (Hch. 6.7; 9.31; 12.24; 16.5; 19.20; 28.31). La idea es que «la palabra se extendía, la iglesia crecía, el camino del Señor continuaba su progreso triunfal».[10]

La cita de Joel termina con la frase «todo aquel que invocare el nombre del Señor será salvo» (Jl. 2.32, RV), lo que tiene

---

[9]Bosch, *op. cit.*, p. 28.

[10]Davies, *op. cit.*, p. 13.

reminiscencias de la última frase de Isaías 40.5. Lucas subraya así la universalidad del evangelio, pero amplía el argumento. Toda persona verá la salvación del Señor, pero solamente los que invocaren el nombre del Señor serán salvos. El arrepentimiento es importante en la misionología de Lucas.

Finalmente, en Hechos aparece otra «crónica de viaje». Esta vez el viajero es Pablo, quien va de Jerusalén a Roma (caps. 21-28). Este fragmento de la historia del «camino» del Señor culmina con el apóstol en el centro del Imperio Romano, predicando «con toda libertad» (Hch. 28.31). El evangelio empezó su viaje en Nazaret y culmina en Roma, el centro del mundo. Como ya se ha señalado, la cita de Isaías 6 parece oponerse a la profecía de Isaías 6.9-10, pero después de la cita Pablo insiste en que a pesar de la terquedad de los judíos nada iba a detener el «camino», porque «a los gentiles es enviada esta salvación de Dios» (Hch. 28.28 RV). Así, Hechos finaliza con la misma idea con que empezó el Evangelio: «toda carne verá la salvación de Dios».

## Los temas misionológicos en Lucas-Hechos

Si las cuatro citas del Antiguo Testamento forman la estructura de la misionología de Lucas y la clave está en Isaías 40.3-5, el relato de la comisión en Lucas 24.44-49 puede verse como el punto en que convergen los ramales del Evangelio para luego diseminarse con el fin de recorrer el trayecto narrado en Hechos. En este pasaje se explica claramente la naturaleza de la misión y así «sintetiza la teología lucana del Evangelio y mueve al lector a adentrarse en el relato complementario de los Hechos».[11] Por eso, esta sección es un excelente lugar para comenzar a estudiar los principales temas de la teología de la misión en Lucas-Hechos. Como señala Bosch, este pasaje refleja

---

[11]Senior y Stuhlmueller, *op. cit.*, p. 347.

> la totalidad de la comprensión «lucana» acerca de la misión cristiana: es el *cumplimiento* de las promesas bíblicas; llega a ser posible únicamente después de *la muerte y resurrección del Mesías* de Israel; su meollo es *el mensaje del arrepentimiento y perdón*; está destinado a *«todas las naciones»*; comienza «por *Jerusalén»*; se implementará por medio de *«testigos»*; y se llevará a cabo en el poder del *«Espíritu Santo»*.[12]

Vamos a usar esta cita de Bosch como un esquema para el análisis de los temas misionológicos de Lucas-Hechos.

## «El cumplimiento »

Lucas está muy preocupado por el cumplimiento de las promesas bíblicas. La misión de Jesús y la misión de la iglesia están arraigadas en la tierra de la Biblia hebrea. La continua referencia al cumplimiento de las Escrituras es uno de los métodos que Lucas usa para enfatizar la continuidad entre Israel y la iglesia.[13]

Las promesas de Lucas 24.46-49 acerca de la misión a los gentiles siguen al encabezamiento «está escrito». Hechos es un libro de cumplimiento profético. La profecía cubre el libro desde el principio hasta el fin.

Lucas empieza su Evangelio diciendo que está a punto de escribir «las cosas que se han cumplido» (Lc. 1.1, NVI). Los relatos en torno a la Navidad muestran que el bebé de Belén era el cumplimiento de las esperanzas de Israel (1.54, 70). En Nazaret Jesús proclama que él es el cumplimiento de la profecía de Isaías 61 (Lc. 4.21). En el monte de la transfiguración Moisés y Elías están hablando de lo que se va a cumplir en Jerusalén (9.31b), y Jesús se encamina a dicha ciudad para que se cumpla la profecía con su muerte (13.33).

---

[12]Bosch, *op. cit.*, p. 91.

[13]Senior y Stuhlmueller, *op. cit.*, p. 349.

En Hechos también se respira una atmósfera profética. Pedro interpreta la venida del Espíritu Santo como un cumplimiento profético (2.17ss.); la vida, muerte y resurrección de Jesús se aprecian de la misma manera (2.25, 35; 3.13, 18; 4.11; 8.32) . Al final de Hechos Pablo repasa el viaje del «camino» y concluye que la espectacular aceptación de Cristo por parte de los gentiles (Hch. 28.28 [Is. 40.6]) y el rechazo parcial de Cristo por parte de los judíos (Hch. 28.26-27 [Is. 6.9-10]) son un cumplimiento profético. Para Lucas todo el hecho de Cristo y el progreso del «camino» son un dramático cumplimiento profético.

La relevancia misionera de la profecía no siempre es bien reconocida. El mensaje profético anuncia que Dios controla la historia y actúa en ella. Y, como dice Roger Hedlund, la esperanza de los profetas estaba cifrada en que, a la larga, Dios intervendría en la historia de su pueblo e instituiría su reino de justicia y rectitud.[14] Lucas dice que Dios ha actuado y está actuando en la misión de Jesus y en la de la iglesia.

## «La muerte y la resurrección»

Lucas enfatiza que la misión de la iglesia tiene su fundamento en la muerte y la resurrección del Mesías de Israel. Al considerar que el asunto central del evangelio es el hecho de la muerte y resurrección de Jesús, el carpintero, Lucas está en armonía con el resto del Nuevo Testamento. Jesús mismo enfatiza que debe ir a Jerusalén para sufrir (9.51; 13.32-33; 18.31-33). La palabra *dei* («debe») tiene el sentido de fuerza. Los ángeles sentados en la tumba remarcan la necesidad del sufrimiento mesiánico (24.7, 26). Así, la «labor mesiánica [alcanza] su "clímax"» y se convierte en el trampolín de la misión de la iglesia.[15]

---

[14]Roger Hedlund, *The Mission of the Church in the World*, Baker, Grand Rapids, Michigan, 1991, p. 129.

[15]Senior y Stuhlmueller, *op. cit.*, p. 351.

En este contexto en Lucas-Hechos surge la cuestión de la necesidad del sufrimiento. Tanto el sufrimiento del Mesías como el de sus siervos son importantes. Esto muestra nuevamente el vínculo indisoluble entre la misión de Cristo y la de sus siervos.

En el Evangelio, Jesús enfrenta la oposición de los líderes religiosos, que terminan provocando su muerte. Este sufrimiento y esta oposición continúan en la comunidad de la iglesia. El evangelio se extiende por medio del sufrimiento, la persecución y el martirio de los apóstoles y de los cristianos en general. Algunos de los apóstoles sufrieron prisión (Hch 4.1ss.; 5.1ss.) y, como Esteban, fueron lapidados (6.6-8.1). La iglesia, como consecuencia, fue dispersándose al compás del crecimiento de la persecución (8.1b-3). El Señor le dijo a Saulo (antes de que se transformara en Pablo) cuánto iba a sufrir como siervo de Cristo (9.16). Y así sucedió: en sus viajes encontró innumerables opositores (13.8, 45, 50; 14.4s.,19; 16.16ss.; 17.5, 13, 32; 18.6; 19.23) y más tarde fue arrestado (21.30) y encarcelado en Roma (cap. 28).

Lucas recalca que el mensaje de la salvación «será llevado a las naciones en el sufrimiento y por medio el sufrimiento»[16] del Mesías y de sus seguidores.

## «El arrepentimiento y el perdón de pecados »

La salvación (y el arrepentimiento y el perdón como temas anexos) es un elemento central en el mensaje de Lucas-Hechos. Examinaremos dos aspectos de la salvación. En primer lugar, ¿qué significa la salvación para Lucas?

Jesús resume la extensión de la salvación que trajo en las palabras de Isaías 61.1-2, un pasaje cuyo lenguaje es el del jubileo. El jubileo fue esencialmente la reversión de la fortuna de los pobres y la cancelación de las deudas (Lv. 25; Dt. 15). La misión de Jesús tuvo implicaciones radicales para la fortuna de muchos.

---

[16]*Ibíd.*, p. 350.

El hecho de que los pobres reciben la salvación ocupa un lugar especial en el pensamiento de Lucas. Hay varios relatos que solamente aparecen en el Evangelio de Lucas, cuyos protagonistas son los pobres (6.20, 24; 12.16-21; 16.19-31; 19.1-10). Y también la bienaventuranza de Lucas respecto a los pobres tiene un significado muy importante en comparación con su paralelo en Mateo. Mateo dice, literalmente, «dichosos ustedes los pobres en espíritu» (5.3) mientras que Lucas solamente menciona «dichosos ustedes los pobres» (6.20). Gutiérrez señala que «...los pobres a quienes bendice son lo opuesto a los ricos que condena, es decir, aquellos que carecen de lo necesario. La pobreza de que se habla en la primera bienaventuranza sería entonces *la pobreza material*».[17] El comentarista tiene razón, aunque podemos tratar de explicar el significado de la expresión de Lucas pensando que los pobres, quienes no poseen ni siquiera lo que necesitan, tienen más probabilidad de darse cuenta de su necesidad espiritual. Esta parece ser la sugerencia de la interpretación de la Versión Popular. Con esto en mente, Jesús puede decir también que es difícil que los ricos entren en el reino (Lc. 18.25) porque en vez de confíar en Cristo confían en sus riquezas y no en Cristo.[18] Los pobres no ocupan tanto espacio en Hechos, aunque se describe a los miembros de la comunidad eclesial prosiguiendo con el cuidado de los más necesitados y compartiendo sus posesiones entre sí (Hch. 2.44-46; 4.32-35, cf. Dt. 15.4).

En la misionología de Lucas también se destacan otras personas marginadas. El acentúa el papel de los samaritanos (9.51s.; 10.25ss.; 17.19), que aparentemente son el punto de partida

---

[17]Gustavo Gutiérrez, *Teología de la liberación: perspectivas*, Sígueme, Salamanca, 1972, p. 378.

[18]En Mt. 5.3, la VP dice: «Dichosos los que reconocen su necesidad espiritual», donde RV, más literalmente, dice: «bienaventurados los pobres en espíritu».

de la misión a los gentiles.[19] Un sábado Jesús sanó a una mujer encorvada (13.10-17). Y luego visitó especialmente a Zaqueo, el recolector de impuestos para los romanos (19.1-9). Para Lucas la salvación alcanza a personas a las que nadie quería tocar.

Lucas incluye la sanidad y el exorcismo en la salvación. Más que ningún otro autor neotestamentario, recalca el ministerio de sanidad de Jesús, vinculándolo a la predicación del reino, tanto en el Evangelio (4.18,19; 9.6) como en Hechos (3.1ss.; 5.12-16; 8.7; 10.38; 28.8, 27).

Para Lucas la salvación también tiene consecuencias políticas. Esto es claro especialmente en los relatos navideños, en los que se destaca el concepto de la salvación como aparece en el Antiguo Testamento. La exaltación de los humildes (1.51-53), la liberación del pueblo de Dios (1.71-74), las dádivas de la luz y la paz, (1.77-79) y la revelación y la gloria (2.30-32) son conceptos que cobran vida en el contexto de la salvación. El mensaje es que Dios preparó la salvación para Israel en el pasado, derribando a los grandes y poderosos, y levantando a los humildes, y va a repetir su acción en Jesús. El perdón de los pecados es un resultado importante de la salvación. A menudo este perdón se observa en el marco de los milagros de sanidad, pero siempre aparece en un contexto de arrepentimiento (Lc. 1.77; 3.3; 5.20-24; 6.37; 7.47-49; 11.4; 12.10; 17.3-4; 23.34; 24.47). En Hechos los apostóles predican la salvación que incluye el regalo del Espíritu Santo (Hch. 2.38; 5.32), la sanidad física (4.9-10) y el perdón de los pecados (2.38; 8.22; 10.43; 13.38; 26.18).

Para concluir, la salvación no es simplemente la certidumbre de beatitud eterna que tiene el alma humana sino que representa un concepto más amplio e integral. En palabras de David Bosch, como en el caso del «ministerio de Jesús hemos de liberar a los adoloridos, cuidar a los pobres, proporcionar un hogar a los

---

[19]Bosch, *op. cit.*, p. 90.

desechados y marginados, y ofrecer perdón y salvación a todos los pecadores».[20]

En segundo lugar, según Lucas, ¿cuáles son los requisitos de la salvación? El arrepentimiento y la fe son elementos que aparecen desde el principio hasta el fin de la obra de Jesús y ocupan un lugar importante en la salvación.

Juan el Bautista predica un bautismo de arrepentimiento (Lc. 3.3) y Jesús llama al arrepentimiento a los enfermos espirituales (5.32). El arrepentimiento requiere acción y Lucas presenta varios ejemplos de los frutos de esta acción. Juan exigió esos resultados en 3.8 y aparecen, por ejemplo, en los casos de Leví (5.27s.), el oficial romano (7.9), la pecadora (7.36ss.) y el hijo perdido (15.21). Es interesante notar el énfasis en lo económico que tienen las exhortaciones de Juan el Bautista. Lucas es el único evangelista que las incluye (cf. Mt. 3.1-12; Mc. 1.1-12). Por lo tanto, podemos decir que en Lucas el uso correcto de la riqueza se ve como un fruto del arrepentimiento. Después que la salvación llega a su casa, Zaqueo comienza a utilizar bien su riqueza (19.8ss.). Los ricos no deben confiar en sus posesiones sino usarlas correctamente (Lc. 12.13-21, 22-34). Lucas brinda otros ejemplos de personas que usaron su dinero como Dios deseaba (Lc. 7.5; 10.35; 19.8; 23.50-54; Hch. 2.44; 4.32-37) y también de algunas que no lo emplearon de esta manera (Lc. 12.13-21; 16.19ss.; 18.18ss.; Hch 5.1-10; 8.18-19). Parece que en Hechos el arrepentimiento y la fe adquieren un nuevo énfasis. Los judíos deben arrepentirse de la muerte de Jesús (Hch. 2.23-38; 3.17-23; 13.28-29) y los gentiles, de su idolatría (14.15; 17.30-31).

La salvación en Lucas-Hechos es un término amplio que abarca «las marcas del maligno ... incrustadas en la vida humana: los posesos, los enfermos, los ciegos, los paralíticos, los oprimidos»[21] e «incluye ciertamente la transformación total de la vida humana,

[20] *Ibíd.*, p. 118.

[21] Senior y Stuhlmueller, *op. cit.*, p. 358.

el perdón de los pecados, la sanidad de las enfermedades y la liberación de todo tipo de esclavitud».[22]

## «Todas las naciones »

La universalidad del evangelio y su extensión a todas las naciones es también un tema importante para Lucas. Como ya hemos expresado, la clave para entender su misionología es que «todo el mundo verá la salvación del Señor», hecho atestado en la profecía del Antiguo Testamento y cumplido por la misión de Jesús y de la iglesia.

El propósito de la misión de Jesús era universal, pero su ejecución fue incompleta:[23] Jesús no predicó a muchos gentiles, aunque este aspecto de la misión se prefigura enfáticamente en todo el Evangelio. Simeón profetizó que Jesús iba a tomar el papel del Siervo del Señor como una luz a las naciones (Lc. 2.31). La genealogía que aparece en Lucas, y que es distinta de la del Evangelio de Mateo, muestra la herencia común de Jesús con toda la humanidad, ya que inicia el árbol genealógico no desde Abraham sino desde Dios mismo, el padre de todo ser humano (3.23ss.).

Los gentiles, a menudo, son objeto de una descripción positiva en el Evangelio. En el sermón de Nazaret Jesús señala el hecho de que en los días de Elías y Eliseo se sanaron dos gentiles. «Lo que les comunicó, *inter alia*, fue que Dios no era solamente el Dios de Israel sino también, y de la misma manera, el Dios de los gentiles».[24] Jesús mismo sana a algunos gentiles: el siervo del centurión y el hijo de una mujer gentil (7.1-16). Lucas es el único de los sinópticos que registra que el leproso que le dio las gracias a Jesús era samaritano (17.11ss.). «La misión a los samaritanos» sugiere una ruptura fundamental con las actitudes judías

---

[22]Bosch, *op. cit.*, p. 107.

[23]*Ibíd.*, p. 95.

[24]*Ibíd.*, p. 89.

tradicionales.[25] Finalmente, Lucas ubica el envío de los setenta (o setenta y dos) junto a las maldiciones para las ciudades impenitentes. Probablemente este envío prefigura la misión a los gentiles y su proximidad con el relato de las maldiciones parece implicar que, si las ciudades no se arrepienten, el evangelio se predicará a los gentiles, representados por Tiro y Sidón (10.1-23). Pablo y Bernabé se hacen eco de esto en Hechos 13.46 cuando les dicen a los judíos en Antioquía de Pisidia: «nos volvemos a los gentiles» (RV).

Obviamente, en Hechos la misión a los gentiles es más prominente. En el día de Pentecostés (2.8-11) están presentes muchos pueblos no judíos, y de ellos surgen tres mil personas que llegan a ser miembros del pueblo de Dios (2.41). La inclusión de los gentiles en las filas de la iglesia crece con la conversión de Cornelio y su familia, y el subsecuente regocijo (10.1-11, 18). La misión a los gentiles ha llegado a un punto importante cuando Pablo arriba a Roma y, aunque allí culmina su obra, la misión prosigue (Hch. 28.28). En parte se ha cumplido la aplicación universal del evangelio: judíos y gentiles, en el centro del mundo civilizado, están viendo la salvación de Dios.

## «De Jerusalén»

La historia del progreso del «camino» tiene su lugar central en Jerusalén. Para Lucas, Jerusalén «no sólo es la meta final de las peregrinaciones de Jesús y el lugar de su muerte, sino también el sitio desde el cual el mensaje saldrá en círculos concéntricos, hacia Judea, Samaria y hasta lo último de la tierra».[26]

Jerusalén, y todo lo que representa el templo para la religión judía, ocupa un lugar central en el mensaje de Lucas-Hechos. El Evangelio empieza (1.5ss.) y culmina (cap. 24) en Jerusalén. En la «crónica de viaje» se lo ve a Jesús yendo hacia Jerusalén (9.51ss.).

---

[25] *Ibíd.*, p. 91.

[26] *Ibíd.*, p. 94.

A partir de 19.28 el Evangelio se sitúa en Jerusalén y sus alrededores, donde los apóstoles reciben el poder para su obra misionera (24.49) y donde acontecen algunas de las más espectaculares conversiones (Hch. 2.41; 4.4). Los misioneros retornan a Jerusalén constantemente (Hch. 8.25; 9.26; 11.2; 15.2; 21.17) y los ancianos de la iglesia de esta ciudad tienen obviamente un mayor grado de autoridad (11.1; 15.1ss.). Pablo también se siente compelido a volver a Jerusalén (20.22) y desde allí el evangelio inicia su camino hacia la meta más distante (Hch. 28).

Para Lucas, Jerusalén, más que una ubicación geográfica, es «un símbolo teológico de gran significado».[27] Es el centro sagrado del mundo.

## «El testimonio»

Los apóstoles conforman un nexo entre la historia de Jesús y la de la iglesia, y se los convoca a testificar sobre lo que han visto y experimentado (Lc. 24.48; Hch. 1.8).

Sin embargo, aun antes de este llamado, «el testimonio» es un tema prominente. Al principio del Evangelio, Lucas afirma que los que «lo vieron con sus ojos» le habían provisto información para su obra escrita (1.2). En los relatos de la Navidad aparecen muchos testigos del nacimiento de Jesús. Los ángeles testifican a los pastores y luego los pastores dan su testimonio (2.8-20). Simeón y Ana testifican acerca del destino del niño (2.21ss.).

Juan el Bautista testifica sobre la venida de Jesús (3.1-10). El Espíritu Santo y la voz celestial también testifican acerca de él (3.21ss.). Lucas destaca que Jesús se les aparece a varias personas que testifican a otras acerca de la resurrección del Señor (Lc. 24). «En Hechos el "testigo" o "testimonio" se convierte en el término

---

[27] *Ibíd.*, p. 93.

apropiado para "misión"».[28] Los ápostoles tenían que salir y testificar acerca de la resurrección de Jesús porque habían sido elegidos como testigos oculares de este hecho (Hch. 10.41).

## «El Espíritu Santo»

El Espíritu Santo es el principal motor en Lucas-Hechos. Entre todos los evangelistas, san Lucas es el que trata más detalladamente acerca del Espíritu».[29] El Espíritu Santo está involucrado vez tras vez en los relatos de la Navidad. Juan fue «lleno del Espíritu Santo, aun desde el vientre de su madre» (1.15, RV) y el Espíritu aparece como el agente de la encarnación (1.35). El mueve, llena y se revela a Elisabet (1.41), a Zacarías (1.67) y a Simeón (2.25-27). Durante el ministerio de Jesús la influencia del Espíritu es continua. Jesús bautizaría con el Espíritu (3.16) y es llenado del Espíritu en su bautismo (3.22). Vuelve del Jordán «lleno del Espíritu» (4.1) y retorna de su tentación «en el poder del Espíritu» (4.14). El Espíritu es el espíritu de la misión. La misión de Jesús se inaugura debido a que el Espíritu está sobre él (4.18), y el descenso del Espíritu potencia a los discípulos para su trabajo misionero (Hch. 2.17-21).

El Espíritu da lenguas a los ápostoles (Hch. 2), llena a Esteban en su trabajo y predicación (6.3, 10), dirige a Felipe en su conversación con el eunuco (8.8-29) y después lo transporta a otro lugar (8.39). El Espíritu Santo hace los preparativos y dirige el evento esencial en el que Cornelio recibe el mensaje del evangelio. En otra etapa clave de las misiones, la del concilio de Jerusalén, se reconoce a los gentiles como cristianos porque tienen el mismo Espíritu que los judíos conversos (15.8). Finalmente, el Espíritu Santo dirige a Pablo y a sus compañeros (13.2, 4; 16.6).

Navone dice:

---

[28]*Ibíd.*, p. 116.

[29]Senior y Stuhmueller, *op. cit.*, p. 364.

> El don del Espíritu Santo lleva a los discípulos a la obra misionera que no habían planificado. No es un proyecto de hombres sino un plan de Dios que se llevará a cabo por medio del Espíritu Santo.[30]

Con razón se ha dicho que Hechos debe ser llamado «Hechos del Espíritu» en vez de «Hechos de los apóstoles».

## Algunas reflexiones en el contexto latinoamericano

El desafío para la iglesia latinoamericana de nuestros días no es extraer algunos versículos de la Biblia para justificar su misión en el mundo, sino entender y hacer su parte en la misión de Dios (*missio Dei*) en su contexto, a la luz de la Palabra divina. Nuestra intención en esta sección es empezar a bosquejar una misionología de Lucas-Hechos para América Latina.

No todos los temas mencionados anteriormente pertenecen al contexto latinomericano, pero es posible agrupar en tres secciones los que me parecen más pertinentes a nuestra situación: el modo de la misión, el mensaje de la misión y el motivo de la misión.

### El modo de la misión

1. *Sufrimiento.* Según lo que señalamos anteriormente, el sufrimiento de Jesús (y el de la iglesia) en el cumplimiento de su misión no solamente es un hecho histórico sino algo que Lucas subraya como una necesidad. Para Lucas, el evangelio siempre se comunicó en un contexto de sufrimiento del mensajero.

En América Latina, los primeros mensajeros del evangelio vinieron con poder. Los primeros «cristianos» que los indígenas vieron traían la espada y un evangelio de poder. Con los

---

[30]John Navone, *op. cit.*, p. 169.

conquistadores vinieron los sacerdotes y, aunque no queremos propagar «la leyenda negra», sabemos que la gran mayoría no defendió los derechos humanos de los aborígenes sino que consintió en su explotación o participó en ella. La mezcla del poder y la religión ha provocado la impresión de que el cristianismo es la religión del opresor.

Esta misma impresión se mantuvo cuando llegaron los primeros misioneros evangélicos a esta parte del globo. No traían consigo el poder militar, pero a menudo venían con la bendición de los gobiernos que recién habían ganado las batallas independentistas. El presidente Justo Rufino Barrios, de Guatemala, por ejemplo, acompañó personalmente desde los Estados Unidos al primer misionero protestante que visitó su país en 1882. En un continente donde a menudo el dinero es sinónimo de poder, los misioneros que procedían de países de gran poderío económico, sin querer, expusieron al cristianismo como una religión de ricos. En la actualidad la llamada «teología de la prosperidad» reaviva esta mala interpretación.

En cambio, Jesús vino al mundo en debilidad y vulnerabilidad. No nació en un palacio rico, ni en una posición privilegiada. El hecho de nacer de una campesina joven fue más bien una insinuación de escándalo, y los primeros testigos de su nacimiento no fueron personajes importantes sino gente humilde. En su vida no aspiró a un cargo político ni alcanzó una gran reputación, sino que se identificó con los despreciados, los rechazados y los marginados. Su muerte no fue el deceso honorable de un héroe sino el innoble asesinato de un esclavo o de un criminal común.

La comunidad de Hechos continúa en la misma ruta. En la iglesia primitiva había gente de las altas esferas , pero la mayoría eran personas comunes. Los apóstoles nunca pudieron usar el poder del Imperio Romano para cumplir con su misión sino que salieron a la palestra en debilidad y vulnerabilidad. Sufrieron desde el principio de la misión hasta la última página de Hechos.

¿Qué nos dice esto? El sufrimiento siempre es parte de la misión de la iglesia. Parece que Dios ha ordenado este tipo de misión. En estos días en que la Iglesia Católica Romana todavía tiene poder político y las iglesias evangélicas latinoamericanas están creciendo rápidamente —y están ganando poder político en algunos países—, debemos recordar a nuestro Señor manso y apacible. La calificación de «manso» no quiere decir que Jesús no tuviera poder sino que lo usaba correctamente. Como el siervo del mundo que vimos en Lucas-Hechos, la iglesia tiene que identificarse con los despreciados, los rechazados y los marginados.

2. *Testimonio.* El método que los españoles y portugueses practicaron en su «evangelización» del siglo 16 fue inhumano y actuó en contra del evangelio mismo. Daniel Vidart cita un discurso de la época de la conquista llamado el «requerimiento», que se leía a los nativos antes de cada avance militar:

> Si no lo hiciéreis, o en ello dilación maliciosamente pusiéreis, certifícoos que con la ayuda de Dios yo entraré poderosamente contra vosotros y os haré guerra por todas las partes y manera que yo pudiere, y os sujetaré al yugo y obediencia de la Iglesia y de Su Majestad y tomaré vuestras mujeres y hijos y los haré esclavos, y como tales los venderé, y dispondré de ellos como Su Majestad mandare, y os tomaré vuestros bienes y os haré todos los males y daños que pudiere...[31]

Así llegó el evangelio a América Latina.

Actualmente aún existe «el método militar» en esta parte del mundo. Muchos libros hablan acerca de la «guerra espiritual». Mayormente provienen de los Estados Unidos y, en especial, de una escuela de pensamiento que tiene como líderes a Benny Hinn, Kenneth Copland, Kenneth Hagan y C. Peter Wagner. Una

---

[31]Daniel Vidart, *Ideología y realidad de América*, Montevideo, 1968 (citado en Eduardo Galeano, *Las venas abiertas de América Latina*, Siglo Veintiuno, México, 1971, p. 18).

corriente dentro de este movimiento proclama la presencia de espíritus territoriales. El argumento, según una particular interpretación de Daniel 10.13, es que cada área del mundo está gobernada por su propio demonio. Entonces, la misión se transforma en la acción de identificar y atar los espíritus del país, la ciudad, el área, el barrio, etc. El poder es lo más importante. Para cumplir esta tarea, se llevan a cabo marchas de oración en una ciudad, rogando en las calles y avenidas para tomar posesión de la tierra para Dios. La similitud con el «Requerimiento» es muy estrecha como para ignorarla. El énfasis en el poder, el reclamo territorial y el uso de la palabra «marcha», tomada del léxico militar, son ecos del siglo 16.

El método principal de la misión en Lucas-Hechos es el testimonio. Jesús y los apóstoles no salieron con poder militar sino como testigos, dando testimonio de los maravillosos hechos de Dios. Aunque los apóstoles liberaron a personas endemoniadas, no hay un solo versículo que los presente tratando de echar a un espíritu de una ciudad o de un área.

En nuestro contexto el evangelio debe ser encarnado por una iglesia vulnerable y sufrida que se identifique con personas que experimentan esta misma situación, testificando al mundo del poder que salva en Cristo Jesús.

## El mensaje de la misión

1. *La salvación.* «Factores políticos, económicos, culturales, sociales y espirituales parecen conspirar mientras generan inestabilidad, cambio sin control, violencia y caos».[32] Una reflexión más amplia y profunda sobre el mensaje de la salvación descrito en Lucas-Hechos necesitaría un estudio más extenso que el que aquí se presenta. Antes de reflexionar en Lucas-Hechos sería menestar describir, entre otros, los problemas sociales, culturales

---

[32]William D. Taylor y Emilio A. Núñez, *Crisis in Latin America*, Moody, Chicago, 1989, p. 11.

e históricos que sufre América Latina. Por una cuestión de espacio ahora sólo podemos contentarnos con una descripción breve, en la esperanza de que se lleven a cabo trabajos más profundos al respecto.

Quinientos años después de Colón, América Latina es un continente en crisis. El tráfico de drogas es una industria que mueve dos billones de dólares por año y multiplica el problema de la adicción. El Banco Mundial y el Fondo Monetario Internacional esclavizan a la mayoría de los gobiernos y los obligan a ejecutar políticas que hacen más ricos a los ricos y más pobres a los pobres. La gente siente que no hay democracia en sus países. Los sectores informales de la economía, la sub-ocupación y la desocupación crecen a pasos agigantados. Cada vez hay más gente mendigando o vendiendo fósforos, chocolates o guías de la ciudad en trenes y ómnibus, o en la calle. Todavía hay grupos armados que luchan contra los gobiernos y usan la violencia para llevar a cabo sus propósitos. La amenaza creciente del sida afecta a toda la población, y la cantidad de gente infectada crece a pasos agigantados. Entre otros problemas crecientes, también pueden destacarse la injusticia y la corrupción —que ya son parte de la vida diaria—, los niños de la calle, el machismo y la explotación de la mujer. Las iglesias evangélicas tienen que cumplir su misión en este contexto.

La amplia perspectiva de Lucas en cuanto a la salvación nos hace pensar en los problemas descritos con anterioridad. Lucas dice que hay esperanza en este continente de pobreza endémica, opresión e injusticia (4.18-19). La gente necesita oír todo el evangelio de Lucas: la esperanza de pecados perdonados, la liberación de toda clase de prisiones, el jubileo, y la reversión de la fortuna a los pobres y oprimidos. Pero no solamente tienen que oírlo sino experimentarlo concretamente. La salvación en Lucas-Hechos no involucró solamente palabras sino hechos y acciones. La solidaridad con los vulnerables, los pobres y los oprimidos es esencial. El mensaje de esperanza pertenece a los chicos de la calle, a las personas afectadas por el sida, a las mujeres discriminadas, y la iglesia debe involucrarse con ellos.

2. *Universalidad.*

> Al caminar por las calles de cualquiera de las ciudades importantes de América Latina es inevitable ver el espectro policromático de las raíces. Desde indígenas puros —con algunos rasgos orientales— hasta europeos blancos, desde negros de ébano hasta mulatos, morenos y amarillos.[33]

La promesa de Jesús de que el evangelio va a llegar a todas las naciones es más impactante en este contexto. Había una multiplicidad de razas en el día de Pentecostés y hay una multiplicidad similar que tiene la necesidad y el derecho de oír el evangelio en América Latina hoy.

Pensando en este tema, sale a la luz el problema del racismo. No hay paz entre las razas y eso se verifica en los Andes bolivianos y peruanos, en donde los santuarios a la Virgen erigidos por los mestizos son mucho más poderosos que los santuarios de los aymarás o los quechuas, y en las ciudades más grandes, en donde las caras blancas consiguen trabajo con mucha más facilidad.

El evangelio es para todas las naciones y, por lo tanto, las dignifica. No era solamente para los judíos y hoy no es prerrogativa de los más ricos o de los descendientes de europeos.

La iglesia hoy en día tiene que ser un modelo: debe enfatizar la universalidad del evangelio y el hecho de que la igualdad que trae esta universalidad dignifica a todas las personas sin distinciones. Las oraciones de un blanco no son más poderosas que las de un indígena. Esto representa un gran desafío para los misioneros

---

[33] *Ibíd.*, p. 28.

blancos. Tienen que humillarse y actuar coherentemente, en palabras y hechos, frente a sus hermanos latinoamericanos.

Esta igualdad y universalidad echa por tierra la idea de iglesias monoculturales, es decir, de iglesias para chinos, para negros o para blancos por separado, según la teoría de «unidades homogéneas». La idea en Lucas-Hechos es que todas las naciones encontrarán su lugar en la misma iglesia. Nuestra evangelización y nuestro discipulado tienen que reflejar esta doctrina. No se puede desconectar nuestra evangelización de nuestra eclesiología.

## El motivo de la misión

1. *El progreso del «camino»*. La misión de la iglesia no es una tarea fácil en ninguna situación, pero al pensar en América Latina, «...puede invadirnos un sentido de tristeza cuando contemplamos las inequidades estructurales que generan pobreza endémica y la tragedia humana».[34] Los problemas parecen irremediables, los recursos inadecuados y las vallas insuperables.

Los apóstoles del Nuevo Testamento deben haber sentido lo mismo. Las autoridades se les oponían; los romanos los perseguían; los dilemas físicos, sociales y económicos eran insuperables. Pero una cosa los mantuvo en pie, y también puede sostenernos a nosotros: la confianza en que nada detendrá el progreso del «camino» del Señor. Los valles serán rellenados, se aplanarán las montañas, los caminos sinuosos serán enderezados y se alisarán las carreteras poceadas, hasta que todo el mundo vea la salvación del Señor.

En nuestra misión en América Latina tenemos que ser conscientes del éxito final de la misión. Las *missiones ecclesiae* son solamente una parte de la *missio Dei*, que es propiedad del Señor, quien va a cumplir lo que empezó. Nuestra tarea es colaborar con él en esto. Y este punto nos lleva al último elemento.

---

[34]*Ibíd.*, p. 11.

2. *El Espíritu Santo.* La renovación que ha experimentado la iglesia en casi todo el mundo corrigió un desequilibrio en la teología del Espíritu Santo. Las iglesias en América Latina han visto la obra del Espíritu Santo en varias áreas y de diferentes maneras: su rápido crecimiento, los dones del Espíritu, el avivamiento, la renovación, la sanidad, etc. Sin duda, el Espíritu Santo está activo en este continente.

En este contexto, la enseñanza de la misionología de Lucas puede ayudarnos mucho. Lucas, «el evangelista del Espíritu», muestra en sus escritos neotestamentarios varios papeles que cumple el Espíritu.

Como hemos señalado, la misión de la iglesia es colaborar con Dios en su misión. Podemos ver la pneumatología de Lucas. En Lucas-Hechos el Espíritu inicia la misión, que no habría comenzado sin el ministerio del Espíritu (Lc. 3-4; Hch. 2). En nuestro contexto podemos afirmar que, en cualquier lugar donde haya un movimiento del Espíritu Santo, no es sólo para bendición de la iglesia sino para que ella cumpla su misión.

También el Espíritu guió la obra misionera. Trabajaba en lugares adonde los apóstoles no habían llegado. La experiencia de Felipe es un buen ejemplo. El Espíritu lo llevó al desierto para encontrarse con el eunuco, quien ya estaba preparado para este encuentro y leía un pasaje de las Sagradas Escrituras pertinente a su contexto (Hch. 8.8-29). Otro caso es el de Cornelio en Hechos 10: el Espíritu arregló el encuentro entre Pedro y Cornelio, ¡aunque Dios tuvo que convencer al apóstol para que fuera!

En el contexto latinoamericano, los conquistadores, así como muchos evangélicos, no creían que Dios hubiese arribado a este continente antes que ellos. Creían que tenían que «traer» a Cristo. Pero, sin duda, el Espíritu estaba en este continente antes que los adelantados, trabajando en la cultura y en la gente. Muchos elementos de la cultura incaica (p. ej., las tres leyes del inca, el concepto del cóndor como mensajero de los dioses o Viracocha el creador) podían usarse sin inconvenientes para contextualizar el evangelio, a fin de que la iglesia se radicara en tierra latinoamericana. Sin embargo, los primeros «misioneros» creían en el concepto de *tabula rasa* (había que destruir toda la cultura receptora), razón por la cual estas cosas fueron dejadas de lado.

Hoy en día debemos mirar en qué lugares está trabajando el Espíritu Santo para seguirlo. En una conferencia en Inglaterra, Samuel Escobar dijo que el Espíritu es como el viento. Un niño que juega con un barrilete no controla el viento sino que coloca su cometa en la dirección del viento y lo ajusta para que vuele mejor. Nuestra tarea en cuanto al Espíritu es hacer algo similar. No lo controlamos sino que lo seguimos, y nos ajustamos a él para trabajar mejor en la misión. ¡El caso de Cornelio nos muestra que el Espíritu no siempre se mueve en la dirección esperada!

## Conclusión

Lucas nos da un modelo para nuestra misión en cualquier contexto, pero podemos aplicarlo especialmente a nuestra misión en América Latina en lo que se refiere al modo, el mensaje y el motivo de la misión. Debemos encarnar el evangelio de Jesús en nuestra vulnerabilidad y nuestro testimonio humilde, predicando todo el evangelio, testificando a todas las naciones, siguiendo el «camino» del Señor con el Espíritu Santo como nuestro guía.

# 10

# La misión en el Evangelio de Juan

*Pedro Arana Quiroz*

Este capítulo se basa en el texto del Evangelio de Juan. Pero, para entender la misión en este Evangelio, debemos incursionar primero en el texto, en el libro del discípulo amado, haciendo las anotaciones pertinentes al tema propuesto. Así arribaremos al contexto socio-religioso en el cual se gestó y publicó el Evangelio, y culminaremos nuestro peregrinaje por las perícopas juaninas, de tal modo que nos permitan penetrar en la consideración de estos temas: Dios y la misión, Jesús y la misión, el Espíritu Santo y la misión, y la comunidad de discípulos y su misión. En definitiva, llegaremos a sucintas conclusiones que serán enriquecidas por las experiencias de cada uno de los lectores. Persisto en el bosquejo trinitario porque es el que surge naturalmente del Evangelio.

## El Evangelio de Juan

Al entrar en la consideración de nuestro tema, me parece importante recordar que el Evangelio de Juan es considerablemente diferente de Mateo, Marcos y Lucas. No tiene el relato del nacimiento de Jesús, ni de su bautismo, ni de sus tentaciones en el desierto; no nos dice nada sobre la institución de la última cena (aunque sí nos lleva al aposento alto) ni nos suministra datos de las experiencias del Getsemaní ni de la Ascensión; no nos ofrece ningún relato de personas endemoniadas o poseídas por malos espíritus.

El Evangelio de Juan es muy selectivo para lograr su propósito (Jn. 20.30-31), pues sólo narra siete de los muchos milagros que Jesús hizo. Nos causa sorpresa también no encontrar ninguna de las parábolas que tanto queremos. Probablemente la razón principal sea, como explican muchos biblistas, que Juan relata el primer año de ministerio del Señor Jesús con mayor amplitud, y sus tres visitas a Jerusalén —ciudad que parece conocer como la palma de su mano (2.23; 6.4; 13.1)—, mientras que los sinópticos se ocupan sólo de su última visita a la ciudad santa.

El Evangelio de Juan hace un aporte singular a la revelación neotestamentaria por su estilo literario y por la manera en que presenta la figura de Jesús.

> Uno de los medios que este evangelio utiliza, para lograr el fin que se propone, es el del simbolismo. Se percibe mucho más claramente que en los sinópticos un lenguaje que, partiendo de las cosas de este mundo, lleva al lector a las realidades de la esfera divina. El vino que Jesús da en Caná (Jn. 2.1-11) es símbolo de los bienes mesiánicos que él trae a la humanidad. El agua que ofrece a la samaritana (4.1-42) no es un elemento físico, sino el agua de la vida eterna, comunicada por el Espíritu. El pan que da Jesús (6.1-59) es mucho más que el pan material; es Jesús mismo, pan bajado del cielo, que da la vida al mundo. Si Jesús da la vista a un ciego (9.1-41), es para mostrar que él es la luz del mundo. Al resucitar a Lázaro (11.1-44), está mostrando que él es la resurrección y la vida. El ser levantado en la cruz es símbolo de su exaltación y glorificación, para salvación de todos (cf. 3.13-15; 8.28; 12.32). El carácter simbólico penetra el conjunto de los relatos y de las palabras de Jesús.[1]

En el cuarto Evangelio la imagen de Jesús y su historia también tienen notables diferencias con los otros tres. En él, Jesús no llama

---

[1] *La Biblia de estudio*, Sociedades Bíblicas Unidas, 3ra. ed., Colombia, 1994, p. 1603.

a sus discípulos, como en los sinópticos, sino que los atrae (Jn. 1.35ss.). Los contrastes a través de los cuales se presenta a Jesús son fuertes: el Cristo doméstico de las bodas de Caná (Jn. 2.1-12) aparece en oposición al Cristo másculo, no domesticable, que purifica el templo, según el relato del resto del capítulo.

Un fariseo, alguien que se aparta, busca de noche a Jesús. Pero él mismo se separa de sus discípulos durante el día, y lo contemplamos en el encuentro redentor con la samaritana.

La presentación del mensaje evangélico establece también una diferencia entre Juan y los sinópticos. Juan no tiene una sola referencia a la palabra «arrepentimiento», pero sí afirma categóricamente que la auténtica fe debe estar acompañada por la obediencia que significa *cambio* (Jn. 5.14; 8.1-11).

El Evangelio del discípulo amado ha ejercido una atracción especial entre devotos, comentaristas y predicadores en la historia de la iglesia, y en América Latina hay también una importante producción sobre este libro bíblico. Sin duda, algo de ese encanto tiene que ver con el hecho de que, a diferencia de los otros evangelistas, Juan nos hace penetrar en los misterios de la eternidad de Dios y de su verdad eterna, que se hacen conocidos en Jesús, el Revelador del Padre.[2]

Sin embargo, el tema de la misión en Juan no ha sido desarrollado con la misma intensidad. Intentaré, pues, reconocer los elementos misioneros en este Evangelio. Consciente de que ha habido una amplia discusión especulativa sobre los diversos momentos en la composición del texto hasta que adquirió su forma final, debo expresar que lo recibimos y aceptamos como lo

---

[2]Mario Veloso, *El compromiso cristiano*, Zunino, Buenos Aires, 1975. Es el trabajo más completo que he encontrado en castellano, por un autor latinoamericano. Contiene una excelente bibliografía.

tenemos en la versión Reina-Valera (1960), en la que basamos nuestra lectura y exposición.[3]

## El verbo «enviar» en el Evangelio de Juan

La idea de misión se expresa en el texto juanino a través del verbo «enviar» (*apostéllein* o *pémpein*, en griego). Cada uno de los verbos griegos tiene un significado específico que Juan conserva en todo su Evangelio. El verbo *apostéllein* aparece 132 veces en el Nuevo Testamento, de las cuales 34 se encuentran en Juan. *Pémpein* aparece 79 veces en el Nuevo Testamento, 37 de las cuales corresponden al Evangelio de Juan.

Con el verbo *pémpein* Juan hace énfasis en la iniciativa y el origen de la misión. En su exposición sobre la misión como la expresión de la unidad del que envía (el Padre) con el enviado (el Hijo), Juan realiza un aporte singular.

Juan usa *apostéllein* con el sentido de encargo u objetivo que se le da a un enviado y que éste debe cumplir para lograr el propósito de su misión. Sin embargo, le adiciona un elemento por medio del cual adquiere la connotación de una realización progresiva e histórica de la misión.

En el Evangelio de Juan, cuando se habla del Padre o del Hijo, *apostéllein* y *pémpein* no se encuentran como verbos en voz pasiva, lo que significa que ambas personas de la Trinidad participan activamente en todas sus acciones reveladas en el Evangelio de Juan.

Pasaré a hacer un recuento de los pasajes referentes a la misión de Cristo donde se usan los verbos *pémpein* y *apostéllein:*

«Porque no envió Dios a su Hijo al mundo para condenar al mundo, sino para que el mundo sea salvo por él» (3.17). Otras veces, la misión de Jesús se relaciona con el mundo (16.36; 17.3-4,

---

[3]Cf. Donald Senior y Carroll Stuhlmueller, *Biblia y misión*, Verbo Divino, Madrid, «La teología juanina de la misión», pp. 379-401.

8-9, 21, 23, 25). En todos estos casos, el verbo es *apostéllein*. No aparece *pémpein* en frases en las que se usa la palabra «mundo».

«Jesús les dijo: Mi comida es que haga la voluntad del que me envió, y que acabe su obra» (4.34). En este pasaje y en otros tres más (5.30; 6.38, 39), que hablan de la voluntad del Padre como el cumplimiento de la misión del Hijo, el vínculo entre ambos se establece con el verbo *pémpein*, destacándose así el origen de la misión. En Juan 6.40 se encuentra el único pasaje en el que se relaciona la voluntad del Padre con la misión, y se emplea *apostéllein*. Juan es coherente con su idea, pues sólo se podía ver al Hijo cuando cumplía su misión histórica.

Juan establece una diferencia neta entre el momento en que Jesús recibe las palabras del Padre (el origen de la misión) y el momento en que Juan mismo o los otros discípulos las reciben (la realización de la misión). «Porque yo no he hablado por mi propia cuenta; el Padre que me envió, él me dio mandamiento de lo que he de decir, y de lo que he de hablar» (12.49). Aquí se refiere al Padre como el que envía (*ho pémpsas*).

Sin embargo, cuando Juan presenta a Jesús hablando esas palabras de Dios usa *apostéllein*, como en 3.34: «Porque el que Dios envió, las palabras de Dios habla...»

En la oración misionera de Jesús, que consideraremos más adelante, leemos: «...porque las palabras que me diste, les he dado; y ellos las recibieron, y han conocido verdaderamente que salí de ti, y han creído que tú me enviaste» (17.8). Aquí el verbo es *apésteilas*. Coherentemente, *pémpo* se usa para el origen de la misión y *apostéllein* para su realización.

Debemos mencionar tres textos que relacionan la misión con la obra y las obras de Dios. Estos recibirán un tratamiento más extenso cuando analicemos la oración misionera de Jesús (cap. 17). «Me es necesario hacer las obras del que me envió, entre tanto que el día dura; la noche viene, cuando nadie puede trabajar» (9.4); «Mas yo tengo mayor testimonio que el de Juan; porque las obras que el Padre me dio para que cumpliese, las mismas obras que yo hago, dan testimonio de mí, que el Padre me ha enviado» (5.36);

«Yo te he glorificado en la tierra; he acabado la obra que me diste que hiciese» (17.4).

En 9.4, por única vez, Jesús expresa que las obras de Dios son su misión. Juan usa aquí *pémpein: ta érga tou pémpsantós me*. Sin embargo, cuando Jesús comenta que está llevando a cabo las obras del Padre se emplea el verbo *apostéllein*, como en 5.36 y 17.4 (*apéstalken*).

El Evangelio de Juan usa *pémpein* cuando nos habla de la voluntad de Dios que Jesús debía cumplir, de las palabras de Dios que debía hablar y de las obras de Dios que debía realizar, como elementos planeados en la eternidad, antes de la encarnación de Cristo. Sin embargo, cuando nos habla de dichos elementos ejecutados en la historia, emplea *apostéllein*.

«De cierto, de cierto os digo: El que oye mi palabra, y cree al que me envió, tiene vida eterna...» (5.24).

«Jesús clamó y dijo: El que cree en mí, no cree en mí, sino en el que me envió» (12.44). «Respondió Jesús y les dijo: Esta es la obra de Dios, que creáis en el que él ha enviado» (6.29).

Estos versículos relacionan el creer con la misión. Jesús se refiere al Padre como «el que me envió» en los dos primeros textos, en los cuales se utiliza *pémpein*. Sin embargo, en la tercera cita, en la cual dice que los creyentes al creer en Jesús muestran la obra de Dios, Juan usa *apostéllein*. El Padre está en la eternidad y el Hijo está realizando su misión histórica.

«Jesús les respondió y dijo: Mi doctrina no es mía, sino de aquel que me envió» (7.16) es la primera de otras dos citas (8.26 y 14.24) en las que Jesús, al hablar del origen de su doctrina o de sus enseñanzas, se refiere al Padre como «el que me envió» (*ho pémpsas*). Hay dos citas más (7.28; 8.26) en las cuales aludiendo a su propio origen habla del Padre como «el que me envió». Queda una vez más evidenciada la relación entre *pémpein* y el origen de la misión de Jesús.

«Entonces Jesús dijo: Todavía un poco de tiempo estaré con vosotros, e iré al que me envió» (7.33). «Pero ahora voy al que me envió; y ninguno de vosotros me pregunta: ¿A dónde vas?» (16.5).

En estos textos se usa *pémpein*, pues su lugar de regreso es su lugar de origen: el Padre.

Dos textos del cuarto Evangelio nos hablan de misión y unidad: «...para que todos sean uno; como tú, oh Padre, en mí, y yo en ti, que también ellos sean uno en nosotros; para que el mundo crea que tú me enviaste ... Yo en ellos, y tú en mí, para que sean perfectos en unidad, para que el mundo conozca que tú me enviaste...» (17.21, 23). Jesús ora a su Padre por la unidad de sus discípulos, para que el mundo crea y conozca «que tú me enviaste» (*apésteilas*). Esta unidad debe darse en la historia para bendición del mundo, y como un testimonio de la misión que Jesús vino a cumplir en este mundo. Esta misión es *apostéllein.*

En resumen, vemos que Juan usa coherentemente los verbos *pémpein* y *apostéllein* con referencia a la misión de Jesús. El primero tiene que ver con el origen de esta misión (el Padre) en la eternidad; el segundo, con su realización histórica en forma progresiva por medio del Hijo.

## El contexto socio-religioso

F. F. Bruce, en su libro *El mensaje del Nuevo Testamento*, señala que a fines del siglo 1 el centro de la misión cristiana había pasado de Jerusalén al Asia Menor y Europa debido a la labor del apóstol Pablo y que, luego de la muerte del apóstol, Jerusalén había sido destruida por los romanos en el año 70. Añade que para la nueva generación cristiana de los últimos diez años de la primera centuria, que se desarrollaba en el mundo egeo, Jerusalén y Palestina quedaban distantes no sólo en la geografía, sino también en la historia, la vida y la cultura que habían existido antes del año 70. Para ellos no tenía ninguna importancia dónde, cuándo y cómo sucedieron los acontecimientos relatados en los Evangelios; lo importante era la verdad eterna. Además, Bruce nos hace notar que el ambiente cultural estaba dominado por un incipiente gnosticismo, y arriba a la siguiente conclusión: «En esta cambiante situación de fines del siglo I apareció la obra que llamamos Evangelio de Juan. Su gran contribución a la vida y el pensamiento cristianos fue su demostración de que la verdad eterna del evangelio podía mantenerse sin detrimento de su realidad histórica.»[4]

No obstante, el Evangelio de Juan preserva una «tradición» del ministerio de Jesús «independiente de aquellas que preservan los evangelistas sinópticos». En ambos, indica Bruce, se afirman hechos históricos, que son acontecimientos de la revelación divina, portadores de salvación para la humanidad, «acontecimientos que sucedieron una vez por todas». En el Evangelio de Juan, «podría decirse que en Jesús la verdad eterna estuvo "terrenalizada". Lejos de ser él un ente espiritual que tomó sólo la apariencia externa de la humanidad, en Jesús la verdad eterna "se hizo carne" y habitó entre los hombres».[5]

Para comprender el mensaje de Juan hay que leer el Prólogo (un himno cristiano) y todo el evangelio con la actitud existencial hebrea antes que con la mentalidad metafísica griega. El Antiguo Testamento nos ofrece el concepto de *la palabra de Dios* como reveladora de la voluntad y el propósito de Dios. En Isaías 55.10-11, por ejemplo, se habla en términos personales de la acción de la palabra de Dios.

Otra pauta para comprender a Juan es la de examinar el tema de la sabiduría como manifestación de la presencia de Dios en el mundo: «ella era en el principio con el Señor» y con él planeó y construyó la creación (Pr. 8.22-31), y a ella se la recibe o se la rechaza (Pr. 8.32-36). Para Juan, Jesús es la palabra reveladora de Dios y la sabiduría encarnada. En Jesucristo, la palabra encarnada, los creyentes encuentran a Dios y la vida eterna.

---

[4]F. F. Bruce, *El mensaje del Nuevo Testamento*, Certeza, Buenos Aires, 1975, p. 137.

[5]*Ibíd.*, p. 138.

Parece que cada vez hay más consenso acerca del hecho de que amigos de Juan y dirigentes de las iglesias del Asia Menor le pidieron a Juan que escribiera su Evangelio (publicado por el apóstol en Efeso, según Ireneo, por el año 100). Es muy probable también que un anciano o un presbítero de la iglesia de Efeso, también llamado Juan, le ayudara a redactarlo. No hay la menor duda de que, independientemente de cómo se forjó el documento, el apóstol Juan es el autor. Y lo importante es que el propósito de su mensaje es llevar a la fe y confirmar en la fe a quienes lo leyeran:

> Hizo además Jesús muchas otras señales en presencia de sus discípulos, las cuales no están escritas en este libro. Pero éstas se han escrito para que creáis que Jesús es el Cristo, el Hijo de Dios, y para que creyendo, tengáis vida en su nombre (Jn. 20.30-31).

## El que envía y la misión

### En el principio Dios

Comenzando con la poesía cósmica del prólogo, la teología y la cristología del Evangelio de Juan son inseparables (Jn. 1.1-18; 14.8-11). «Aunque Juan se centra intencionadamente en la figura de Jesús, sin embargo la cuestión *Dios* es la que obsesiona al evangelio».[6] Y es Dios en relación con el hombre. El Evangelio responde inequívocamente a la pregunta acerca de quién es Dios: El es el eterno. Notemos que el Evangelio comienza aludiendo a un tiempo anterior al que se refiere el inicio del Génesis (cf. Jn. 1.1 con Gn. 1). El prólogo nos lleva a la eternidad: «el Verbo era con Dios, y el Verbo era Dios. Este era en el principio con Dios» (Jn. 1.1).[7]

---

[6]Stuhlmueller, *op. cit.*, p. 389.

[7]*Ibíd.*, p. 385.

## Personas enviadas por Dios

Dios actúa en la historia humana: «Hubo un hombre enviado de Dios, el cual se llamaba Juan» (Jn. 1.6). Esta es la primera cita misionera del Evangelio. En ella el que envía es Dios y el enviado es el último de los profetas veterotestamentarios, Juan el Bautista, quien integra así una galería de vidas guiadas por Dios de un modo especial, providencial. Son personas *elegidas, llamadas y enviadas por Dios*. Cuando Dios las llama, las toma en sus manos como agentes destinados desde la eternidad y preparados desde el vientre de su madre para la misión histórica que él les ha encomendado (cf. Ex. 3.10-15; Is. 6.8-9; Jer. 1.4-10; Ez. 2.1-3.15; Zac. 2.11; Mal. 4.5; Gl. 1.15). La condición imprescindible para la auténtica acción histórica soteriológica es la elección divina. Esta fue la certidumbre que los profetas y apóstoles tuvieron de su llamado, y fue también el gran secreto de su eficacia espiritual en la historia (Jer. 1.5; Gl. 1.15; 1 Co. 15.8ss.; 2 Co. 3.5ss.).[8]

Ese es el testimonio del Bautista cuando dice: «Y yo no le conocía; *pero el que me envió* a bautizar con agua...» (Jn. 1.33). Juan el Bautista sabe que Dios lo ha enviado. Parece que el evangelista tiene la intención de aclarar rotundamente que Jesús no puede ser comparado con su primo Juan, pues reitera la afirmación del hijo de Elizabeth: «Vosotros mismos me sois testigos de que dije: Yo no soy el Cristo, sino que soy *enviado* delante de él» (3.28 cf. 1.19-21). Cullmann observa que «cuando en Jn. 1.23, Juan el Bautista citando a Is. 40.3, declara ser una *foné*, una voz, el autor tiene presente al prólogo que precede inmediatamente y que habla de aquel que no es, como el Bautista, una *foné*, sino el *Logos* (1.8)».[9]

El último texto misionero referido al Bautista, aunque desconocemos si es parte de su propio discurso o un comentario

---

[8]Pedro Arana Quiroz, *Providencia y revolución*, Subcomisión de Literatura Cristiana, Grand Rapids, 1986, p. 101.

[9]Oscar Cullmann, *Cristología del Nuevo Testamento*, La Aurora, Buenos Aires, 1965, p. 299.

del evangelista, dice: «Porque el que Dios envió, las palabras de Dios habla; pues Dios no da el Espíritu por medida» (3.34). Por el contexto entendemos que se refiere a Jesús y que establece un contraste con Juan: Jesús viene de arriba, Juan de la tierra; Juan habla cosas terrenales, Jesús «las palabras de Dios». Con estas expresiones, el evangelista establece la incomparable superioridad de Jesús como quien revela a Dios.

Arribamos ahora a una de las designaciones más importantes que recibe Jesús en el Evangelio y que tiene un carácter intrínsecamente misionero: *Jesús es el enviado*. Las siguientes citas atestiguan esta afirmación y merecerán nuestra atención en el desarrollo del trabajo: 3.17; 7.28; 20.21; 4.34; 5.23-24, 30, 36-38; 6.29, 38-39, 44, 57; 7.16, 19, 28-29, 33; 8.16, 18, 26, 29, 42; 9.4; 10.36; 11.42; 12.44-45, 49-50; 13.20; 14.24; 15. 21; 16.5; 17. 3, 8, 21, 23, 25; 20.21. «Ser enviado, según el pensamiento judío, es ser considerado como agente de quien envía. El que envía se identifica a sí mismo con aquel que es enviado por él y con ello le confiere autoridad».[10]

## Dios, el origen de la misión

¿Quién es Dios? Quizá era la pregunta que Juan tenía en mente, y que el prólogo y el Evangelio intentan responder. Dios tiene una familia (1.12-13). Es aquel que se envía a sí mismo al mundo (1.14) y se hace visible (1.18). Es el Dios que ama al mundo material y humano, y la evidencia más grande es que *envió* y *dio* a su único Hijo para salvar al mundo (3.16-17). Dios el Padre ama al Hijo, y le ha dado soberanía, y a quien rehúsa creer en el Hijo le hace saber que «su ira está sobre él».

Dios es invisible, intangible, incorpóreo, pero real (4.24). Es el Padre de Jesús (5.18; 8.42; 10.34). Es el propietario de la doctrina que Jesús enseña (7.16; 14.24). Es el origen y el destino de Jesús, y

---

[10]J. Comblin, *Sent from the Father*, pp. 1-19.

la realidad última (13.3; 16.5; 7.28-29, 33; 8.26). Es el sujeto de la fe de los discípulos, como también debe serlo Jesús (14.1). Es aquel que tiene una relación *única* con Jesús, como Dios y como Padre (20.17). Dios es Jesús (20.28). Con esta confesión del Dídimo se retorna al prólogo y se cierra el círculo allí iniciado.

### Dios-amor, la victoria de la misión

El Evangelio de Juan habla a nivel cósmico del amor de Dios hacia el mundo, y de Jesús como el que revela ese amor que lo abarca todo (Jn. 3.16-17), lo supera todo, y rompe fronteras sociales, étnicas, culturales, religiosas, raciales, económicas y morales. Discurren así por sus páginas el díscolo Juan (sabemos que es el Bautista, pero el evangelista no lo dice), los entusiastas Andrés y Felipe, el impredecible Simón Pedro, el rígido moralista religioso e intelectual Nicodemo, la voluble y flexible mujer de Samaria, un oficial del rey (que pide salud para su hijo ... y la recibe), y un hombre paralítico y marginal (que no pide salud ... y también la recibe). Podríamos seguir, pero lo importante es notar que el amor de Dios revelado en Jesús es universal, personal y victorioso.

### Dios, el Padre de Jesús

¿Quién es Dios? En el Evangelio de Juan es fundamentalmente el Padre de Jesús. No menos de treinta referencias corroboran esta afirmación.

## Jesús, el enviado del Padre

¿Quién es Jesús? El propósito del libro es importante como marco de referencia de nuestra reflexión para responder el tema en cuestión. El Evangelio se propone llamar a la fe en *Jesús,* quien es el *Cristo y el Hijo de Dios,* para que en esa relación personal y vital con él los creyentes tengan la vida auténtica.

## Jesús, el Logos

De la persona y obra de Jesús fluye la idea del *Logos* expuesta por Juan. Por ello, a Jesús no se lo debe entender por su comprensión del *logos*, sino que el *logos* del Evangelio se entiende sólo cuando pensamos y reflexionamos en Jesús.

Juan usa el término *logos*, palabra o verbo, para verter su noción de *verdad eterna* (Jn. 1.1-3). *Logos* era un término común en la filosofía griega para expresar la racionalidad humana y tenía dos connotaciones: *palabra* y *razón*. También se usaba para hablar del principio racional que regía el orden cósmico: la noche sigue al día, el verano sigue a la primavera, el sol siempre sale por el este y se pone por el oeste.[11]

Aunque «el término se constituyó en un puente por el cual el cristianismo pasó de una cultura a otra», es decir de la cultura judía a la helénica, Juan le dio un contenido inequívocamente cristiano. Oscar Cullmann señala al respecto:

> El autor, que ha colocado este prólogo al comienzo de su Evangelio, sabe que, al designar la persona histórica de Jesús de Nazaret como el *Logos*, anuncia algo tan radicalmente nuevo que puede, serenamente, sin temer un mal entendido filosófico y especulativo, tomar y utilizar lo que, tocante al *Logos*, autores no cristianos habían enseñado en su época o aún antes...
>
> Cuando el evangelista habla del *Logos* piensa automáticamente en Jesús de Nazaret *encarnado*, en el Verbo hecho carne, y que esta vida humana de Jesús es la revelación definitiva de Dios al mundo; es ésta una idea absolutamente inconcebible fuera del cristianismo, aun cuando allí se emplee el mismo término...
>
> La forma puede ser idéntica; la terminología, no modificarse. Sin embargo, el tema ya no es más el mismo: no es el *Logos*

---

[11]Stuhlmueller, *op. cit.*, p. 387.

> estoico abstracto, ni el *Logos* mitológico, sino un *Logos* que se hace hombre y que, justamente por esta razón, es el *Logos*.[12]

El uso juanino de *logos* nos enfrenta con la dimensión transcultural de la misión, nos hace conscientes de que en la historia de la iglesia siempre ha habido un conflicto, abierto o soterrado, entre la verdad cristiana y las filosofías, ideologías o modos de pensar y actuar que prevalecen en la sociedad contemporánea. Hay teólogos que, afirmando que Dios les ha dado una revelación general a todos los hombres en todas partes, no confirman su premisa en la revelación sino en las ciencias sociales, y concluyen que de esa manera arriban a la revelación cristiana especial. Pensamos que es totalmente errado tomar la antropología o la sociología de la religión para interpretar el prólogo de Juan o cualquier otra parte de la Escritura.

De manera similar, vemos en nuestros días cómo se ha tomado la idea de *prosperidad*, a partir de los contenidos de una cultura y un sistema económico esencialmente materialista y de consumo, para tratar de interpretar la Biblia. Muy distinto sería buscar el contenido bíblico de los conceptos usados en nuestra cultura, si los hubiere, con el definido propósito de presentar la verdad de Dios, como hizo Juan.

## Jesús, el Logos encarnado

Ya hemos visto a dónde envió el Padre a Jesús. Ahora hemos de considerar: *¿cómo* envió el Padre a su Hijo unigénito al mundo? Lo envió como hombre, es decir que nació, vivió, convivió y murió en este mundo. Pero no vino simplemente a sufrir sino a triunfar como hombre, y su presencia resulta absolutamente decisiva para cada persona con la que se encuentra y para el destino de la humanidad entera (3.16-18; 10.27-28; 12.31; 16.11; 1 Jn. 3.8).

---

[12]Cullmann, *op. cit.*, pp. 303-304.

Juan corrige a los docetistas afirmando sin retaceos la humanidad real de Jesús. Lo presenta iracundo contra los mercaderes del templo (2.15). Nos dice que Jesús, cansado del camino, se sentó junto al pozo en Samaria (4.6). Sus discípulos le ofrecen alimento sabiendo que tendría hambre.

Jesús se conmueve emocionalmente y llora, como cualquier persona, ante la muerte de un ser querido (11.33, 35, 38). En la cruz, con la garganta reseca, clamó: «Tengo sed». Un soldado traspasa el costado de su cadáver y brotan sangre y agua (19.34). Jesús es un hombre verdadero. Además de este énfasis en su verdadera humanidad Juan subraya el hecho de que, aun siendo humano, Jesús no tiene pecado y es totalmente diferente de los demás (8.46; 7.46).

Con igual firmeza Juan presenta a Jesús como verdadero Dios. Atestigua su *preexistencia*: «Porque el pan de Dios es aquel que *descendió* del cielo ... Porque he *descendido* del cielo, no para hacer mi voluntad, sino la voluntad del que me envió» (6.33, 38). La inferencia es clara: la misión de Jesús comenzó en la eternidad y consistía en hacer la voluntad de Dios. Esa voluntad era dar salvación personal a quienes creyeran en Jesús, el Salvador y guardián de todos los creyentes (6.33-40). Jesús precedió cronológicamente a Abraham (8.58). Habló de la gloria que tuvo con el Padre antes que el mundo fuese (17.5). Jesús era Dios.

El cuarto Evangelio corrobora más que los sinópticos la *omnisciencia* de Jesús. Para Juan es un milagro que Jesús supiera la situación marital de la samaritana (4.16-17). Con el paralítico, ¿cómo supo Jesús «que llevaba ya mucho tiempo así»? (5.6). Antes de hacerle una pregunta a Felipe, Jesús ya «sabía lo que había de hacer» (6.6). El supo que Judas iba a traicionarlo (6.61-64). Sabía del fallecimiento de Lázaro antes que nadie le informara (11.14). Jesús conocía todo.

Para Juan, Jesús tomaba sus decisiones «según el puro afecto de su voluntad». La solicitud materna no lo llevó a realizar su primer milagro, sino su iniciativa y su decisión personal (2.4). Sus hermanos no influyeron en él para que fuera a Jerusalén a la fiesta de los tabernáculos (7.10). El puso su vida voluntariamente y ningún ser humano podía quitársela (10.18; 19.11). Juan pensaba que Jesús tenía una independencia divina, que él era libre de toda influencia humana. Jesús era soberano.

## Jesús, el Cristo

Como sabemos, Cristo es el término equivalente en griego de la palabra hebrea «Mesías». En Juan 1.41 y 4.25 se preserva la idea semítica trasliterando el término «Mesías», la persona ungida para ser rey.

En Juan 1.19-25 hay una importante serie de títulos que recibe Jesús: el Cordero de Dios (1.29), el Hijo de Dios (1.33), Rabí, Maestro (1.38), Mesías, el Cristo, Rey de Israel (1.49), Hijo del Hombre (1.51). Todos ellos tienen que ver con la singular función reveladora del Hijo. El nombre más significativo es «Hijo del Hombre», que junto con «Hijo de Dios» incorpora las ideas de majestad y humillación. «Hijo del Hombre» apunta al origen celestial de Jesús en su misión de revelar a Dios. Esa misión adquiere su punto culminante en la muerte de Jesús, a la que se refiere el Evangelio con el verbo «ser levantado» (3.14; 8-28; 12.32, 34) o con la idea de la hora en que se revela la gloria de Dios (12.27-28; 13.1; 17.1, 4-5). La muerte de Jesús es así un regreso triunfante al Padre, luego de haber cumplido su misión.

Encontramos otro componente importante de la singular función reveladora de Jesús en sus afirmaciones «Yo soy». En todo el Evangelio de Juan, Jesús usa el nombre divino revelado a Moisés para referirse a sí mismo. Las afirmaciones «Yo soy» aparecen solas o también con predicados como «la luz», «el pan de vida», «la vid verdadera», «la resurrección y la vida», «el camino, la verdad y la vida», «la puerta», «el buen pastor». En Jesús se encuentran la presencia salvadora de Dios y la necesidad humana que busca a Dios (6.35, 51; 8.12; 9.5).

Sin embargo, la designación más importante que Jesús recibe en el Evangelio de Juan, y que tiene la naturaleza esencial de la misión, es «el enviado».[13]

## Jesús, el enviado

Metodológicamente seleccioné las perícopas bíblicas relacionadas con la misión y, mientras leía una y otra vez el Evangelio, tuve una intuición que, conforme avanzaba el estudio y el desarrollo del trabajo, fue haciéndose percepción y se convirtió, en el proceso de elaboración, en una convicción: la oración de Jesús en el capítulo 17, conocida como la «oración sacerdotal», es en su esencia una «oración misionera». En ella tenemos un resumen de las principales enseñanzas del Evangelio, con excepción de las referentes al Espíritu Santo. En ella están presentes las funciones de Cristo como rey, profeta y sacerdote, a las cuales se añade la de apóstol, enviado o misionero, que servirá de modelo a sus discípulos y a su iglesia.

Jesús ha concluido el más largo y el último de sus discursos a sus discípulos. No volverá a hablarles otra vez. Lo esperan la traición, la pasión y la cruz. Estas son las palabras de Jesús antes de su muerte anunciada y esperada. Es impresionante, reconfortante y solemne recordar que en estas últimas horas terribles sus palabras finales no fueron de derrota sino de gloria. No fueron de queja sino de triunfo. No fueron un soliloquio atormentado y contradictorio, de quien recuerda en su vida cumbres luminosas y borrascosas, sino un diálogo con su Padre, un diálogo humano, íntimo, apacible, coherente, a veces apasionado, sobre cumbres conquistadas y otras por conquistar.

No cabe duda de que la gloria es el tema principal de su oración. Con ese tema la inicia y la culmina, del mismo modo que en el Padre nuestro.

---

[13]Hay una sección muy importante sobre este tema en el libro de Veloso (*op. cit.*) para quienes deseen profundizar en la discusión exegética.

*La cruz, la gloria de Jesús*. En Juan 17.1-5 Jesús afirma su función de Rey, cuyo trono es la cruz.

«Padre, la hora ha llegado» (17.1). Jesús tuvo su hora de revelación mesiánica: «¿qué tienes conmigo, mujer? Aún no ha venido mi hora» (2.4). Esta «hora» no era la misma que ahora «ha llegado». Más bien, había llegado la «hora» que él le había anunciado a la samaritana: «la hora viene cuando ni en este monte ni en Jerusalén adoraréis al Padre ... Mas la hora viene, y ahora es, cuando los verdaderos adoradores adorarán al Padre en espíritu y en verdad...» (4.21, 23). La verdadera adoración será el resultado del perfecto sacrificio de Cristo.

Tampoco esta «hora» se refiere al tiempo cronológico con que la gente constató la irrupción de su poder divino, como cuando el oficial preguntó a sus servidores, viendo a su hijo sano por la palabra de Jesús, «a qué hora había comenzado a estar mejor» (4.52).

Esta era la «hora» de la permisión divina, porque en oportunidades anteriores «ninguno le echó mano, porque aún no había llegado su hora» (7.30; 8.20). Esta es la misma «hora» que aparece en la extraña respuesta de Jesús a Felipe y Andrés, portadores de la solicitud de los griegos: «Ha llegado la hora para que el Hijo del Hombre sea glorificado» (12.23). Los griegos pudieron haberla interpretado en términos de la entrada triunfal, pero Jesús tenía en mente la cruz (cf. v. 24). *Esta era la hora de la cruz, su trono más exaltado.*

En esta «hora», como lo expresó Bengel, «se encuentran el horror de la muerte y la pasión de la obediencia». «Ahora está turbada mi alma; ¿y qué diré? ¿Padre, sálvame de esta hora? Mas para esto he llegado a esta hora. Padre, glorifica tu nombre...» (12.27- 28). Toda la narración del Evangelio se ha encaminado en esa dirección. Jesús toma conciencia de esta «hora» y, aunque Juan no nos habla de la agonía del Getsemaní, surge una clara conexión con ella (cf. Mt. 26.38; Mc. 14.34).

Jesús parece tener dos alternativas: ser liberado de la «hora» o ser glorificado por medio de ella. Es un momento de tensión. La voluntad de Dios le ofrece la cruz y Jesús tiene que decidir. Y tiene el valor de aceptarla. Por eso el relato concluye en triunfo.

Pero entre la tensión y el triunfo se oye la voz de Dios. Es importante recordar que la voz de Dios se escucha en los grandes momentos de la vida de Jesús: en su bautismo, cuando inicia la tarea que Dios le había encomendado (Mc. 1.11); en el monte de la transfiguración, cuando Jesús decide tomar el camino de Jerusalén y de la cruz (Mc. 9.7), y cuando anuncia su muerte (Jn. 12.28), cuando su humanidad necesita la fortaleza de Dios para aceptar la cruz.

Jesús sabe que la cruz implica el juicio de este mundo, que por medio de ella se condena el presente orden mundial. Sabe que, si es obediente hasta la muerte de cruz, quebrantará definitivamente el poder de Satanás en el mundo, en su principado satánico. Sabe también que desde la cruz atraerá a todos los hombres hacia él. La cruz es el trono de su reino.

Llegamos ahora a un versículo de Juan que resume el drama del Evangelio y que pone una vez más de relieve la pertinencia de la cruz en la vida de Jesús: «Antes de la fiesta de la pascua, sabiendo Jesús que su hora había llegado para que pasase de este mundo al Padre, como había amado a los suyos que estaban en el mundo, los amó hasta el fin» (13.1). Esta vez la cruz tiene otro destello de gloria: para Jesús no se acaba todo, ni es la más grande desgracia que le pueda acontecer sino una cita con el Padre. Ni la presencia del traidor puede desviarlo de la cruz, la mejor y mayor expresión de su amor indeclinable por sus discípulos «hasta el fin». La cruz es el camino de retorno al hogar paterno, una señal de esperanza. En el Evangelio de Juan la hora de Jesús es la cruz, y es la hora de su gloria y de nuestra segura esperanza.

*La obra y las obras de Jesús.* La cruz fue la gloria de Jesús porque significó el cumplimiento de toda su obra: «Yo te he glorificado en la tierra; he acabado la obra que me diste que hiciese» (17.4). No haber llegado a la cruz habría significado dejar su obra inconclusa. En el Evangelio de Juan debemos trazar una distinción entre la obra de Jesús y las obras de Jesús. Pero, ¿cuál era su obra y cuáles sus obras? Jesús dijo: «Mi comida es que haga la voluntad del que me envió, y que acabe su obra» (4.34). Cuando las personas que habían visto el milagro de la multiplicación de los panes le preguntan a Jesús qué debían hacer para poner en práctica las obras de Dios, él les responde: «Esta es la obra de Dios, que creáis en el que él ha enviado» (6.29).

Las obras de Dios son los milagros. Así lo asevera Jesús: «No es que pecó éste, ni sus padres, sino para que las obras de Dios se manifiesten en él. Me es necesario hacer las obras del que me envió, entre tanto que el día dura; la noche viene, cuando nadie puede trabajar» (9.3-4). Cuando los judíos rodean a Jesús y le piden que diga abiertamente si es el Cristo, él les responde: «Os lo he dicho, y no creéis; las obras que yo hago en nombre de mi Padre, ellas dan testimonio de mí» (10.25 cf. v. 38; 14.10-12). Los milagros realizados en el nombre del Padre son la evidencia de la unión entre el Padre y el Hijo, y son también actos del Padre.

Pero la obra es su misión redentora, que debe ser recibida con fe. En la cruz Jesús manifiesta el amor sin límites de Dios «para que todo aquel que en él cree, no se pierda, mas tenga vida eterna» (3.16). En la cruz Jesús termina la obra, la misión, que el Padre le confió.

*El Hijo de Dios: obediencia y unidad.* ¿Cómo glorifica Jesús en la cruz al Padre? De la única manera posible: obedeciéndole. Las tentaciones que se narran en los sinópticos y la que aparece en Juan 6, cuando las multitudes querían coronar a Jesús como rey terrenal, tenían la intención de que él no llegara a la cruz. Jesús glorificó al Padre en la cruz ofreciéndole la perfecta obediencia del perfecto amor.

La oración de Jesús fue: «Padre ... glorifica a tu Hijo, para que también tu Hijo te glorifique a ti» (17.1b). La cruz fue el clímax de la vida y la obra de Cristo, pero no su final. Después de ella llegó la resurrección, la vindicación de la vida y la obra de Jesús, la rúbrica del Padre para darle autoridad como único Hijo de Dios, la señal de su realeza. La gloria de la resurrección disipó la vergüenza de la cruz.

«Ahora pues, Padre, glorifícame tú al lado tuyo, con aquella gloria que tuve contigo antes que el mundo fuese» (17.5). Estas palabras solamente pueden comprenderse en términos de la preexistencia de Cristo. Se refieren a la gloria que poseyó antes de su encarnación, como el Hijo de Dios. En cuanto a la unidad, más adelante analizaremos Juan 17.11, 21-23. Cullmann señala al respecto:

> En conclusión, podemos decir que el Evangelio de Juan ha penetrado, más profundamente que Mateo y Lucas, en el secreto de la conciencia filial de Jesús. Ha dado acertada expresión, en particular, a los dos aspectos inseparables: la obediencia y la unidad con el Padre...[14]

Notemos también la entronización del Hijo con su retorno a la gloria después de su ascensión: «...glorifícame tú al lado tuyo». Jesús entiende su cruz como el puente imprescindible entre la gloria que dejó y la gloria a la que regresaba.

## La misión de Jesús y la vida eterna

En Juan 17.3 encontramos la definición de vida eterna más personal, íntima y misionera de todo el Nuevo Testamento: la vida eterna consiste en conocer a Dios y a Jesucristo, su enviado. *Aionios zoe* tiene que ver más con la calidad de la vida que con su duración. En la Escritura, el eterno es Dios. Por lo tanto, la vida eterna es la vida de Dios, la vida que tiene su origen en él y que solamente él puede dispensar porque es suya.

El Antiguo Testamento nos habla de «conocer a Dios» (cf. Pr. 3.6, 18; 11.9; Hab. 2.14; Os. 4.6; Am. 5.4), lo que significa tener vida verdadera. El texto que consideramos nos dice que a Dios se lo puede conocer, y apela, en primer término, al entendimiento intelectual de quién es él, el único y el real (*alethinòn*). Sólo el

---

[14]Cullmann, *op. cit.*, p. 347.

Evangelio de Juan, en este versículo, usa estos títulos para Dios. Es también el único lugar en la Escritura donde Jesús usa para sí mismo la palabra «Jesucristo».

Es importante recordar también que uno de los usos del vocablo «conocer» en el Antiguo Testamento se relaciona con el vínculo sexual, como en Génesis 4.1. Este hecho apunta a que el conocimiento de Dios, además de intelectual, es personal e íntimo. Jesucristo, el enviado de Dios —a quien él reconoce como Padre, único y real Dios— nos revela cómo es Dios y hace posible que lo conozcamos personal e íntimamente, y así recibamos la vida eterna. «Conocer» incluye así la aceptación, la fe, el amor, la obediencia al Dios verdadero y a su hijo Jesucristo (cf. Jn. 14.7, 9; 16.3; 17.25).

## Jesús es el que revela al Padre

Para los hebreos el nombre de alguien es la persona misma: «He manifestado tu nombre» o, como traduce la Versión Popular, «les he hecho saber quién eres» (17.6). Anteriormente Jesús le habló al Padre sobre su preexistencia. Al unir ambas afirmaciones llegamos a la conclusión de que Jesucristo es el que revela de manera particular al Dios eterno, viviente e invisible.

El tema nos lleva al prólogo del Evangelio, ese prefacio que marca la pauta para el resto del libro. En él se anuncian el origen, la finalidad y las dimensiones cósmicas y universales de la misión que Jesús recibe del Padre. El es la Palabra que acompaña desde el principio a Dios y está tan íntimamente ligada al Dios que revela, que a la Palabra se la llama «Dios» (1.1-2).

Esta Palabra reveladora comienza su acción creadora cósmica y su penetración en el escenario de la vida humana que había creado. Sin embargo, el mundo, su creación, la ignora. Sigue su peregrinaje, ahora dentro de su propio espacio-tiempo-cultura. Ni siquiera su propia nación le da la bienvenida. No obstante, hay quienes la acogen, reciben una identidad y pasan a formar parte de la familia de Dios (1.10-13).

Esta Palabra acorta todas las distancias cuantitativas y cualitativas: se hace ser humano, se identifica y se solidariza con la comunidad humana, con la cual convive y participa. Finalmente, parece que los círculos concéntricos se achican más, y la comunidad de discípulos dice: «...vivió *entre* nosotros .... Y hemos *visto* su gloria, la gloria que como Hijo único recibió del Padre ... Nadie ha visto jamás a Dios; el Hijo único, que es Dios y que vive en íntima comunión con el Padre, es quien nos lo ha dado a conocer» (1.14, 18 VP).

Jesús confirma en su oración misionera la confesión de sus discípulos: «He manifestado tu nombre a los hombres que del mundo me diste» (17.6). Jesús define la misión que cumplió: «He manifestado tu *nombre...»* Según el Antiguo Testamento, el nombre significa el carácter de la persona hasta donde puede ser conocido (cf. Sal. 9.10; 20.7; 22.22; Is. 52.6). Lo que Jesús está diciendo es «les he hecho saber quién eres»: «El que me ha visto a mí, ha visto al Padre» (14.9). Jesús les enseñó a sus discípulos a dirigirse a Dios como Padre, lo cual refleja un evidente contraste con los judíos que rehusaban pronunciar el nombre sagrado *Yavé.*

Jesús les mostró a los seres humanos el carácter y la naturaleza verdaderos de Dios, y los llevó tan cerca del Padre Santo (cf. 17.11) que ellos podían pronunciar el nombre que los judíos no querían ni siquiera musitar.

## Jesús, el discipulador

Jesucristo es también el discipulador por excelencia. Juan 17 muestra cómo Jesús hizo efectiva su tarea reveladora en el tiempo y en el espacio: convocando, informando, formando y transformando a un grupo de hombres, a quienes denominó «discípulos». El discipulado es un tema recurrente en el Evangelio de Juan. En estos versículos se nos habla de su significado.

Discipulado significa elección y misión: «...a los hombres que del mundo me diste; tuyos eran, y me los diste...» (17.6). Los discípulos son personas escogidas para llamar a la fe a otros (cf.

17.20). Ellos son bendecidos en este mundo para bendecir al mundo (cf. 17.18 y 15.16).

Discipulado significa obediencia, unidad y misión: «y han guardado tu palabra». Los discípulos son personas que han aceptado la Palabra de Dios como la oyeron en boca de Jesús. Aceptan el señorío de Jesús y, en consecuencia, se someten a él. Hemos señalado ya la perfecta obediencia de Jesús, el Hijo de Dios. Nos corresponde ahora indicar la perfecta unidad en propósito, obras y enseñanza, y su relación con sus discípulos.

«Para que sean uno, así como nosotros» (17.11). La base para la unidad de los discípulos es la unidad de Dios mismo. Como en el versículo 21 y en 10.30, «uno» parece referirse a unidad en voluntad y propósito. Sólo con el sentido de misión, sufrimiento, esperanza, amor, puede aplicarse el ser uno en el contexto de la iglesia (17.21-23).

Discipulado significa gracia, humildad y misión. Las palabras que se usan en la perícopa son «dar» y «recibir». Dios es el eterno dador. Jesucristo es el don de su gracia. El ser humano es esencialmente receptor. Notemos la frecuencia con que el Señor usa el verbo «dar». Toda la oración, sin duda, demuestra cuán importantes eran este concepto y esta vivencia para el Señor. Los discípulos son aquellos que reconocen que, en el poder del Padre, Jesús realizó todas las obras que el Padre le dio para que llevara a cabo, y que la enseñanza que Jesús ofrecía provenía del Padre, es decir, que las palabras de Jesús eran la Palabra de Dios.

Recibir tiene dos ingredientes: conocer y creer. «Ahora han conocido que todas las cosas ... y han conocido verdaderamente que salí de ti, y han creído que tú me enviaste» (17.7-8). Recibir significa creer, reconocer que Jesús vino de Dios, quien lo envió. Jesús es tanto el que revela a Dios como el que ha sido enviado por Dios. Y tanto la revelación como la salvación proceden de la gracia de Dios y deben ser acogidas con humildad por los discípulos.

El cuadro más impactante de la humildad está en Juan 13.13-17:

> Vosotros me llamáis Maestro, y Señor; y decís bien, porque lo soy. Pues si yo, el Señor y el Maestro, he lavado vuestros pies, vosotros también debéis lavaros los pies los unos a los otros. Porque ejemplo os he dado, para que como yo os he hecho, vosotros también hagáis. De cierto, de cierto os digo: El siervo no es mayor que su señor, ni el enviado es mayor que el que le envió. Si sabéis estas cosas, bienaventurados seréis si las hiciereis.

En términos modernos, el discipulado cristiano es la agrupación de sirvientes y domésticos que hacen los mandados de Jesucristo. Allí radica la dicha de la misión: no sólo recibir sino también dar, y dar humilde y sacrificadamente.

## Santificación y misión

En Juan 17.9-19 la función sacerdotal de Cristo se une a su misión como rey y apóstol. Jesús intercede por sus discípulos, por la misión que ellos deben cumplir. Jesús ora por sus discípulos distinguiéndolos del mundo, solicitando para ellos la protección de su Padre, pidiéndole directamente que los santifique. En este contexto debemos entender tanto la modalidad de la unidad (v. 11) como la de la misión (v. 18).

La palabra «mundo» tiene diferentes connotaciones en este capítulo, en el Evangelio y en la Biblia en general. «Mundo» se refiere al planeta tierra: «antes que el mundo fuese» (17.5, 12, 13, 24); a la humanidad: «los hombres que del mundo me diste» (17.6, 21, 23, 25); a la humanidad fuera del círculo de los discípulos: «...no ruego por el mundo, sino por los que me diste» (17.9).[15]

«Y ya no estoy en el mundo; mas éstos están en el mundo ... Padre santo...» (17.11). Obviamente, en este versículo Jesús no estaba refiriéndose a la tierra, ni a la humanidad en general, sino al mundo organizado en contra de la voluntad del «Padre santo»,

---

[15]Arana Quiroz, *op. cit.*, pp. 42-43.

al mundo como expresión de impiedad. La idea se repite, aclara y profundiza en Juan 17.14: «...y el mundo los aborreció, porque no son del mundo, como tampoco yo soy del mundo».

El Dios-hombre vino al mundo de los seres humanos, no a un mundo ideal, sino al mundo tal cual era. Se redujo a un espacio-tiempo-pecado porque toda cultura está limitada por la geografía, por la historia y por la maldad humana. Este mundo le resulta hostil a sus discípulos, que están en trance de misión: «Yo les he dado tu palabra; y el mundo los aborreció...» (17.14).

Juan 17.15 merece especial consideración. Jesús no pide que el Padre saque a sus discípulos de este mundo, sino que los proteja en un medio ambiente adverso, en un mundo que no sólo es impío y agresivo en contra de los discípulos, sino que está en las garras del Malo. Comparto con ustedes el incisivo comentario de Cecilio Arrastía:

> La misión de la iglesia no puede definirse aparte de Cristo. De la misma manera, no puede definirse sin Satanás como factor de la misma. Afirmar la luz es afirmar, *ipso facto*, la existencia de la tiniebla. Afirmar a Cristo es afirmar las fuerzas que se confabulan para ser el anticristo.
> En la concepción de su misión, en la planificación de esa tarea es indispensable que incluyamos a Satanás como parte y parcela de la misma.[16]

Aunque Arrastía hace esta afirmación comentando el pasaje de la tentación del Señor, en esta oración sacerdotal y misionera se ve claramente que sólo el poder del Padre que protegió a Jesús puede cuidar a sus discípulos del Adversario mientras cumplen su misión en el mundo.

«No son del mundo, como tampoco yo soy del mundo» (Jn. 17.16). No es una cuestión de pertenencia geográfica, sino

---

[16]Cecilio Arrastía, *Tentación y misión*, Casa Bautista de Publicaciones, El Paso, Texas, 1993, pp. 21ss.

espiritual. Los discípulos no piensan, sienten y deciden (en síntesis, no viven) como la gente de este mundo, que se opone a Dios y está en las manos del Maligno. Este es otro matiz de ese mundo malo.

Según el pensamiento judío, ser enviado es ser considerado el agente del que envía, quien a su vez se identifica a sí mismo con aquel a quien envió, y con ello le da autoridad. Para nuestro análisis misionero hay una serie de textos que nos hablan de Jesús como el que vino, el que viene y el que vendrá.

### Jesús, el testigo

Un aspecto final en cuanto a Jesús y la misión tiene que ver con el testimonio. Varios personajes que aparecen en el Evangelio «dieron testimonio», como Juan el Bautista (1.6-8, 15, 19-36), los discípulos (15.27; 19.35; 21.24) o el discípulo amado (19.35). Todos son llamados a dar testimonio de la misión de Jesús ante el mundo. El Consolador tiene también como función dar testimonio (15.26).

A. Harvey ha sugerido que todo el Evangelio es como un proceso en el que Jesús (y el Padre, 5.37) da testimonio de sí, certificando que su misión indudablemente procede de Dios (Jn. 5.30-47; 8.17-19).[17]

## El Espíritu Santo, el enviado del Padre y del Hijo

En el Evangelio de Juan, el Espíritu cumple un papel central en la vida y la misión de Jesús y de la comunidad de discípulos.

Juan el Bautista da testimonio de que el Espíritu desciende sobre Jesús y permanece con él (Jn. 1.33), lo que significa que

---

[17]A. Harvey, *Jesus on Trial: A Study in the Fourth Gospel*, John Knox, Atlanta, 1976.

ambos continuaron unidos durante el ministerio terrenal de Jesús y después de su exaltación.

La escena anterior es paralela al episodio de la investidura de Jesús como el Cristo por medio del Espíritu en los pasajes del bautismo que aparecen en los Evangelios sinópticos. De manera similar, la misión mesiánica de Jesús se describe como el bautismo con agua y en el Espíritu, en contraste con el bautismo con agua que administraba el Bautista, con la expresa indicación de Dios de que Jesús es el Bautista del Espíritu (cf. 1.33; 3.5, 8). El ministerio de Jesús, el Cristo, inaugura la era del Espíritu.

En el diálogo de Jesús con Nicodemo, el nacer de arriba o nacer del Espíritu (3.5) está asociado íntimamente con la misión de Jesús como el Hijo del Hombre que es enviado al mundo para salvarlo (3.18ss.). La fe en Jesús como el que revela el amor de Dios es la vía para disfrutar la vida del Espíritu (3.34-35; 7.38-39; 4.10).

El Espíritu es el Espíritu de Jesús, quien continúa su obra y perpetúa su presencia. Notemos el paralelismo que presenta Juan entre el ministerio de Jesús y el del Espíritu: el Padre da y envía, tanto a Jesús como al Espíritu (3.16,17; 14.16, 26). Ambos enseñan a los discípulos (6.59; 7.14, 28; 8.20; 14.26). El mundo no los acepta ni los reconoce (14.17; 16.3). Ambos vienen del Padre (15.26; 16.27, 28).

En los capítulos 14-16 encontramos la enseñanza más típicamente juanina sobre el Espíritu. Allí se usa el término griego *parácletos*, que no tiene equivalente exacto en hebreo ni en castellano, y que puede incluir significados jurídicos, como abogado y mediador, o connotaciones como consolador, alentador o ayudador. Siempre un *parácletos* es alguien llamado para ayudar en una situación problemática o de necesidad. Usando este término Jesús promete la venida del Espíritu, quien será su presencia en su ausencia. El Espíritu (*Parácletos*) se encargará de mantener la misma relación personal y vivificante que los discípulos habían disfrutado con él; el Padre enviará otro consolador (14.16).

Después de la resurrección, el Espíritu enviado por el Padre hará por la comunidad de discípulos lo mismo que Jesús había hecho por ellos. Así el *Parácletos* estará *con* los discípulos permanentemente (14.16), los ayudará, les mostrará la verdad (14.17), les enseñará y los guiará en la verdad (16.13), y se enfrentará con el mundo no creyente (16.8-11).

El Consolador no sólo es la presencia de Jesús en su ausencia. También extiende e intensifica esa presencia en la comunidad de discípulos después de la resurrección. La situación de ellos será mejor que la de los discípulos que acompañaron a Jesús en los días de su carne. ¿Por qué? Porque Jesús, por medio de su Espíritu, estará con ellos siempre (14.16, 18) y porque ha declarado «bienaventurados los que *no vieron, y creyeron*» (20.29). Los discípulos no siempre captaron las enseñanzas de Jesús (cf. 2.23), pero ahora tendrán un maestro a tiempo completo y con dedicación exclusiva que les recordará las enseñanzas de su Señor (14.26).

Mediante el poder del Espíritu la comunidad de discípulos podrá hacer obras mayores (14.12) que las señales milagrosas que Jesús hizo, siete de las cuales se relatan en este Evangelio.

Una deducción misionera que se puede extraer del texto tiene que ver con la expansión del evangelio en el mundo. Jesús lo sembró en la Palestina, mientras que la comunidad de discípulos lo llevaría hasta el fin de la tierra, y lo interpretaría en diferentes lenguas y para diferentes culturas. El Espíritu hace a Cristo presente, comprensible y transformador. En su misión en el mundo, animada, alentada, guiada y sostenida por el Espíritu, la iglesia descubre el verdadero sentido de la Palabra hecha carne y Jesús la desafía a seguir sus pisadas.

En el Evangelio de Juan, en consonancia con la enseñanza sobre el Espíritu de todo el Nuevo Testamento, el Cristo resucitado es el dador del Espíritu. En la aparición del Cristo resucitado a sus discípulos temerosos y encerrados, Cristo los invita a la misión: «como el Padre me envió, así también yo os envío». E inmediatamente sopló sobre ellos y les dio el Espíritu

(Jn. 20.21-22). El modelo de misión de la comunidad de discípulos es Jesús. Su vida, su significado, sus dimensiones, su urgencia, sus modalidades y sus espacios son dones, prerrogativas, incitaciones e insinuaciones que la iglesia debe recibir del Espíritu.

## La comunidad de discípulos y su misión

Para Juan la misión de Jesús, la misión del Espíritu y la misión de la comunidad se hallan interrelacionadas. En realidad, son una y la misma misión. En el Evangelio de Juan los discípulos van progresando poco a poco en el conocimiento de Jesús (1.35-50; 2.11), aunque no comprendieron algunas de sus enseñanzas sino después de su muerte y resurrección (13.7; 2.21). Jesús les enseña cómo bautizar (3.22; 4.1-2) y los sorprende con su conducta misionera (4.27, 31-36).

Nicodemo nos ofrece otro ejemplo del progreso en la fe. De noche busca a Jesús, lo reconoce como maestro que ha venido de parte de Dios (3.2), pero no entiende el mensaje espiritual de «nacer otra vez» ni la función del Hijo de Hombre. Nicodemo es el hombre *biológico* y no puede entender «cómo puede un hombre nacer siendo viejo» (3.4). Nicodemo viene a Jesús de noche y, aunque no sabemos sus razones, el uso de los símbolos en el Evangelio de Juan nos permite decir que vino de noche porque *vivía de noche*. Lo vemos nuevamente en 7.50-52 defendiendo a Jesús ante los «sacerdotes y fariseos». Ahora se nota un cambio: tenemos al hombre *ético*. Finalmente, unge a Jesús para su sepultura (19.39). Nicodemo es el *hombre comprometido* con el crucificado. Nicodemo fue madurando en su fe.

La samaritana del capítulo 4 es otro ejemplo cautivador de este progreso en la fe. Para ella Jesús pasa de ser un judío desconocido a semejarse a un profeta, hasta que lo reconoce como el agua viva que puede saciar su sed de pureza y dignidad.

La fe en Jesús se perfecciona, pues el Jesús de la fe no negocia ni se negocia, sino que exige y demanda. En 6.60-70 se plantean las definiciones que hay que tomar con Jesús. Hay que creer que Jesús es el único que revela al Padre. No hay negociación posible: se lo acepta, se lo rechaza o se lo traiciona (6.61). Algunos discípulos desertaron porque no podían aceptar que Jesús fuera «el pan vivo que descendió del cielo». Los doce manifestaron una fe sin condiciones, sin dilaciones, sin evasivas y sin retiradas. Por medio de su portavoz, Pedro, declaran que Jesús es «el santo de Dios». La fe de los discípulos en Jesús sigue perfeccionándose: esa fe conoce, confía, confiesa y se compromete. Uno de ellos traiciona al Maestro. Los discípulos tienen una fe real pero no perfecta, de manera que su discipulado es auténtico y perfectible.

En los capítulos 7 a 12 se destacan otras exigencias para los discípulos de Jesús. Juan, el evangelista, es el discípulo amado que tiene una relación particularmente íntima con Jesús (13.23; 21.20-23). Jesús crucificado le confía a su madre (19.26-27), y su testimonio sirve de base para el Evangelio (19.35; 21-24).

La existencia cristiana se inicia con «creer en Jesús», y esta fe debe ir progresando acompañada por el amor y el servicio (13.1, 12-15, 3, 4). La fe y el amor son la semilla y el fruto de la existencia cristiana que identifican a los discípulos de Jesús. Para Juan hay una sola prueba de amor: la obediencia (14.15, 21, 23-24). Sólo ella garantiza permanecer en el amor de Cristo (15.10).

Los discípulos están llamados a una existencia en comunión con Jesús que se evidenciará en una vida fructífera que honrará a Dios. Son elegidos con una misión: producir fruto permanente. Así el Padre responderá a las oraciones de ellos (15.1-5, 7-8, 16).

La unión entre Jesús y sus discípulos es el amor (15.9-15). Jesús los ama como el Padre lo ama a él (15.9). Sólo hay una condición para mantener esa mutua relación de amor: la obediencia (15.10).

Los discípulos y Jesús comparten la felicidad del amor obediente (15.11). Pero esa relación vertical no es suficiente: a los discípulos se los llama a amarse mutuamente siguiendo el modelo de Jesús (15.12).

El ingrediente esencial de ese modelo es el sacrificio hasta la muerte en favor de los amigos (15.13). Nuevamente la obediencia es la condición básica para que los discípulos mantengan la amistad con Jesús (15.14). El quiere que los discípulos estén muy seguros de que su relación con ellos es única. No son siervos, sino amigos, porque él les ha dado a conocer la relación única que tiene con el Padre.

¿Cómo entender la misión de los discípulos de llevar fruto a la luz del Evangelio de Juan? Debemos comprenderla en una doble perspectiva. Según el pasaje misionero de 4.34-36, el fruto que deben recoger los discípulos son personas que crean en Jesús como quien ha manifestado al Padre. En 15.2, 4, 5, 8 y 16 el fruto tiene que ver con un carácter y con una conducta. Este carácter llevará la impronta de pertenecer a Jesús: el amor (13.34-35; 15.12, 17). Y esta conducta deberá seguir los pasos de Jesús: el servicio sacrificial hasta la muerte (13.14 -15; 15.13).

La fe y el amor son los fundamentos de la existencia cristiana; la obediencia y el servicio sacrificial son las estructuras visibles que identifican a los seguidores de Jesús.

## Conclusión

El Evangelio de Juan sustenta completamente la misión de la comunidad de discípulos en el modelo misionero de Jesús. Los textos básicos son Juan 20.21 y 17.18. En 13.16, 20 aparece también la idea de «ser enviado» enfatizando la correspondencia entre la misión de Jesús («el que envía») y la de los discípulos (los enviados). Para que esta misión se inicie hay que esperar la venida del Espíritu (20.21-22; 15.26-27).

Podemos extraer los siguientes principios de los pasajes analizados, en los cuales la misión cristiana debe seguir el modelo misionero de Jesús:

*Principio encarnacional*. En el prólogo del Evangelio vemos que el Hijo (la Palabra) fue enviado como un hombre entre los seres humanos. Jesús, el judío, da a conocer al Padre invisible (1.18). El

Hijo del Hombre viene para que los hijos de los hombres lleguen a ser hijos de Dios (1.12).

Debemos estudiar más profundamente el uso que hace el apóstol del *Logos*, y cuál podría ser su aplicación contemporánea en nuestra transmisión y enseñanza del evangelio.

*Principio litúrgico.* Recordemos que el prólogo es un himno cristiano de la iglesia. En nuestros días existe una tendencia en sectores carismáticos y reformados —interesante coincidencia— de sólo cantar Salmos en sus cultos. Los primeros pretenden no sólo conocer la letra, pues está en la Biblia, sino también la música de los judíos. Los segundos usan melodías de los salterios de Ginebra y Escocia, así como melodías latinoamericanas. ¿Cómo debemos relacionar este principio con el anterior?

*Principio koinónico.* El amor es la marca de los discípulos de Cristo (Jn. 13.34-35). ¿Qué formas prácticas de expresión amorosa encontramos en el Evangelio de Juan y en el Nuevo Testamento en general?

*Principio soteriológico.* Jesús fue enviado al mundo para salvarlo (3.16, 17; 12.44-47). Jesús fue enviado para iniciar un nuevo orden que se plasmará en «el último día» (6.38-40). La misión de la iglesia es ser portadora de esa salvación a través de la predicación, de la enseñanza y de las obras (señales) del Evangelio en el poder del Espíritu.

*Principio diaconal.* En el impactante recuento del capítulo 13 se observa con claridad este principio. ¿Qué relación tiene con los demás? ¿Queda reducido sólo a la comunidad cristiana según el Evangelio de Juan? ¿Tiene alguna nota escatológica?

*Principio sacerdotal.* ¿Cómo debe expresar la iglesia hoy este principio?

*Principio ecuménico.* Aunque Juan no usa el vocablo *oikumene*, la idea de «tierra habitada» está presente indudablemente en el Evangelio y en forma especial en el capítulo 17. Coincide así con Lucas en que debe anunciarse el evangelio en todas las naciones. En este sentido, el evangelio juanino es universalista y hasta cósmico. ¿Cómo la iglesia puede frustrar la oración de Jesús? Y ¿cómo puede ser parte de su respuesta?

*Principio profético.* Jesús fue enviado al mundo a cumplir una misión profética. Jesús se enfrentó valerosamente a sus enemigos, denunciando su incredulidad (analizar Juan 5 y 9). Jesús venció al mundo (16.33). ¿Cómo? También el Consolador enfrenta al mundo (14.17; 15.26; 16.8-11, 12-15). A la luz de estos pasajes, ¿cuál es el contenido de la función profética de la iglesia?

En el Evangelio aparecen cinco movimientos misioneros. Juan el Bautista es enviado por Dios, el que envía, a dar testimonio de Jesús (1.6-8; 3.28). Jesús es enviado por el Padre a dar testimonio de la verdad y a hacer la obra (18.37; 4.34). El Espíritu es enviado por el Padre y por el Hijo a dar testimonio de Jesús (14.26; 15.26). Los discípulos son enviados por Jesús a seguir su modelo encarnacional, litúrgico, *koinónico,* soteriológico, diaconal, sacerdotal, ecuménico y profético.

Estas dimensiones misioneras se hallan interrelacionadas. Tienen por escenario el mundo y su meta suprema es la salvación del mundo. En todas ellas se destaca una relación personal entre el que envía y el que es enviado, entre el que confiere autoridad y el agente que actúa. Esto se percibe en todos los casos, incluso en el del Hijo (8.28-24) y en el del Espíritu (16.13). Jesús es el personaje central de todas estas misiones. Juan el Bautista anuncia y prepara su venida. El Espíritu es su presencia real. Los discípulos creen en Jesús y perseveran en esta creencia. Para ellos creer es conocer (17.3), confiar (10.26-29), comprometerse (6.67-68) y confesar su nombre (6.69).

Pero el punto central de la misionología del Evangelio de Juan no es Jesús sino Dios, el Padre. El Padre es el que envía y sólo él no es enviado. El se envía a sí mismo: «Y el verbo se hizo carne». El Verbo era Dios. Dios es el origen de todo el testimonio del Evangelio de Juan.

11

# Pablo y la misión a los gentiles

*Samuel Escobar*

> Sería difícil exagerar la importancia de san Pablo para el estudio de los fundamentos bíblicos de la misión ... San Pablo es el único de los escritores del Nuevo Testamento que ofrece una visión muy profunda y sistemática del cristianismo universal. El vigor de la palabra y de la personalidad de san Pablo y la energía de su dedicación misionera siguen haciendo que las cartas paulinas hablen poderosamente a la iglesia en cuanto a la comprensión que ésta tiene de sí misma.[1]

A lo largo del presente siglo, en el campo de los estudios misioneros se produjo un retorno a las Sagradas Escrituras en busca de fundamentos y paradigmas para la misión. En el caso particular de los estudios paulinos, uno tiene la impresión de que a fines del siglo pasado los teólogos alemanes concentraban su atención en las ideas del apóstol Pablo. Una excepción importante fue Adolf Harnack, quien estudió detenidamente la expansión de la Iglesia primitiva. Por su parte, los investigadores británicos como Sir William Ramsay se destacaron en el esfuerzo por reconstruir los hechos históricos. Este trabajo exegético e histórico abrió el camino para aquellos que en nuestro siglo se acercaron a Pablo con las preguntas planteadas por la práctica de la misión cristiana. Entre ellos se destaca Roland Allen, quien fue misionero en la China entre 1896 y 1903, y luego

---

[1]Donald Senior y Carroll Stuhlmueller, *Biblia y Misión*, Verbo Divino, Madrid, 1985, p. 217.

pastor en Inglaterra y estudioso de la misión cristiana hasta su muerte en 1947.[2]

La inquietud de Allen era el contraste entre la expansión «espontánea» de la iglesia primitiva, pese a todas las dificultades que tuvo que enfrentar, y la lentitud del avance misionero en el siglo veinte, pese a todas las ventajas económicas y culturales con que contaba la misión moderna.[3] Allen proponía un regreso a los métodos del Nuevo Testamento, y en especial a los de San Pablo.[4] Después de los trabajos de Allen, y especialmente en las últimas décadas, se han multiplicado las investigaciones que parten de preguntas sobre la metodología misionera. Esta búsqueda requiere un cambio de mentalidad y de actitud que el misiólogo sudafricano David Bosch ha descrito de la siguiente manera: «Nuestro punto de partida no debería ser la empresa misionera contemporánea que buscamos justificar, sino el sentido bíblico de lo que significa el ser enviados al mundo.»[5]

Actualmente nos encontramos frente a un volumen formidable de estudios paulinos, desde una gran variedad de ángulos. Preguntas surgidas de la realidad eclesiástica y misionera de un cristianismo cada vez más global han sido respondidas con el

---

[2]Sobre Allen ver David Evans, «Roland Allen: profeta radical», *Misión* 8, marzo de 1984, pp. 19-21.

[3]Su obra clave traducida al castellano es *La expansión espontánea de la iglesia*, La Aurora, Buenos Aires, 1970. El dirigente misionero Kenneth Strachan, forjador de «Evangelismo a Fondo», trabajó en una aplicación de las ideas clave de Allen a la situación latinoamericana.

[4]Una de sus obras clásicas es precisamente *Missionary Methods, St. Paul's or Ours?*, World Dominion, Londres, 1912 (3ra. ed. 1953).

[5]«Reflections on Biblical Models of Mission», James M. Phillips y Robert T. Coote, eds., *Towards the 21st Century in Christian Mission*, Eerdmands, Grand Rapids, 1993, p. 177.

aporte de enfoques no sólo teológicos, sino también sociológicos, antropológicos, sociolingüísticos e histórico-religiosos, entre otros.[6] Frente a semejante caudal de información y variedad de interpretaciones, ni siquiera a los especialistas les resulta posible mantenerse al día. Lo que ofrecemos aquí es sólo un esfuerzo por resumir materiales que nos han parecido de especial interés desde el punto de vista de la misión cristiana. Las preguntas que hemos planteado provienen de la práctica misionera actual en América Latina, en esta década final del siglo veinte.

La metodología que vamos a seguir en el presente trabajo es la de examinar algunos aspectos distintivos de la práctica misionera del apóstol Pablo, tratando de correlacionarlos con las notas del marco teológico que pueden encontrarse en los propios escritos paulinos y que parecen explicar su práctica. Conforme avanzamos, haremos referencia a algunas cuestiones misiológicas del momento, para las cuales tanto la práctica como la teología de Pablo pueden ofrecer valiosas sugerencias de respuesta. Este acercamiento hace necesaria una reflexión introductoria y crítica acerca de las fuentes que utilizaremos.

## Fuentes y método de aproximación al material bíblico

Desde una perspectiva evangélica, el artículo «Pablo» en el *Nuevo Diccionario Bíblico* (*NDB*)[7] ofrece una breve síntesis biográfica y un resumen crítico del estado actual de los estudios

---

[6]Ver, p. ej., la densa bibliografía que ocupa 37 páginas en Wayne A. Meeks, *Los primeros cristianos urbanos. El mundo social del apóstol Pablo*, Sígueme, Salamanca, 1987. Herman Ridderbos ofrece un útil capítulo introductorio sobre «Las líneas generales en la historia de la investigación paulina», *El pensamiento del apóstol Pablo*, Certeza, Buenos Aires, 1975.

[7]E. E. Ellis, «Pablo», *NDB*, Certeza, Buenos Aires, 1991.

paulinos. Aunque su interés particular no es fundamentalmente misiológico, nos ofrece un buen recuento del tipo de problemas críticos que se plantean los biblistas respecto a las fuentes para el estudio de la práctica misionera y la teología de Pablo. Una cuestión, por ejemplo, es la de la validez del material que presenta Lucas en el libro de Hechos, y otra la de la autoría de las diferentes epístolas que se atribuyen a Pablo.

El libro de Hechos provee una secuencia de acontecimientos y viajes, pero cuando lo estudiamos con detenimiento nos encontramos con algunos vacíos o puntos dudosos. Hay que recordar que varias de las Epístolas se escribieron antes que el libro de Hechos. Ellas contienen material que, al ser leído cuidadosamente en su contexto, nos ayuda en la reconstrucción de la historia. El examen de los estudios paulinos muestra que los especialistas católicos tienden a aceptar más fácilmente las posturas críticas respecto a la validez histórica del libro de Hechos. La idea es que Lucas, debido a un interés literario o didáctico, arregló los hechos que narraba embelleciéndolos con detalles de dudosa validez histórica. Una excepción, sin embargo, es el biblista español González Ruiz, quien resume así su aproximación a la misiología paulina: «Por consiguiente la lectura del mensaje de Pablo hay que hacerla con el método de Lucas, su fiel intérprete y compañero.»[8]

Los especialistas evangélicos, entre los cuales se destaca F. F. Bruce, han trabajado a partir de una presuposición de confianza en la autenticidad histórica del texto, y han acumulado pruebas en ese sentido.[9] Earl Ellis sostiene que «el libro de Hechos, complementado con los datos de las epístolas y de fuentes

---

[8]José María González Ruiz, *El Evangelio de Pablo*, Sal Terrae, Santander, 1988, p. 43.

[9]Ver el artículo de Bruce, «Libro de los Hechos», *NDB*, pp.586-588. Una discusión más amplia aparece en Ward Gasque, *A History of the Criticism of the Acts of the Apostles*, Tubinga, 1975.

judaicas y seculares, sigue sirviendo como el marco cronológico de la mayoría de los especialistas.» Al mismo tiempo, sin embargo, con referencia al relato de Hechos, reconoce que «el carácter incompleto del mismo y su vaguedad cronológica ... se acepta crecientemente...»[10]

El volumen dedicado a Hechos en la serie *Comentario Bíblico Hispanoamericano*, escrito por Justo L. González, opta por una vía media entre posturas críticas y conservadoras. Más recientemente, el misiólogo sudafricano David Bosch, quien dedicó a las bases bíblicas de la misión una importante sección de su obra magna *Transforming Mission*,[11] divide su material en un capítulo que trata de Lucas-Hechos y otro que se ocupa de Pablo. En este último, Bosch decide usar el material de las Epístolas y no el de Hechos porque considera que «Hechos es una fuente secundaria respecto a Pablo, y es una metodología errónea la que mezcla fuentes primarias y secundarias.»[12] De manera bastante didáctica, el brasileño Carlos Mesters resume el asunto cuando escribe:

> Existen diversas contradicciones entre los Hechos y las cartas ... Los estudiosos prefieren dar la razón a Pablo, pues Lucas no siempre está interesado en el relato exacto de los acontecimientos. Al describir los viajes de Pablo en los Hechos piensa más en sus lectores de las comunidades sufridas de los años 80 que en el propio Pablo de los años 50. Lucas describe los hechos de tal manera que sus lectores puedan captar la lección de la historia. Para nosotros hoy no es fácil discernir lo que es hecho de lo que es *lección de la historia*. Pero es bueno no preocuparse demasiado por estas cuestiones. No son importantes. Mucho más importante es tener la misma

---

[10]*Idem.*

[11]*Transforming Mission*, Orbis, Maryknoll, 1991. La versión castellana de esta obra, *Misión en transformación*, será publicada próximamente bajo el sello de Nueva Creación.

[12]*Ibíd.*, p. 123.

> preocupación que tuvo Lucas, es decir: la Palabra de Dios debe poder encontrar su camino y llegar *hoy* a su objetivo en la vida de nuestras comunidades.[13]

La lección metodológica que se desprende de este examen de opiniones es que toda conclusión, para ser bien establecida, no debe tomar únicamente el relato lucano en Hechos sino que, en lo posible, tiene que ser controlada por referencia a las Epístolas, dentro del marco más amplio de la teología paulina.

Respecto a la autoría de las Epístolas, las posturas de los estudiosos varían mucho. Hay discusiones enrevesadas sobre cuestiones estilísticas o de análisis de contenido, pero parece haber consenso en reconocer tres grupos de escritos, tomando en cuenta la temática. Gálatas, Romanos, 1 y 2 Corintios, Filipenses y 1 Tesalonicenses pueden agruparse, pero hay diferencias claras con Efesios, Colosenses y Filemón. Finalmente, las llamadas Pastorales y 2 Tesalonicenses también tienen características propias.

F. F. Bruce, en su pequeña pero valiosa obra *El mensaje del Nuevo Testamento,* ordena su material paulino en tres capítulos diferentes que corresponden a los tres grupos mencionados.[14] Lo mismo hacen los misiólogos Legrand y Senior-Stuhlmueller en sus respectivas obras. En este caso, la lección metodológica es la de reconocer las diferencias y esforzarse por leer siempre el texto de cada grupo de Epístolas en su particular contexto. Desde el punto de vista misiológico ello tiene especial valor. Así, por ejemplo, apreciamos mejor la flexibilidad pastoral paulina si reconocemos que las recomendaciones pastorales y los énfasis teológicos varían según se trate de las iglesias de Efeso, Corinto, Filipos o Roma.

---

[13]Carlos Mesters, *Pablo apóstol. Un trabajador que anuncia el Evangelio,* Dabar, México, 1993, p. 48.

[14]F. F. Bruce, *El mensaje del Nuevo Testamento,* Certeza, Buenos Aires, 1975.

Finalmente, es importante recordar que la correspondencia paulina brota de la práctica misionera. No se trata de documentos escritos como ensayos teológicos, pensando en las exigencias académicas occidentales. Son más bien correspondencia misionera y pastoral, escrita por un apóstol que cruzaba fronteras para anunciar el evangelio y fundar iglesias, y dirigida a los miembros creyentes de estas iglesias. Su vitalidad se explica por la continua referencia a la práctica, en un tono personal, desinhibido, a veces intimista y otras en explosiones de devoción o entusiasmo. De la riqueza de este material escogemos ahora lo que nos parecen algunas líneas maestras en relación con las inquietudes misiológicas.

## El encuentro con Cristo: la clave del impulso misionero

### Retrato del misionero

En uno de los relatos de Hechos, estando en Jerusalén acusado de haber alborotado a la ciudad, Pablo se presenta a sí mismo hablando en griego ante Claudio Lisias, comandante del batallón romano de la Torre Antonia: «Yo soy judío, natural de Tarso de Cilicia, ciudadano de una población importante».[15] Así se ubica socialmente como judío de la Dispersión, que había adquirido la ciudadanía romana, y había nacido en una ciudad que era encrucijada cultural y comercial. Todos estos factores fueron muy importantes en su carrera como misionero.

Contamos también con un pasaje autobiográfico en Filipenses 3: 4-16, que nos permite penetrar en el centro del impulso que movía su corazón misionero. En medio de una polémica con misioneros judaizantes, Pablo afirma que si de lo que se trata es de

---

[15]Hch. 21.39, *Biblia de Estudio* (BE), *Dios Habla Hoy*, Sociedades Bíblicas Unidas, 1994.

hazañas y marcas de prestigio desde el punto de vista puramente humano, él puede presentar un *curriculum vitae* impresionante. Ofrece una lista de sus títulos dentro del judaísmo, impecables desde el punto de vista nacionalista: «del linaje de Israel, de la tribu de Benjamín, hebreo de hebreos». No es menos desde el punto de vista religioso: «circuncidado al octavo día», es decir, proveniente de familia judía devota, no un gentil convertido. Por decisión propia se había hecho miembro del partido mas celoso de la tradición hebrea, «fariseo», y había dado muestras de rigor y celosa devoción a la causa judía: «perseguidor de la iglesia». Aquí, literalmente, dice «cazador» de herejes, término que usan Lucas y Pablo mismo para describir su grado de devoción a la causa (Hch. 9.4-5; 22.4, 7, 8; 1 Co. 15.9; Gl. 1.13ss., 23). En lo moral, medido por la obediencia a la ley, era «irreprensible.»

Sin embargo, la verdadera intención de esa lista de credenciales era mostrar que para él la fe en Cristo había obrado un cambio radical de perspectiva. La conjunción adversativa «pero» introduce una apasionada profesión de fe en Cristo, que lo ha llevado a considerar como de poco o ningún valor toda la grandeza humana que caracterizaba su vida anterior. Esta es una de las descripciones más claras y radicales de Pablo acerca de la revolución espiritual que le trajo su encuentro con Cristo. Nada en el libro de Hechos o en los escritos de Pablo indica que éste haya conocido a Jesús durante su ministerio terrenal. El encuentro en el camino de Damasco fue sin duda una experiencia con el Jesús resucitado.

## La revelación de Cristo

Lo biográfico y lo teológico se conjugan cuando nos aproximamos a lo que sería el núcleo del mensaje paulino: su cristología. Ella deriva de su experiencia con Cristo, y para ésta, la conversión en el camino a Damasco es crucial: «Puesto que San Pablo mismo identifica explícitamente su propia vocación misionera con esta experiencia cristiana inaugural, estaremos justificados para construir a partir de ese punto su teología sobre la misión.»[16] Hechos narra tres veces el evento (Hch. 9.1-19; 22.6-16; 26.12-18), y esta repetición es un recurso literario que nos indica que el autor atribuye a la conversión de Saulo una importancia decisiva. Sin embargo, lo que el propio apóstol afirma respecto a su experiencia en una de sus primeras epístolas (Gl. 1.11-24) es un dato más antiguo que el relato de Hechos, y por ello nos ofrece importantes claves interpretativas en la secuencia de los hechos que narra y la manera de interpretar su significación. En dicho pasaje de Gálatas Pablo no ofrece otros detalles acerca de su experiencia, al parecer porque la intención del pasaje es insistir en que él tuvo una revelación directa de Cristo, no mediada por los otros apóstoles.

La secuencia de frases clave en Gálatas 1.15 y 16 resume bien el sentido de apostolado que se encuentra en todos los escritos paulinos. «Cuando agradó a Dios ... revelar a su Hijo en mí» apunta a la iniciativa divina en la historia de la salvación. La expresión, tomada de los profetas, «me apartó desde el vientre de mi madre» (cf. Is. 49.5; Jer. 1.5) nos plantea la problemática de la continuidad y discontinuidad entre la experiencia judía de Pablo y su encuentro revolucionario con Cristo. También los relatos de conversión en Hechos destacan la idea de llamamiento y la vinculan con el Antiguo Testamento (Hch. 9.15; cf. Jer. 1.5; Is. 49.1. Hch. 26.16-18; cf. Ez. 1.28; 2.1-3. Hch. 26.18 cf. Is. 35.5; 42.7-16).

En tiempos recientes se ha redescubierto la importancia de conocer el trasfondo judío del apóstol y la herencia que incorporó a su comprensión de la fe cristiana. Stendahl ha insistido en la importancia de ver la conversión de Pablo con la lente bíblica y no a través de la experiencia de Lutero o de las conversiones modernas.[17] No se trataba de la conversión de alguien que había

---

[16]Senior-Stuhlmueller, *op. cit.*, p. 224.

creído en un dios y pasaba a creer en otro Dios diferente. Tampoco se trataba de alguien que, como Lutero, tenía una lucha espiritual buscando la aceptación de Dios. Se trataba del encuentro de un judío fiel con el Cristo resucitado, su Señor, y el descubrimiento de un llamado muy peculiar: «para que yo le predicase entre los Gentiles.» Eso es lo novedoso, el misterio puesto ahora al descubierto.

## El marco escatológico de la misión

Cuando recordamos que este Saulo de Tarso que se encuentra con Jesús en el camino a Damasco era un judío de la dispersión, entendemos mejor la profundidad de su cosmovisión arraigada en el Antiguo Testamento. Como buen judío, Pablo tenía una visión de la historia humana en la cual el Dios de Abraham, Isaac y Jacob estaba actuando. La propia realidad histórica de Israel era evidencia de esta acción de Dios, quien por medio de sus profetas había prometido un nuevo orden de cosas que sería inaugurado por la llegada del Mesías, el ungido de Dios. Esta esperanza daba sentido a la propia historia de Israel y creaba una actitud de expectativa. El encuentro con Jesucristo llevó a Pablo a la convicción de que se había cumplido la promesa de Dios: «Cuando vino el cumplimiento del tiempo, Dios envió a su Hijo...» (Gl. 4.4).

Para Pablo, tanto la vida, muerte y resurrección de Jesucristo como la presencia del Espíritu Santo en el creyente y en la iglesia, son evidencia de que el Dios que actúa en la historia ha cumplido sus promesas, y la nueva era ha llegado. De esta manera, la bendición prometida a Abraham alcanza a los gentiles que pueden recibir la promesa del Espíritu Santo (Gl. 3.14). Aún no vemos el

---

[17]John H. Yoder resume bien el argumento de Stendahl y sus consecuencias en el cap. 11 de *Jesús y la realidad política*, Certeza, Buenos Aires, 1985, pp. 153-165.

cumplimiento pleno de las promesas divinas, pero ya estamos viviendo en el nuevo tiempo de Dios. Como dice Padilla:

> Los cristianos son aquellos «a quienes han alcanzado los fines de los siglos» (1 Co. 10.11). Por supuesto, todavía esperan el futuro advenimiento apocalíptico del Reino: el cumplimiento de la esperanza veterotestamentaria que se ha realizado en la persona y obra de Jesucristo es «un cumplimiento sin consumación». Pero los eventos escatológicos decisivos ya se han llevado a cabo y consecuentemente es necesario que el Mesías «reine (*basileuein*) hasta que haya puesto a todos sus enemigos debajo de sus pies» (1 Co. 15.25). El «todavía no» de la escatología futurista está subordinado al «ya» de la escatología realizada.[18]

Dentro de esta visión de la acción de Dios, de la victoria del Cristo resucitado, y del poder del Espíritu Santo, Pablo ubica su propia vocación misionera. Es una postura frente al mundo, que lo impulsa a la acción y lo sostiene en medio de las dificultades y peripecias.

## Espiritualidad misionera cristocéntrica

La espiritualidad misionera de Pablo es cristocéntrica. En el pasaje de Filipenses antes mencionado esto aparece con claridad (Flp. 3.10-16). Toda esta Epístola es un llamado a avanzar y crecer, y en esta sección Pablo expresa su actitud fundamental de discípulo inquieto. Habiendo dado cuenta de la riqueza que ha encontrado en Cristo, que vale más que toda su propia grandeza humana anterior, insiste en que todavía tiene mucho camino por recorrer: no ha llegado a la perfección. El apóstol está confrontando a otros misioneros caracterizados por cierto tipo de perfeccionismo gnóstico que proclamaba superioridad espiritual

---

[18] C. René Padilla, *Misión integral*, Nueva Creación, Buenos Aires, 1985, p. 68.

y practicaba un cierto libertinaje moral. Pablo coloca en contraste su actitud humilde y realista, la de una verdadera madurez cristiana.

El razonamiento de este párrafo de Filipenses culmina en unas líneas en las cuales Pablo articula con toda claridad la doctrina de la justificación tal como la entiende en su propia actitud y en su propia vida: «no con una justicia propia, adquirida por medio de la ley, sino con la justicia que se adquiere por la fe en Cristo, la que da Dios con base en la fe» (Flp. 3.9, BE). Ese es precisamente el meollo del contraste entre Pablo y los falsos misioneros a los que está criticando. Con su insistencia en las marcas exteriores de una religiosidad legalista, los falsos misioneros predicaban un evangelio de justicia por medio de las obras humanas.

Pablo había descartado ese camino de justificación (cf. Gl. 2.16). El enunciado teológico de Filipenses 3.9 va precedido de una declaración apasionada de su entrega a Cristo: «Pero todo esto que antes valía mucho para mí, ahora, a causa de Cristo, lo tengo por algo sin valor» (Flp. 3.7, BE). Esa entrega y ese entusiasmo por Cristo no se reducen a una explosión de sentimentalismo porque, como resultado de su fe y en obediencia a su llamado, Pablo ha tenido que renunciar a toda grandeza humana y adoptar un estilo de vida peligroso y heroico. Ha habido un costo, pero en el tono y estilo de este párrafo no hay nada de queja, sino más bien un sentido de privilegio. Esa es la fuerza de la imagen que usa, aunque las traducciones modernas suavizan la fuerza del contraste paulino, quizás por cuestión de buen gusto. La expresión «lo tengo por algo sin valor» puede traducirse literalmente «lo considero como estiércol.»

Esta preferencia por Cristo Jesús apunta también a lo que se ha vuelto la nueva meta de la vida: la excelencia del conocimiento de Cristo Jesús. Ese conocimiento, sin embargo, es más que una operación intelectual: «...a fin de conocerle, y el poder de su resurrección, y la participación de sus padecimientos, llegando a ser semejante a él en su muerte, si en alguna manera llegase a la resurrección de entre los muertos» (Flp. 3.10-11). Tanto la referencia a la resurrección de Jesús como la semejanza con él en su muerte podrían vincular el hilo de este razonamiento con la forma y fórmula del bautismo (Ro. 6.1ss.). Muerte y resurrección operan ahora en la vida del creyente. Aquí el lenguaje paulino tiene algo del tono contemplativo de los Salmos y del anhelo de unión con Dios que caracteriza a esos grandes hombres y mujeres a quienes suele llamarse místicos. Esa unión incluye la «participación» (*koinonía*) en los padecimientos. Ya en Filipenses 1.29 se había referido al privilegio de sufrir por Cristo y con Cristo, como parte del discipulado. Pablo ve sus propias peripecias por la causa del evangelio como una participación en lo que sufre Cristo mismo, el gran actor de la misión (Ro. 15.18).

## El evangelio de Jesucristo: la proclamación del misionero

Hemos visto cómo la experiencia con Cristo es la fuerza que articula todo el pensamiento del apóstol acerca de la iniciativa de Cristo, su propia acción de obediencia misionera y la espiritualidad que lo sostiene. El hecho de Cristo es la buena noticia, el Evangelio. La proclamación es la actividad central del misionero y Cristo es el tema central de la proclamación. La nueva vida en Cristo y la nueva vocación descubierta explican el fuerte cristocentrismo de la teología y la espiritualidad de la misión en Pablo.

### Dios en acción

De su trasfondo judío, como hemos dicho, Pablo traía una convicción clara de que Dios actúa en la historia por medio de seres humanos. La existencia misma del pueblo de Israel era parte de esa obra de Dios, un Dios soberano y celoso, el único a quien se debe adorar y dar gloria. Esta convicción, que impregna las páginas del Antiguo Testamento, se mantiene en Pablo. Bruce ha demostrado cómo a partir del hecho de Cristo la teología paulina va desarrollando notas claves del Antiguo Testamento, en una polémica con el propio judaísmo y con el paganismo.[19] Según la narración de Lucas, la predicación de Pablo en el ámbito judío empieza con una nota de afirmación de que Jesús era el hijo de Dios y con una nota apologética: «demostrando que Jesús era el Cristo» (Hch. 9.20-22). El sermón en la sinagoga de Antioquía de Pisidia nos da una idea del tipo de argumentación paulina. Esto se compagina con el breve resumen del evangelio que Pablo dice haber recibido, y que empieza con el hecho de la muerte de Cristo (1 Co. 15.1-4).

Por otra parte, la predicación en Listra (Hch. 13) y Atenas (Hch. 17) desarrolla el ataque a la idolatría, la enseñanza sobre Dios Creador, Sustentador, Señor de la historia y Juez de los seres humanos. Cada uno de estos temas se encuentra también en la Epístola a los Romanos, y está como presuposición en el contexto de todos los escritos paulinos. Para comprender a la propia persona de Cristo, Pablo usa la luz del Antiguo Testamento. Así, pues, cuando escribe acerca de su experiencia, más que como la conversión de una religión a otra Pablo la presenta como el descubrimiento asombrado de que el Dios en quien siempre había creído se había manifestado en Cristo. Dios estaba obrando por medio de Cristo la reconciliación de toda la humanidad y aun de toda la creación consigo mismo, y llamaba ahora a Pablo para una nueva tarea.

Los ojos le fueron abiertos para poder ver que aquél a quien él perseguía era el Hijo de Dios que había muerto por él. A partir de ese punto, todo el celo que había puesto Pablo en llegar a ser un verdadero judío irreprochable cambió de dirección, se volvió respuesta gozosa al amor y la gracia de Dios. Era también respuesta humilde en actitud de dar la gloria a Dios. El apóstol se

---

[19] F. F. Bruce, *La defensa apostólica del Evangelio*, Certeza, Buenos Aires, 1977.

ve a sí mismo como nada más que el humilde instrumento de un Dios activo, que es quien realmente toma la iniciativa. Así, en Romanos 15.17-19 Pablo resume su misión como «lo que Cristo ha hecho por medio de mí para la obediencia de los gentiles, con la palabra y con las obras, con potencia de señales y prodigios en el poder del Espíritu de Dios...». Por lo tanto, debe darse gloria sólo a Dios. En Romanos 15.16 Pablo compara su ministerio apostólico con el ministerio sacerdotal del Antiguo Testamento, y Leenhardt explica la intención del texto:

> Tal como el sacerdote ante el altar meramente obedecía las prescripciones de Moisés, de tal manera que su individualidad se esfumaba tras la institución divina que era lo único que daba valor a sus acciones, así el ministerio sacerdotal del apóstol no puede dar lugar a ninguna vanidad personal (1 Co. 15.10-31; 2 Co. 10.13). Es Cristo, el actor invisible, el que imparte a su ministerio su asombrosa fecundidad (2 Co. 3.5; 4.7; 13.3).[20]

## Predicamos a Cristo crucificado

El énfasis paulino sobre la primacía de Cristo aparece con claridad en 1 Corintios 1.21-24, cuando hace referencia a la centralidad de Cristo y la cruz en su mensaje, en contraste con las expectativas del mundo pagano o del mundo judío. En 1 Corintios 15, el resumen del Evangelio que ofrece Pablo viene a ser lo que se llama el meollo del *kerigma* apostólico, el hecho de Jesucristo: anunciado por los profetas, muerto en la cruz y resucitado. La cristología de Pablo, que parte del impacto de Cristo, «palpita en todos y cada uno de los párrafos de sus cartas». Jesús es el Mesías exaltado. Su muerte en la cruz y su resurrección son el cumplimiento de su función mesiánica y el núcleo de una

[20]Franz J. Leenhardt, *The Epistle To The Romans: A Commentary*, Lutterworth, Londres, 1961, p. 369.

cosmovisión diferente. La misión es anuncio de la iniciativa divina, pero también demanda de una respuesta humana.

En la práctica paulina la proclamación del evangelio constituye siempre un llamado al arrepentimiento y a la fe. Proclamar no es sólo comunicar información a intelectuales curiosos sino llamar a seguidores de Jesucristo. Lo que Dios está haciendo a través de la proclamación del evangelio no es sólo informar a las personas acerca de lo que Cristo ha hecho por ellos: busca «la obediencia de los gentiles» (Ro. 15.18). El evangelio implica un claro llamado al arrepentimiento, la fe y la obediencia. Por medio de Cristo, Dios está llamando con ruegos al mundo para que se reconcilie con él, y los misioneros son embajadores de ese llamado y ese ruego (2 Co. 5.18-20). La verdad de Cristo es una verdad que compromete. Para usar la imagen forjada por Juan A. Mackay, el evangelio es un llamado a seguir a Cristo en el camino, no a contemplarlo desde la segura distancia del balcón.

El anuncio de Jesucristo es también el anuncio de su victoria final. Resumiendo notas distintivas del mensaje paulino, que también son el marco de los Evangelios y otras Epístolas, dice Padilla: «Según el Nuevo Testamento, todo el mundo ha sido colocado bajo el señorío de Cristo. La esperanza cristiana se relaciona a la consumación del propósito de Dios de unir todas las cosas en el cielo y en la tierra bajo el mando de Cristo como Señor, y de liberar la humanidad del pecado y la muerte en su Reino».[21] La Iglesia desempeña un papel fundamental en ese propósito divino. Su misión «es la manifestación, aunque no completa, del Reino de Dios, tanto por medio de la proclamación como por medio de la acción y el servicio social».[22] Este alcance cósmico de la victoria de Cristo en la cruz tiene como consecuencia que el creyente no reconozca señorío total a ninguna institución humana, ni tenga temor de fuerzas malignas o de «seres espirituales que

---

[21]C. René Padilla, *op. cit.*, p. 187.

[22]*Ibíd.*, p. 186.

tienen potencia y autoridad» (Col. 2.15. BE). Por ello, el misionero puede usar los recursos del Imperio Romano y sus instituciones sin convertirse ni en adorador del César ni en propagandista del Imperio.

En el resumen de su actividad apostólica que ofrece Pablo en Romanos 15.19, utiliza la expresión «Todo lo he llenado del evangelio de Cristo.» Hay aquí una connotación de plenitud que se refiere a la eficacia del evangelio y al modo de su proclamación. Dice el comentarista Masson que la frase puede entenderse también como «concretar la Palabra, es decir, revelar su significado pleno y su eficacia».[23] En sus viajes de ciudad en ciudad, entre las sinagogas y las plazas del mercado, en las casas, en los barcos, o por el camino, la principal preocupación de Pablo ha sido la proclamación del evangelio en su plenitud y con poder.

## En el poder del Espíritu Santo

No se puede pasar por alto la frecuencia con que Pablo, al referirse a su actividad misionera, menciona que la realiza en el poder del Espíritu Santo. Dice por ejemplo: «nuestro evangelio no llegó a vosotros en palabras solamente, sino también en poder, en el Espíritu Santo y en plena certidumbre, como bien sabéis cuáles fuimos entre vosotros por amor de vosotros» (1 Ts. 1.5; cf. Ro. 15.18-19). La manera en que este versículo relaciona el poder del Espíritu con la calidad de la presencia del misionero resume bien un aspecto importante de la enseñanza paulina en el que nos vamos a detener. La realidad pentecostal como fenómeno religioso que creció durante nuestro siglo obligó a los misiólogos y biblistas a redescubrir la centralidad del ministerio del Espíritu Santo en el Nuevo Testamento.[24] La narrativa de la misión que Lucas ofrece

---

[23]Citado en Leenhardt, *op. cit.*, p. 370.

[24]Roland Allen, ya mencionado, fue un pionero en este sentido, seguido de misiólogos como Lesslie Newbigin, *La familia de Dios*, CUPSA, México, s/f; Harry Boer, *Pentecost and Mission*, Eerdmans, Grand Rapids,

en Hechos refleja una visión de la obra del Espíritu Santo que se puede correlacionar tanto con la enseñanza de Jesús en el Evangelio de Juan como con la de Pablo en sus Epístolas.

Tres metáforas usa Pablo para referirse al Espíritu Santo: «arras» (Ef. 1.14), «primicias» (Ro. 8.23)[25] y «sello» (2 Co. 1.21-22). Todas ellas apuntan al aspecto escatológico del ministerio del Espíritu, al hecho de una salvación presente «ya» en el creyente y en la iglesia, pero que «todavía no» se ha manifestado en su plenitud. Junto al poder de Dios y sus manifestaciones en la misión está la debilidad y la humillación representada por la cruz que marca la vida del misionero.[26] Así, en 1 Tesalonicenses 1.5-6 tenemos la paradójica referencia tanto al poder del Espíritu en la misión como a los sufrimientos frente a los cuales también el Espíritu sostiene. El Espíritu es quien da ese sentido de expectativa y esperanza que ayuda al misionero a vivir la tensión que Pablo vivía entre su «fuerza» en Cristo y su «flaqueza» humana, evitando por igual el triunfalismo o el derrotismo (Ro. 8.17-27; 15.13).

La enseñanza paulina acerca del Espíritu tiene una dirección fundamentalmente pastoral y se puede resumir, como lo hace Hoke Smith, en tres verbos, dos de los cuales son neologismos necesarios. Pablo «cristifica», «personaliza» y «eticiza» al Espíritu

---

1964; John V. Taylor, *The Go-Between God*, Student Christian Movement, Londres, 1972, y Michael Green, *Creo en el Espíritu Santo*, Caribe, Miami, 1977. Un biblista pentecostal nos ofrece ahora una obra monumental de 950 páginas: Gordon D. Fee, *God's Empowering Presence. The Holy Spirit in the Letters of Paul*, Hendrickson, Peabody, 1994, y su *Primera Epístola a los Corintios*, Nueva Creación, Buenos Aires, 1994.

[25]En su búsqueda de una traducción adecuada de los términos griegos, los traductores de BE han utilizado las expresiones «anticipo que nos garantiza» (Ef. 1.14) y «anticipo de lo que vamos a recibir» (Ro. 8.23).

[26]Gordon Fee desarrolla esta idea en *God's Empowering Presence*, pp. 803-826.

Santo.[27] El Espíritu Santo inicia y universaliza la misión, vivifica la Palabra de Cristo, convence y atrae, trae arrepentimiento y fe, mora en el creyente, y da dones para edificar a la Iglesia cuya unidad y testimonio mantiene. Esta enseñanza paulina es fundamental frente a los conflictos entre «carisma e institución» o entre «entusiasmo y orden», planteados por la experiencia pentecostal. Newbigin nos recuerda que ese problema ya se había presentado en Corinto donde, según la correspondencia paulina, se daba «la predilección por lo anormal y lo espectacular, la creencia de que lo improvisado o impreparado es más espiritual que lo acostumbrado o planeado; la tendencia a subestimar el orden o la organización como antítesis de la vida del Espíritu...»[28] Para Newbigin estas serían señales de una visión de la obra del Espíritu Santo que se queda en el Antiguo Testamento y no toma en cuenta a Jesucristo. En contraste con ella, el Espíritu es hoy no un visitante advenedizo sino un principio de vida que permanece en la Iglesia:

> El don supremo del Espíritu no es el poder espectacular por el cual un individuo puede obtener primacías, sino el amor humilde que se niega a sí mismo, por el cual se constituye el cuerpo y se mantiene entretejido. A esto sigue que la señal decisiva de la presencia del Espíritu es una tierna preocupación por la unidad del cuerpo, un horror a cuanto exalta a un director humano o un partido que pretenda tomar el lugar que sólo corresponde a Jesucristo.[29]

---

[27]Hoke Smith, *Teología bíblica del Espíritu Santo*, Casa Bautista de Publicaciones, El Paso, 1976.

[28]Leslie Newbigin, *op. cit.*, p. 144.

[29]*Ibíd.*, p. 145, comentando 1 Co. 1.13 y 3.3.

## Proclamación y pedagogía

En el nivel pastoral la proclamación paulina viene a constituir, por así decirlo, una pedagogía de provocación como respuesta a la iniciativa divina. En las Epístolas pastorales nos encontramos con definiciones precisas de la tarea formativa del maestro de la Palabra: enseñar, redargüir, corregir, instruir (2 Ti. 3.16). Por ello, el cuerpo de la exposición teológica en las Epístolas paulinas va dirigido a ofrecer un fundamento para la exhortación pastoral que busca la formación del pueblo de Dios. La tarea formativa, sin embargo, no es presentada en el Nuevo Testamento como la disciplina de inculcar una norma ética que es parte de un sistema teórico elaborado y completo. Se trata más bien de evocar una actitud de respuesta a la iniciativa divina. En la pedagogía paulina, ocupa un lugar muy importante el anuncio de los grandes hechos de Dios en la historia y en Jesucristo, el cual evoca en los discípulos un cierto tipo de respuesta. La vida cristiana es descrita varias veces con un verbo de acción (*peripatein*) que generalmente se traduce como «andar» («conducirse», 1 Ts. 4.1; «andar», Col. 1.10; «andar», Ro. 6.4). Nótese que en los pasajes citados la manera de ese «andar» se indica con un adverbio (*axios*) que hace referencia a lo que Dios ha hecho: «como os conviene conduciros y agradar a Dios», «que andéis como es digno del Señor», «como Cristo resucitó ... andemos en vida nueva.» De esta manera se puede concluir que «ciertos eventos primarios han sucedido y la situación ética se concibe como una respuesta moralmente apropiada.»[30]

---

[30]Ian Muirhead, *Education in the New Testament*, Association Press, Nueva York, 1965, p. 53.

# Vocación de alcance universal y estrategia misionera

Como se ha señalado, a partir de las inquietudes de Roland Allen se desarrolló un trabajo creciente y variado de investigación acerca de la estrategia misionera de Pablo. David Bosch ofrece un resumen de las investigaciones de las últimas décadas[31] y empieza por recordarnos que, cuando Pablo comenzó su tarea misionera, había por lo menos tres modelos de misión que lo habían precedido. Primero, el de los predicadores judíos itinerantes en el ámbito de Israel, tales como los propios discípulos de Jesús que aparecen retratados en los Evangelios de Mateo y Lucas. Segundo, el de los cristianos provenientes de la dispersión griega, como aquellos creyentes de Jerusalén que fueron obligados a salir por la persecución, y en camino fundaron la iglesia de Antioquía (Hch. 11.19-21). Tercero, los misioneros judaizantes que aparentemente Jerusalén enviaba, y con los cuales Pablo tuvo amargas polémicas.

Según Bosch, Pablo adoptó un estilo y estrategias provenientes de los dos primeros tipos. Viajaba frecuentemente, fundando comunidades y permaneciendo pocas semanas en algunos lugares, siguiendo lo que hoy llamaríamos un énfasis evangelizador. Pero también a veces se detenía por períodos más largos para un trabajo de naturaleza más pastoral, como en el caso de Antioquía ( Hch. 11.25-26 y 13.1-2), Corinto (Hch. 18.11) y Efeso (Hch. 19.10), ciudades que en cierto modo le sirvieron como base de giras misioneras.

## Una nueva manera de mirar el mundo

En 2 Corintios, que es una epístola en la que abunda la reflexión misiológica de Pablo, el capítulo 5 ofrece claves para comprender la naturaleza y origen del ministerio paulino. El

---

[31]David J. Bosch, *Transforming Mission*, p. 129.

criterio de la novedad traída por Cristo es esencial. Si alguno está en Cristo es una nueva creación y como parte de esa novedad, frente a la cual las cosas viejas pasaron, hay una manera totalmente nueva de mirar el mundo y los seres humanos: «...nosotros ya no pensamos de nadie según los criterios de este mundo; y aunque antes pensábamos de Cristo según tales criterios, ahora ya no pensamos así de él» (2 Co. 5.16, BE). La revolución total en la nueva manera de ver a Jesús significa también una nueva manera de ver a toda la humanidad.

La significación de esta nueva manera de mirar a Cristo se percibe recordando la ascendencia judía de Pablo. Ya se ha mencionado que llegó a la convicción de que Jesús de Nazaret era el Mesías prometido por las escrituras del Antiguo Testamento, y vio con claridad que su propia tarea en la vida, la vocación a la que Dios lo llamaba, era el anuncio de la salvación en Cristo para todos los seres humanos, y no sólo para los judíos. Así empezó una nueva actitud hacia los gentiles, una nueva forma de relación que contrasta con la hostilidad que marcaba antes las relaciones entre judíos y gentiles. Esta hostilidad la acentúa Lucas en su relato (Hch. 22.6-24), pero Pablo también hace referencia a ella (Ef. 2.11-22). El llamado específico de la misión paulina se deriva de esta nueva convicción.

Un punto capital de la nueva visión paulina sobre los gentiles es que éstos no necesitan someterse a las exigencias de la Ley judía, especialmente la circuncisión, para ser aceptados por Dios en la iglesia. En este sentido, Pablo difiere del proselitismo judío que le había antecedido. El relato del llamado «Concilio de Jerusalén» (Hch. 15) y la versión del propio Pablo en Gálatas muestran la solución pastoral a la cual se llegó, de no imponer cargas rituales a los creyentes gentiles. Quienes insistían en la circuncisión estaban convirtiendo a la Ley en uno de «los poderes que dominan este mundo» (Gl. 4.1-11, BE), atentando contra la libertad cristiana y haciendo vana la obra de Cristo. Esto no significaba que Pablo despreciase la Ley o la considerase sin valor. El Espíritu Santo obra en nosotros lo que la Ley no pudo obrar

(Ro. 8.4). Fee nos recuerda que la experiencia del Espíritu es un tema central de la Epístola en la que Pablo se ocupa más del asunto.[32]

## La proclamación del Evangelio en el mundo gentil

La labor misionera paulina es un esfuerzo intencional por penetrar en el mundo gentil, aunque estratégicamente empiece entre los judíos que mantienen viva la esperanza mesiánica. La manera en que Lucas relata los hechos es rica en sugerencias. Las sinagogas son el ámbito inicial de la predicación paulina. En ellas ya había prosélitos que, siendo gentiles, se habían acercado al judaísmo. Es posible que en el relato de Lucas personas como Cornelio (Hch. 10.2), los «prosélitos piadosos» de Antioquía de Pisidia (Hch. 13.43), o Lidia (Hch. 16.14) hayan sido tomados como representativos de muchos otros. No se debe olvidar que durante los tres siglos anteriores al nacimiento de Cristo los judíos habían realizado tarea misionera con cierta medida de éxito.[33]

Al comienzo, la conversión entusiasta de los gentiles por la predicación de Pablo y Bernabé toma a los misioneros de Jesucristo por sorpresa y produce gran alegría (Hch. 13.42-44). Luego viene la resistencia de un sector judío que lleva a los misioneros a una ruptura con la sinagoga, cuando ellos deciden seguir el camino que parece indicar la receptividad de las personas a su evangelio (Hch 13.45-46). Esto se ve reforzado luego por una lectura de los textos veterotestamentarios en la que se redescubre el universalismo de la visión profética. Según el relato, ante la resistencia judía Pablo refiere a Silas y a sí mismo un texto de Isaías que se había usado como definición de la vocación misionera de Israel en el mundo: «Te he puesto para luz de los

---

[32]Gordon Fee, *God's Empowering Presence*, p. 815.

[33]Johannes Blauw, *The Missionary Nature of the Church*, McGraw Hill, Nueva York, 1962, pp. 55-64.

gentiles, a fin de que seas para salvación hasta lo último de la tierra» (Hch. 13.47). A partir de esta relectura la misión paulina se va a desarrollar dentro de una tensión de la que derivan tanto persecuciones desde afuera como herejías adentro.

En los capítulos 9 a 11 de Romanos, una de las secciones más difíciles de esta Epístola, Pablo ofrece una explicación teológica de la renuencia judía a aceptar el evangelio, y de su propio sentido de urgencia respecto a la evangelización de los gentiles. Por un lado, afirma su judaísmo y su amor por su pueblo (9.1-5) y el hecho de que Dios no los ha rechazado. Por otro, se refiere a la soberanía de Dios que permite este endurecimiento de los judíos cuya desobediencia ha permitido a los gentiles alcanzar la salvación (11.1-11) y concluye: «Así que, si el tropiezo y el fracaso de los judíos han servido para enriquecer al mundo, a los que no son judíos, ¡ya podemos imaginarnos lo que será su plena restauración!» (11.12, BE). Sin embargo, una línea de fuerza de este pasaje es afirmar la continuidad entre Israel y las iglesias gentiles, y Pablo quiere evitar una actitud triunfalista entre los no judíos. Pablo afirma su esperanza de que, cuando se complete la entrada de los gentiles, «todo Israel alcanzará la salvación» (11.26, BE). A partir de esta esperanza Pablo, como apóstol con un llamado especial a evangelizar a los gentiles, manifiesta un sentido único acerca de su propia misión. Knox lo ha dicho con mucha precisión:

> Nadie podía dudar de que Pablo tenía un peculiar sentido de vocación y un sentido de vocación peculiar: se veía a sí mismo y a su trabajo como algo extraordinariamente importante en el cumplimiento del propósito de Dios en Cristo. Vez tras vez, al leer sus cartas, uno queda impactado, y a veces molesto, por las señales de lo que podría aparecer casi como un sentido morboso de su propia importancia.[34]

---

[34]John Knox, «Romans 15:14-33 and Paul's Conception of His Apostolic Mission», *Journal of Biblical Literature* 83, 1964, p. 5.

Esta lograda frase de Knox bien podría referirse a muchos misioneros de todas las épocas que aparecen como poseídos de una «sublime obsesión.» Este sentido de llamamiento personal está íntimamente ligado con la convicción de que en la misma naturaleza del evangelio y de la fe cristiana está implicada una obligación de carácter universal. Sólo en relación con este sentido esencial de la vocación personal, vivido en la práctica en forma dramática, cobra sentido el material teológico de la Epístola a los Romanos: la absoluta certeza acerca de un Dios que quiere traer salvación a todo ser humano, hasta los confines de la tierra, y que ha elegido a Pablo como su instrumento. Se trata de una certeza que no es sólo información para ser archivada en la mente, sino un mandamiento que debe ser gozosamente obedecido.

## Una visión global y pionera

Ya hemos hecho referencia a un pasaje de Romanos (15.14-33) donde aparecen bosquejados varios elementos clave de la estrategia misionera paulina, la cual guarda coherencia con la forma en que Pablo concibe la naturaleza misma del evangelio y el carácter apostólico de su propia vocación global. Desde el comienzo de esta Epístola Pablo manifiesta de manera explícita su intención de visitar Roma (1.10). Lo que aclara más adelante es que Roma será sólo una etapa en su viaje a España: «Cuando vaya a España ... espero veros al pasar» (Ro. 15.24). La península ibérica era el extremo occidental del Imperio y allí están puestos los ojos del visionario. Comenta Minear a este respecto:

> Hacía tiempo que había anotado en su agenda una campaña en España. Para hacer ese viaje era necesario pasar por Roma, tanto por razones geográficas obvias, como también por razones logísticas, que pueden ser

> menos obvias (1.8-15;15.14-33). Sin embargo, el viaje proyectado se había visto frustrado vez tras vez.[35]

En esta sección de Romanos el hecho central es el plan misionero para el cual toda la Epístola en su conjunto constituía una fase preparatoria. Si prestamos atención a las alusiones geográficas del pasaje podemos percibir con claridad la estrategia de Pablo. La manera como explica su intención de ir a España nos permite advertir el espíritu apostólico y la convicción teológica que lo impulsan.

Lucas ofrece una breve alusión a esa intención unívoca de Pablo cuando narra la decisión que tomó el apóstol estando en Efeso: «Pasadas estas cosas, Pablo se propuso en espíritu ir a Jerusalén, después de recorrer Macedonia y Acaya, diciendo: Después que haya estado allí, me será necesario ver también a Roma» (Hch. 19.21). F. F. Bruce ha señalado que, si bien para el historiador Lucas Roma venía a ser el punto culminante de su historia por la forma en que la relata, para el propio apóstol el punto culminante era otro: «En su mente, Roma era un alto en la travesía o, cuando mucho, una base de avanzada camino a España, donde planeaba repetir el programa que acababa de completar en el mundo egeo (Ro. 15.23).»[36]

Antes de presentar la visión de España Pablo nos ofrece un dato importante ubicando dos puntos geográficos que toma como límites de la primera etapa de su obra apostólica: Jerusalén e Ilírico (Ro. 15.18-19). Podríamos decir que al escribir a los romanos Pablo parece tener conciencia de que una de las etapas de su carrera ha terminado, ha sido completada y quedará sellada. El Nuevo Testamento no incluye ningún registro de la visita de Pablo

---

[35]Paul Minear, *The Obedience of Faith. The Purposes of Paul in the Epistle to the Romans*, SCM, Londres, 1971, p .2.

[36]F. F. Bruce, *Paul, Apostle of the Free Spirit*, Paternoster, Exeter, 1977, p. 314.

a Ilírico, pero el hecho de que menciona el nombre latino de esa región, la sufrida y trágica península balcánica de hoy, hace pensar que Pablo la había visitado, quizás como preparación para familiarizarse con el área latina, lingüística y culturalmente más cercana a Iberia, su destino final. El «mundo» del lenguaje paulino es el Imperio Romano. Una mirada al mapa nos permite ver que la región que se extiende desde Jerusalén hasta Ilírico es casi la mitad oriental del Imperio, y que la mitad occidental del Imperio tiene a España como su extremo. Ahí es donde el apóstol ha puesto la mirada: en los confines de su mundo.

## Naturaleza de la tarea apostólica

La claridad de metas de Pablo en cuanto a la dirección de su viaje concuerda con su firme determinación en cuanto al tipo de ministerio en el que pensaba comprometerse. Explica con absoluta claridad que esta proclamación del evangelio, entre los gentiles y en lugares donde no era conocido, constituye su ambición y su tarea específica. Se ve a sí mismo como quien contribuye a completar lo que los profetas habían anunciado (Ro. 15.21). Como lo muestra la primera parte de este capítulo, «Pablo encuentra *testimonium* de la misión a los gentiles, en la Ley, los Profetas y los Salmos».[37] Su vida es la práctica de la obediencia que hace realidad lo que estaba anunciando en la Palabra. Como dice Leon Morris: «Pablo dice que su meta constante era el humilde propósito de ser un evangelista pionero».[38]

Además de una referencia al punto culminante de su visión global en Romanos 15.19 hay otra referencia a su estrategia, a la naturaleza de su trabajo apostólico: «...desde Jerusalén y por los alrededores hasta Ilírico, todo lo he llenado del evangelio de

---

[37]F. F. Bruce, *The Letter of Paul to the Romans: A Commentary*, Inter Varsity, Leicester, 2a. ed., 1985, p. 243.

[38]Leon Morris, *The Epistle to the Romans*, Inter Varsity, Leicester, 1988, p. 515.

Cristo». El apóstol ha consagrado su vida a la proclamación del evangelio de Cristo en una amplia región del mundo mediterráneo, y esa proclamación se describe con una nota de plenitud y cumplimiento. Así lo expresa la Versión Popular: «he llevado a buen término la predicación del mensaje de la salvación por Cristo». ¿Qué significa exactamente que la tarea se ha completado en una región y se puede pasar a otra? La respuesta puede estar precisamente en la naturaleza de la estrategia paulina que consistía en establecer cabeceras de puente para el evangelio en puntos clave de la geografía imperial.

Sobre la cuestión de una estrategia urbana en Pablo ya existe un consenso de los estudiosos. El apóstol tomaba grandes centros urbanos como puntos de irradiación de la iglesia, dentro de una estrategia global. Una de las Epístolas más tempranas describe ese hecho con precisión (1 Ts. 1.8). Green resume su observación diciendo:

> La estrategia paulina era urbana. Se dirigió a los centros desde los cuales su Evangelio pudiera tener resonancia en la zona que los rodeaba, como ocurrió en Tesalónica y en Efeso. Los Hechos de los Apóstoles registran sus visitas a muchas ciudades de importancia ... Es difícil escapar a la conclusión de que esta colección de ciudades importantes que Pablo utilizó como centros, algunas veces con una prolongada actividad misionera, no fueron alcanzadas por accidente. Formaban parte de un plan definido de implantar las buenas nuevas en posiciones importantes a través del Imperio.[39]

Esta estrategia de centros urbanos, a partir de los cuales el Evangelio irradiaría hacia las regiones aledañas, se refleja también en la costumbre del apóstol de pensar en la nomenclatura imperial de las regiones para referirse a un conjunto de iglesias. Así, por

---

[39]Michael Green, *La evangelización en la iglesia primitiva*, tomo 5, Certeza, Buenos Aires, 1979, p. 141.

ejemplo, cuando escribe a los romanos acerca de la ofrenda que espera llevar a Jerusalén hace referencia a «Macedonia y Acaya» (Ro. 15.26).

## La formación del pueblo de Dios

La fuerza del impulso apostólico pionero en Pablo no debe llevarnos a pasar por alto la dimensión pastoral de su tarea, cuya intención y método son evidentes en las Epístolas, y a lo cual ya hemos aludido al tratar el tema de la proclamación. Lo que podemos llamar «formación del pueblo de Dios» aparece en los escritos paulinos y tiene raíces profundas en la experiencia de Israel en el Antiguo Testamento.[40] Esta transposición de terminología del Antiguo Testamento al Nuevo, que muestra el sentido de cumplimiento y plenitud en Cristo y la iglesia, es propia de la predicación apostólica.[41] Esta formación implica un proceso en el cual la acción apostólica busca completar lo que se ha iniciado en la conversión de los discípulos y conseguir que éstos tomen conciencia de la naturaleza de la relación a la cual han sido llamados. Así encontramos a Pablo exhortando a los gálatas y describiendo su penosa tarea pastoral: «Hijitos míos, por quienes vuelvo a sufrir dolores de parto, hasta que Cristo sea formado en vosotros» (Gl. 4.19).

Uno de los temas dominantes en Efesios y Colosenses es que la obra de Cristo ha hecho surgir un pueblo donde antes había dos grupos humanos distanciados y hostiles (Ef. 2.11-22; Col. 1.15-23). En su carta a los Efesios Pablo describe la realidad de la

---

[40]Paul S. Minear, *Images of the Church in the New Testament*, Westminster, Filadelfia, 1960; Russell Philip Shedd, *Man in Community*, The Epworth Press, Londres, 1958.

[41]Algunos aspectos de la vida de la iglesia implicados en esta imagen han sido trabajados en la Fraternidad Teológica Latinoamericana, especialmente por Juan Driver, *Comunidad y compromiso*, Certeza, Buenos Aires, 1974; y C. René Padilla, *op. cit.*

reconciliación obrada por la muerte de Cristo en la cruz, como reconciliación entre Dios y los seres humanos y también reconciliación entre judíos y gentiles. Aquí Pablo pasa fácilmente de la imagen de la iglesia como pueblo a las imágenes de la iglesia como familia y como cuerpo. Esta visión de cómo va formándose el pueblo de Dios por la acción intencional del ministerio es central en la pastoral paulina. El biblista Paul S. Minear ofrece una interpretación de la Epístola a los Romanos de acuerdo con la cual la intención pastoral de Pablo es considerada fundamental para una adecuada comprensión de la Epístola.[42]

Como continuidad de su tarea misionera y apostólica de fundar iglesias, el apóstol se preocupa porque éstas sean comunidades reconciliadas, integradas, maduras, gozosas, sanadoras; que sean como luz en medio de las tinieblas (Flp. 2.14-16) y anticipo de la nueva creación (Ro. 8.18-23).[43] La iglesia es vista como un nuevo pueblo de Dios que vive en medio de otros pueblos como señal del Reino de Dios. Debemos a René Padilla, en su trabajo sobre la unidad de la Iglesia y la misión,[44] el tratamiento más detenido sobre este aspecto de la misiología paulina y su significación para América Latina. En un continente que se proclama «cristiano» desde el siglo 16, se ha hecho necesario enfrentar un estilo de misión que ha reducido el evangelio al mínimo a fin de conservar dentro de su rebaño el máximo posible de personas. Padilla nos recuerda que dentro de las filas evangélicas se encuentran hoy algunas corrientes misiológicas que han adoptado justamente ese principio. «Como resultado, la iglesia, lejos de ser un factor de transformación de la

---

[42]Paul S. Minear, *The Obedience of Faith*, SCM, Londres, 1971.

[43]Para un desarrollo didáctico de esta temática recomiendo los trabajos de Jorge Maldonado y Pedro Savage sobre la iglesia como comunidad discipuladora en Mariano Avila y Manfred Grellert, comps., *Conversión y discipulado*, Visión Mundial, 1993.

[44]Ver su trabajo sobre la unidad de la iglesia en *op. cit.*

sociedad, se convierte en un mero reflejo de ésta y, lo que es peor, en instrumento que la sociedad usa para condicionar a la gente con sus valores materialistas».[45]

## Iglesia local y equipo misionero

Otro aspecto importante de la estrategia paulina que puede advertirse en Romanos es que Pablo no quiere embarcarse solo en la misión. Quiere sumar a la iglesia de Roma a su misión en un espíritu de comunión con él (1.11-12; 15.24, 28-33). Está tratando de abrir sus ojos y su corazón, quizás inclusive de ayudarlos a crecer hacia la madurez, al compartir con ellos la preocupación misionera de Dios por los gentiles en el extremo occidental del Imperio.

> Algunos piensan que Pablo sólo buscaba las oraciones y los buenos deseos, y por cierto que podría haber sido así. Pero parece más probable que anhelaba contar con Roma como base de su trabajo en la región occidental. Hasta ahora, su base había sido Antioquía, pero esta ciudad resultaba demasiado lejana de lugares como España. Sería de gran ayuda para Pablo que los cristianos en Roma aceptaran servir como iglesia madre, por así decirlo, mientras el apóstol se lanzaba a territorios desconocidos...[46]

En esta pedagogía misionera de Pablo podría advertirse algo que se ve en toda la historia de las misiones cristianas: una cierta tensión entre los visionarios que tienen una visión clara de las fronteras que ha de cruzar el evangelio, y las iglesias adormiladas y las instituciones endurecidas. El Espíritu de Dios se moviliza en esta tensión, para revitalizar a su iglesia y cumplir su misión. No es fácil detectar cómo se mueve el Espíritu. Nadie tiene la fórmula

---

[45]*Ibíd.*, p.54.

[46]Leon Morris, *op. cit.*, p.518.

precisa para establecer el equilibrio o para trazar un camino inequívoco de acción.

Sin embargo, Pablo no es el visionario solitario. Su misión no se realiza en la forma individualista a que nos tiene acostumbrados la tradición misionera evangélica. Realiza misión desde la comunidad de la iglesia local y también desde la comunidad misionera de un equipo. El relato de Hechos muestra que el apóstol acostumbraba desplazarse con un grupo de colaboradores, posiblemente más jóvenes que él y en una relación de aprendices con el maestro. Las Epístolas confirman esta práctica. En el caso de Filipos, por ejemplo, Pablo llega a la ciudad con un equipo que parece haber incluído por lo menos a Timoteo, el propio Lucas y Silas (Hch. 16). Más adelante, cuando Pablo escribe a los Filipenses, menciona a sus colaboradores Timoteo y Epafrodito (Flp. 2.16-30), éste último enviado por la propia iglesia de Filipos para que lo ayudara en la prisión. Este pasaje de Filipenses ofrece un breve retrato de Timoteo y Epafrodito, y junto a su preocupación pastoral, Pablo nos revela esa desinhibida descripción de la calidad de relaciones afectivas y fraternales que vemos también en otros de sus escritos.

## Misión y oración

En este punto podemos ubicar el papel de la oración en la misión paulina. Casi todas las cartas de Pablo hacen referencia a su oración intercesora por las iglesias a las cuales escribe, y en las oraciones que intercala con su enseñanza o consejo pastoral surge a veces con claridad meridiana la teología paulina. Como parte de su pedagogía misionera, pide también las oraciones a favor de su apostolado. Así por ejemplo: «Hermanos, por nuestro Señor Jesucristo y por el amor que el Espíritu nos da, les ruego que se unan conmigo en la lucha, orando a Dios por mí» (Ro. 15.30, BE). Se trata de un pedido «agónico», pues el apóstol percibía la misión como parte de una lucha cósmica, y se puede advertir cómo su pedido de oración contiene un elemento trinitario que acompaña al pedido de ayuda para su lucha.

La oración no era para Pablo meramente un acto ritual para guardar las apariencias de la tradición. Sus Epístolas están saturadas de una actitud de oración, como también de consejos acerca del lugar central de la oración en la vida del cristiano. Para quienes viven dentro de la cosmovisión liberal o marxista la oración carece de sentido; pero sin oración no hay obra misionera. La oración es también la lucha de los cristianos en la última parte de este siglo descristianizado. Y cuando consideramos la historia de la obra misionera, encontramos el mismo esquema que se reitera siglo tras siglo. Los grandes movimientos misioneros nacen en la cuna de una vida de oración. Los grandes misioneros siempre han sido también «místicos» en este sentido.

## La práctica social del misionero Pablo en su marco teológico

La cuestión de la práctica y la enseñanza social del apóstol Pablo se está examinando con amplitud y profundidad en nuestro tiempo por tres razones. Primero, por la agudización de transformaciones en los tipos más variados de régimen social y político, y la toma de conciencia de los cristianos acerca de las posibilidades transformadoras de su propia presencia en la sociedad. Segundo, por la búsqueda de nuevas direcciones para una ética social cristiana en un momento de transición en que la crisis de ideologías muestra la insuficiencia de los sistemas éticos predominantes. Tercero, por la utilización de criterios sociológicos tanto en la interpretación de la Biblia como en el estudio de la historia de la Iglesia.

Cada una de estas razones genera múltiples preguntas, pero es muy importante recordar que las respuestas que encontremos en Pablo sólo pueden salir de su práctica misionera y su reflexión misiológica, cuya intención y presupuestos teológicos no se deben olvidar. Conviene prestar atención no sólo al discurso sino a la práctica paulina. A Pablo no se lo debe juzgar principalmente por el hecho de que en sus escritos no se pueda encontrar una teoría de la realidad social o del cambio social. La caricatura de Pablo como un dirigente cristiano «conservador» ha surgido de esa forma anacrónica de juzgarlo, particularmente en América Latina. Debemos recordar que Pablo es fundamentalmente un apóstol evangelizador y fundador de comunidades, y que sus escritos están enfocados a esa realidad eclesial dentro de la cual se mueve. Es en ese ámbito donde tenemos que ver la contribución del apóstol. Prestaremos atención al marco de su acción, a su actitud ante su propia situación social y económica, y a la ofrenda para los pobres de Jerusalén. El tiempo y el espacio no nos alcanzan para explorar la cuestión del efecto o impacto social de su actividad misionera.

## Dialéctica lucana sobre el marco social

El biblista español José María González Ruiz ofrece una hipótesis sugestiva respecto a la misiología de Lucas, tomando en cuenta lo que él llama una aproximación dialéctica en este autor bíblico. Comenta González Ruiz que a partir de Hechos 16, con el relato de la entrada del evangelio en Filipos, Lucas narra el desarrollo de la misión del apóstol como si entrara en una nueva etapa. Para González Ruiz:

> Lo más interesante de esta nueva etapa de la misión de Pablo es el cambio radical de método y de estructuras. Se trata en efecto de la primera mutación sustancial que el cristiano recién nacido tuvo que realizar al pasar del espacio cerrado de una sociedad confesional (Israel) a la ecuménica del Imperio Romano.[47]

---

[47]José María González Ruiz, *op. cit.*, p. 39.

Observa también que el Evangelio de Lucas se caracteriza por presentar la dimensión social de la misión cristiana. Dentro del ámbito de una sociedad religiosa cerrada la misión tiene un tono profético de crítica social estructural, en el cual hay referencias a los pobres, a la justicia, a las instituciones. En suma: crítica social profética de bienaventuranzas y malaventuranzas. Luego añade: «...este mismo Lucas que había presentado la primera fase de evangelización bajo el aspecto de lo social, parece que, al describir el ingreso del evangelio en Europa ofrece de ese mismo cristianismo un rostro pura o preferentemente doméstico.»[48]

Tanto en el Evangelio de Lucas como en los capítulos iniciales de Hechos el ámbito de la misión es la sociedad judía, y las personas son interpeladas por el evangelio «no en cuanto individuos privados, sino en su función social como "seres en la ciudad"». Sin embargo, hay un cambio de estilo cuando Lucas narra lo que pasa luego de la entrada del evangelio en Europa: «...De aquí en adelante la trasmisión ha de hacerse así: hay que pasar de la ciudad a la casa, que será el nuevo espacio donde la presencia del Espíritu se va a manifestar en ese nuevo mundo de la Europa romanizada.»[49] Cabe observar, sin embargo, que con su percepción muy precisa de las realidades sociopolíticas del mundo romano, tanto Pablo al actuar como Lucas al narrar eran muy conscientes de la resonancia social que iba tomando el impacto del evangelio,[50] y de la necesidad de aprovechar las ventajas que la *Pax Romana* presentaba a la misión cristiana.[51]

---

[48]*Ibíd.*, p. 40.

[49]*Idem.*

[50]Ver mi artículo «Las ciudades en la práctica misionera del Apóstol Pablo: el caso de Filipos», *Misión* 31, marzo de 1990, pp.6-13.

[51]Sobre este punto ver Michael Green, *La evangelización en la iglesia primitiva,* tomo 2, Certeza, Buenos Aires, 1976.

E. A. Judge muestra también la variedad de formas que toma la acción misionera en el Nuevo Testamento como respuesta al contexto, e incluso la evolución en la manera de describir la relación entre la iglesia naciente y las instituciones imperiales. Eso sí, nos recuerda que

> Los escritores [del Nuevo Testamento] no justifican sus actitudes partiendo de la situación, sino partiendo de sus creencias teológicas ... Sea que se sometiesen, desafiasen o militasen activamente en lo social, defendieron sus actitudes basándose en la creencia de que el fin de todas las cosas se había realizado en la resurrección de Cristo con poder, y en la expectativa de la inauguración de su Reinado.[52]

Para González Ruiz, el hecho de que Lucas presente estas dos fases, una al lado de la otra, mostraría que consiguió comprender la validez de estas dos aproximaciones o modelos de acción misionera, reconociendo los diferentes momentos histórico-sociales que se vivían. Hoy en día las polarizaciones entre «carismáticos» y «políticos» parecen girar alrededor de la legitimidad de uno u otro, sin tomar en cuenta el dato que Lucas ofrece: «Lo malo es que después, a través de los siglos, han faltado los hombres de la talla gigantesca de un Lucas para poder relacionar dialécticamente estos dos aspectos —político y carismático— de la sola y única evangelización.»[53]

## El sostenimiento económico del misionero

Un área clave de la práctica social de Pablo, estrechamente vinculada con su preocupación misionera y pastoral, es la manera en que se sostiene económicamente a fin de realizar su labor

---

[52] E. A. Judge, *The Social Pattern of Christian Groups in the First Century*, Tyndale, London, 1960, p. 67.

[53] *Op. cit.*, p. 43.

apostólica. En su correspondencia hay muchas referencias a su práctica y explicaciones acerca de la misma que nos dan luz sobre conceptos paulinos respecto a realidades económicas y sociales. Muchas investigaciones recientes, que utilizan claves antropológicas o sociológicas, nos ofrecen nuevas luces sobre el trasfondo biográfico en su contexto social. Al poner énfasis en hechos y describir el contexto nos ayudan a ver con mayor claridad lo que dicen los textos.[54] Así podemos evitar caer en la tentación de usar éstos para probar la legitimidad de las prácticas misioneras de la actualidad.

Posiblemente Roland Allen es uno de los que con más vigor señaló la importancia de la práctica del apóstol en contraste con las prácticas de las modernas organizaciones misioneras. Las posiciones de Allen fueron radicales, en su esfuerzo por destacar la naturaleza voluntaria del ministerio de la iglesia primitiva en contraste con el profesionalismo de la época reciente y por combatir la creación de dependencia económica en las iglesias resultantes de la acción misionera. Allen dedica muchas páginas a examinar su tesis de que hubo tres principios que guiaron la práctica de Pablo: «(I) que no solicitó ayuda financiera para sí mismo; (II) que no tomó ayuda de aquellos a quienes predicaba; (III) que no administró fondos eclesiásticos.»[55]

Lo que salta a la vista en una lectura cuidadosa de los textos paulinos y de Hechos es la flexibilidad de la metodología del misionero. En algunas situaciones como la de Filipos había

---

[54]El historiador evangélico neozelandés Edwin A. Judge, ya mencionado, ha sido precursor en este campo. Dos libros clave de Wayne A. Meeks ya están traducidos: el ya citado *Los primeros cristianos urbanos* y *El mundo moral de los primeros cristianos*, Desclee de Brouwer, Bilbao, 1992.

[55]Roland Allen, *Missionary Methods, St. Paul's or Ours?* También se ocupa del asunto en «The Case for Voluntary Clergy», *The Ministry of the Spirit*, Eerdmans, Grand Rapids, 1962, pp. 135-189.

recibido ayuda financiera o apoyo material para llevar a cabo su obra (2 Co. 11.8-9; Flp. 4.10, 15-16). En otras situaciones, como las de Tesalónica y Corinto, había decidido realizar la misión al mismo tiempo que trabajaba en su ocupación artesanal de fabricante de tiendas (1 Ts. 2.9; 1 Co. 9.12-18). En ambos casos ofrece explicaciones que vienen a ser una fundamentación teológica o misiológica de su conducta.

Uno de los trabajos más completos sobre el tema de la ocupación artesanal como forma de financiación del trabajo misionero de Pablo es el de Nock.[56] Este autor ha investigado de manera bastante exhaustiva cuestiones como el significado de la expresión «hacedor de tiendas», el status social de los artesanos, los detalles de la ocupación de Pablo, la naturaleza de las ocupaciones artesanales, y el debate sobre el tema en la correspondencia con la iglesia de Corinto.

La investigación de Nock empieza señalando cierto consenso de los estudiosos respecto al trabajo de Pablo. Se decía que Pablo tenía una ocupación artesanal porque era costumbre que los rabinos judíos fuesen también capacitados en una artesanía, y que por tanto Pablo tenía una actitud positiva hacia el trabajo manual, en lo cual contrastaba con la cultura griega y romana. No había acuerdo respecto a la naturaleza exacta del trabajo de Pablo que, según algunos, era el de tejedor de un tipo especial de tela para carpas y, según otros, talabartero, o sea, artesano en cuero.

Como resultado de su investigación Nock llega a la conclusión de que el mencionado consenso debe ser sujeto a cuidadosa revisión. La evidencia disponible lo lleva a la conclusión de que la ocupación manual de Pablo era la fabricación de carpas hechas de cuero. Por otra parte, la actitud rabínica positiva hacia el trabajo manual se desarrolló sólo en época muy posterior a Pablo. El estudio cuidadoso del lenguaje paulino no muestra entusiasmo

---

[56]Ronald F. Nock, *The Social Context of Paul's Ministry. Tentmaking and Apostleship*, Fortress, Filadelfia, 1980.

por el trabajo manual. Si bien él estaba orgulloso de la independencia de que disfrutaba como misionero auto-sostenido (1 Co. 9.15; 2 Co. 11.10), lo cual le permitía ofrecer su trabajo apostólico sin cobrar, por otra parte describe la dureza, el sufrimiento y la humillación social que acompañaban la tarea artesanal.[57] Néstor Míguez se extiende sobre las consecuencias sociales de este punto en lo que se refiere a la solidaridad de Pablo con los creyentes más pobres.[58]

La conclusión más importante de Nock es que la ocupación manual de Pablo no era algo secundario o periférico en su vida, sino algo central y definitorio. El trabajo le llevaba mucho de su tiempo, ya que no era muy bien pagado y las jornadas eran largas. Se ganaba la vida pero no podía acumular riqueza, ni tampoco llegar a tener una posición socialmente influyente. Al mismo tiempo, su taller de artesano era el ámbito natural para establecer contactos y conversaciones en los cuales se compartía la fe, esa evangelización informal que jugó papel muy importante en la iglesia primitiva. Para Pablo su ocupación llegó a ser su forma de hacer misión. Afirmaba que al trabajar con sus propias manos ofrecía el Evangelio sin cobrar por ello, de gracia, correspondiendo a la naturaleza gratuita de la salvación en Cristo.[59]

---

[57]Para Judge esto es evidencia de que, al escoger esa ocupación, Pablo voluntariamente había descendido de status social, pues de otra manera lo aceptaría con naturalidad. Ver «St. Paul as a Radical Critic of Society», *Interchange* 16, Sidney, Australia, 1974, p. 192.

[58]Néstor O. Míguez, «La composición social de la iglesia en Tesalónica», *Revista Bíblica* 34, Nueva época, pp.74-80.

[59]Dos estudiosos católicos han destacado recientemente esta nota: Carlos Mesters, *op. cit.*, y José Comblin, *Pablo: trabajo y misión*, Sal Terrae, Santander, 1991.

## La colecta para los pobres de Jerusalén

La colecta que organizó Pablo para los pobres de Jerusalén ocupa espacio en casi todas sus Epístolas (Ro. 15.25-29; 1 Co. 16.1-4; 2 Co. 8-9; Gl. 2.10) y provee referencias abundantes sobre la metodología usada, y la significación teológica y misiológica que el Apóstol le atribuía. En el pasaje de Romanos 15.25-29, en cuyo contexto aparece con fuerza el intento apostólico de ir a evangelizar España, aparece también la referencia al viaje para llevar el dinero a Jerusalén. A pesar de su sentido de urgencia sobre la evangelización de España, Pablo se ha embarcado en otro viaje misionero al que asigna importancia especial. Dice Bruce: «Sería difícil exagerar la importancia que Pablo asigna a este trabajo y a la seguridad del envío de este dinero a Jerusalén por mano de delegados de las iglesias contribuyentes».[60]

A diferencia de los judíos, los gentiles no estaban acostumbrados a dar limosnas de este tipo. Posiblemente por ello Pablo encontró resistencia en algunas iglesias gentiles. Era parte de un cierto resentimiento contra Jerusalén , que se explicaba por la resistencia de algunos cristianos judíos al método misionero de Pablo entre los gentiles, al cual nos hemos referido. Probablemente haya sido en Corinto donde Pablo encontró más resistencia, y por ello elaboró la larga y cuidadosa explicación que ofrece en la segunda carta a los Corintios. Paul Minear concluye:

> Las colectas materiales son tan corrientes en nuestras iglesias modernas, que fácilmente pasamos por alto la importancia estratégica de esta primera colecta. Se trataba de una innovación impactante. Los cristianos gentiles en Macedonia y Acaya habían sido convocados a enviar dinero a los cristianos judíos pobres en Jerusalén. Pedidos anteriores

[60]F. F. Bruce, *Paul*, p. 319.

> habían sido rechazados. Corrían rumores de que todo el asunto era un negocio fraudulento.[61]

Pablo utiliza lenguaje teológico para referirse a la transacción financiera, como también argumentos teológicos para explicar su significado. Por ejemplo en Romanos 15.26-27 se refiere al dinero en cuestión como *koinonia,* término que tiene profundas connotaciones espirituales. Como dice Morris, esto indica que «el dinero no era un obsequio meramente material, sino la expresión extrema del profundo amor que une a los creyentes cristianos en un solo cuerpo, la iglesia (se usan términos similares en 2 Co. 8.4; 9.13)».[62]

También advertimos la insistencia de Pablo acerca del carácter voluntario de esta ofrenda. En dos oportunidades usa la forma verbal « tuvieron a bien», «les pareció bien», al referirse a la actitud de los creyentes de Macedonia y Acaya (Ro. 15.26-27). No estaría totalmente fuera de lugar suponer, como afirman varios estudiosos, que algunos creyentes judíos en Jerusalén pudieron haber interpretado mal el carácter de esta ofrenda, considerándola como una especie de tributo que las iglesias gentiles estaban obligadas a rendir a la iglesia madre en Jerusalén. El enfoque de las enseñanzas de Pablo respecto a esta ofrenda destaca su naturaleza voluntaria, el hecho de que había sido preparada «como de generosidad, y no como de exigencia nuestra» (2 Co. 9.5). ¡Nada más lejos del pensamiento del apóstol que la idea de instituir un impuesto religioso, o alguna especie de reconocimiento financiero de las «filiales» en el extranjero!

¿Cuál es el fundamento teológico sobre el que Pablo asienta esta práctica? Al ubicar la colecta en el contexto del propósito salvador de Dios hacia la humanidad, establece el concepto de un sentido de correspondencia y reciprocidad entre los que primero

---

[61]Paul Minear, *The Obedience of Faith*, p. 3.

[62]Leon Morris, *op. cit.*, p.520.

recibieron el evangelio y aquellos con quienes lo compartieron. El sentido de compromiso y urgencia del propio apóstol hacia la evangelizacion nace de esa fuente profunda del amor de Cristo, no de alguna obligación institucionalmente reglamentada: «El amor de Cristo nos constriñe» (2 Co. 5.14). De la misma manera, la gratitud espontánea hacia Dios por el don de la salvación recibida era el fundamento de la ofrenda de los gentiles para los pobres en Jerusalén.

Este es el marco que nos permite entender cómo el hecho de compartir mutuamente las bendiciones pone en un mismo plano las bendiciones espirituales compartidas por los judíos y las bendiciones materiales compartidas por los gentiles. Implica el derrumbe de una barrera cultural, y esto era muy importante para el avance de la misión entre los gentiles, como dice Leenhardt: «La ofrenda es un signo visible de la unidad de la iglesia. Muestra de una manera concreta que las ramas jóvenes están firmemente unidas al viejo tronco.»[63]

La manera en que Pablo se refiere a su propia tarea misionera en Romanos 15.28 utiliza la idea de culminación, como la maduración de un fruto. Las imágenes bien podrían apuntar al hecho de que, al terminar una etapa de su apostolado, este viaje a Jerusalén resultaba una especie de coronación. Pablo llevaba consigo no sólo el dinero, sino un grupo de gentiles creyentes, como representantes de las iglesias donantes. En consonancia con la imagen que el apóstol ha usado para hacer referencia a su tarea como sacerdocio en Romanos 15.16 podemos decir con Bruce:

> Los delegados gentiles eran quienes llevaban la ofrenda a Jerusalén, pero los delegados gentiles eran ellos mismos la ofrenda de Pablo, que él presentaba no tanto a la iglesia madre

---

[63]Leenhardt, *op. cit.*, p. 375.

> sino a ese Señor que muchos años antes lo había llamado para ser el apóstol a los gentiles.[64]

De manera que hay dos elementos en esta perspectiva integral de la misión: uno es el hecho empírico de una determinada cantidad de dinero, en muchos casos fruto del sacrificio, como expresión de la preocupación por los pobres en otras tierras. El otro es el signo de madurez, de culminación del proceso de evangelización, que en sí se expresa mediante esta ofrenda. Al dar, el dador crece y recibe una bendición, y el que recibe es bendecido por la ayuda práctica provista para aliviar su aflicción; la transacción en sí misma adquiere una dimensión «eucarística» (2 Co. 9.12).

Si de alguna manera la práctica de Pablo nos inspirase y recuperáramos los fundamentos teológicos para los múltiples esfuerzos misioneros de asistencia económica en las situaciones contemporáneas, corregiríamos los aspectos negativos que se han desarrollado a lo largo del proceso. La contribución cristiana al alivio de los pobres, y a la eliminación de las causas de la pobreza, debiera canalizarse dentro del marco de reciprocidad y mutualidad que sólo puede provenir del compromiso común de la fe en Cristo. Debiera contribuir a fortalecer los lazos de la unidad cristiana por sobre las barreras culturales, políticas y aun ideológicas. En lugar de un enfoque paternalista, copiado del sistema estatal de beneficiencia con su aparato burocrático, debe forjarse un enfoque «eucarístico», en el que los que ayudan y los que reciben ayuda lleguen a ser socios, en tanto agentes de su propio desarrollo y liberación. Esto sería expresión de un enfoque verdaderamente integral, en el que la proclamación del evangelio y el servicio a las necesidades humanas se lleven a cabo al mismo ritmo, sin ocasionar problemas ni requerir disculpas.

---

[64] F. F. Bruce, *Paul*, p. 323.

La misión paulina reconoce la iniciativa divina y la soberanía de Cristo, se deja impulsar por el poder de su ejemplo y su presencia en el Espíritu Santo, tiene una visión global y una estrategia precisa pero flexible, e incluye una práctica social inseparable de la naturaleza misma del evangelio. Por ello puede seguir inspirando a la misión cristiana en el siglo 21.

# 12

# La misión de la iglesia en el Apocalipsis

*Juan Stam*

Es común decir que la Biblia es un libro misionero, la revelación de un Dios misionero. Por eso esperaríamos muy especialmente que el último libro del canon sea también un libro misionero. Pero la lectura cuidadosa del Apocalipsis bajo una lupa misionera nos desconcierta mucho. ¿Dónde están la Gran Comisión y la tarea evangelizadora aquí? ¿Se puede realmente encontrar un enfoque misionero en este libro? A primera vista resulta difícil decir que sí. Entonces, ¿tendríamos que decir que la Biblia termina con un libro que no es misionero? ¿O tendríamos que enfocar de otra manera lo que entendemos por «misionero»?[1]

Intentaremos analizar este tema por medio de un estudio de los términos propios del lenguaje misionero y por medio de los principales temas del Apocalipsis que parecen constituir su visión de la misión.

## Misión como envío

El Apocalipsis nunca usa la palabra «envío» para referirse a la misión de los cristianos. En tres pasajes alude a Jesús, quien envía a su ángel para dar la revelación a los fieles (1.1 y 22.6 con

---

[1]Llama la atención, por otra parte, que los libros de misionología se refieran tan poco al Apocalipsis. Aparentemente la misionología se ha elaborado mayormente a espaldas del último libro de la Biblia. Una notable excepción es Donald Senior y Carroll Stuhlmueller, *Biblia y misión,* Verbo Divino, Navarra, 1985, pp. 402-410, 422, 432, 444, 454.

*apostéllo*; 22.16 con *pémpo*). Según 5.6 (con *apostéllo*) y 11.10 (con *pémpo*), Dios envía al espíritu de vida por toda la tierra. En 1.11 se le manda a Juan enviar (*pémpson*) su libro a las siete iglesias y, en 14.15, 18, se les manda a los ángeles meter (*pémpson*) su hoz para la cosecha. Ni *poreúomai* («ir») ni *matheteúo* («hacer discípulos»), que se encuentran en Mateo 28.19, aparecen en el Apocalipsis.

En realidad, el concepto del «envío» de la iglesia brilla por su ausencia en el último libro del canon. Nada señala claramente un llamado de los fieles a evangelizar a los incrédulos (la posible excepción de 11.3-13 se analizará bajo «Misión como testimonio»). En los mensajes a las siete congregaciones, a ninguna se la felicita por haber evangelizado con éxito, ni se le culpa por no haberlo hecho. En el contexto de la aparente ausencia general de lo que se suele considerar como el «mensaje misionero» en el Apocalipsis, la falta del tema en los dos capítulos más específicamente pastorales no deja de sorpendernos.[2]

## Misión como anuncio de buenas nuevas

Este tema también nos depara algunas sorpresas. El verbo *euaggelízo* se usa sólo dos veces en todo el libro (10.7; 14.6). En 10.7 el ángel fuerte se refiere al «misterio de Dios» que Dios «evangelizó» («anunció») a los profetas y que ahora va a consumarse con la séptima trompeta; en 14.6 el sujeto del verbo es un ángel que «evangeliza» («predica») el evangelio eterno a toda

---

[2]Aunque las varias referencias al «trabajo arduo» de las congregaciones (2.2s.) o sus «obras» (2.2, 5s., 19, 22, 26; 3.1s., 8, 15) podrían aludir teóricamente a labores de evangelización, el contexto nunca especifica ese aspecto sino más bien la práctica ética (2.5, 26) y la resistencia al culto imperial (2.2s.,13). Del contexto de 3.14-23 tampoco parece que la tibieza de los laodicenses fuera una falta de celo evangelizador.

nación.[3] En ambos casos, se trata de un mensaje de juicio a partir de la creación más que de la «buena nueva» de salvación a partir de la muerte de Cristo, y el verbo se traduce comúnmente «anunciar» o «predicar». De manera similar, el verbo *kerússo* aparece una sola vez (5.2) y se aplica también a un ángel, cuya pregunta retórica no tiene nada que ver con la proclamación del evangelio.[4] Aunque el verbo *sózo* (salvar) y el sustantivo *sóter* (Salvador) no aparecen en el libro, *sotería* (salvación) se encuentra tres veces en himnos de alabanza por la redención (7.10, por los mártires; 12.10 y 19.1, por «una gran voz del cielo»). Tampoco aparece en el libro ningún verbo que signifique «creer» (*pisteúo, peítho*, etc.): en las cuatro veces que aparece *pístis* (2.13, 19; 13.10; 14.12) el énfasis cae en la fidelidad y no en el acto de fe, de creer. El perdón de los pecados y la justificación por la fe no parecen ser tan centrales aquí como en Pablo.[5] No hay referencias en Apocalipsis que apunten específicamente a una tarea evangelizadora de la iglesia.

Aunque desde esta perspectiva casi nada se refiere explícitamente a la evangelización, puede aparecer información implícita o bajo otra terminología. Aquí nos interesa averiguar dos cosas: (1) ¿qué pasajes podrían referirse a la labor evangelizadora sin usar el lenguaje clásico del tema?, y (2) en términos más

---

[3]Ap. 14.6 es también el único pasaje en el libro que emplea el sustantivo *euaggélion.* Aquí «evangelio eterno» (sin artículo) es también esencialmente un mensaje de juicio y una última llamada al arrepentimiento, sobre la base de la creación y de la justicia divina. El esfuerzo de Bauckham (*The Climax of Prophecy*, T. & T. Clark, Edimburgo, 1993) por dar un sentido evangelizador a 14.6 impresiona por su erudición, pero no convence.

[4]Los sustantivos *kérux* y *kérugma* no aparecen en el Apocalipsis.

[5]Muchos han visto una tendencia arminiana en el Apocalipsis, ya que sólo el «vencedor» (2.7) que es «fiel hasta la muerte» (2.10; Mc. 13.13) será salvo.

generales, ¿cómo entiende el Apocalipsis «la buena nueva», es decir, cuál es el «evangelio» del último libro de la Biblia?

## Pasajes que podrían referirse a la evangelización

Hay tres pasajes que podrían relacionarse con la proclamación del evangelio a cargo de la iglesia: 11.3-13 (lo analizaremos bajo «Misión como testimonio»); 3.8 (la «puerta abierta» de la carta a la congregación de Filadelfia), y 6.1-2 (la figura del caballo blanco y su jinete).

La carta a Filadelfia se construye alrededor del símbolo de la puerta. Cristo lleva las llaves de la casa de David, y abre y nadie cierra, cierra y nadie abre (3.7). Enseguida anuncia a los filadelfinos que él ha puesto ante ellos «una puerta abierta, la cual nadie puede cerrar» (3.8). Agrega que él hará que los judíos de la «sinagoga de Satanás» un día «vengan y se postren a tus pies, y reconozcan que yo te he amado» (3.9). Muchos interpretan la «puerta abierta» como una oportunidad de evangelizar, similar al sentido frecuente de dicha figura en Pablo (1 Co. 16.9; 2 Co. 2.12; Col. 4.3) y en los Hechos (14.27). Algunos también interpretan la «conversión» de los judíos (3.9) como fruto de dichos esfuerzos evangelizadores. Pero otros, con igual razón, interpretan la «puerta abierta» como la entrada al reino escatológico (casa de David; cf. 3.20) y señalan que la «conversión» de los judíos se representa más bien como una sumisión (como un eco del sueño de José; Gn. 37.9s.). La ambigüedad hermenéutica del pasaje no nos permite sacar conclusiones firmes en cuanto a la misión de la iglesia.

La interpretación del caballo blanco (6.1s.) es aún más discutible. Serios exégetas han visto en este simbolismo desde Cristo hasta el Anticristo, pasando por el evangelio mismo, los temibles partos (feroces arqueros montados en corceles blancos), el Imperio Romano o uno de los emperadores. La verdad es que los datos del texto no sientan una sólida base exegética para ninguna conclusión y no permiten sacar inferencias en cuanto a la misionología del libro. Quizá hay cierta preferencia por la interpretación de Cullmann, Ladd, Boer y otros, que sostienen que este primer sello corresponde a Mateo 24.14 (Mc. 13.10) y señala la marcha triunfante del evangelio por todo el mundo. Sin embargo, en dicho caso el símbolo podría referirse a la misión de la iglesia durante toda su historia, en correspondencia con los «principios de dolores» del discurso del monte de los Olivos, y no específicamente durante el tiempo apocalíptico.

Si el jinete del caballo blanco expresa el recorrido victorioso del evangelio del reino frente a todas las fuerzas del mal y de la muerte (6.3-8), sería un símbolo muy poderoso de esperanza en medio del conflicto y la persecución. Pero, debido a que su interpretación es muy discutible, sería peligroso derivar conclusiones específicas en cuanto al concepto de la misión de la iglesia según Juan de Patmos. Como ocurre con Mateo 24.14, el pasaje tendría que ver más con el resultado que con el proceso: la evangelización de las naciones como señal escatológica del reino.[6]

## El «evangelio» del Apocalipsis

Conviene ahora reflexionar sobre una pregunta más amplia: ¿Cómo entiende el Apocalipsis el mensaje del evangelio? El modo en que Juan de Patmos entiende «la buena nueva» podría arrojar una luz indirecta sobre su manera de entender la misión de la iglesia. Creemos que la soteriología del Apocalipsis puede resumirse en cuatro puntos:

*La buena noticia de la muerte y resurrección del Cordero.* La figura del Cordero, que aparece 29 veces, domina la cristología del Apocalipsis. Con su muerte y su resurrección (5.6, 12) el Cordero nos ha redimido (5.8 —*agorázo*—; cf 14.3s.). El testigo fiel y

---

[6]Debe notarse aquí también que algunos autores, no sin sus razones, interpretan Mc. 13.10/Mt. 24.14 y Ap. 6.1s. como la proclamación escatológica del evangelio hecha por los ángeles (cf. 14.6) y no por la iglesia.

primogénito de entre los muertos nos libró (*lúo*) de nuestros pecados por su sangre (1.5). Para Juan, como para Pablo, la buena nueva es que «Cristo murió por nuestros pecados ... y que resucitó al tercer día...» (1 Co. 15.3s.).

El enfoque de Juan de Patmos, sin embargo, no tiene el mismo énfasis que el de Pablo. Las referencias al perdón de pecados en 1.5 y a la redención en 5.9 (y 14.3s.) son aisladas en el Apocalipsis; este mismo lenguaje no aparece en otros pasajes.[7]

El enfoque del Apocalipsis corresponde más bien a la situación de congregaciones que se encuentran bajo amenaza. De la misma manera en que el Cordero puso su vida, los fieles también tienen que seguir al Cordero hasta la muerte. Los mártires «han vencido por medio de la sangre del Cordero y de la palabra del testimonio de ellos, y menospreciaron sus vidas hasta la muerte» (12.11), de modo que «han emblanquecido [sus ropas] en la sangre del Cordero» (7.14). Aquí la teología de la muerte del Cordero es a la vez una ética de un discipulado radical, que llama al creyente a ser fiel hasta las últimas consecuencias. No cabe duda de que Juan de Patmos rechazó todo esfuerzo de suavizar el evangelio en su tiempo y habría expresado su protesta profética contra el actual evangelio de ofertas.

*La buena noticia del reino de Dios*. Mucho más enfáticamente que en Pablo, en el Apocalipsis la buena nueva se relaciona con la realización del reino de Dios sobre todas las naciones. La terminología referente al reino es característica del vocabulario del Apocalipsis: reino (*basileía*) aparece 9 veces, rey (*basileús*) 19 veces

---

[7]«Pecado» (*`amartía*) aparece sólo aquí y en 18.4s. (con respecto a Babilonia); las otras palabras que significan pecado (*adikía, paráptoma, anomía, ánomos*) no aparecen. «Desatar» (*lúo*) se consigna sólo aquí con referencia al perdón de pecados; los demás términos que significan perdón (*áphesis, aphíemi*) tampoco aparecen.

y reinar (*basileúo*) 7 veces.[8] El Apocalipsis, pico culminante de casi todos los temas principales de la Biblia, es también la culminación definitiva de toda la teología bíblica del reino. El triunfo del reino es la buena nueva que proclama el último libro del Nuevo Testamento.

Desde el primer capítulo, el libro acentúa este tema. Jesucristo es «el soberano de los reyes de la tierra» (1.5; ayer y hoy, de Domiciano como de Yeltsin y Clinton) y nos ha hecho a nosotros «un reino de sacerdotes» (1.6 BJ). Juan se identifica con sus lectores como «copartícipe vuestro en la tribulación, en el reino y en la paciencia de Jesucristo» (1.9). En la visión introductoria del septenario de los sellos, el trono de Dios está «establecido en el cielo» (4.2) y resulta ser también el trono del Cordero (3.21; 5.7-13; 22.1). La séptima trompeta (11.15-19), pasaje culminante de la primera mitad del libro (escrito indeleblemente en la conciencia cristiana por el «Aleluya» del *Mesías* de Handel), anuncia que el mando de este mundo ha pasado a ser de nuestro Dios y de su Mesías (11.15) porque el Todopoderoso ha tomado su gran poder y ha comenzado a reinar (11.17). Y al final del libro, con una recapitulación típica del Apocalipsis, el «Verbo de Dios», cuyo nombre es «Fiel y Verdadero», viene como «Rey de reyes y Señor de señores» para establecer su reino (19.11, 13, 16). No cabe duda de que el Apocalipsis plantea muy enfáticamente una soteriología del reino.

Para Juan de Patmos, ser cristiano significa participar en el reinado de Cristo (1.9), porque la obra salvífica del Cordero nos ha hecho reyes y sacerdotes (1.6; 5.10). El primer ciclo de cartas (cap. 2) termina prometiéndole al vencedor «autoridad [*exousía*] sobre las naciones» para regirlas con vara de hierro (2.26). El segundo ciclo termina con el mismo tema: en una figura algo curiosa, los

---

[8]No todas las referencias citadas tienen que ver con el reino de Dios, pero en el Apocalipsis todas forman un solo complejo lingüístico. También «reina» (*basílissa*) aparece una vez, en 18.7.

vencedores se sentarán en el mismo trono de Cristo, como él se ha sentado en el trono de su Padre (3.21).[9]

Según 20.4-6, los fieles reinarán «con Cristo mil años»; en la nueva creación, «reinarán por los siglos de los siglos» (22.5). Todo este lenguaje típicamente político señala que el «evangelio del reino» es real y concreto, según Juan.

Esta teología del reino se caracteriza por un gran «internacionalismo universal», que refuerza el tono político de la visión del libro. El interés del profeta de Patmos por las naciones y las etnias (*éthne, fulé*) es realmente impresionante: esto en sí es una dimensión misionera del libro como teología del reinado universal de Cristo. De acuerdo con 5.9, el Cordero ha redimido con su sangre a personas «de todo linaje y lengua y pueblo y nación» (cf. 7.9). En 11.9, 13.7 y 17.15, variantes de la misma fórmula cuádruple expresan la sumisión de las naciones a la bestia y sus agentes. En la reafirmación de la vocación profética de Juan, entre la sexta y la séptima trompeta, el ángel lo envía a profetizar «sobre muchos pueblos, naciones, lenguas y reyes» (10.11). De manera similar, un ángel proclama su «evangelio eterno» a «los moradores de la tierra, a toda nación, tribu, lengua y pueblo» (14.6). Tanto la misión de Juan (y de la iglesia; 11.3-13) como el evangelio que predica (*euaggelísai*) el ángel tienen que ver precisamente con el internacionalismo del reino de Dios.

Las visiones finales del Apocalipsis parecen gloriarse en este «internacionalismo multicultural» del reino de Dios. Dos cambios semánticos, que fácilmente podrían pasar inadvertidos, eran realmente revolucionarios para la teología del judaísmo. En la reformulación del pacto (21.3) leemos que «él morará con ellos; y ellos serán su pueblo» (gr. plural; muchos textos agregan al final

---

[9]Muchas razones indican que la serie de siete cartas, fiel a la estructura típica de los septenarios de Juan, se compone de cuatro (cap. 2) y tres (cap. 3). En tal caso, tanto el cuarteto inicial como el trío final culminan con el tema del reino (2.26s.; 3.21).

otro plural, *autôn theós*, «Dios de ellos»).[10] También en 22.2, a la frase de Ezequiel 47.12 («y sus hojas para medicina», supuestamente para Israel), Juan agrega *tôn ethnôn* («para la sanidad de las naciones»).

Es casi seguro que ese simbolismo misionero internacional se ve también en el arreglo de las doce puertas del muro (21.13): tres hacia cada punto cardinal de la geografía cósmica y humana. Y la visión de la humanidad redimida culmina con la hermosa descripción de 21.24, 26: «Las naciones caminarán a su luz, y los reyes de la tierra irán a llevarle su esplendor ... y traerán a ella el esplendor y los tesoros de las naciones» (BJ). Es claro que el evangelio del Apocalipsis es, hasta el final, el evangelio del reino universal, como nos enseñó a cantar el hermano Alfredo Colom:

> Las naciones unidas cual hermanas,
> bienvenida daremos al Señor.

*La buena noticia de victoria.* En el Apocalipsis se destaca tanto el tema del combate entre el dragón y el Cordero, con la victoria de este último y los suyos, que conviene señalarlo como uno de los ejes del evangelio según Juan de Patmos. La buena nueva es el anuncio del triunfo del Cordero sobre todos sus enemigos y todas las fuerzas malignas. Puesto que esa victoria se representa también como un juicio final y definitivo, para los fieles el juicio es también buena nueva (14.6).

---

[10]Sobre el plural *laoí*, H. B. Swete, *The Apocalypse of St. John*, Londres, 1909, p. 278) comenta que aquí Juan sustituye conscientemente «los muchos pueblos de la humanidad redimida por la nación electa (singular), el mundo por Israel».

En el Apocalipsis la meta para la iglesia es «vencer» (2.7 y paralelos) siendo fiel hasta la muerte.[11] En ningún pasaje aparece la meta de «crecer» en el sentido de ganar nuevos miembros. Ni aun a la luz de las catástrofes que van teniendo lugar y el temible juicio final que se acerca aparece realmente la preocupación por rescatar a los perdidos. Más bien, tendríamos que reconocer que algunos pasajes parecerían reflejar cierta satisfacción o hasta alegría por la ejecución del juicio divino. El grito «Alégrate sobre ella» (18.20; cf 19.1-6), después de la larga lloradera de los amigos de Babilonia (18.9-19: endechas burlescas), no es el único texto que expresa este duro juicio. «Dadle a ella como ella os ha dado, y pagadle doble...» (18.6). En la hora final, la instrucción es «salid de ella» (18.4) y no «entrad en ella para evangelizarla». Sobre la marcha del proceso, cada vez más, se da por perdidos irrevocablemente a los infieles (cf. 13.10; 22.11).

Aunque esta actitud nos sorprende, y hasta puede escandalizarnos, sería muy difícil negar su presencia en el Apocalipsis, la que se debe, en parte, al enfoque escatológico: se apunta al fin de los tiempos, cuando ya todo está prácticamente decidido. Esta implacable severidad de Juan de Patmos nos muestra también que él se opone resueltamente a todo esfuerzo por reducir las demandas radicales del evangelio (como hacían los nicolaítas) o de amortiguar sus denuncias proféticas contra el Imperio, en aras de «ganar» más personas para el evangelio o conquistar espacio dentro del mundo. Para Juan, el «evangelio de oferta», de la gracia barata, no es ningún evangelio.

El «llamado evangelístico» que da Juan es el llamado a resistir a la bestia hasta la muerte. Eso, para Juan, significa «vencer», y esa victoria es la buena nueva del Cordero, el que primero venció en su muerte y resurrección, el que vuelve a vencer en cada creyente

---

[11]Además del final de cada carta en los caps. 2-3, el verbo *nikáo* aparece en 5.5; 6.2; 11.7; 12.11; 13.7; 15.2; 17.14; 21.7. El sustantivo «vencedor» en español traduce el participio del verbo. El sustantivo *niké* no aparece.

que sigue fiel hasta la muerte, y el que al fin vencerá definitivamente.

José Comblin señala que «vencedor» era uno de los títulos del emperador y «la victoria» era el gran tema ideológico del Imperio.[12] Como el juicio escatológico será la definitiva victoria final, así ahora el testimonio fiel de cada «vencedor» anticipa ese triunfo del reino de Dios y su justicia. La muerte de cada testigo es prueba de la fidelidad de su testimonio. Por eso, afirma Comblin, la muerte de Jesús es una especie de garantía del futuro del reino y de la derrota de todo antirreino. A los fieles testigos eso los hace peligrosos para el sistema: proclamar la victoria del Cordero es, en su contexto, anunciar el fin del Imperio. «El testimonio de Jesús contiene a largo plazo la ruina del Imperio Romano y de todos sus eventuales sucesores».[13]

*La buena noticia de la nueva creación*. El tema de la creación, que culmina el Apocalipsis (y por ende todo el canon), es tan central en el libro que nos obliga a verlo como fundamental para la comprensión del evangelio. De hecho, a lo largo de toda la Biblia la salvación se vincula con la creación y se formula muchas veces como recuperación con creces del proyecto original del Creador.[14]

El «esquema» del final del Apocalipsis, no importa cómo se interpreten los detalles, apunta a un enfoque de la creación y la tierra: el reino de los mil años (20.1-10, dentro de nuestra historia y en este mundo); el juicio final en un intervalo sin cielo ni tierra (20.11-14), y la nueva creación, la nueva Jerusalén y el nuevo paraíso (21.1-22.5). No cabe duda de que este aspecto, junto con la buena nueva del reino, de la victoria y del juicio justiciero, es más

---

[12]José Comblin, *Cristo en el Apocalipsis*, Herder, Barcelona, 1969, pp. 232s.

[13]*Ibíd.*, p. 237.

[14]Ver Juan Stam, *Las buenas nuevas de la creación*, Nueva Creación, Buenos Aires, 1995.

fundamental para la soteriología del Apocalipsis que el perdón de los pecados o la justificación por la fe.[15]

El Apocalipsis relaciona la creación especialmente con el reino y el juicio de Dios. En su mensaje a Laodicea, Jesús se presenta como «el principio de la creación de Dios» (3.14),[16] quien, como Dios mismo, reprende y castiga a los que ama (3.19). En los capítulos 4 y 5 la soberanía de Dios y del Cordero se vincula estrechamente con la creación: el arco iris (4.3) y «los seres vivientes» (4.6-8; cf. Gn. 1.20s., 24; 2.7) rodean al trono y a los veinticuatro ancianos (4.11) y, al final, la creación entera alaba al Creador «que está sentado en el trono» (5.13) y ha creado todas las cosas (4.11). Los dos ángeles que proclaman «el evangelio del juicio divino» lo fundamentan en la creación (10.6s.; 14.6s.). Cuando el Juez levante su trono para el juicio final la vieja

---

[15]Por eso nos parece cuestionable la crítica que hizo John Stott a los teólogos de la liberación en su ponencia en Lausana. Stott los acusó de «una grave confusión teológica», de «mezclar lo que Dios ha diferenciado: a Dios el Creador con Dios el Redentor, la justicia con la justificación, la gracia común con la gracia salvífica...» (Steuernagel, *Al servicio del reino en América Latina*, Visión Mundial, San José, 1991, p. 61). Cuesta entender en qué se basa Stott para decir que Dios ha hecho estas diferenciaciones tan tajantes. En lugar de separar la creación y la redención, la Biblia, desde el inicio de Génesis hasta el final del Apocalipsis, las vincula inseparablemente. La Biblia muestra también la profunda relación entre la justicia, el juicio y la justificación. Quizá la «grave confusión teológica» sería más bien el divorcio que separa lo que Dios ha juntado. «Al teólogo no le toca separar lo que la revelación bíblica ha unido, pues tanto la creación como la salvación son una sola obra de un solo Dios» (Paul K. Jewett, *God, Creation and Revelation*, Eerdmans, Grand Rapids, 1991, p. 449).

[16]Este título cristológico es uno de los pocos en los caps. 2-3 que no se derivan del primer capítulo. Es probable que se incluya aquí porque los laodicenses habían leído Colosenses (ver Col. 1.15-23; 4.15s.).

creación huirá ante su presencia (20.11) y después, realizada ya plenamente la justicia divina, aparecerán un cielo nuevo y una nueva tierra (21.1). En el Apocalipsis tanto el juicio como la salvación se vinculan inseparablemente con la creación.

De todos los libros del Nuevo Testamento, el Apocalipsis es quizá el que comprende las buenas nuevas de manera más concreta, histórica e integral. Se entiende el evangelio sobre todo como la buena noticia del reino de Dios y de la nueva creación. La muerte y la resurrección del Cordero se ven principalmente como un paradigma para la entrega radical de los creyentes «vencedores» hasta la muerte. Quizá por el mismo contexto apocalíptico del libro, la evangelización por medio del anuncio de la obra redentora de Cristo no es muy prominente en el Apocalipsis.

## Misión como discipulado

El concepto de discipulado, tan central en la Gran Comisión, aparece explícitamente en un solo pasaje del Apocalipsis, pero no por eso carece de importancia.[17] De hecho, todo el concepto de misión en este libro podría describirse como «discipulado radical», aunque mayormente se exprese con otros términos.

Apocalipsis 14.1-5 presenta a los ciento cuarenta y cuatro mil que están con el Cordero sobre el monte Sión, redimidos como primicias de toda la tierra (14.3s.). El pasaje los describe con cinco características: (a) son vírgenes que no se han contaminado con mujeres (14.4); (b) siguen al Cordero dondequiera que vaya; (c) fueron redimidos como primicias para Dios y el Cordero; (d) no

---

[17]Ni *matheteúo* ni *mathetés* aparecen en Apocalipsis (ni en las Epístolas). El verbo *akolouthéo* aparece en 6.8 (con respecto al Hades); 14.4, 8s., 13; 19.14. Ap. 14.4 usa el participio presente (*akolouthoûntes*) de uno de los dos verbos en alusión al discipulado.

hay mentira en su boca (14.5), y (e) están sin mancha delante del trono de Dios. Sobre la primera característica es imposible dar una explicación definitiva, pero creemos que podría entenderse en relación con algunos requisitos rabínicos puramente ceremoniales para los corderos sacrificiales. La tercera y la quinta también parecen referirse a esos requisitos de pureza ritual. La cuarta tiene el mismo sentido, pero a nivel ético, en semejanza a Cristo.

Desde esta óptica, parece claro el sentido de la segunda característica de este grupo: los ciento cuarenta y cuatro mil son verdaderos discípulos del Cordero que lo siguen hacia el altar del sacrificio. Surge entonces una relación coherente entre todos los elementos del pasaje: los discípulos fieles son corderos para el sacrificio en Jesucristo, el gran Cordero por excelencia. Como él, están dispuestos a poner su vida y, ceremonialmente, no tienen mancha y cumplen los requisitos rituales para el sacrificio (son «vírgenes»).[18]

En realidad, este llamado al discipulado radical hasta llegar a sacrificar la misma vida en unión con el Cordero (12.11) puede considerarse el propósito central del libro. Aunque el Apocalipsis prácticamente no hace referencia a «hacer discípulos» por las circunstancias en que fue escrito, el libro expone elocuentemente lo que significa ser discípulo: morir, ser martirizado. Si no somos discípulos hasta las últimas consecuencias, ¿cómo podríamos «hacer discípulos» y qué clase de discípulos estaríamos haciendo? Si la «evangelización» o el «discipulado» se separan de la fidelidad incondicional al Señor de señores, no son ni evangelización ni discipulado. Sin la fidelidad absolutamente radical, la «evangelización» puede reducirse al proselitismo, a un banal mercadeo de otro producto ideológico más del consumismo

[18]Esta interpretación presupone ciertos requisitos rabínicos que no permitían explotar para cría a los corderos separados para el sacrificio antes de presentarlos al Señor.

religioso. Aún más, la «evangelización» puede llegar a ser idolatría disfrazada de piedad.

George Ladd, en un comentario sobre Mateo 10.38, señala la relación inseparable entre discipulado y misión en la enseñanza de Jesús. Sus palabras, muy afines al concepto de discipulado en el Apocalipsis, merecen ser citadas aquí:

> Un tono sombrío corre por las enseñanzas de Jesús. Más de una vez dijo que para ser discípulos suyos tenemos que estar dispuestos a asumir la cruz (Mc. 8.34 y paralelos; Mt. 10.38 = Lc. 14.27). En Mateo este dicho de Jesús ocurre en el contexto de la misión de los discípulos al mundo. No deben esperar una recepción siempre cordial. Serán flagelados y sentenciados y ejecutados; gobernadores y reyes se opondrán a ellos (Mt. 10.17-21). A los discípulos de Jesús les esperan el sufrimiento, la persecución y el martirio. La expresión «perseverar hasta el final» (*eis télos*, Mt. 10.22; Mc. 13.13) bien puede significar «al punto de morir». La cruz no es una carga: es un instrumento de muerte. Tomar la cruz significa estar dispuesto a ir hacia el martirio como lo hizo Jesús. El nexo entre el sufrimiento y la participación en el reino del Hijo de Hombre no es accidental sino arraigado en el mismo ser de esa comunidad.[19]

En resumen, en el Apocalipsis el discipulado pertenece a la esencia misma de la misión del pueblo de Dios y se entiende como seguir al Cordero hasta las últimas consecuencias.

---

[19]George Ladd, *A Theology of the New Testament*, Eerdmans, Grand Rapids, 1993, pp. 202s.

## Misión como testimonio[20]

Los términos «testigo» (*mártus*), «testimonio» (*marturía*) y «testificar» (*marturéo*) son muy comunes en el libro de Apocalipsis.[21] Nos corresponde averiguar qué concepto de misión se trasluce en el uso de estas palabras, tan típicas en el lenguaje de la evangelización y la misión, en el pensamiento específico del Apocalipsis.

Dos sentidos de este complejo semántico son evidentes en el libro: (1) atestiguar una verdad o un escrito (1.2; 22.16, 18, 20) y (2) dar testimonio hasta perder la vida en lucha contra la bestia (2.13; 6.9; 11.3, 7; 12.11; 17.6; 20.4; y quizá en 1.5, 9; 3.14 y 12.17).[22]

A partir de muchos pasajes del Antiguo Testamento la raíz del concepto parece ser el pleito judicial en que uno participa como

---

[20]Ver Senior y Stuhlmueller, *op. cit.*, pp. 410-415: la misionología del Apocalipsis como «testimonio profético».

[21]*Mártus* aparece 5 veces, *marturía* 9 veces y *marturéo* 4 veces. En el corpus juanino *marturéo* aparece 47 veces y *marturía* 30 veces, mientras que *mártus* nunca se encuentra en el cuarto Evangelio ni en las Epístolas. En cambio, *mártus* y *marturéo* son frecuentes en Hechos, mientras que *marturía* aparece una sola vez (22.18). El sentido muestra diferencias marcadas en los distintos escritos. El verbo *marturéo* en el Apocalipsis siempre se refiere a la atestación del mismo libro, hecha por Juan o por Jesús (1.2; 22.16, 18, 20).

[22]Debido a este segundo sentido, muchos autores han visto en el Apocalipsis el primer paso en la transición del sentido de «testimonio» al sentido posterior de «martirio» para estos términos (Hans Lilje, *The Last Book of the Bible*, Muhlenberg, Filadelfia, pp. 40s.). Aun José Comblin, quien cuestiona fuertemente el sentido de «martirio» para esta terminología en el Apocalipsis, termina reconociendo (*op. cit.*, pp. 194s.; 228), como es obvio, que en muchos pasajes *marturía* incluye la entrega de la vida. Es mucho menos evidente si en algún pasaje se refiere a la comunicación verbal del mensaje de evangelización.

testigo.[23] La idea de «testimonio» aquí podría incluir el hecho de haber permanecido firme ante el interrogatorio de las autoridades (cf. «El martirio de Policarpo», unas décadas después en Esmirna).

El lenguaje del prólogo introduce este concepto central del libro: «La revelación de Jesucristo, que Dios le dio ... y la declaró ... a su siervo Juan, que ha dado testimonio de la palabra de Dios, y del testimonio de Jesucristo ... el testigo fiel ... Yo Juan ... estaba en la isla llamada Patmos por causa de la palabra de Dios y el testimonio de Jesucristo» (1.1s., 5, 9).

La llamativa redundancia de «ha dado testimonio ... del testimonio» en 1.2, en un autor tan cuidadoso como Juan,[24] indica desde un principio la importancia del concepto «testimonio» (*marturía*) en el libro. Volveremos a encontrar la yuxtaposición de las frases «Palabra de Dios» y «testimonio de Jesucristo» en varios pasajes más.[25]

Es probable que «testigo fiel» en 1.5 es (o incluye) una referencia a la cruz de Cristo, ya que se encuentra en serie con la resurrección (primogénito de los muertos) y la ascensión (sentado a la diestra del Padre como «soberano de los reyes de la tierra»). El uso del mismo título («mi testigo fiel») para el mártir Antipas en el siguiente capítulo (2.13; cf. Hch. 22.20, Esteban «tu testigo») confirma esta interpretación. En 1.9, «el testimonio de Jesucristo» como causa de la prisión de Juan también corresponde al segundo sentido mencionado arriba y quizá de un testimonio de Juan ante las autoridades, por el cual fue enviado a Patmos. Según 12.11 los mártires vencieron «por medio de la sangre del Cordero y la palabra del testimonio [*marturía*] de ellos»; en 17.6 la ramera está

---

[23]Comblin, *op. cit.*, pp. 212-216.

[24]La mayoría cree que los «errores» gramaticales del Apocalipsis son técnicas literarias y no descuidos ni ignorancia del idioma.

[25] La frase «testimonio de Jesús» aparece con la expresión «la Palabra de Dios» en 1.2, 9; 6.9; 20.4; en 12.16, con «los mandamientos de Dios»; en 12.11, con «la sangre de Cristo».

ebria «de la sangre de los santos, y de la sangre de los mártires [testigos: *martúron*]». En contraste con este sentido muy claro de «testimonio» como entrega radical, lucha o aun martirio, nada en el prólogo ni en otros pasajes indica que «testimonio» se refiriera al esfuerzo evangelizador de compartir con otros la buena nueva de salvación.

El doble interludio de 10.1-11.13 es especialmente significativo para la misionología del Apocalipsis.[26] Ubicado estratégicamente en el centro de libro, entre la sexta y la séptima trompetas, este pasaje anuncia la misión de Juan y de la iglesia en los tiempos de prueba apocalíptica (42 meses; 11.2-3). Después de las torturadoras langostas de la quinta trompeta (9.1-12) y la horrenda caballería de doscientos millones de caballos dragones de la sexta (9.13-21), el poderoso ángel le declara al profeta que el tiempo se ha acabado (10.6). En los días de la séptima trompeta va a consumarse el misterio de Dios (10.7; 11.15-19), pero antes Dios quiere compartir una lección de misionología con los fieles (10.1-11.14).

Este interludio tan importante se dedica a la misión profética del pueblo de Dios en tiempos escatológicos. En primer término, se le dan a Juan tres órdenes: (1) comer el libro, (2) profetizar «otra vez sobre muchos pueblos, naciones, lenguas y reyes» (10.11) y (3) medir el santuario, el altar y los adoradores (probablemente, los cristianos fieles como sacerdotes). La primera orden (10.8-11) a Juan es de «asimilar» y «digerir» el libro agridulce, lo que significaba para él un compromiso radical e histórico con la profecía que había de trasmitir.[27]

---

[26]La jerga relativa tanto al «testimonio» como a la «profecía» se concentra en dos partes del Apocalipsis: (1) el prólogo/epílogo y (2) los capítulos 10 y 11; ver Pablo Richard, *Apocalipsis: reconstrucción de la esperanza*, DEI, San José, 1994, p. 114. Debe notarse que la culminación de la teología del reino aparece también en este bloque textual.

[27]*Ibíd.*, pp. 112-114.

La segunda orden (10.11) es una renovación muy enfática de la vocación profética de Juan, formulada según el modelo de Jeremías 1.10. El tono claramente político de Jeremías 1.10 se acentúa aún más porque el texto reemplaza *fulaí* («tribus») de la usual fórmula cuádruple del libro por *basileûsin polloîs* («sobre muchos reyes»). Podemos suponer que su profecía poseerá el mismo carácter de «denuncia» y «anuncio» sobre las naciones, típico de la profecía clásica de Israel. El gesto profético de «medir» (proteger) el santuario (la iglesia), paralelo al de sellar a los fieles en la misma posición entre los dos últimos sellos (cap. 7), puede verse cumplido tanto en la persecución como en la protección divina de los fieles.

Luego de aclarar la misión del profeta en 10.1-11.2, el pasaje esclarece la misión profética de la comunidad por medio de un relato tan alegórico como dramático, de difícil interpretación: la parábola de los dos testigos.[28]

Se llaman «testigos» (11.3; cf. 11.7) y, como Juan mismo, profetizan (11.3, 10). Precisamente por ser testigos, son dos: Cristo envió a sus discípulos de dos en dos (Mc. 6.7; cf. Dt. 17.6; 19.15). Como la primera parte del interludio renovó la vocación profética de Juan (10.11), esta segunda parte, en la figura de los dos testigos anónimos, describe la misión profética de la comunidad de fe en los tiempos de prueba extrema. Los dos testigos son todo un paradigma del testimonio y de la misión de la iglesia, según el Apocalipsis.

El testimonio de ambos es de carácter profético y, como resultado, atormentan a todo el mundo (11.10).[29] En ellos

---

[28]Que es parábola se ve en la fusión de múltiples personajes (Josué y Zorobabel, Elías y Moisés, y quizá Enoc en 11.11) y lugares (Roma, Sodoma, Egipto, Jerusalén; 11.7). Todas esas personas y todos esos lugares no pueden tener un sentido literal. Cf. Bauckham, *op. cit.*, pp. 273ss. Pablo Richard (*op. cit.*, p. 114) lo describe como un sociodrama sobre la misión de la iglesia.

convergen todos los poderes de la historia de la salvación, representados por los de Elías y de Moisés. Tienen un poder similar a los feroces caballos de la sexta trompeta (9.17s.), como también a los de algunas leyendas mesiánicas:[30] el poder devastador de soplar fuego y carbonizar a sus enemigos. La descripción tan exagerada parece señalar que aun en los peores tiempos el poder de Dios estará en plenitud en sus siervos.

Pero cuando termina «su testimonio» ¡se acaban también sus poderes carismáticos (11.7)! Los testigos no son dueños de su poder (el Señor da y el Señor quita), ni deben basar su confianza en tales poderes. El secreto de su poder es otro: morir y resucitar con Cristo (Flp. 3.10s.; 1 Co. 1.18-2.4; Gl. 2.20). El testigo fiel tiene que estar dispuesto a todo, incluso a morir en manos de la bestia (después que ellos han «devorado» a tantos enemigos; 11.5). El «testimonio» más impresionante puede, en los designios de Dios, terminar en aparente fracaso y vergonzoso vituperio (11.8-10). Pero precisamente ese «fracaso», y no la prepotencia de sus carismas anteriores, será «la participación de sus padecimientos y el poder de su resurrección».[31]

A la resurrección y ascensión de los dos testigos sigue un gran terremoto que derrumba la décima parte de la ciudad y mata a

---

[29]Lo poco profético de algunos evangelistas de hoy puede verse en sus grandes esfuerzos por complacer a todo el mundo, y su éxito en lograrlo. No suelen atormentar a nadie. Difícilmente los esfuerzos promocionales, el despliegue de fotografías brillantes, los desayunos presidenciales y las campañas de relaciones públicas tienen que ver con un testimonio profético.

[30]Como poderes del Mesías, ver 4 Esd. 13.4, 9-11, 25s., 38; cf. Is. 11.4; Miq. 1.4; Jdt. 16.25.

[31]C. R. Padilla, *Misión integral*, Nueva Creación, Buenos Aires, 1986, p. 25: «La primera condición de una evangelización genuina es la crucifixión del evangelista. Sin ella el evangelio se convierte en verborragia y la evangelización en proselitismo». Juan denunciaría como idolatría el «culto al éxito» que a menudo invade las iglesias evangélicas.

siete mil personas (11.1). Y entonces aparece algo insólito en el Apocalipsis: los sobrevivientes del terremoto «se aterrorizaron, y dieron gloria al Dios del cielo» (11.13; contrástense 9.20 y 16.9, 20).[32] Lo que no lograron los testigos ni con su soplo de fuego (11.5, 10) lo alcanzaron con su muerte y resurrección (con la ayuda oportuna de un espantoso terremoto).[33]

Siguiendo la misma tendencia del resto del libro, la misión de Juan (cap. 10), como la de los dos testigos (11.1-13), tiene un carácter radicalmente profético. En ningún momento Apocalipsis se refiere al «testimonio verbal» de los dos testigos: los verbos «proclamar» (*kerússo*) o «evangelizar» (*euaggelízo*) brillan por su ausencia. Aquí el verdadero testimonio eficaz no es ni el despliegue de poderes sobrenaturales ni la proclamación verbal, sino la identificación incondicional con Cristo en su muerte y resurrección. «El sentirse tocado por el testimonio de Jesús —escribe Lothar Coenen— pone al afectado al servicio de este testimonio. La *marturía* inserta en la vida de Cristo a aquel que es atrapado por ella».[34] Para el Apocalipsis, esa teología de la cruz es el sentido más profundo del «testimonio» y de la misión de la iglesia.

Nuestra identificación con el crucificado y resucitado significa también solidaridad con todos los que sufren. Hans Lilje, en su

---

[32]Parece significativo que 16.21 muestre la reacción negativa hacia el mismo terremoto que destruyó «la gran Babilonia» (16.18-21: «blasfemaron»). Eso deja claro que la intención de 11.13 no es la de «profetizar» una conversión masiva ante el testimonio escatológico de la iglesia (lo que vendría a contradecir todos los pasajes paralelos en el libro) sino a señalar la paradoja del poder de la cruz.

[33]P. Richard, *op. cit.*, p. 116: «Es el único lugar en el Apocalipsis donde Juan es optimista en relación a la posible conversión de los idólatras (el optimismo nace de la fuerza profética de los mártires).»

[34]Lothar Coenen, *et al*, *Diccionario teológico del Nuevo Testamento*, tomo 4, Sígueme, Salamanca, 1985, p. 261.

comentario sobre Apocalipsis escrito en un campo de concentración bajo el dominio de Adolfo Hitler, destaca este aspecto al analizar 1.9: «Para entender el Apocalipsis no es necesario que uno caiga en éxtasis, pero sí que participe en las tribulaciones de la iglesia».[35] Según el Apocalipsis, participar en la misión significa identificarse con Cristo y solidarizarse con los que sufren.[36]

Un estudio cuidadoso del concepto de misión como testimonio en el Apocalipsis confirma la siguiente conclusión: los fieles están llamados a levantarse con firmeza por la verdad del evangelio y a jugarse la vida entera por el Cordero. Ese es nuestro testimonio, al que estamos llamados y que es medular para nuestra misión.

## Misión como resistencia

Otro tema muy característico del Apocalipsis, que obviamente pertenece a la vocación de la comunidad creyente, es el de la «paciencia» (*`upomoné*).[37]

Las acepciones de esta palabra griega toman el sentido de «mantenerse firme», «resistir», «perseverar».[38] En lugar de aludir a una resignación pasiva, la palabra implica una resistencia activa

---

[35]Hans Lilje, *op. cit.*, p. 52.

[36]Aunque el énfasis del Apocalipsis cae lógicamente en los sufrimientos de los creyentes, se extiende a todos los que sufren y a todas las víctimas de la injusticia (18.24).

[37]*`Upomoné* se encuentra en 1.9; 2.2s.,19; 3.10; 13.10; 14.12; el verbo *`upoméno* no aparece en el Apocalipsis.

[38]W. F. Arndt y F. W. Gingrich (Walter Bauer), *A Greek-English Lexicon of the New Testament*, Cambridge University Press, Chicago, 1957, p. 854.

contra el mal con esperanza indomable.[39] Quizá la mejor traducción sería «tenacidad»[40] o «intransigencia absoluta».[41]

Al presentarse a sus lectores Juan se describe como «el hermano de ustedes y copartícipe en la tribulación, en el reino y en la tenacidad que hay en Jesús» (1.9 gr.). En esta «tarjeta de presentación» todas las palabras son importantes, de gran peso teológico. «Hermano de ustedes» (*`o adelphòs `umôn*) era la designación típica entre los cristianos; «copartícipe ... en Jesús» (*sugkoinonòs ... en Iesoû*) corresponde al léxico de Pablo.[42]

El término griego *sugkoinonós*, construido con el prefijo *sun* y un sustantivo de la raíz de *koinonía*, tiene un profundo significado teológico. El prefijo *sun* (y su uso como preposición) y todo el complejo semántico en torno a la palabra *koinonía* estructuran toda la teología paulina del cuerpo de Cristo. El único otro caso de esta terminología en el Apocalipsis se registra en 18.4: «salid de ella, pueblo mío, para que no seáis partícipes [*sugkoinouésete*] de sus pecados».

Juan afirma su solidaridad con los lectores en tres realidades: en la tribulación (*thlípsis*), en el reino (*basileía*) y en la tenacidad (*`upomoné*). Por compartir con ellos las pruebas y las luchas, Juan mismo se encuentra en Patmos. Pero tanto él como ellos son reyes

---

[39]En el griego clásico (p. ej., Homero) el verbo *`upoméno* se usaba en el sentido de no retirarse del campo de batalla. Coenen (*op. cit.*, tomo 3, p. 238) describe este sentido como «constancia firme y aguerrida»; según Hauck (Kittel, *Theological Dictionary of the New Testament*, Eerdmans, Grand Rapids, 1967, vol. 4, p. 581) es «valiente resistencia activa ante el ataque hostil ... resistencia activa y enérgica al poder hostil».

[40]Comblin, *op. cit.*, p. 228.

[41]Ward Erwin, *The Power of the Lamb*, Cowley, Cambridge, Mass., 1960, p. 168.

[42]El «en Jesús» al final de la frase debe ir con «copartícipe» (o con «hermano y copartícipe»): Juan comparte con Jesús, y con ellos en Jesús, la prueba, el reino y la tenacidad.

y sacerdotes (1.6; 5.10), y viven fortalecidos por la expectativa de la llegada definitiva del reino. Por eso, entre sus presentes tribulaciones y la presente y futura realidad del reino, todos se mantienen firmes en la fuerza tenaz que nace de la solidaridad del mismo Jesús (*en Iesoû*). Lo más importante que Juan puede decirles acerca de él no tiene que ver con su rango (apóstol, obispo, pastor) ni con sus credenciales proféticas, sino con su incondicional participación con ellos en las luchas y presiones (bajo la bota del Imperio), en la inextinguible esperanza que nace del reino y, mientras tanto, en la terca perseverancia de una fe que jamás se doblega.

A la congregación de Filadelfia, que ha sido fiel bajo la persecución y no ha negado el nombre del Señor, Cristo le dice: «has guardado la palabra de mi paciencia» (3.10; *tòn lógon tês `upomonês mou*). Porque ellos habían guardado «la palabra de mi tenacidad», Cristo les promete guardarlos (*teréo,* ambas veces) de la hora de prueba que vendrá. El sentido es claro: los creyentes de Filadelfia se han guardado tenazmente en su resistencia a la idolatría, y el Señor mismo los guardará de la prueba venidera. «La palabra de mi paciencia» (3.10) mantiene diversas correlaciones con «la palabra de Dios» (1.2), «las palabras de esta profecía» (1.3; 22.7), «mi palabra» (3.8; *etéresás mou tòn lógon*) y «la palabra del testimonio de ellos» (12.11). La frase de 3.10 parece sugerir que el evangelio mismo es «un mensaje de resistencia» contracultural.

Varios pasajes más del Apocalipsis implican que esta «paciencia» a la que Juan nos llama no es de ninguna manera pasiva sino muy activa. El mismo hecho de rechazar la marca de la bestia (las credenciales del sistema) era un acto de desobediencia civil medular, que Juan exigía a sus lectores.[43]

---

[43]En 20.4 a los fieles se los define como «los que no habían adorado a la bestia ni a su imagen, y que no recibieron la marca...».

Es también el sentido de 18.4: «Salid de ella [de Babilonia, del "sistema" que para ellos era el Imperio Romano], pueblo mío, para que no seáis partícipes de sus pecados». El verbo «salir» aquí no parece referirse a alguna especie de exilio físico, ni tampoco a una «fuga social» (bajo las circunstancias en que fue escrito el libro no había posibilidades reales de tal fuga), sino a una molesta presencia y a una tenaz perseverancia como contracultura.

Un tercer pasaje, con otro enfoque pero también pertinente, es 11.5s.,10. Ya hemos visto que los dos testigos representan a toda la iglesia en su testimonio ante el mundo. No importa cómo se interpreten los detalles, este discutido pasaje simboliza necesariamente una resistencia activa al sistema. Aunque la serie de las trompetas presenta básicamente las plagas que Dios envía sobre los seguidores de la bestia, aquí se afirma que los dos testigos participan también en estas plagas con poder «para herir la tierra con toda plaga, cuantas veces quieran» (11.6).[44] Los ecos del éxodo y del poder de Moisés son evidentes. Los testigos tienen también poder para matar a sus enemigos y «atormentan» agresivamente a los impíos (11.10).

Donald Senior señala también el significado misionológico de la severa prohibición de comer carne ofrecida a los ídolos (2.14, 20). Aunque para Pablo en su contexto histórico dicho acto no era malo en sí, para Juan unas décadas después tenía un significado críticamente decisivo:

> El hecho de comer esas carnes era símbolo de solidaridad con todo el espectro del estado romano y con las pretensiones blasfemas de su emperador de gozar prerrogativas divinas. La verdadera cuestión no era comer o no comer esa carne mancillada religiosamente, sino la lucha cósmica entre el reino de Dios y las fuerzas del pecado y de la muerte personificadas en el estado romano y en su culto idolátrico ... El cristiano que ha sido redimido por la sangre de Cristo no puede en modo

---

[44]Richard, *op. cit.*, p. 115.

> alguno entrar en componendas arriesgando su lealtad al reino de Dios. Es absolutamente necesario un testimonio heroico y profético de no participación.[45]

Senior muestra que Juan no sólo presenta su propio escrito como una palabra de profecía (1.3), sino también exhorta a las comunidades a asumir una posición de resistencia profética frente al Imperio Romano. Juan rechaza tajantemente toda entrada en componendas con el problema de carnes sacrificadas a los ídolos y llama a las comunidades a «que proclamen el evangelio mediante un gesto simpático de no participar: actitud profética desafiadora que criticaba y negaba las pretensiones absolutas del imperio».[46] Juan los convoca «a una confrontación profética con las características impías y deshumanizadoras del estado romano»:[47]

> La retirada de los cristianos de la sociedad es un acto profético de testimonio ante la sociedad y a favor de la sociedad. Los cristianos deben proclamar ante el mundo la buena nueva de la salvación universal, y su púlpito es la negativa heroica a entrar en componendas con un sistema que ellos ven que está alineado con las fuerzas del pecado y la muerte.[48]

---

[45]Donald Senior y Carroll Stuhlmueller, *op. cit.*, p. 412.

[46]*Ibíd.*, p. 454.

[47]*Ibíd.*, p. 432.

[48]*Ibíd.*, pp. 414s. La resistencia como «púlpito» es una figura misionológica muy sugerente. Senior (*op. cit.*, p. 310) infiere también de 1 Pedro y el Apocalipsis que «el esfuerzo misionero de la comunidad primitiva no se consideraba como una actividad puramente *verbal*. El testimonio de una vida ciudadana vivida íntegramente (1 P.) o incluso la negativa profética a entrar en componendas, retirándose de ciertas funciones sociales (Apocalipsis), se consideraban genuino testimonio de la buena nueva...»

Este énfasis en la resistencia es la contrapartida del concepto de «testimonio» en el Apocalipsis y parece un aspecto importante de lo que Juan plantea como la misión de las comunidades. Según González Ruiz, Juan exhorta a una tenaz «resistencia a toda integración en el intento de "compromiso histórico" con la idolatría».[49] Boring relaciona *`upomoné* con la valentía que uno tiene bajo un interrogatorio al que se somete por ser cristiano.[50] Unos años después Plinio, gobernador de Bitinia (región ubicada al norte de Asia Menor), escribe a Trajano que cuando los cristianos son acusados él les da la oportunidad de renunciar a su fe, pero «a los perseverantes [participio latino equivalente a *`upomoné*] los mando a que los ejecuten».

Edward Schillebeeckx relaciona la resistencia y el martirio testimonial directamente con la misión de la iglesia. Cristo, el Señor del mundo y de la iglesia, establece su reino enviando a su iglesia al mundo. Schillebeeckx, comentando la figura del caballo blanco, aclara el gobierno de Cristo en estas palabras:

> Cristo, Señor de la comunidad, extiende su autoridad a toda la historia humana ... La soberanía universal de Cristo, que hace libres a todos los hombres, se lleva a cabo con la misión de la Iglesia en el mundo; en el Apocalipsis esta misión no se concreta tanto en la predicación por medio de la palabra, del kerigma o evangelio, cuanto en la predicación por medio de la praxis evangélica de oponerse al poder absoluto del emperador. La comunidad cristiana ejerce su soberanía —de momento, en la dimensión de la historia— oponiéndose como testigo doliente al absolutismo imperial ... Por medio de la resistencia que la comunidad opone con sus mártires, Cristo gobierna ya en el mundo con el poder de Dios ... El gobierno celeste de Cristo, Señor de la Iglesia, consiste primariamente

---

[49]José María González Ruiz, *El Apocalipsis de Juan: el libro del testimonio cristiano*, Cristiandad, Madrid, 1987, p. 90.

[50]M. Eugene Boring, *Revelation*, John Knox Press, Louisville, 1989, p. 96.

> todavía, durante este primer eón, en la resistencia de la Iglesia en la tierra.[51]

En realidad, nuestra palabra «paciencia» hace poca justicia al significado de la palabra griega *`upomoné*. Juan parece estar convencido de que la iglesia está llamada a una misión de tenacidad, resistencia y contracultura dentro del sistema corrupto que lo rodea.

## Conclusión

Volvamos a nuestra pregunta original: ¿Es el Apocalipsis un libro misionero? Creo que podemos responder que sí, definitivamente, pero de una manera bastante sorprendente. El Apocalipsis no es menos misionero que los demás libros del Nuevo Testamento. A partir de la muerte y resurrección del Cordero, proclama las buenas nuevas de la victoria definitiva del reino de Dios y la promesa de una nueva creación. Llama a los fieles a un discipulado radical y al testimonio tenaz de su fe frente a las fuerzas del mal, específicamente frente a la idolatría del Imperio Romano.

¿Está presente la Gran Comisión en el Apocalipsis? ¡Claro que sí! Analicemos los elementos de Mateo 28.18-20 para ver su presencia en este libro:

1) «Toda autoridad me es dada en el cielo y en la tierra»: No cabe duda de que este aspecto de la Gran Comisión es central en el Apocalipsis. Hasta podría verse como el tema fundamental, que inspira ánimo y valentía en los creyentes amenazados. El testigo fiel es «soberano de los reyes de la tierra» (1.5). El Cordero comparte el «trono establecido» con «el que está sentado en el trono» (caps. 4-5; 3.21) y es Rey de reyes y Señor de señores (19.16). El Cordero ha triunfado por su sacrificio en la cruz; «ha

---

[51]Edward Schillebeeckx, *Cristo y los cristianos: gracia y liberación*, Cristiandad, Madrid, 1982, pp. 439s.

vencido» (5.5) precisamente por su entrega hasta la muerte (5.6; cf. Fil. 2.8). Los fieles están llamados a unirse con él en el poder de su muerte y resurrección, y a sentarse con él en su trono (3.21).

2) «Yendo, discipulad a todas las naciones»: Por las circunstancias en que fue escrito, el Apocalipsis no pone su énfasis en el «id» ni en el «haced discípulos». Sin embargo, todo el libro es una declaración de lo que significa ser discípulos bajo las pruebas más severas imaginables. Y, sobre todo, este libro proclama el alcance universal de la victoria del Cordero. Los fieles están redimidos «para Dios, de todo linaje y lengua y pueblo y nación» (5.9). La bestia ha usurpado esa soberanía universal del Cordero (13.7); por eso, Juan está comisionado a profetizar «sobre muchos pueblos, naciones, lenguas y reyes» (10.11). En la nueva creación, todos los reyes y todas las naciones servirán al Cordero (21.24-26).

3) «Enseñándoles que guardan cuanto yo os he mandado»: el Apocalipsis comienza con una bendición para los que guardan las cosas escritas en esta profecía (1.3; *teréo*, el mismo verbo de Mt. 28.20; cf. Ap. 3.10). Como en la gran comisión, todo el libro es una exigencia de obediencia radical al Señor. Es más, el Apocalipsis enfoca este discipulado como obediencia hasta la muerte y resistencia, sin entrar en componenda alguna con las fuerzas de maldad.

4) «He aquí estoy con vosotros todos los días, hasta el fin del mundo»: Desde el primer capítulo, y a más de sesenta años de su muerte y resurrección, Cristo se manifiesta como presente en medio de su pueblo. El no ha abandonado a los suyos. Anda entre los candeleros, conoce a las comunidades y les habla: «El Cordero que está en medio del trono los pastoreará, y los guiará a fuentes de aguas de vida» (7.17). De la misma manera que el Evangelio según Mateo comienza y concluye con «Emanuel» (1.23; 28.20), el Apocalipsis también empieza y culmina con la presencia divina (1.12-18; 21.3; Dios morará con ellos, y ellos serán su pueblo, y Dios será Dios-con-ellos).

Hoy la iglesia necesita urgentemente el mensaje misionero del Apocalipsis. Sin reducir, ni mucho menos abandonar, su constante esfuerzo en la evangelización, el cuerpo de Cristo debe aprender del Apocalipsis que su tarea es ser, en última instancia, fiel hasta la muerte. Aunque un evangelio «maquillado» puede atraer más gente y llenar los lugares de reuniones, el verdadero evangelio cuesta mucho, exige todo, pero llena la vida de los redimidos del poder y de la gloria de Cordero inmolado y resucitado. La misión de la iglesia es evangelizar ... y aún más. Y evangelizar es llevar a la gente a una fe auténtica y costosísima en el Cordero.

# IV

# Estudios temáticos

# 13

# La misión en el sufrimiento y ante el sufrimiento

*Nancy Bedford*

Al reflexionar sobre el contexto de la tarea de la iglesia en América Latina es imposible eludir la realidad del sufrimiento. Ya casi nos hemos endurecido de tanto escuchar estadísticas sobre los niveles de pobreza, de enfermedad, de malnutrición, de desempleo y subempleo, de analfabetismo, de niños de la calle, de jubilados que se suicidan, de violencia familiar, de muertos por violencia política, policial, criminal o automovilística. En «nuestra América» (José Martí), el sufrimiento es un fenómeno observable a simple vista. Si caminamos por las calles de nuestras ciudades, sentimos el aroma hediondo de la pobreza extrema: olor a cloaca, a suciedad, a basurales a medio quemar, a Gehenna.[1] Aun los que andan en limusinas difícilmente podrán evitar la visión de techos de lata, de hacinamiento, de basura revuelta, de los flacos caballos de los cartoneros que transitan por la ciudad como jinetes de un apocalipsis posmoderno. Imposible no escuchar las voces de quienes suplican por una ayudita o de los jóvenes armados que la exigen. El culto

[1]Nombre usado en el Nuevo Testamento para designar el lugar en que son castigados los pecadores en el otro mundo. La palabra es la forma griega del arameo *gĕhinām*, que se formó a su vez del hebreo *gĕhinōm*, forma abreviada de *ge-ben-himōn*, «valle de Hinnom», en las cercanías de Jerusalén. *Diccionario de la Biblia*, Herder, Barcelona, 1970, p. 739.

al ídolo Mamón, tan generalizado en todo el mundo, exige permanentemente víctimas humanas en nuestro contexto.[2]

Indudablemente, gran parte del sufrimiento de nuestra gente tiene raíces económicas, pues —aunque poco se diga actualmente— el esquema económico mundial es usurero e injusto, y su implementación local en manos de funcionarios corruptos empeora aún más la situación de los más débiles. Otros matices del sufrimiento no tienen una génesis económica. Nacen, por ejemplo, de la indiferencia de algunos hacia la vida del prójimo: en la Argentina mueren unas treinta personas por día atropelladas por autos o involucradas de algún modo en accidentes de tránsito. Conocemos el sufrimiento que implica para una familia este tipo de pérdida violenta y precoz de un ser querido. También las enfermedades físicas o psíquicas causan sufrimiento. En verdad, la lista de padecimientos que sufren las personas probablemente sea interminable.

Sin embargo, el sufrimiento no tiene solamente características individuales y estructurales, sino inclusive cósmicas. Bajo los constantes abusos de la humanidad, no solamente sufren los seres humanos, sino también la flora, la fauna y la tierra misma. Hoy más que nunca pareciera que la creación, la humanidad en general, y también «nosotros mismos, que tenemos las primicias del Espíritu» gimiéramos a una bajo las aflicciones del tiempo presente (Rom 8). Este *Sitz-im-Leben* (situación de vida) a nivel personal, socio-estructural y cósmico es el contexto en que la iglesia ha de llevar a cabo su misión.

---

[2]Jon Sobrino subraya con razón este aspecto al desarrollar su cristología; ver *Jesucristo Liberador. Lectura histórico-teológica de Jesús de Nazaret*, Trotta, Madrid, 1991, pp. 224-228. Vale la pena tener en cuenta también su concepción de la teología como *intellectus amoris* en el contexto del sufrimiento de los pobres; cf. «Teología en un mundo sufriente. La teología de la liberación como "intellectus amoris"», *Revista Latinoamericana de Teología* 15, 1988, pp. 243-266.

Ante tal contexto generalizado de sufrimiento y dolor, una de las distorsiones latentes en la teología en América Latina, especialmente en la teología popular católica romana, ha sido «el dolorismo», es decir, la glorificación del sufrimiento por el sufrimiento mismo, a partir del ejemplo de un Cristo sufriente, representado a menudo como víctima pasiva y ensangrentada en las pinturas y esculturas de las parroquias. La veneración de estas imágenes forma parte importante de la religiosidad popular de raigambre católica. Como lo expresa Georges Casalis:

> Cuando el pueblo reza delante de estas imágenes o las venera, cuando ellas se graban en su espíritu a lo largo de toda una vida de pedagogía sometida y de práctica pasiva, está claro que encuentra ahí su propio destino y lo adora o acepta con identificación masoquista.[3]

Por cierto, tal «dolorismo» no se limita a la piedad católica. También los evangélicos pueden caer en la tentación de identificar al sufrimiento como una virtud en sí mismo. No obstante, quizá sea más relevante para nuestra reflexión aquí otra distorsión latente que existe hoy dentro de nuestro subcontexto evangélico latinoamericano y que la iglesia deberá tener en cuenta al tratar de cumplir su misión. Muchos creyentes, especialmente los que se identifican con el amplio espectro de las actuales corrientes carismáticas o entusiastas, parecen expresar el deseo de evadirse por completo del sufrimiento o, cuanto menos, de desarrollar una *teopraxis* analgésica ante el dolor individual, estructural y cósmico, que si bien no permite negar totalmente la existencia del sufrimiento, facilita seguir adelante en lo personal sin tenerlo mayormente en cuenta. Por tomar también aquí un ejemplo de las

---

[3]«Jesús: Ni vencido ni monarca celestial» en el libro homónimo compilado por José Míguez Bonino, Tierra Nueva, Buenos Aires, 1977, p. 120; ver también pp. 119-125.

prácticas religiosas populares, vale la pena notar que la himnología evangélica más reciente rara vez menciona el sufrimiento o la cruz de Cristo. Una canción muy cantada en las iglesias, por ejemplo, tomada de 1Pedro 5.10, extirpa del versículo la frase referida a los padecimientos de los creyentes, y mantiene únicamente la parte de la bendición que habla de la «gloria eterna en Jesucristo» a la cual Dios ha llamado a los creyentes. Este Jesucristo evangélico de la gloria, descrucificado, puede llevar a una evasión individualista del sufrimiento cuyos resultados concretos, paradójicamente, son parecidos a la resignación pasiva fomentada por el Jesucristo católico del dolor. Ambos extremos, tanto la distorsión «dolorista» de la *theologia crucis*, como la distorsión entusiasta de la *theologia gloriae*, han traído como resultado

> ...un Cristo que ha puesto a los hombres de acuerdo con la vida, que les ha dicho que la acepten tal como es, y las cosas tal como son, y la verdad tal cual parece ser. Pero ¿el otro? ¿El que hace que los hombres no estén satisfechos con la vida tal cual ésta es, y con las cosas tal como son, y que les dice que, por medio de él, la vida será transformada, y el mundo será vencido, y sus seguidores serán puestos de acuerdo con la realidad, con Dios y con la verdad?[4]

Ese otro Cristo, el que asume el sufrimiento propio y alivia el ajeno, el que no hace que sus seguidores se conformen con una realidad mala, sino que quiere que la transformen por la fuerza del Espíritu: ése es el Cristo que ha de buscar la comunidad de fe que desea hacer frente al sufrimiento.

Las dos distorsiones cristológicas mencionadas no ofrecen una vía de acceso apropiada y profunda al problema del sufrimiento,

---

[4]Juan A. Mackay, *El otro Cristo español. Un estudio de la historia espiritual de España e Hispanoamérica*. Trad. Gonzalo Báez-Camargo, Casa Unida de Publicaciones, México, 2a. ed., 1989, p. 141.

que sea acorde con la dinámica del Dios trinitario tal como se ha revelado en la historia de la salvación. Podrán ser superadas únicamente si la teología y la teopraxis de la iglesia en su misión se basan en una sólida cristología y *cristopraxis* de raíz profundamente bíblica. Solamente al internarnos integralmente en la vida, muerte y resurrección de Jesucristo descubriremos el equilibrio que necesitamos para confrontarnos con la realidad del sufrimiento. Tal acercamiento nos lleva al seno mismo del Dios trinitario que actuó en el Hijo y nos vivifica con su Espíritu.

## *Mysterium doloris*

Antes de inquirir más profundamente acerca del papel de la iglesia cristiana en y ante el *Sitz-im-Leben* de la humanidad, es importante recordar, en última instancia, que «el sufrimiento no es entendible. Ni siquiera la fe cristiana puede entender el sufrimiento»[5]. Como bien subraya el teólogo Eberhard Jüngel, aunque la fe cristiana misma vive de la historia de la pasión de Jesucristo, el varón de dolores, no por eso los cristianos pueden *comprender* totalmente las raíces profundas de todo sufrimiento, así como tampoco pueden comprender realmente el correlato del sufrimiento, es decir, la muerte. Por cierto, es posible *explicar* el origen de un dolor específico (por ejemplo desde la medicina, la sociología o la psicología), pero la explicación no le da sentido al dolor ni hace que sea más fácil de soportar. El único sentido posible que puede tener el sufrimiento jamás radica en el sufrimiento mismo, sino que lo trasciende. Descubrir este tipo de sentido hace que sea más llevadero el sufrimiento, pero no lo hace realmente comprensible. Por eso, al hacer teología de la misión eclesial en y desde el sufrimiento, es necesario medir nuestras

---

[5]Eberhard Jüngel, «The Christian Understanding of Suffering», *Journal of Theology for Southern Africa* 65, diciembre de 1988, 3-13: 4.

palabras y recordar siempre la dimensión *apofática* de la teología: estamos ante un misterio, ligado sin duda al *mysterium iniquitatis* y, como aquel, mientras vivamos en «el presente siglo malo» nunca podremos resolverlo totalmente, como si fuera una ecuación.[6] Es importante darse cuenta de que el sufrimiento masivo existente en el mundo no se resuelve con *slogans* facilistas o con un evangelio barato.

Hemos de avanzar, entonces, en espíritu de oración y súplica (Stg 5.13), conscientes de la dinámica teológica a respetar. Por un lado, debemos saber callar ante el dolor, no sea que, como Job, descubramos que Dios nos pregunta desde un torbellino: «¿Quién es ése que oscurece el consejo con palabras sin sabiduría?» (38.2). Por el otro, la dimensión *apofática* de nuestra respuesta al *mysterium doloris* no se traduce en quietismo, sino en una praxis que se modela y fundamenta en la acción del Dios trinitario mismo en la historia.[7] Con lo dicho nos vamos acercando a la verdad principal que puede articular la teología ante el misterio del sufrimiento: hemos de responder al dolor en clave cristológica, pues en Cristo descubrimos la vía de respuesta de Dios mismo en y ante el sufrimiento.

Al articular con cuidado algunas pautas teológicas para la misión de la iglesia en este contexto, nos ajustaremos al énfasis bíblico, que no trata de reconciliar teóricamente al «Dios bueno» con «el mal», sino que relata los actos salvíficos del Dios solidario y sufriente en la historia y en el mundo, ofreciéndole al ser humano una forma de vivir y morir de acuerdo con esa historia.

---

[6]Cf. *ibíd.*, pp. 4-8, quien nos recuerda que los amigos de Job finalmente dejaron de hablar (32.1) y al permanecer en silencio «expresaron lo desamparados que nos deja el sufrimiento y cuánto nos falta el entendimiento ante la desdichada realidad de sufrir» (p. 5).

[7]Sobre el sufrimiento *en* el Dios trinitario y la correspondencia del amor divino con el dolor divino, véase Bruno Forte, *Trinidad como historia. Ensayo sobre el Dios cristiano*, Sígueme, Salamanca, 1988, pp. 108-111.

Más allá del hecho de discutir detalladamente la teodicea (y la *antropodicea*), lo cual superaría el marco conceptual de este artículo, lo que pretendemos aquí es concentrarnos sobre la misión de la iglesia en y ante el sufrimiento, es decir, reflexionar sobre la vía *cristopráctica* de la comunidad de seguidores de Jesucristo en un contexto de dolor.[8] Que alguien pertenezca a la comunidad de seguidores de Jesús implica que ya ha tomado la decisión de confiar en él, así como en la bondad del Padre y en la solidaridad del Espíritu. Para tal comunidad, la reconciliación teórica de la idea de un Dios bueno con la idea de la existencia del mal pasa a un segundo plano. Más bien, como intuyó Dietrich Bonhoeffer en sus prisiones, los cristianos se esfuerzan por solidarizarse con Dios en sus sufrimientos («Christen stehen bei Gott in Seinen Leben»), puesto que Dios se ha acercado a ellos en su momento de necesidad y lo sigue haciendo.[9] Lo que indagaremos aquí será el significado de esta dinámica de solidaridad de Dios con nosotros y de nosotros con Dios en un contexto de sufrimiento.

---

[8]Algunas obras útiles en relación al tema de la teodicea son Stephen T. Davis, ed., *Encountering Evil. Live Options in Theodicy*, John Knox Press, Atlanta, 1981; Gustavo Gutiérrez, *Hablar de Dios desde el sufrimiento del inocente. Una reflexión sobre el libro de Job*, Sígueme, Salamanca, 2a. ed., 1988; John Hick, *Evil and the God of Love*, Macmillan, Londres,1966; y Jürgen Moltmann, *Der gekreuzigte Gott. Das Kreuz Christi als Grund und Kritik christlicher Theologie*, Kaiser, Gütersloh,6a. ed., 1993, así como a un nivel más popular, C. S. Lewis, *El problema del dolor*, Universitaria, Santiago de Chile, 5a. ed., 1964.

[9]Dietrich Bonhoeffer, «Christen und Heiden», *Widerstand und Ergebung. Briefe und Aufzeichnungen aus der Haft*, Christian Kaiser, Munich, 1970, p. 382. Sobre el problema de la pasibilidad de Dios, véase Jürgen Moltmann, *Trinität und Reich Gottes. Zur Gotteslehre*, Christian Kaiser, Munich, 2a. ed., 1986, capítulo II: «Die Passion Gottes», pp. 36-76.

# Hacia una orientación bíblico-cristológica de la misión de la iglesia en el sufrimiento y ante el sufrimiento

## La actitud de Jesús ante el sufrimiento ajeno

Jesús no utiliza el dolor ajeno para presentarse y promocionarse a sí mismo como milagrero. Al mismo tiempo se expone a la persecución por estar dispuesto a aliviar los sufrimientos ajenos aun en el día de reposo. Como señala González Faus: «Ni autoafirmarse con el dolor ajeno ni desentenderse de él; ni mendigar con el dolor propio ni endurecerse con él. Entre ese doble escollo parece serpear la senda estrecha que perfila la ética jesuánica del dolor, al nivel personal.»[10]

Una de las principales características de Jesús en los Evangelios sinópticos es su interés empático por los que sufren, que lo lleva a atender sus necesidades y a identificarse firmemente con ellos. Como lo expresaría más tarde el autor de Hebreos, «Pues en cuanto él mismo padeció siendo tentado, es poderoso para socorrer a los que son tentados» (2.18). En Mateo 25.31-46, al hablar del juicio escatológico, Jesús se identifica a tal punto con los sufrientes —en este caso con los pobres, los extranjeros y los prisioneros— que puede afirmar que responder o no a las necesidades de quienes sufren es idéntico a responder o no al Hijo del Hombre glorificado. Por decirlo de otro modo, quien socorre hoy a «los hermanos más pequeños», débiles y necesitados, está en contacto con la segunda persona de la Trinidad, aunque en el momento no se dé cuenta de ello.

En el sermón del monte Jesús llama bienaventurados a los que ahora lloran (*oi klaiontes nun*; Lc. 6.21) o a los que están tristes o de luto (*oi penthountes*; Mt. 5.4) porque reirán (Lc.) y recibirán

---

[10] José Ignacio González Faus, *Acceso a Jesús*, Sígueme, Salamanca, 1978, p. 108.

consolación (Mt.). Claramente, el consuelo que ofrece Jesús tiene una calidad escatológica, pues trae una promesa: el sufrimiento, el llanto, el luto no son eternos. Hay una salida. Como Lutero decía:

> Cuando uno está en la cruz y el sufrimiento, todo tiempo parece demasiado largo y uno se impacienta. El sufrimiento no es difícil si uno puede ver el final de su sufrimiento. Uno piensa: es una mala hora, un mal día, una mala semana, pero después mejorará. Pero cuando uno no vislumbra el final, todo sufrimiento se torna inaguantable, aunque dure un cuarto de hora ... Un cristiano debe saber que su sufrimiento tendrá un final y que no durará para siempre, pues de otra manera sería como un Judas maldito, que desesperaría y blasfemaría contra Dios.[11]

No debe subestimarse la fuerza vigorizadora que tiene la esperanza en las promesas de Dios para el que sufre, esperanza de vida en medio de la muerte, esperanza de resurrección ante la cruz o, en palabras de Moltmann, esperanza «en contradicción con la experimentada presencia del sufrimiento, del mal y de la muerte».[12]

---

[11]*WA* 31 I, 354, 8-13 y 442, 29-32.

[12]Jürgen Moltmann, *Teología de la esperanza*, trad. A. P. Sánchez Pascual, Sígueme, Salamanca, 5a. ed., 1989, p. 24. Moltmann argumenta que la esperanza no es engañosa ni se limita a una visión de ultratumba: «La expectación hace buena la vida, pues en ella el hombre puede aceptar todo su presente y puede encontrar alegría no sólo en la alegría, sino también en el sufrimiento; puede encontrar felicidad no sólo en la felicidad, sino también en el dolor. De esta manera la esperanza atraviesa la felicidad y el dolor, pues puede vislumbrar en las promesas de Dios un futuro también para lo pasajero, para lo moribundo y para lo muerto. Por ello habrá que decir que vivir sin esperanza es como no vivir ya. El infierno es carencia de esperanza...» (p. 40).

La reacción de Jesús ante el sufrimiento humano también tiene una dimensión escatológica en el sentido de que, al expulsar demonios y al curar, cumple —aunque anticipadamente y en casos específicos— su promesa de que los que lloran y sufren reirán y recibirán consolación. Así anuncia en sus hechos la salvación escatológica; en ese sentido los suyos no son actos terapéuticos solamente, sino también salvíficos.[13] También envía a los doce discípulos a las ovejas perdidas de Israel, mandándolos a anunciar que el reino de Dios se ha acercado, y a sanar enfermos, resucitar muertos, limpiar leprosos y expulsar demonios (Mt. 10.7-8). Es significativo que en Mateo, inmediatamente después del envío de los doce, Jesús habla de las persecuciones venideras. También en Lucas, la misión de los setenta significa ir «como corderos en medio de lobos» (10.3).

Claramente, identificarse con la tarea salvífica de Jesús hacia los sufrientes conlleva el mismo tipo de persecuciones que a él lo llevaron a la muerte. La misión de la iglesia a los sufrientes —precisamente de la iglesia cuya piedra angular es Jesucristo, el siervo sufriente, y cuyo fundamento fueron los apóstoles y profetas perseguidos (Ef. 2.20)— no es un servicio nacido de buenas intenciones, ideales humanistas o de una vaga sensación de compasión, sino del compromiso con Jesucristo mismo, quien nos muestra el camino y nos advierte claramente de antemano que se trata de un camino difícil, sufrido, posiblemente mortal.[14]

---

[13]Cf. M. Wolter, «Leiden. III. Neues Testament», *Theologische Realenzyklopädie* (TRE) 20, 1990, 677-688:677. Mis observaciones bíblicas en esta ponencia se apoyarán repetidamente en el excelente trabajo exegético de Wolter.

[14]La teología latinoamericana ha enfatizado los peligros de la reacción del «antirreino» cuando la iglesia cristiana cumple su misión de socorrer a los más débiles. Desde el contexto salvadoreño de persecución, Jon Sobrino (*El principio-misericordia. Bajar de la cruz a los pueblos crucificados*, Sal Terrae, Santander, 1992, p. 42) describe esta reacción diáfanamente: «En

## El llamado al seguimiento como llamado a la iglesia a compartir el sufrimiento de Jesucristo

Además de responder a los sufrimientos ajenos, Jesús toma sobre sí el sufrimiento humano, en un proceso que culmina en la cruz. La compasión (*Mit-leid*) de Jesús significa precisamente *sufrir con y por* los demás. La fe en Jesucristo es, por ende, fe en un mesías sufriente. En todo el Nuevo Testamento esa fe y el consiguiente seguimiento de Jesucristo implican la disponibilidad del creyente a compartir la cruz y el sufrimiento de su Señor. Esto no sólo se ve claramente en los dichos sinópticos acerca de negarse a sí mismo, tomar su cruz y seguir a Jesús (ver Mc. 8.31-35, Mt. 16.21-25 y Lc. 9.22-25), sino también en vertientes muy distintas de la tradición tales como Hebreos 13.12-13 o 1 Pedro 2.21 y 4.13. No existe en el Nuevo Testamento la posibilidad de compartir la

---

este mundo se aplauden o toleran "obras de misericordia", pero no se tolera a una Iglesia configurada por el "principio-misericordia", el cual la lleve a denunciar a los salteadores que producen víctimas, a desenmascarar la mentira con que cubren la opresión y a animar a las víctimas a liberarse de ellos ... Cuando eso ocurre, la Iglesia —como cualquier otra institución— es amenazada, atacada y perseguida, lo cual, a su vez, verifica que la Iglesia se ha dejado regir por el "principio-misericordia" y no se ha reducido simplemente a las "obras de misericordia".»

Otro punto de vista importante, y que no suele reconocerse, es el peligro que constituye cuestionar las resistencias individuales y colectivas a la verdadera curación integral. Hanna Wolff explica esto desde la perspectiva de la psicología profunda en *Jesus als Psychoterapeut. Jesu Menschenbehandlung als Modell moderner Psychotherapie*, Stuttgart, Radius, [9]1990, pp. 17-55 (de próxima aparición en español en Editorial Trotta, Madrid). Como señala Wolff, el paralítico de Betesda, por ejemplo, en realidad probablemente no haya querido asumir lo que significaba ser una persona sana pues, después de que Jesús curó su problema físico, en vez de agradecerle, festejar o seguir a Cristo, se esforzó por ir a denunciarlo a sus enemigos (Jn. 5.15-16).

gloria del Señor sin participar en su sufrimiento; no hay *theologia gloriae* sin *theologia crucis*.

Los autores del Nuevo Testamento asumen la realidad del sufrimiento como parte de la realidad del cristiano. No intentan justificar a Dios teóricamente ante la existencia del mal y del sufrimiento (teodicea). Simplemente *presuponen que habrá sufrimiento y buscan integrarlo en la vida cristiana y superarlo positivamente* (cf. Jn. 16.33). Para esto utilizan diversos modelos interpretativos. En todos los modelos neotestamentarios, la actitud que Dios espera del cristiano ante el sufrimiento es la *upomonê* (paciencia, persistencia, perseverancia).[15]

Aquí mencionaremos brevemente tres de los principales esquemas interpretativos del sufrimiento en el Nuevo Testamento: el modelo del sufrimiento como prueba, el modelo del sufrimiento como disciplina y el modelo escatológico del sufrimiento[16], para luego profundizar sobre el modelo paulino de la participación de la iglesia en los sufrimientos de Cristo.

Según el modelo de interpretación del sufrimiento como período o *proceso de prueba* (*peirasmos, dokimê*)[17], el sufrimiento sirve para que el creyente pruebe el carácter genuino y resistente de su fe. Es lo que Lutero llamaba *Anfechtung* o tentación. Para él,

> mientras las personas disfrutan de paz y seguridad, desprecian y desatienden la Palabra. Pero cuando viene la prueba, recién allí creen que aquello a lo cual han sido

---

[15]Cf. Mc. 13.13; Ro. 5.3s.; 12.12; 2 Co. 1.6; 6.4; 2 Ts. 1.4; 2 Ti. 2.9s.; 3.10s.; He. 10.32, 36; Stg. 5.10s.; 1 P. 2.20; Ap. 1.9; 2.2s.; 13.10.

[16]Aquí sigo a Wolter, *op. cit.*, pp. 679-680. Para un tratamiento más detallado de los modelos interpretativos del sufrimiento en el Nuevo Testamento, cf. Gerhard Gerstenberger/Wolfgang Schrage, *Leiden*, Verlag W. Kohlhammer, Stuttgart, 1977, pp. 179-209.

[17]Lc. 8.13; Hch. 20.19; Ro. 5.35; 2 Co. 8.2; 1 Ts. 3.5; Heb. 2.18; 4.15; 1 P. 1.6-7; 4.12; Ap. 2.10.

> exhortados por la Palabra es verdad. Así es que también los piadosos solamente encuentran la fuerza y el fruto de la Palabra en la prueba.[18]

Una de las verdades profundas que esconde este modelo es que el sufrimiento no necesariamente lleva a la ruptura de la relación con Dios, sino que inclusive puede enriquecerla. Esto no significa que el sufrimiento en sí mismo sea deseable o agradable, pero sí que Dios puede transformar aun la adversidad en motivo de crecimiento (Ro. 8.28). Para el creyente, esta confianza ayuda a afrontar la vida con una actitud esperanzada y positiva.

Un segundo modelo neotestamentario interpreta el sufrimiento como *disciplina o corrección* (*paideia*)[19], y entiende que el sufrimiento es un favor que nos hace Dios para disciplinarnos y enseñarnos. Vale la pena recordar aquí que Jesús parece haber relativizado la idea de que si alguien sufre debe ser necesariamente porque pecó; lo importante es más bien la conversión de la persona (*metanoia*) y que en todo Dios sea glorificado (cf. Lc. 13.1-5 y Jn. 9.2-3). La disciplina de Dios no debe ser entendida necesariamente como castigo. El acercamiento pedagógico al sufrimiento ha sido profundizado, por ejemplo, por algunos autores místicos, como San Juan de la Cruz cuando habla de la «noche oscura del alma». Escribe que «las almas»

> comienzan a entrar en esta noche oscura cuando Dios las va sacando de estado de principiantes, que es el de los que meditan en el camino espiritual, y cuando las comienza a situar en el de los proficientes, que ya es el de los contemplativos, a fin de que lleguen al estado de los perfectos, que es el de la divina unión del alma con Dios.[20]

---

[18]*WA*, 25, 189, 15-18.

[19]Cf. 1 Co. 11.30-32; 2 Co. 6.9; Heb. 12.5ss.; Ap. 3.19.

[20]*Noche oscura leída hoy*, Paulinas, Madrid, 2a. ed.,1981, p. 39; ver pp. 83ss.

Tal como suelen hacerlo los místicos, es posible interpretar el sufrimiento que *uno mismo* padece según este modelo. El peligro surge cuando se usa el esquema para justificar el sufrimiento ajeno, lo que permitiría, por un lado, la apatía o indiferencia ante el sufrimiento ajeno y, por el otro, una visión sádica de Dios mismo.[21] Posiblemente Santiago advierte este peligro cuando dice enfatizando precisamente una dimensión individual:

> Cuando alguno es tentado, no diga que es tentado de parte de Dios; porque Dios no puede ser tentado por el mal, ni él tienta a nadie; sino que cada uno es tentado, cuando de su propia concupiscencia es atraído y seducido. Entonces, la concupiscencia, después que ha concebido, da a luz el pecado; y el pecado, siendo consumado, da a luz la muerte. Amados hermanos míos, no erréis (Stg. 1.13-16).

Los primeros dos modelos son, pues, de índole más bien individual. El tercero ya se orienta hacia la experiencia comunitaria y eclesial del sufrimiento. La tradición apocalíptica puede entender los sufrimientos, especialmente aquellos que surgen como consecuencia de la persecución, como un componente de las contrariedades de los últimos tiempos, que surgen por la resistencia de aquella fuerza contraria a Dios que rige en el presente siglo malo[22]. Ante el sufrimiento presente está la seguridad de la futura glorificación. Por eso es posible el gozo aun en medio de la tribulación que comparte la comunidad de fe[23].

---

[21]Sobre este último problema, cf. Dorothes Sölle, *Sufrimiento*, trad. Diego y Josep Boada, Sígueme, Salamanca, 1978 (orig. alemán 1973), esp. pp. 28-39. Sölle puntualiza de modo escalofriante: «[T]oda intepretación del sufrimiento que aparta los ojos de las víctimas y se identifica con una justicia que pretende colocarse detrás del sufrimiento, constituye un paso hacia el sadismo teológico que concibe a Dios como torturador» (p. 39).

[22]Cf. Mc. 13; Lc. 10.2; Mt. 11.12; Ap 1-22.

[23]Cf. Hch .5.41; 2 Co. 7.4; 8.2; Col. 1.24; 1 Ts. 1.6; He. 10.34; 1 P. 4.13.

Quizá el modelo neotestamentario más fructífero para la iglesia que busca llevar a cabo su misión ante el sufrimiento y en medio de él sea el complejo modelo paulino, que muestra cómo *la iglesia* —comunidad de seguidores que responden al llamado de Jesucristo— *participa en los sufrimientos de su Señor.* Precisamente por enfocar el problema del sufrimiento desde una perspectiva a la vez cristocéntrica y eclesial (es decir, comunitaria), es de especial relevancia para nuestro acercamiento eclesial-misionológico al *Sitz-im-Leben* del mundo.

Pablo considera que, como apóstol, participa en los sufrimientos de Cristo.[24] No se trata de una concepción de unión mística, sino realista: por predicar a Cristo, Pablo comparte el destino de su Señor.[25] A su vez, la comunidad de fe sufriente comparte el destino del apóstol.[26] «El apóstol y la comunidad sufren por causa del evangelio; aquel, porque lo anuncia y ésta porque ha aceptado el mensaje»[27]. La idea es, pues, que comparten el mismo destino por compartir la misma fe, no que Pablo sea un intermediario entre Cristo y su iglesia. Tanto los sufrimientos de la comunidad de fe como los del apóstol son «aflicciones de Cristo» (*pathêmata tou Christou...*; 2 Co. 1.5-7). A la vez, el apóstol y la iglesia comparten la misma esperanza, el mismo consuelo (*paraklēsis*).

La concepción paulina tiene una dinámica análoga a la de los dichos de Jesús acerca del seguimiento en los sinópticos: quien pierda su vida por causa de Cristo, la hallará (Mt. 16.25b y par.). Análogamente, si padecemos con Cristo (*sumpasjomen*) por estar unidos a él por el Espíritu, siendo así hijos de Dios (Ro. 8.14-17),

---

[24]Cf 2 Co. 1.6; 4.11; 12.5; Flp. 1.7-13; 2.17; 1 Ts. 2.2; Flm. 9, 13.

[25]Wolter, *op. cit.*, pp. 680; en toda esta discusión sobre Pablo me apoyo especialmente en Wolter, pp. 679-680.

[26]Cf. 1 Co. 12.26; 2 Co. 1.6; Flp. 1.27-30; 1 Ts. 1.6; 2.13-14; 3.3-4.

[27]Wolter, *op. cit.*, p. 682.

seremos glorificados con Cristo (*sundoxasthômen*). Las consecuencias de esta dinámica trinitaria de padecimientos y gloria son, en primer lugar, la certeza de que sufrir no implica estar separados de Dios, ya que nada nos puede separar del amor de Dios que es en Cristo ni de la promesa escatológica de la superación de todo dolor (Ro. 8.35-39).

En segundo lugar, para Pablo la vida en Cristo significa experimentar el poder de la resurrección de Cristo, pero *solamente como consecuencia de experimentar también su sufrimiento.*[28] El sufrimiento en Pablo no implica, pues, la ausencia de la salvación. Tampoco transfiere el alivio únicamente al futuro, sino que en el sufrimiento, día a día (2 Co. 4.16), se experimenta la salvación en el consuelo (2 Co. 1), en la esperanza (Ro. 5), en compartir con otros (Flp. 1), en saber que Dios nos ama (Ro. 5.8) y en el gozo (1 Ts. 1), y todo esto en el ámbito solidario de la comunidad de fe.[29]

## La fructífera paradoja del sufrimiento en Cristo y con Cristo

Al confrontarse con el problema del sufrimiento, la iglesia cristiana está llamada a participar en un doble movimiento. Por un lado, debe hacer todo lo posible por transformar en gozo y alegría los sufrimientos individuales, estructurales y cósmicos que conforman su contexto. Al hacerlo participa activamente en el acercamiento del reino de Dios que anunció Jesús, actualizando anticipadamente —en la fuerza del Espíritu vivificador— la promesa apocalíptica según la cual Dios «enjugará toda lágrima»

---

[28]Morna D. Hooker, «Interchange and suffering», William Horbury/Brian McNeil, eds., *Suffering and Martyrdom in the New Testament. Studies presented to G. M. Styler by the Cambridge New Testament Seminar*, Cambridge University Press, Cambridge, 1981, pp. 70-83:76.

[29]Wolter, *op. cit.*, 684.

y «ya no habrá más duelo, ni clamor, ni dolor» (Ap. 21.4). La vocación de la iglesia como fuerza terapéutica y vivificadora en un mundo sufriente tiene muchas facetas, pues va desde la atención a las necesidades individuales, físicas y espirituales, de los sufrientes, a la lucha activa por estructuras económicas y sociales acordes con la ética del reino anunciado por Jesús, y a los esfuerzos por restablecer la armonía ecológica donde ha sido distorsionada por los abusos humanos.

Se trata de un esfuerzo realmente interdisciplinario o, para usar un lenguaje más paulino, un esfuerzo de todo el cuerpo cuya cabeza es Jesucristo. Sería imposible en este primer acercamiento teológico al problema del dolor definir planes de acción detallados para luchar contra el sufrimiento, e inclusive sería rayano en la *hybris* intentarlo, pues no le compete solamente a la teología desarrollarlos. Es necesaria la participación y colaboración de todos los dones del Espíritu presentes en la comunidad de fe, para que puedan encontrarse las vías más apropiadas para llevar a cabo esta misión, cuyas características serán distintas de contexto en contexto. Lo que sí es carisma y también deber, especialmente de la teología, es señalar con insistencia la necesidad de tal esfuerzo, y recalcar que la misión de la iglesia ante el sufrimiento y en medio de él deberá tener una calidad cristológica, acorde con la dinámica del Dios trinitario mismo tal como ha actuado en la historia.[30]

Cabe enfatizar, sin embargo, que uno de los documentos fundamentales para cualquier plan de acción contextual que elabore la iglesia deberá ser el sermón del monte, pues si aliviar el

---

[30]Aquí vale la pena recordar las palabras de Karl Barth cuando decía que la tarea de la dogmática es examinar la proclamación [y agregaríamos aquí: y la praxis] eclesial para ver si se ajusta a aquello que la iglesia quiere proclamar [y vivir]: la Palabra de Dios, Jesucristo (cf. *Die kirchliche Dogmatik* I/1. Studienausgabe. Zürich: Theologischer Verlag, 1986 [1932], §7, 261-291:263)

sufrimiento ajeno es parte de la praxis del reino de Dios, deberá ajustarse a las características éticas concretas que Jesús modela y enseña. La comunidad de fe que viva de acuerdo con el sermón del monte no provocará el tipo de sufrimiento que en repetidas ocasiones ha causado la iglesia a lo largo de su historia en su afán (misionológico) de evangelizar por la fuerza o de ser la jueza y reina de la humanidad, en vez de ser su servidora.

Además del movimiento de la iglesia hacia los sufrientes con el propósito de combatir las raíces individuales, estructurales y cósmicas del sufrimiento, debemos recordar asimismo la segunda parte del movimiento que Dios requiere de su iglesia. Este segundo movimiento nos introduce en una paradoja: aunque nuestra misión es aliviar el sufrimiento ajeno, la consecuencia de tal compromiso no es que nuestro propio dolor disminuya; antes bien, se requiere de nosotros una amplia disponibilidad a sufrir, a «beber de la misma copa» que nuestro Señor (Mc. 10.39). Ciertamente, el premio de dejar todo por seguir a Jesús es alto: recibir «cien veces más» de lo que se ha perdido, y «en el siglo venidero la vida eterna», pero todo esto será «con persecuciones» (Mc. 10.30). Especialmente en vista de las tendencias entusiastas de la *theologia gloriae* actual que mencionábamos arriba, es necesario recalcar que, por ejemplo para Pablo, los sufrimientos de Cristo *no son solamente un sustituto* de los nuestros, sino *también un modelo* al que hemos de conformarnos.[31]

Como señala Morna Hooker,[32] Pablo expresa en varios textos centrales[33] que Cristo se hizo lo que somos nosotros, para que en él pudiéramos llegar a ser lo que él es. La condición necesaria para que esto ocurra no es solamente que Cristo se identifique con nosotros, sino también que nosotros nos identifiquemos con él. Por

---

[31]Cf. Hooker, *op. cit.*, p. 82.

[32]Hooker, *op. cit.*, pp. 70ss.

[33]2 Co. 5.21; 8.9; Col. 3.13; 4.4; Ro. 8.3,14; Flp. 2.6-10; 3.20-21.

un lado, él elige compartir nuestra situación de condenación y muerte; por el otro, nosotros estamos llamados a compartir su muerte, para luego poder compartir su resurrección. Esta verdad está simbolizada en el bautismo (Ro. 6.3-9).[34] La vida cristiana es, entonces, un proceso constante de identificación con el Cristo crucificado (1 Co. 1.23), pues la fe significa más que creer un hecho objetivo: implica también una forma de vida o, por decirlo con los sinópticos, un seguimiento de Jesucristo.

Pablo describe ese camino de la cruz en Filipenses 2.5-8. Aquellos que eligen este «camino de fe, tienen que estar preparados para compartir la humillación y el sufrimiento que conlleva, si desean experimentar también la gloria que Dios da»[35]. En la historia de la iglesia, quienes han entendido este compromiso de manera ejemplar hasta llegar a las últimas consecuencias han sido los mártires, es decir, aquellos testigos del reino de Dios dispuestos a dar su vida por la causa de Jesús. Por consiguiente,

> Cada vez que la comunidad cristiana recuerda los «sufrimientos de Cristo» también recuerda los sufrimientos de los mártires que han participado en los sufrimientos de Cristo. Al recordar los sufrimientos de Cristo y los sufrimientos de los mártires, le recordamos a Dios mismo sus promesas y esperamos el futuro del reino: «Acuérdate, oh Jehová, de lo que nos ha sucedido; mira, y ve nuestro oprobio ... ¿Por qué te olvidas completamente de nosotros, y nos abandonas tan largo tiempo?» (Lam. 5.1, 20)[36]

---

[34]Hooker, *op. cit.*, pp. 71-73.

[35]Hooker, *op. cit.*, p. 83.

[36]Jürgen Moltmann, «The passion of Christ and the suffering of God», *The Asbury Theological Journal 48*, 1993, pp. 19-28:28. Sobre el martirio actual, especialmente en el contexto latinoamericano, ver el libro de la presente autora, *Jesus Christus und das gekreuzigte Volk: Christologie der Nachfolge und des Martyriums bei Jon Sobrino*, Verlag der Augustinus

No todos los cristianos están llamados al martirio, pero pertenecen a una comunidad de fe que es semillero de testigos y mártires, y es importante que recuerden que la posibilidad de la persecución y del martirio siempre es parte constitutiva de la fe cristiana entendida como seguimiento de Cristo hacia el Padre en el Espíritu.

Quizá —en un primer acercamiento al problema del sufrimiento— el mensaje profético más relevante que le pueda brindar una teología de corte cristocéntrico y trinitario a la iglesia latinoamericana de nuestros días que se interesa por el mundo sufriente en el que le toca caminar y vivir sea recordarle, en primer lugar, que aunque por el Espíritu experimentamos desde ahora la fuerza de la resurrección en nuestra vida (Ro. 6.4b), la iglesia en su misión actual, en un contexto de sufrimiento, no puede llegar a la resurrección obviando de manera extática o entusiasta el camino de la cruz. No podrá aliviar el sufrimiento ajeno sin cargar con ese sufrimiento de un modo análogo al de Jesús.[37] En segundo lugar, la teología debe desafiar a la

---

Buchhandlung, Aachen, 1995, pp. 132-135; 181-189. Para una perspectiva católica véase asimismo el interesante artículo de Raimondo Spiazzi, «Memoria histórica y conciencia teológica del martirio como dimensión de la misión», publicado en *Omnis Terra* 23 (n° 259), marzo de 1996, pp. 95-103.

[37]En su célebre juego de palabras, Ignacio Ellacuría hablaba precisamente de esta necesidad, pues uno debe «hacerse cargo de la realidad, encargarse de la realidad y cargar con la realidad» («Hacia una fundamentación del método teológico latinoamericano», *Estudios Centroamericanos* 20, 1975, pp. 409-425:419). Para Ellacuría la responsabilidad que implica «encargarse de la realidad» luego de haberla reconocido («hacerse cargo de la realidad») siempre está ligada a la pasión y al sufrimiento. Al respecto cf. José Ignacio González Faus, «Mi deuda con Ignacio Ellacuría», *Revista Latinoamericana de Teología* 7, 1990, pp. 255-269, esp. p. 255. Al seguir a Jesucristo de un modo tan consecuente que la propia vida peligra, se vislumbra una elección libre muy distinta al

comunidad de fe a desarrollar tácticas contextuales concretas para combatir las raíces del sufrimiento individual, estructural y cósmico, utilizando todos los recursos interdisciplinarios que le brinda su diversidad de dones espirituales, y tomando en cuenta las dimensiones de consolación, prevención, curación y transformación del sufrimiento. Sin esta compasión concreta y cristológica, sin este sufrir-con-el-mundo, no tendrá verdadera eficacia el afán misionológico de la iglesia en el sentido de la Gran Comisión.

> Bendito sea el Dios y Padre de nuestro Señor Jesucristo, Padre de misericordias y Dios de toda consolación, el cual nos consuela en todas nuestras tribulaciones , para que podamos también nosotros consolar a los que están en cualquier tribulación, por medio de la consolación con que nosotros somos consolados por Dios. Porque de la manera que abundan en nosotros las aflicciones de Cristo, así abunda también por el mismo Cristo nuestra consolación (2 Co. 1.3-5).

---

dolorismo pasivo que criticábamos arriba. Este espíritu de libertad es el que se vislumbra en muchos de los mártires cristianos de la época anterior al giro constantiniano. Al respecto, ver el valioso aporte de Elaine Pagels, *Adam, Eve and the Serpent*, Vintage, Nueva York, 1988, pp. 32-77.

14

# Los «laicos» en la misión en el Nuevo Testamento

*Catalina de Padilla*

El estudio de la misión de la iglesia cristiana tiene que tomar en cuenta el elemento humano: a los enviados, los misioneros. David Bosch dice que «el término "misión" presupone una persona que envía, una persona o personas que son enviadas, aquéllos a quienes uno es enviado, y una tarea».[1] Este estudio se concentra en el segundo elemento de este conjunto: los agentes humanos de la misión de la iglesia cristiana durante los primeros años de su historia, en el período que cubre el Nuevo Testamento. ¿Quiénes son los enviados? ¿Cuál es su tarea? ¿Cómo la cumplen?

Este estudio se ocupará de analizar la evidencia del Nuevo Testamento para descubrir quiénes son los «laicos» y cuál es su papel en el avance misionero de la iglesia cristiana. Sobre la base de estas observaciones se llegará a ciertas conclusiones pertinentes a la vida y la misión de la iglesia cristiana contemporánea.

Al iniciar el estudio del Nuevo Testamento, se observa que este documento en sí es una muestra de la importancia del pueblo «laico». Escrito en el idioma del pueblo, la *lingua franca* de su época, el griego *koinê*, el Nuevo Testamento indica que su origen se halla en la comunidad de creyentes «laicos» y por eso está al alcance de todos.

Antes de entrar en el estudio del texto bíblico es necesario definir los términos usados en el título. ¿Qué significa el término

---

[1]David Bosch, *Transforming Mission*, Orbis, Nueva York, 1992, p. 1. Esta obra próximamente será publicada en castellano por Nueva Creación.

«laico»? ¿Qué importancia tiene en este estudio? ¿Cómo se define la misión en el Nuevo Testamento? Sólo con una idea más clara de estos términos podremos proceder a analizar los conceptos en varias partes del Nuevo Testamento.

## Definiciones

### Laico

Esta palabra no se encuentra en el Nuevo Testamento. Aparece por primera vez en escritos cristianos recién alrededor del año 95, cuando Clemente de Roma hace una diferenciación entre los sacerdotes y los miembros de la iglesia, en su Primera Epístola a los Corintios, capítulo 40.[2] Algunos ven también una diferenciación entre los clérigos y los miembros comunes de la iglesia en las palabras de Justino Mártir (siglo 2), cuando describe el culto cristiano y se refiere a la función del presidente y la respuesta del pueblo en su Primera Apología, capítulo 67.[3]

Como adjetivo derivado del sustantivo *laos* («pueblo, nación»), la palabra *laico* refleja el desarrollo del significado de *laos*. Para

---

[2]En un pasaje en que exhorta a sus lectores a cumplir con los mandatos de Dios, todo en el orden fijado por la voluntad divina, Clemente menciona el servicio propio del sumo sacerdote, el del sacerdote y el del levita. Termina la sección así: «El laico está sujeto a las leyes que corresponden a los laicos.» (A. Roberts y J. Donaldson, eds., *The Ante-Nicene Fathers*, Vol. I, *The Apostolic Fathers*, American edition, Eerdmans, Grand Rapids, 1993, p. 16). Cf. O. Flenders, «*idiotes*», Colin Brown, ed., *The New International Dictionary of New Testament Theology*, II, Paternoster, Exeter, 1976, pp. 456-57; W. Bauer, *A Greek-English Lexicon of the New Testament and Other Early Christian Literature*, Arndt y Gingrich, eds., University of Chicago Press, Chicago, 1979, p. 462.

[3]*Ante-Nicene Fathers*, I, pp. 185-186.

lograr una definición bíblica de *laico* tenemos que comprender el significado de *laos* en el Nuevo Testamento.

Usado comúnmente en la Septuaginta como traducción de *`am*, *laos* es la palabra escogida para nombrar al pueblo que experimentó una relación especial con Dios, el pueblo del pacto.[4] En el Nuevo Testamento, *laos* frecuentemente se refiere a las masas de gente común: a veces expresa la idea de unidad nacional; a veces mantiene el significado de la Septuaginta y se refiere a Israel como el pueblo de Dios, y otras veces designa al pueblo diferenciado de sus líderes. Lo más significativo, sin embargo, es que en el Nuevo Testamento varias veces se usa el término para referirse al nuevo pueblo de Dios, la comunidad cristiana, la iglesia.[5] En este sentido, se amplía su significado y el término incluye a los gentiles y a los judíos como el *laos* de Dios, el pueblo en el cual se unen representantes de todos los pueblos.[6]

En su primera epístola (2.9-10) Pedro aclara este concepto del pueblo de Dios al evocar unas imágenes del pueblo del antiguo pacto (Ex. 19 e Is. 43), mostrar su cumplimiento en la iglesia cristiana y referirlas enfáticamente a sus lectores. Y sus lectores eran cristianos comunes, gentiles y judíos, que vivían en situaciones difíciles en varias partes lejanas del Imperio Romano. Se destacan ciertas cualidades de este pueblo que es la iglesia cristiana: es una familia elegida, en la cual el individuo encuentra su identidad; es una comunidad real, participa del carácter de su Rey y vive bajo su autoridad; constituye en su totalidad un colegio o un equipo de sacerdotes, con todos los privilegios y las responsabilidades sacerdotales; es una nación apartada para Dios,

---

[4]Strathmann, «*laos*», G. Kittel, ed., *Theological Dictionary of the New Testament* (*TDNT*), IV, Eerdmans, Grand Rapids, 1967, pp. 29-57; H. Bietenhard, «*laos*», *The New International Dictionary of New Testament Theology*, II, pp. 795-800.

[5]Bauer, *op. cit.*, pp. 466-467.

[6]Lc. 1.17; Hch. 15.14; Tit.2.14; Ap. 21.3.

un pueblo que Dios ha adquirido para sí, para que sea su propia posesión.[7] En estas pocas palabras Pedro define la naturaleza de la iglesia cristiana.

Este concepto neotestamentario del *laos* de Dios implica que todos los cristianos pertenecen por igual al pueblo de Dios. En el Nuevo Testamento, cuando se usa *laos* para diferenciar entre el pueblo y sus líderes, la palabra siempre se refiere a la diferencia entre el pueblo y las autoridades civiles o religiosas de la cultura judía; nunca se emplea para referirse a diferencias entre cristianos. El *laos* de Dios incluye a todos los cristianos, líderes y miembros, todos con su respectivos dones y funciones. Todos los cristianos son *laicos*.

## Misión

Este segundo concepto que precisa una definición se encuentra también en el breve párrafo de 1 Pedro 2. La acción de Dios al llamar, apartar para sí, unificar y dotar a un pueblo tiene un propósito: que el pueblo, y cada miembro individualmente, comunique o proclame la grandeza, la excelencia, los méritos del gran Dios que hizo todo esto para su pueblo (2.9-10). Esta es la respuesta a su gracia y misericordia. Aquí está el principio de una definición de *misión*.

Dondequiera que esté el pueblo de Cristo, allí hay misión. Iglesia y misión son dos lados de una moneda, y los dos lados son inseparables. *Iglesia* habla de la comunidad cristiana reunida para comunión, enseñanza y ayuda mutua; *misión* habla de la iglesia y sus miembros enviados al mundo para servir y compartir las buenas noticias del evangelio, para la gloria de Dios. La misión no es algo que *hace* la iglesia; *es* la iglesia en el mundo.

---

[7]Algunas de estas mismas imágenes se repiten en Ap. 1.6; 5.10; 20.6.

# La base de la iglesia-en-misión

El punto de partida del estudio sobre la participación de los «laicos» en la misión cristiana se encuentra en las actitudes, enseñanzas y acciones de Cristo Jesús mismo. Los Evangelios, cada uno escrito con el énfasis particular que le da su autor para satisfacer las necesidades del grupo cristiano al cual se dirige, en su conjunto proveen una imagen de Jesucristo que fundamenta la existencia de la iglesia-en-misión.

## Jesús y su misión

*La encarnación de Jesucristo.* En su concepto del propósito de su encarnación Jesucristo mismo provee el modelo básico para la iglesia-en-misión. «Aquel Verbo se hizo carne» y mostró su identificación con la raza humana en su necesidad: en su nacimiento como hijo de una familia pobre; en su identificación con el pueblo; en su vida itinerante sin hogar fijo; en su contacto diario con los enfermos, leprosos y pobres, los marginados de la sociedad y la religión oficial; en la clase de gente escogida para que le acompañara en su tarea; en su muerte como un criminal común.

Al inicio de su vida pública Jesús hizo suya la agenda del Siervo del Señor expresada en las palabras del profeta Isaías, y así definió su ministerio como servicio a los pobres, enfermos y oprimidos.[8] Su definición del sentido de su vida como servicio y sacrificio para salvar lo perdido sintetiza su comprensión del propósito de su encarnación y los años en que compartió la realidad de la vida humana.[9] En el hecho de la encarnación de Jesucristo la iglesia encuentra un modelo para su vida-en-misión en el mundo.

---

[8]Lc. 4.16-21; cf. Is. 61.1-2; 58.6.

[9]Jn. 1.14; Lc. 2 y 9.58; Mc. 10.45.

*El reino de Dios*. En sus parábolas acerca del reino de Dios Jesús muestra su concepto de la historia universal, y la conciencia que tenía de su propio lugar y el de sus seguidores en ella. «Las parábolas representan la interpretación que nuestro Señor hizo de su propio ministerio.»[10] Hablan del reinado, el gobierno soberano de Dios sobre este mundo, en términos de crecimiento y desarrollo, pero también de juicio. En estas parábolas Jesús muestra que toma en serio el mundo y su historia, pero desde la perspectiva de la eternidad. En la persona de Jesús, el reinado de Dios se hace presente; la nueva época ha llegado. A sus oyentes Jesús les ofrece la posibilidad de entrar en este nuevo plano, de vivir en el mismo mundo de siempre la nueva vida de la eternidad, la vida del reino. Los que aceptan la soberanía de Cristo se someten a su reinado, viven bajo la autoridad del Rey y encuentran el sentido de su vida en hacer su voluntad. Esta perspectiva da sentido a la historia humana y presta validez a la actividad humana en cada área de la vida en la sociedad.

## Los seguidores de Jesús

*Los llamados*. Al empezar su ministerio público Jesús no buscó a sus ayudantes entre los líderes religiosos o políticos. En la provincia postergada de Galilea, primero llamó a unos pescadores para que le ayudaran en su tarea como «pescadores de hombres». No eran miembros de la casta sacerdotal ni de los fariseos, sino personas del pueblo, personas de trabajo. En su heterogéneo grupo de discípulos Jesús incorporó a gente de varios trasfondos, pero todos «laicos» a los ojos de la jerarquía religiosa. Unos cuantos años más tarde los líderes judíos todavía tildan a Pedro y a Juan de «sin letras y del vulgo» («sin estudios ni cultura», VP; *agrammatoi kai idiotai*, Hch. 4.13) y se sorprenden de su valentía y

---

[10] C. H. Dodd, *Las parábolas del reino*, Cristiandad, Madrid, 1974, p. 185.

facilidad de palabra cuando hablan defendiéndose ante el Sanedrín.

*El llamado.* Para Jesús lo fundamental es la relación del discípulo (*mathêtes*) con su maestro. Vez tras vez, Jesús llama a la gente a seguirle a él,[11] a acompañarle, a ser sus discípulos, sus aprendices, a entrar en una relación personal con él.[12] Marcos explicita esta relación en su relato de la elección de los Doce: «...para que estuviesen con él» (Mc. 3.14) es el primer objetivo de Jesús en llamarlos. No los llama a cambiar de religión, ni a adoptar un sistema filosófico, ni a hacerse «religiosos» o funcionarios de un culto nuevo. Jesús mismo es el punto de referencia de la convocatoria, el centro de la lealtad y dedicación. La preparación de estos hombres para su misión futura involucra largos días con Jesús, escuchando sus enseñanzas, observando su trato con la gente y compartiendo su vida diaria, para hacer suyas la compasión, la preocupación por la gente necesitada y la comprensión que él tenía del significado universal de su vida, muerte y resurrección. Sólo entonces pueden esperar ser enviados.

*La comunidad.* Aunque Jesucristo llama a individuos, y todo individuo tiene que tomar la decisión personal de seguirlo o no, Cristo une a sus seguidores en un cuerpo, una «compañía de los comprometidos».[13] Los Evangelios muestran una comunidad en la que hombres y mujeres, pobres y unos pocos ricos, gente común y unas pocas personas destacadas, todos encuentran su punto de unión en su lealtad y servicio a la persona de su Maestro. Llama la atención en los Evangelios la cantidad de gente que sigue a

---

[11]En todos los Evangelios se registran las palabras «Sígueme», «Vengan en pos de mí» (*akolouthei moi, deute opiso mou*), etc.

[12]Cf. K. H. Rengstorf, «*mathêtes*», *TDNT*, IV, pp. 415-442.

[13]El título de un librito de Elton Trueblood, *The Company of the Committed*, Harper & Brothers, Nueva York, 1961. Trueblood pide la renovación de la iglesia y la penetración de la iglesia en todos los niveles de la cultura contemporánea.

Jesús y hace grandes sacrificios para escuchar sus enseñanzas: las mujeres que apoyan económicamente la misión de Jesús (Lc. 8.1-3); las masas que no lo dejan solo, ni para orar ni para instruir a los más comprometidos; los fieles que lo siguen desde Galilea para acompañarlo en su entrada a Jerusalén, etc.

*Los enviados.* En los comienzos mismos de su relación con sus discípulos Jesús les enseña acerca del propósito de la vida de todos sus seguidores: ser la sal de la tierra, la luz del mundo (Mt. 5.13-16). Desde el principio Jesús deja en claro que su comunidad nunca puede ser un fin en sí mismo ni dedicarse a su propio bienestar: existe para el bien de otros, el mundo, la gente de afuera, los necesitados, los que no conocen a Dios. Si los seguidores de Jesús se encierran en sí mismos, desvirtúan el sentido de su llamamiento.

Los que son llamados por Jesús son a la vez sus enviados; algunos discípulos pronto llegan a ser *apóstoles*, es decir, enviados.[14] El segundo propósito del Maestro al llamar a los Doce es enviarlos a predicar y demostrar la autoridad de su Señor sobre demonios y enfermedades.[15] Jesús da a los apóstoles la experiencia práctica de compartir su misión en palabra y acción, enviando primero a los Doce, a quienes llama y envía (Mt. 10.5-15; Mc. 6.7-13; Lc. 9.1-6), y más adelante a otros setenta (o setenta y dos; Lc. 10.1-12). Es llamativo cómo se extiende la influencia de Jesús por medio de la misión de grupos cada vez más grandes de discípulos-apóstoles.

Entre los seguidores de Jesús el término «discípulos» describe el grupo más numeroso, los que han entrado en una relación personal con Jesús y están aprendiendo de él. Dentro de este primer grupo están los «apóstoles», los enviados por Jesús para continuar y extender su obra. En el círculo interior están los

---

[14]Lc. 6.13; Mt. 10.1-2; cf. Mc.3.13-14. Cf. Bauer, *op. cit.*, pp. 99s.; *TDNT*, I, pp. 407-445.

[15]Mt. 9.35-10.5; Mc. 3.14; Lc. 6.12-16.

«Doce», los colaboradores más íntimos de Jesús. Pero hay una flexibilidad en el uso de los términos *discípulo* y *apóstol,* lo que muestra que durante la vida de Jesús los dos términos se refieren a las mismas personas, vistas en diferentes momentos y realizando distintas actividades: con Jesús como aprendices (discípulos) o lejos de Jesús como sus enviados o misioneros (apóstoles).

> El discípulo de Jesús nunca se gradúa de rabino. Puede, por supuesto, llegar a ser un apóstol, pero un apóstol no es un discípulo con un título en teología. El apostolado no es, en sí, ninguna categoría elevada. Un apóstol es, esencialmente, un testigo de la resurrección.[16]

Los misioneros que envió Jesús a extender su obra son las mismas personas del pueblo, que él había llamado para que lo acompañaran y para enviarlas de regreso con un mensaje para comunicar a ese pueblo.

En las enseñanzas y el ejemplo de Jesús están las raíces de otras importantes características notables en la vida y práctica de toda la iglesia en sus primeros años: el amor y el servicio a otros. La ética del amor —amor por el prójimo, amor hacia los enemigos, amor que perdona, amor mutuo dentro de la comunidad— y el servicio desinteresado, como el que Jesús mismo demuestra y enseña, llegan a ser las señales de los cristianos comunes que llevan el mensaje de Jesús por todo el Imperio Romano dentro del siglo 1.[17]

*La comisión o el encargo.* Los Evangelios registran de varias maneras lo que se llama «la Gran Comisión», la tarea que Jesús encargó a sus discípulos-apóstoles antes de dejarlos para que bajo la guía del Espíritu Santo continuaran su obra en la tierra.

---

[16]Bosch, *op. cit.*, p. 37.

[17]Cf. Mt. 5 y 6; Lc.6.27, 35; Mt. 19.19; 22.39; Jn. 15, 16; Mr. 10.45; Jn. 13.35. Cf. Trueblood, *op. cit.*, cap. 5, «The Criterion of Validity», sobre el ejercicio del amor.

Juan registra las palabras de Jesús en su primer encuentro con sus seguidores después de su resurrección: «Como el Padre me ha enviado, así también yo les estoy enviando a ustedes» (Jn. 20.21, traducción directa del griego). Anteriormente, empleando casi las mismas palabras acerca de su misión, en la oración que eleva a su Padre Jesús menciona dos veces el destino de esa misión: «el mundo» (17.18). Es importante para Juan esta conciencia de Jesús de que su vida terrenal responde a la voluntad de su Padre, el que lo envió al mundo. Este es el modelo que el Maestro deja a sus discípulos-apóstoles: obediencia a la voluntad del que envía, sacrificio de derechos personales, disponibilidad para la gente necesitada del mundo. Esta comisión no se da solamente a los Doce apóstoles del círculo íntimo. Juan habla de la presencia de «los discípulos» (20.19) y Lucas aclara que el grupo incluye a «los once ... y [a] los que estaban con ellos» (Lc. 24.33). Cuántas personas, no nos dice. Probablemente el grupo incluye a las mujeres y quizás a buena parte de los ciento veinte hermanos que se mencionan en Hechos 1.14-15.

Mateo registra la comisión en su forma más conocida (Mt. 28.16-20), como conclusión de su Evangelio dirigido principalmente a una comunidad cristiana de trasfondo judío, para ayudarla a comprender mejor su llamamiento y su misión.[18] El encargo a los discípulos se centra en el imperativo «Hagan discípulos». La tarea principal que Jesús deja a sus discípulos es reproducirse, hacer más discípulos (expresada en el único verbo en imperativo, *matheteusate*). No es posible enfatizar excesivamente este concepto: es clave para que la iglesia tenga claro el sentido de su propia identidad y la comprensión de su propósito y misión en el mundo: hacer discípulos. Normalmente se traduce el participio *poreuthentes* por el imperativo «id» o «vayan». De hecho, el participio, en asociación con el imperativo, admite esta traducción, pero siempre está subordinado al imperativo. En este

---

[18]Bosch, *op. cit.*, pp. 57-59.

caso debe entenderse de modo que se evite la idea de que «ir» tiene la misma fuerza que el mandato misionero: «hagan discípulos».

Las palabras siguientes, *panta ta ethne* («todas las naciones», el objeto del verbo en imperativo), expresan el alcance del mandato. El pequeño grupo de judíos, que ha seguido a su Maestro en Galilea, Judea y a veces Samaria, ahora tiene que ajustar su visión a un campo de acción mucho más amplio que el que jamás haya imaginado: todas las naciones, incluyendo los pueblos gentiles que nunca han formado parte de su mundo. El movimiento de los seguidores de Jesús tiene que extenderse hasta incluir discípulos de todos los pueblos; ésta es ahora su responsabilidad.

A continuación Jesús explica cómo los discípulos tienen que cumplir con la tarea de reproducirse. Dos participios, *baptizontes* y *didaskontes* («bautizando ... y enseñando...») resumen las actividades de evangelización y de enseñanza. En primer lugar, la evangelización culmina en el bautismo, en el nombre del Dios trino, de los que aceptan las buenas noticias y se integran a la comunidad de discípulos. En segundo lugar, la tarea incluye la enseñanza, pero la enseñanza modelada en la de Jesús: «enseñándoles que guarden todo lo que les mandé a ustedes». No es la transmisión de conocimientos, sino la transmisión de un estilo de vida caracterizado por la obediencia a todo lo que el Maestro ha enseñado a sus primeros discípulos. Los lectores originales del Evangelio de Mateo tendrían en mente las enseñanzas y los mandatos de Jesús para sus seguidores, registrados en ese Evangelio. Aquí, entonces, tienen sus instrucciones; las van a cumplir con la presencia constante de Jesús, como él les promete.

Lucas, posiblemente el único autor gentil del Nuevo Testamento, refleja una preocupación por la universalidad del ministerio de Jesús. En su Evangelio incluye citas del Antiguo Testamento que muestran la inclusión de los gentiles en el plan de

Dios y relata contactos de Jesús con gentiles.[19] En su registro de la comisión incorpora la idea clave de que los discípulos son *testigos* (*martures*) de los hechos de la vida, muerte y resurrección de Jesús y del significado de estos hechos para todas las naciones. Lucas desarrolla este concepto de los discípulos como testigos más adelante en su segundo tomo, Hechos, donde repite la comisión destacando la responsabilidad de los apóstoles de ser *testigos de Cristo* en su ciudad, su provincia, la provincia vecina con su mezcla de razas, y en todas partes del mundo.

Queda claro que el encargo que dejó Jesús no está limitado a los Doce, ni sólo a los que se llaman «apóstoles». Los escritos de los evangelistas no especifican cuántas personas están presentes para escuchar las últimas instrucciones de su Maestro, pero Lucas menciona que hay más que los once (24.33), y no se sabe cuántos están en el monte en Galilea cuando Jesús da la comisión registrada en Mateo 28, ni a qué momento se refiere Pablo cuando habla de los «más de quinientos hermanos» que vieron al Cristo resucitado (1 Co. 15.6). También el hecho de que Matías haya sido seleccionado entre una cantidad de hombres que cumplen las condiciones de haber compartido con ellos toda la vida pública de Jesús y haber sido testigo de su resurrección indica que no existe un círculo cerrado, sino todo un grupo de seguidores.

Lo que sí es claro es el contenido de esa comisión. Los discípulos que reciben la comisión tienen la responsabilidad de transmitir a los nuevos discípulos *toda* la enseñanza acerca de cómo debe vivir un discípulo, que Jesús les había dado a ellos, y así sigue la repetición de la comisión de una generación de cristianos a la próxima. No hay una regla para los que siguen la

---

[19]Incluye partes de los Cánticos de Siervo que Mt. y Mr. no citan, que se refieren a la inclusión de las naciones, los gentiles, en el plan de Dios: Lc. 2.32//Is. 42.6, 49.6; Lc. 3.6//Is. 40.5. Incluye referencia de Jesús a la obra de Dios fuera de Israel, 4.16-30; cf. 10.25ss.; etc.

vida «religiosa» y otra para los cristianos ordinarios. La única clase de cristiano es el discípulo, no importa a qué generación pertenezca ni en qué eslabón de esta cadena se encuentre. Todos pertenecen al único pueblo de Dios, todos son discípulos, todos tienen una relación personal con su Maestro y son sus aprendices, todos reciben la misma comisión de ser testigos y de hacer otros discípulos de todas las naciones.

## Los «laicos» en la misión de la iglesia primitiva

Después de la ascensión de su Señor, en obediencia a sus instrucciones los primeros cristianos esperan la llegada del Espíritu Santo. Cuando llega, su acción va mucho más allá de lo que la promesa de Jesús ha llevado a sus seguidores a esperar. El miedo se convierte en valor, los iletrados hablan con elocuencia sorprendente, la derrota se transforma en victoria, los cobardes testifican de la resurrección de Cristo. La promesa de Cristo se cumple de manera sorprendente, y peregrinos de todas partes del Imperio escuchan las buenas noticias en idiomas conocidos y responden con arrepentimiento y fe. El grupo de ciento veinte crece con la adición de tres mil personas, y pronto hay cinco mil familias que componen la iglesia en Jerusalén. Este crecimiento y la expansión que sigue exigen el estudio de las características de esta iglesia.

### El Espíritu Santo

*La presencia del Espíritu Santo.* Con la llegada del Espíritu Santo el día de Pentecostés comienza la vida de la iglesia, porque es el Espíritu el que le da vida. Los «todos» que «fueron llenos del Espíritu Santo» (Hch. 2.4) sin duda son las ciento veinte personas, incluyendo a los Doce y a las mujeres, que vivieron las primeras experiencias de comunión y oración sin su Maestro (Hch. 1.14-15).

En el pasaje del profeta Joel (2.28-32), que Pedro cita para explicar al pueblo la experiencia de la llegada del Espíritu, dos veces se incluye a las mujeres como receptoras del Espíritu, afirmando que también profetizarán. Esta introducción a la obra del Espíritu, con raíces en la profecía del Antiguo Testamento, es el inicio de un hilo que se puede seguir a través de la historia de los primeros años de la iglesia cristiana y por todos los escritos de los apóstoles. El Espíritu Santo viene a *todos* los creyentes: judíos y gentiles, esclavos y amos, hombres y mujeres, líderes y personas comunes, ricos y pobres, educados e ignorantes. Hay tantos pasajes en todo el Nuevo Testamento que expresan esta verdad que sería imposible citarlos; basta mencionar las palabras de Pablo: «si alguno no tiene el Espíritu de Cristo, no es de él» (Ro. 8.9). Es este Espíritu el que provee a todos los cristianos el poder y la fuerza para cumplir con la consigna de la última comisión de Jesús de ser sus testigos (Hch 1.8); es la manera en que el Cristo exaltado cumple su promesa de estar con todos sus discípulos «todos los días, hasta el fin del mundo» (Mt. 28.20).

*Los dones que distribuye el Espíritu Santo.* Un corolario del principio que dice que el Espíritu Santo está presente en cada creyente es la enseñanza apostólica sobre la repartición de dones espirituales, dones que proceden del Dios trino: vienen de Dios Padre, son el regalo del Cristo exaltado y son administrados por el Espíritu. El énfasis está puesto en que a «cada uno» el Espíritu le da algún don para que lo utilice en la vida y testimonio de la iglesia. No aparece la separación del *laos*, el pueblo de Dios, en dos partes: por un lado, la membresía, los *laicos*, la gente común; por otro, los clérigos, los pocos hombres dotados con los dones del Espíritu para enseñar y gobernar a la mayoría. El Espíritu concede un don o dones a cada creyente.

En los pasajes en que los apóstoles enseñan acerca de los dones que el Espíritu reparte entre el pueblo de Dios (Ro. 12.4-8; 1 Co. 12; Ef. 4.7-16; 1 P. 4.10-11) se menciona una amplia variedad de dones. Pero no existe una jerarquía entre ellos: en la misma lista se incluyen los dones de comunicación y aplicación de la palabra («profecía»), servicio de todo tipo (*diakonia*), enseñanza, y actos de misericordia o caridad. Siempre se pone el énfasis en el servicio: el servicio mutuo entre los miembros de la iglesia, en que cada uno sirve a los otros por medio del ejercicio de su don, como ilustra la figura del cuerpo (1 Co. 12.7), o el servicio a los de afuera. Pedro separa los dones en dos categorías, los de palabra y los de servicio (*diakonia*), pero de nuevo pone el énfasis en la ayuda mutua. No hay ninguna base en estos pasajes para separar el don del pastorado, que se menciona sólo una vez en las listas de dones (Ef. 4.11), y otorgarle la categoría de profesionalización que ha sido la práctica en las iglesias durante siglos. Tampoco hay evidencia en el Nuevo Testamento de la práctica de nombrar a un solo pastor como responsable de una congregación. El cuadro que se pinta en Hechos y las Epístolas es de congregaciones en las cuales los que tienen dones de liderazgo, los más maduros, llamados «ancianos», «obispos» o «pastores», junto con los «diáconos», sirven de manera colegiada. Su tarea consiste en cuidar y proveer para las necesidades de la iglesia. El verbo *proistemi*, traducido por «gobernar» y «presidir», también tiene el sentido de «cuidar», «proteger», «ayudar»; tiene muy poco que ver con el ejercicio de autoridad. Además, el énfasis que se pone en las relaciones mutuas y la exhortación a los creyentes a realizar acciones que beneficien a todos muestra una comunidad de hermanos donde cada uno utiliza su don para el bien de los demás.[20]

Los términos «ministerio», «ministro» y «ministrar» también necesitan una definición, debido a sus connotaciones. Hoy día conllevan la idea de autoridad, rango, poder; se usan en el sentido de «ministro plenipotenciario», por ejemplo. En el Nuevo

---

[20]Cf., p. ej., las exhortaciones a la enseñanza, la exhortación y el amor mutuos, etc.: Ro. 12.5, 10, 16; 13.8; 14.19; 15.5, 7, 14; 16.16; 1 Co. 11.33; 12.25; 16.20; 2 Co. 13.12; Gl. 5.13; 6.2; Ef. 4.2, 25, 32; Flp. 2.3; Col. 3.13, 16; 1 Ts. 3.12; 4.9, 18; 5.11, 15; Heb.10.24.

Testamento, sin embargo, traducen *diakonia* (originalmente el trabajo doméstico), *diakono* (el sirviente en la casa) y *diakoneo* (servir a la mesa, trabajo humilde despreciado por los griegos). Los ministros en el sentido bíblico son los discípulo-apóstoles, siervos o esclavos de Dios y de su Palabra, siervos de Cristo y su Evangelio de reconciliación, siervos del Espíritu Santo. Están al servicio de otros cristianos, de la iglesia entera y de los de afuera, para suplir necesidades espirituales y materiales. El fin de su servicio es acercar a la gente a Dios en fe y obediencia, cumplir con el propósito de Dios en el mundo y glorificarlo a él.[21]

Otra implicación de la enseñanza sobre la distribución de los dones del Espíritu es la importancia que da a la mujer y su ministerio en la iglesia. No hay indicación de que los dones estén repartidos según el sexo. Todo creyente —hombre o mujer, judío o gentil, esclavo o liberto— tiene dones dados por el Espíritu que lo capacitan para servir. Las Epístolas y el libro de Hechos revelan una iglesia en que todos hacen su aporte particular en el ministerio de la iglesia-en-misión.

## La vida de los primeros cristianos

*Estilo de vida*. El testimonio inicial de los cristianos en Jerusalén consiste en la calidad de su vida comunitaria, la unión que experimentan y la manera en que los más ricos comparten sus posesiones con los miembros pobres para que nadie pase necesidad (Hch. 2.42-47; 4.23-37). Este testimonio lleva a muchos a la salvación y a la iglesia (2.47). Poco después, la preocupación de los apóstoles por atender las necesidades de la viudas helenistas (Hch. 6.1-7) revela su deseo de satisfacer las necesidades básicas de la gente. Como resultado, aumenta el número de discípulos y crece la iglesia-en-misión. Más adelante,

---

[21]Ver, p. ej., Ro. 11.13; 15.25, 31; 1 Co. 3.5; 16.15; 2 Co. 3.6-9; 4.1; 5.18; 6.3-4; 9.1, 12, 13; 11.8, 23; Col. 1.7, 23, 25; etc.

la iglesia en Antioquía envía una ofrenda a Jerusalén por medio de Pablo y Bernabé para aliviar el sufrimiento causado por el hambre. En el ministerio de Pablo su preocupación por la ofrenda para la iglesia en Jerusalén ocupa una porción significativa de su correspondencia con algunas iglesias y provee la oportunidad de dar enseñanzas importantes. La misión de los «laicos» comienza en casa, con un estilo de vida comunitaria y con la preocupación por las necesidades físicas de los hermanos y de los que están fuera de la iglesia.

*Sacrificio y testimonio.* Poco tiempo después la iglesia cristiana judía sufre una persecución tan severa que la única posibilidad que les queda a muchos creyentes es salir de la ciudad, probablemente dejando su trabajo, su hogar, su familia. Pero con estos refugiados viaja también el evangelio de Jesucristo (Hch. 8.1, 4). Su experiencia del perdón, de la vida nueva en Cristo y de su comunión con otros creyentes es tan real, tan significativa, que no pueden renunciar a su nueva fe. Dondequiera que van, a los pueblos de Judea y Samaria, estos evangelistas sin título van como misioneros. Aunque los apóstoles permanecen en Jerusalén, la iglesia-en-misión llega a las provincias, cumpliendo con las indicaciones de Jesús (1.8). Con el tiempo los misioneros informales llegan aún más lejos, viajando hacia el norte por la costa, por barco hasta Chipre, y hasta la tercera ciudad del Imperio, Antioquía. Con ellos va el mensaje del Mesías, Jesús (11.19).

*Misión transcultural.* De nuevo, son unos misioneros cristianos «laicos», sin título, los que cruzan la próxima frontera llevando el evangelio, pasando la barrera más formidable que un judío puede imaginar. En contraste con los judíos de la Palestina, estos creyentes han sido preparados por su trasfondo de generaciones de vida fuera de los límites de la Palestina y están acostumbrados a conversar en griego y tratar con gentiles. Así, unos judíos cristianos de Chipre y del norte de Africa —cristianos cuyos nombres no han entrado en la historia de la iglesia— tienden un puente sobre el abismo más profundo y testifican a algunos gentiles, encontrándolos preparados para creer en Cristo y convertirse a él (11.20-21). Más adelante, en la mayoría de las ciudades que visitan Pablo y su equipo misionero, los gentiles son los que forman el núcleo de la naciente iglesia cristiana: los que están en el proceso de conversión al judaísmo o son simpatizantes de la religión judía (prosélitos o «temerosos de Dios»), atraídos por el monoteísmo y la alta moral de los judíos.[22]

Así, por medio de cristianos anónimos, la iglesia llega no sólo a la importante ciudad de Antioquía, sino también a la cultura mayoritaria. Los «laicos» franquean las barreras geográficas y culturales para llevar el evangelio a otros pueblos. El Nuevo Testamento nos pinta el cuadro de una iglesia en que hombres y mujeres, gozosos en su nueva fe, comprometidos con su mensaje y dispuestos a sacrificar su vida (Hch. 8.3; 9.2; etc.), llevan el evangelio a todas partes del Imperio Romano con un entusiasmo contagioso. La comunicación del evangelio de Cristo forma parte integral de su vida diaria. No esperan ningún nombramiento ni título ni promesa de sostén para comenzar el trabajo misionero: la vida misma es vida-en-misión.

*Misión de la familia*. Una manera común en que los primeros cristianos sirven como iglesia-en-misión es el uso de la casa familiar como centro de evangelización o lugar de reunión para los creyentes. El evangelio llega a Cornelio y su familia en la intimidad de su casa. Ya en los primeros momentos de la vida de la iglesia en Jerusalén la comunidad cristiana se reúne en la casa de María, la madre de Juan Marcos. Otros creyentes hospedan a los misioneros itinerantes. Los primeros lugares de reunión en varias ciudades del Imperio son las casas de creyentes comunes, misioneros sin título: Lidia, Priscila y Aquila, Aristóbulo, Ninfas, Filemón y Apia.[23] Cuando se toma en cuenta que la familia

---

[22]Hch. 13.43-48; 17.4; 18.7; etc.

[23]Cf. Hch. 10; 12.12; 17.6-7; 16.15, 40; 21.8; Ro. 16.10; 1 Co. 16.19; Col. 4.15; Flm. 2; etc.

romana típica incluye varias generaciones, más esclavos y sirvientes libertos, el testimonio de un creyente dentro de la casa tiene el potencial de llegar a muchas personas. Así se extiende la fe cristiana a todas partes del Imperio y a todas las clases sociales.[24]

*Equipos misioneros*. En varias de sus cartas a las iglesias, Pablo menciona los nombres de algunos de los creyentes «laicos» de las iglesias jóvenes que lo acompañan en sus viajes de evangelización y formación de cristianos, o que trabajan de manera semi-independiente como parte del equipo, como Epafras y Tito.[25] En muchos de estos casos no hay información adicional acerca de su vida, su oficio, su preparación, su función. Pero son miembros de esa compañía innumerable, el *laos* de Cristo, los «laicos», los que plantan la iglesia cristiana en cada rincón del Imperio durante el primer siglo.

Estas personas representan a los creyentes, con o sin nombramiento oficial, que colaboran con los misioneros enviados por la iglesia, a veces a costo de gran sacrificio personal. Para Tíquico, por ejemplo, el servicio implica largos viajes para mantener el contacto entre Pablo y las iglesias.[26] Para Epafrodito el costo involucra sufrir una enfermedad grave lejos de su casa.[27] Para Priscila y Aquila el compromiso con la obra de evangelización se entrelaza con los factores políticos y económicos

---

[24]Ver Michael Green, *La evangelización en la iglesia primitiva*, vol. 5, Certeza, Buenos Aires, 1979, pp. 199-235, para un estudio detallado de la importancia del hogar como centro de evangelización.

[25]Cf., p. ej., Hch. 20.4; la lista de colaboradores en Ro. 16; 1 Co. 16; Ef. 6.21; Flp. 2.19-30; Col. 4.7-17; 2 Ti. 4.10-21; Col. 1.7; Tit. 1.4.

[26]Hch. 20.4; Ef. 6.21; Col. 4.7; 2 Ti. 4.12; Tit. 3.12.

[27]Flp. 2.25-30; 4.18.

que los lleva de una ciudad a otra del mundo romano, siempre con un sentido de misión.[28]

El ejemplo de Aquila y Priscila ilustra otro aspecto de la expansión misionera de la iglesia: la cuestión del apoyo económico. Durante los primeros años del avance de la iglesia los creyentes refugiados de la persecución, sin duda, trabajan en sus oficios dondequiera que vayan y cuando puedan encontrar empleo, a la vez que sirven como evangelistas e inician congregaciones cristianas. El matrimonio de Aquila y Priscila, según el relato de Hechos, se sostiene por medio de su trabajo de fabricar tiendas de campaña, y así provee un modelo, aunque no el único, de cómo se sostienen los misioneros de la iglesia una vez que ésta entra en el mundo gentil. Pablo, como misionero enviado de parte de la iglesia establecida en Antioquía, ilustra una combinación de modelos. Varias veces menciona que trabaja a fin de no ser una carga para la gente a quien predica el evangelio, y que ejerce el oficio de fabricar tiendas, pero también menciona que recibe apoyo económico de las nuevas iglesias establecidas como resultado de su labor y expresa su agradecimiento por las ofrendas recibidas.[29] En los documentos de la iglesia primitiva no surge un único modelo de sostenimiento económico. Lo que sí se ve es la inserción de los misioneros —tanto los enviados por una iglesia como los «laicos»— en la sociedad de su tiempo.

*El testimonio de la iglesia entera.* Se reconoce no sólo a individuos, sino también a iglesias enteras que participan en la expansión de la fe cristiana. La joven congregación en Tesalónica, Macedonia, es un ejemplo. Pablo agradece a Dios por esta congregación, por su fe que se pone en acción, su amor que se expresa de maneras prácticas, y su esperanza en Cristo que le da perseverancia a pesar de toda la persecución. Ellos son imitadores de Pablo, quien a su vez es imitador de Cristo, y por eso llegan a

---

[28] 1 Co. 18; Ro. 16.3; 1 Co. 16.19; 1 Ti. 4.19.

[29] 1 Co.18.1-3; 1 Ts. 2.3-12; 1 Co. 9; 2 Co. 11.7-9; Flp. 4.10-20; etc.

ser un ejemplo que otros imitan, formando parte de una cadena que se extiende desde el Maestro hasta el presente. La obra de evangelización de esta iglesia incluye dos elementos: la divulgación de la Palabra de Dios y el testimonio de su propia fe y su conversión. De allí el mensaje llega a todo el país. Más tarde algunos jóvenes de esta congregación viajan con Pablo a otras ciudades, pero la mayoría de los discípulos-misioneros se quedan cerca de casa, llevando la Palabra a las aldeas de las provincias cercanas.[30] El caso de esa iglesia ilustra el tipo de formación provista por los misioneros «profesionales» como Pablo y su equipo: una formación que enfatiza la autogestión, el desarrollo de los dones de todos los creyentes, el ejercicio de todos los ministerios, el sentido de la responsabilidad de cada miembro y la dependencia de la dirección del Espíritu Santo.

## Los líderes

Los doce apóstoles ocupan un lugar especial dentro de la iglesia primitiva, por haber sido llamados por Jesús mismo y acompañado a su Maestro durante su vida terrenal, haber sido testigos de su resurrección y haber sido enviados específicamente por él. De esto no hay duda. Los Doce y las pocas personas adicionales designadas como «apóstoles» cumplen un papel fundacional en la historia de la iglesia. Pablo se incluye a sí mismo en este grupo, pero afirma que renuncia a todos los derechos que le corresponderían.[31]

*El perfil del líder*. Hay, sin embargo, muchas otras personas incluidas en el relato de la vida de la iglesia primitiva, algunas identificadas por nombre y otras no, que figuran entre lo que se llamaría «el liderazgo» de la iglesia. El Nuevo Testamento provee

---

[30] 1 Ts. 1; Hch. 20.4.

[31] 1 Co. 9; 2 Co. 10, 11.

un perfil de estos líderes y los dones del Espíritu que hacen fructífero su ministerio.

En primer lugar, no hay roles rígidos entre los líderes de la iglesia. Con la primera crisis seria (Hch. 6.1-7), se ve detrás del relato que los apóstoles mismos se ocupan de satisfacer las necesidades físicas de los creyentes, preocupados por la posibilidad de una ruptura grave en la unidad de la comunidad. Pero reconocen que su prioridad es dedicarse a la oración y al «servicio (*diakonia*) de la Palabra», y confían a la comunidad entera la responsabilidad de encontrar personas que se dediquen a servir (*diakonein*) las mesas. Los requisitos para los que trabajan en el servicio social son tan «espirituales» como los de otros ministerios: deben ser llenos del Espíritu Santo. Lo interesante es que, al poco tiempo, dos de los «servidores de la mesa» están sirviendo en otros ministerios: Esteban como predicador, apologista y evangelista en Jerusalén, y Felipe como evangelista en Samaria y más adelante en Cesarea.[32] Hay una relación dinámica entre el Espíritu que da los dones, los cristianos que los reciben y la situación u oportunidad que provee el contexto para su ejercicio.

En segundo lugar, Dios en su soberanía llama a personas de los más variados trasfondos para utilizarlas en su servicio. Entre los líderes de la iglesia primitiva, Pedro, los Doce y Jacobo representan el sector judío palestino; por lo menos cuatro de los Doce son pescadores. Lucas (autor de un Evangelio y el relato de la expansión de la iglesia de una pequeña secta judía en Jerusalén hasta su llegada a Roma, el corazón del Imperio) representa la clase profesional, gentil y cosmopolita. Bernabé y Juan Marcos vienen de una familia judía, bastante acomodada si no rica, con propiedades en Jerusalén y en Chipre. Pablo también representa el segmento de la población judía radicada fuera de la Palestina,

---

[32]Hch. 6.7-7.60; 8.5-40; 21.8. En este último se le da a Felipe el título semi-oficial de «evangelista», en reconocimiento de su dones y ministerio (Ef. 4.11).

pero con fuertes conexiones con Jerusalén y su práctica religiosa, su educación rabínica y sus valores. Timoteo, por otro lado, viene de una familia mixta, radicada lejos del centro de la cultura y la religiosidad judías. Los muchos otros que acompañan a Pablo en sus viajes representan a las iglesias nuevas establecidas en el mundo grecorromano, algunos judíos, la mayoría gentiles. Los líderes locales —los obispos/ancianos/pastores/diáconos que sirven en sus propias congregaciones— sin duda representan todos los oficios imaginables, desde los fabricantes de tiendas de campaña (como Pablo y Aquila y Priscila) hasta un médico como Lucas.

Tercero, es muy dudoso que en el período narrado en el Nuevo Testamento se haya practicado la «ordenación» que divide un grupo de líderes del resto del *laos*, el pueblo de Dios, y jerarquiza esta división. La poca evidencia sobre la «imposición de manos»[33] en situaciones del ejercicio del liderazgo (frecuentemente identificada con la inducción al «ministerio ordenado») sugiere que la práctica puede ser un reconocimiento público de la posesión de un don espiritual por parte de uno de sus miembros, y del ejercicio de ese don para la edificación de la iglesia. Y también sugiere que la ordenación podría extenderse a todos los miembros en quienes la iglesia reconoce un don del Espíritu para ser utilizado en el servicio del Señor y su iglesia o en la proclamación del evangelio.

Cuarto, los misioneros «profesionales», como Pablo, Bernabé y Silas, antes de salir a llevar el mensaje a otros países participan en la vida y el servicio de sus iglesias: Silas en Jerusalén, Bernabé y después Pablo en Antioquía. Cuando el Espíritu Santo llama a Bernabé y Pablo para que salgan, ellos están trabajando como miembros del equipo pastoral de una iglesia grande. El Espíritu envía al exterior a los que son los líderes y maestros,

---

[33]Hch. 6.6; 8.17-20; 13.3; 19.6; 28.8; 1 Ti. 4.14; 5.22; 2 Ti. 1.6; Heb. 6.2.

experimentados en el ministerio, y guía tanto a los que viajan como a los que se quedan para continuar la obra en la iglesia y así proveer la base a la cual siempre regresan los misioneros.[34]

Quinto, el liderazgo cristiano como se observa en la iglesia del Nuevo Testamento tiene poco que ver con el ejercicio del poder y la autoridad. El desarrollo de las congregaciones cristianas sigue patrones de organización característicos de la sociedad o cultura en que se encuentran. Por ejemplo, la iglesia cristiana-judía adopta el modelo de organización de la sinagoga, al reconocer a un grupo de ancianos como responsables de la congregación. Las iglesias fundadas durante los viajes misioneros de Pablo reflejan una variedad de modelos de organización, pero lo característico es el liderazgo compartido y la participación de todos los miembros en el ministerio. Desde el tiempo del Concilio de Jerusalén (Hch. 15) se observa la importancia de la participación de toda la iglesia en las decisiones (15.22). En las Epístolas el énfasis está en las responsabilidades mutuas y el servicio mutuo. Los «laicos» no son el objeto del servicio o ministerio de los pastores, sino agentes activos del ministerio y la misión de la iglesia.

## La enseñanza apostólica

*Metáforas de la misión*. Con unas figuras vívidas, los apóstoles comunican su concepto de la vida-en-misión de los cristianos, concepto que expresa su propia comprensión del sentido de su vida y que caracteriza la vida de todos los creyentes-misioneros en su existencia en el mundo. De Cristo mismo toman la figura de la *luz*: los cristianos son luz y proveen luz en las tinieblas del mundo. La metáfora de la *procesión triunfal de Cristo* ubica la misión en su lugar: Cristo dirige, la gloria es suya, y el final es seguro. La figura del *aroma*, el *perfume* que penetra con su olor agradable, describe la influencia de los cristianos en el mundo. Los que comunican el

---

[34]Hch. 13.1-3; 14.26-28; 15.35; 18.22.

mensaje son solamente *vasos de barro*; es Dios que actúa. Los cristianos son *embajadores de Dios*, representantes autorizados del Rey en tierra extraña, con la misión de comunicar el mensaje de reconciliación. La exhortación a ponerse toda la *armadura* de Dios se dirige a todos los cristianos, como figura de lo que necesitan para estar preparados para el conflicto que resulta del encuentro con el poder del maligno. La manera en que se extiende la iglesia se expresa con la figura del *edificio que crece* por sí solo, que contiene el principio de vida.[35] Con estas y muchas otras figuras los autores del Nuevo Testamento describen la misión de la iglesia —toda la iglesia— en el mundo.

*Equipar a la iglesia, la tarea de los líderes: Efesios 4.* Después de años de trabajo misionero en los cuales lleva el evangelio a áreas paganas, ayuda en el establecimiento de iglesias en muchas ciudades del Imperio, y ve el movimiento cristiano extenderse por medio del testimonio de miles de creyentes anónimos, Pablo resume su concepto del carácter de la iglesia en la Epístola a los Efesios (4.1-16). Sintetiza las ideas de la unidad de la iglesia, la diversidad de sus miembros y la manera en que se relacionan entre sí: los mismos conceptos que expresa en 1 Corintios 12, donde usa la figura del cuerpo. El propósito de colocar en la iglesia a personas con los dones de liderazgo (apóstoles, profetas, evangelistas, pastores-maestros), dice, es «perfeccionar a los santos para la obra del ministerio, para la edificación del cuerpo de Cristo».[36] La tarea de los líderes se expresa con *katartismos*:

---

[35]Hch. 13.47; Ef. 5.8-14; Flp. 2.15; cf. 1 Jn. 1.5ss.; 2 Co. 2.14; 2.14-16; 4.7; 5.18-6.2; Ef. 6.10-20; 2.21.

[36]Nótense las diferentes traducciones: «...para el recto ordenamiento de los santos en orden a las funciones del ministerio, para edificación del Cuerpo de Cristo...» (BJ);«...con el fin de equipar a los consagrados para la tarea del servicio, para construir el cuerpo del Mesías...» (NBE). La Versión Popular pierde el sentido del propósito del servicio de los líderes y su relación con el servicio de los miembros («los santos»), comenzando

«perfeccionamiento, preparación, educación, equipamiento, buena dirección». La palabra viene de la misma raíz que el verbo que expresa «preparar, poner en orden, componer», el término usado para la tarea de los pescadores que *arreglan* sus redes y las *ponen en condiciones para trabajar*.

Con la expresión «los santos» (*hagioi*) Pablo se refiere al *laos*, el pueblo cristiano, «el cuerpo», la «nación santa»: la iglesia entera. Aunque a veces se usa «los santos» para referirse específicamente a los creyentes en Jerusalén, «no hay distinción en Pablo entre los *hagioi* de la comunidad madre y los de la Iglesia misionera, porque en cada caso la santidad viene de Cristo...»[37] La responsabilidad de los líderes es proveer la dirección necesaria para formar y equipar a toda la iglesia y a cada uno de sus miembros, para que sirva como corresponde y para que la iglesia crezca en todo sentido.

La preparación o formación de la iglesia incluye el aporte de todos los que hayan recibido los dones mencionados: los apóstoles han sido el nexo entre la iglesia y su fundador, Cristo; los profetas proveen ayuda en la aplicación de la Palabra a situaciones concretas; los evangelistas ayudan a otros a ser testigos fieles; los pastores-maestros dan la enseñanza teológica y práctica que la iglesia necesita. El fin de esta preparación es que cada cristiano reciba ayuda para que utilice sus dones y así cumpla con su

---

una oración nueva con el v. 12. La puntuación de varias versiones tradicionales de este párrafo ha llevado a interpretaciones inadecuadas, al colocar una coma después de *hagion*. Esto implicaría que los líderes tienen tres funciones: el perfeccionamiento de los santos, la obra del ministerio y la edificación del cuerpo. En cambio, la estructura del párrafo parece llevar a otra interpretación:

| | | | |
|---|---|---|---|
| | apóstoles | | para trabajo de |
| Cristo dio | profetas | para equipar | servicio |
| | evangelistas | a los santos | para edificación |
| | pastores/maestros | | del cuerpo |

[37]O. Procksch, «*hagios*», *TDNT*, I, pp. 88-115.

ministerio, su servicio en el mundo, para la extensión y crecimiento de la iglesia total.[38]

## Conclusiones

La imagen de la iglesia cristiana que surge de la lectura del Nuevo Testamento es la de una comunidad unida a pesar de su diversidad, que deriva su identidad del compromiso de cada miembro con su Señor, que encuentra el principio de su unidad en su lealtad a él, que comparte una misma visión de llevar las buenas noticias a toda persona por medio del testimonio de su vida diaria. Este es el *laos*, el pueblo de Dios, «los laicos». Es la comunidad que penetra todos los niveles de la sociedad con el evangelio de Cristo y lleva ese evangelio a todo rincón del mundo conocido. Es la comunidad que reconoce la presencia del Espíritu Santo en cada miembro y aprovecha el ejercicio de los diferentes dones para el bien del grupo y de los miembros individualmente.

También es una comunidad que desafía a la iglesia moderna a reconsiderar sus patrones de vida eclesial y misionera.

*La unidad del pueblo de Dios como la iglesia-en-misión*. Si el término *laos* habla de la naturaleza de toda la iglesia, el pueblo de Dios, un reino y equipo de sacerdotes, la iglesia moderna debería hacer todo lo posible para deshacerse de la división marcada entre «clérigos» y «laicos», a la vez que enseña y vive la realidad del sacerdocio de todos los creyentes y enfatiza la unidad de la iglesia-en-misión. Toda práctica que aumente la diferenciación entre clérigos y laicos, como, por ejemplo, la ordenación de pastores solamente, debería examinarse a la luz del Nuevo Testamento y de ciertas preguntas: ¿Es necesaria la institución de

---

[38]Cf. Paul Stevens, *Liberating the Laity*, IVP, Downers Grove, 1985; Howard Snyder, *La Comunidad del Rey*, Caribe, Miami, 1983, cap. 5, «La comunidad mesiánica», para la actualización de estos conceptos.

un segmento de la iglesia como profesionales de la religión, como parte de un desarrollo debido a factores históricos o culturales? ¿Hay otro modelo viable hoy día? ¿Cómo puede la iglesia canalizar todas las distintas capacidades de sus miembros en testimonio y servicio en el mundo? ¿Qué puede hacer la iglesia para evitar la repetición o la exageración de los modelos de autoritarismo, patriarcalismo, etc., que llegan a las iglesia nuevas del «campo misionero», especialmente en países con una fuerte tradición de caudillismo y abuso de la autoridad?

*El concepto de «misión».* Si la vida de la iglesia en el mundo *es* misión, y si todos los creyentes son «misioneros», la iglesia moderna debería enseñar y fomentar el sentido de responsabilidad personal en todos sus miembros, para que tomen conciencia de que su nueva vida en Cristo tiene el propósito de glorificar a Dios y proclamar su grandeza en palabra y en acción. Aquí se destaca la importancia de enseñar que «misión» es más que el programa misionero de la denominación, más que la obra religiosa de los pocos que cruzan el mar con la designación de «misioneros». La misión involucra la vida de todo cristiano en toda actividad de su vida diaria; incluye testimonio y estilo de vida consecuente. Es tarea de los líderes de la iglesia valorar la misión de los «laicos» en su trabajo «secular» y por medio de él: en un trabajo bien hecho, en el ejercicio responsable de la profesión, en el servicio al necesitado, en el cuidado de la creación, en un estilo de vida cristiano en el hogar y la familia.

*Discípulos de Cristo.* Antes de pensar en enviar a misioneros, la iglesia tiene la tarea de hacer discípulos o aprendices de Jesucristo, personas que responden a su llamado de «Sígueme», que disfrutan de una relación personal con él, que están dispuestas a aprender la obediencia y la fidelidad. En un momento de su historia en que la iglesia se ocupa principalmente de llenar los templos y contar los números de convertidos, es imprescindible llamarla a la tarea de hacer discípulos de Cristo, fieles y obedientes en los pequeños detalles de la ética cristiana. En el discipulado, la imitación del carácter de Cristo es más importante que la entonación de canciones emotivas.

*La comisión dada a todos: hacer discípulos.* La comisión que dejó Jesús a sus seguidores pone el énfasis en la tarea de hacer discípulos como el corazón del mandato: la palabra *id* está subordinada al imperativo *haced discípulos.* Y esta tarea de reproducirse —de discípulos que hacen nuevos discípulos— es parte de «todas las cosas» que las nuevas generaciones enteras de cristianos deberían aprender a obedecer. No es responsabilidad exclusiva de los apóstoles o líderes, sino de toda la comunidad de seguidores de Cristo. Por eso, no puede haber una jerarquización que da mayor importancia al misionero que cruza el océano, y lo coloca por encima del «laico» que sirve en su propio país, o al misionero extranjero por encima del «obrero nacional».

Los que sirven en la obra misionera deberían tener en claro que su tarea principal es hacer discípulos, no sólo fundar más congregaciones de su denominación ni informar de grandes números de convertidos. Para eso la evangelización tiene que estar unida a la enseñanza de fidelidad a una ética cristiana aplicable a la sociedad moderna: enseñanza que lleva a la obediencia de todas las instrucciones que Jesús dio a sus primeros seguidores, incluyendo el mandato de hacer nuevos discípulos.

*Unidad de la iglesia-en-misión y diversidad de dones del Espíritu.* Es necesario considerar el tema de la unidad y el funcionamiento armonioso de la iglesia que surge de la diversidad de los dones de sus miembros y del ejercicio de esos dones en diferentes ámbitos. Los ejemplos del Nuevo Testamento desafían a la iglesia moderna a valorar los dones menos llamativos a la vez que reconoce los dones de liderazgo. Esto puede tomar la forma de una «ordenación» de «laicos» para su tarea misionera en una variedad de ministerios no tradicionales, mediante los cuales ejercen sus dones en diferentes áreas de la sociedad. Sería necesaria también una nueva valorización de la participación de las mujeres en todos los ministerios de la iglesia, sin excepción, para eliminar la diferencia entre las esferas de acción permitidas en la iglesia madre y lo que se espera en «el campo misionero».

*Preparación de toda la iglesia para la tarea misionera.* Si los «laicos» van a involucrarse en la extensión misionera de la iglesia, los líderes tienen la responsabilidad de proveer la formación necesaria. Esto implica la provisión de educación cristiana y teológica para toda la iglesia, no sólo para los que se dedican a tareas religiosas de tiempo completo. Implica también la provisión de una formación interdisciplinaria que relaciona la reflexión bíblica con todos los campos de conocimiento y actividad humanos, para que los cristianos puedan hacer un aporte distintivo por medio de su profesión y trabajo, y llevar el evangelio a todo segmento de la sociedad.

Este enfoque de la tarea de los líderes demandaría que dejen de ocuparse tanto de cuestiones de poder y autoridad, de organización y política eclesiástica; que dejen el miedo de que los jóvenes con mejor preparación les quiten sus puestos de autoridad y mando. Demandaría que se dediquen a trabajar para que los «laicos» descubran sus dones, se preparen para servir y encuentren sus lugares de servicio y misión, cerca de casa o al otro lado del mar.

*El cruce de fronteras geográficas y culturales.* Hoy, como en el primer avance de la iglesia cristiana al mundo gentil, muchas veces son los «laicos» los que, por su trasfondo cultural o su experiencia laboral, están mejor preparados para cruzar ciertas barreras culturales y aun geográficas. Su contacto diario con la gente es el medio natural para el testimonio y el servicio cristianos: el medio natural para la misión. La iglesia que prepara, envía y apoya a sus «laicos» es la que va a poder cruzar las fronteras culturales para llevar al evangelio a las sub-culturas de las grande ciudades: a los más pobres, los más ricos, los obreros en sus sindicatos, los ejecutivos en sus clubes.

En conclusión, podemos afirmar que en el Nuevo Testamento todos los discípulos de Cristo forman la iglesia-en-misión, que unos años más tarde lleva el evangelio desde Galilea y Judea hasta todos los rincones del Imperio Romano. El gozo y el compromiso de su nueva calidad de vida dan testimonio, en palabra y hechos, de su Señor y su reino. Si la iglesia cristiana del día de hoy quiere ser fiel a su Señor y obediente a su mandato, tiene que involucrar a todos los «laicos» en su misión. Este es el pueblo que algún día va a formar esa «gran multitud, la cual nadie podía contar, de todas naciones y tribus y pueblos y lenguas, que estaban delante del trono y en la presencia del Cordero...», cantando:

> Digno eres de tomar el libro
> y de abrir su sellos;
> porque tú fuiste inmolado,
> y con tu sangre nos has redimido para Dios,
> de todo linaje y lengua y pueblo y nación;
> y nos has hecho para nuestro Dios reyes y sacerdotes,
> y reinaremos sobre la tierra.
>
> La salvación pertenece a nuestro Dios
> que está sentado en el trono,
> y al Cordero (Ap. 7.9; 5.9-10; 7.10).

# 15

# La misión cristiana en un contexto de corrupción

*Arnoldo Wiens*

En las últimas décadas los misionólogos no han cesado de señalar e insistir en la necesidad de contextualizar el evangelio. En el ámbito de la Fraternidad Teológica Latinoamericana se destacó de manera especial Orlando Costas. Buscó constantemente la coherencia entre la fe y la vida, entre la fidelidad al evangelio y la pertinencia a la situación histórica concreta. Ya en sus primeros escritos utilizó el concepto de *evangelismo de presencia*.[1] Costas sugirió asimismo que la iglesia local no debe limitarse a dar un testimonio comunal ni verbal, sino que «tiene que batallar en contra de las injusticias, el vicio, la corrupción, las enfermedades y el infortunio».[2] Costas fue un verdadero profeta y adelantado en la materia, al expresarse de tal manera hace ya veinticinco años. En la actualidad la corrupción se

---

[1]Orlando E. Costas, *La iglesia y su misión evangelizadora*, La Aurora, Buenos Aires, 1971, p. 111. Afirma allí que la iglesia tiene que cambiar radicalmente su programación y estilo evangelístico, si es que ha de afectar la vida del hombre «tecnopolitano». Su contacto diario con el mundo secular requiere más acción y menos habla. Agrega que el testimonio personal de cada creyente deberá caracterizarse por la presencia y la sensibilidad.

[2]*Ibíd.*, p. 114. Animó, por lo tanto, a la creación de programas de acción como clases de alfabetización, proyectos agronómicos, cooperativas de consumo y crédito, células sindicales, grupos estudiantiles y hasta protestas públicas, cuando las injusticias y la corrupción pública no pueden ser eliminadas a través de los medios legales.

ha generalizado y estructurado en la mayoría de nuestros países latinoamericanos y representa prácticamente nuestro estilo de vida.

La corrupción consiste en el acto de desnaturalizar y de desviar algo del fin hacia el cual tiende naturalmente. Según Mariano Grondona, la raíz indoeuropea de la palabra corrupción es *reut*, que quiere decir *arrebatar*. Se refiere a quitar o tomar alguna cosa con violencia y fuerza. Grondona diferencia entre un «acto corrupto» y un «estado de corrupción». Sostiene que en América Latina estamos mayormente en un contexto de «estados de corrupción» porque «los actos de corrupción se han vuelto tan habituales que la corrupción se convierte en un sistema».[3] La corrupción tiene que ver con descomposición, desorganización de las partes de un todo; depravación, perversión, desmoralización. En todos los casos, la corrupción, en el fondo, es un problema ético: es pecado. En América Latina tienen preponderancia las relaciones personales por sobre el cumplimiento mismo de la ley. La palabra dada a un amigo vale más que la letra de la Constitución. «La costumbre de ofrecer regalos o propinas es uno de los hábitos que conduce a la corrupción; aunque muchos no lo consideren así.»[4]

La misión cristiana corre el riesgo de caer en la trampa de la corrupción generalizada. Se evidencia este hecho en las motivaciones, en el uso de las Escrituras, en las estrategias y métodos misioneros utilizados, como también en las expectativas que se presentan.

---

[3]Mariano Grondona, *La corrupción*, Planeta, Buenos Aires, 1993, p. 22.

[4]Robert Klitgaard, *Controlando la corrupción: una indagación práctica para el gran problema social de fin de siglo*, Sudamericana, Buenos Aires, 1994, p. 75.

# La corrupción y la naturaleza de la misión

## Transparencia de motivos

En un contexto de corrupción todo lo que se hace está bajo cierta sospecha. Uno de los mayores cuestionamientos se relaciona con la motivación, el por qué se hace tal o cual cosa. La mayoría de los proyectos misioneros están bajo la sombra de sospecha por la corrupción imperante y el precedente legado de otros proyectos. En el plano individual, como también grupal o institucional, se debe considerar que para la toma de decisiones éticas existen tres ingredientes básicos a considerar: *éxito* (todos buscan triunfar, superarse, tener éxito), *lealtad al grupo* (es muy importante tener el apoyo de las personas más allegadas y quienes más influencia ejercen sobre el que decide) y *verdad* (se busca considerar la parte legal de la decisión a ser tomada). Cuando en la misión cristiana dejamos de lado este último elemento, la decisión está viciada de corrupción.

El apóstol Pablo es un ejemplo de conducta incorruptible en un contexto misionero. Como ciudadano romano, enfrentó muchas situaciones en las cuales los actos de corrupción habrían sido una alternativa, pero se alejó conscientemente de tal posibilidad. Eso quedó demostrado por su actitud en relación con sus privilegios como ciudadano romano, como también en su función como apóstol. Siempre prefirió estar muy prevenido ante las sospechas y trató de conducirse de modo que evitara todo tipo de conjeturas o acusaciones maliciosas. Si se lo acusaba, era sin argumentos ni elementos que pudieran demostrar su participación en ilícitos. Su cautela en relación con el tema lo llevó a trabajar manualmente para sostenerse y lo impulsó a preocuparse por brindar todas las garantías de transparencia en el manejo de los fondos de la colecta que se recaudaba para los pobres de Jerusalén. El clímax de su resistencia y oposición a la opción de corrupción fue su negativa a conseguir la libertad vía soborno. El ejemplo de Pablo desafía a los cristianos latinoamericanos a actuar sin extremismos éticos (aislamiento total del mundo o participación ciega). Llama a buscar, partiendo siempre del contexto de la comunidad cristiana, una actitud de «sal y luz» en medio del contexto de corrupción.

Dado el contexto de estructuras corruptas en América Latina, es imperiosa la necesidad de un testimonio radical y contundente frente a la corrupción. No alcanza con cambiar individuos, sino que se debe apuntar también a las estructuras. ¿Qué razones existen en una sociedad que acepta institucionalmente la corrupción, para ser una persona justa y honesta? Pablo responde en armonía con las enseñanzas de Jesús, que no alcanza con cumplir lo mínimo que marca la ley «social» en estos casos, sino que los cristianos deben dar un paso más allá, un esfuerzo de amor por el bien de todos. La integridad de la vida y conducta, en el compromiso activo con la comunidad cristiana, será determinante para alcanzar un testimonio efectivo, partiendo de la fe cristiana, en la corrupta sociedad latinoamericana.

## Claridad en cuanto a la autoridad en la misión cristiana

La Biblia contiene el mandato de llevar a cabo la misión mundial, que es una necesidad de todo cristiano. En tal sentido, se deben evitar dos extremos: el fanatismo religioso, que despliega un celo irracional que incluso utilizaría la fuerza o métodos coercitivos para obligar a creer y erradicar la incredulidad, y el pluralismo religioso, que alienta una tendencia totalmente contraria, sosteniendo que todas las religiones llevan a Dios. La Biblia no sólo impulsa a los cristianos a la evangelización mundial, sino que también proporciona el mensaje para la tarea. El mensaje no necesita ser inventado: hay un solo evangelio (1 Co. 15.11; Gl. 1.6-8) y ya está definido, pero también se adapta culturalmente a todos aquellos a quienes se predica. El compromiso de la revelación debe combinarse siempre con el compromiso de la contextualización. En otras palabras, debemos combinar la fidelidad con la sensibilidad, el estudio constante del texto bíblico con el estudio constante de la escena contemporánea. Sin duda, el contexto de corrupción latinoamericana influye directamente en la lectura e interpretación de las verdades de la Escritura.

Es bien conocido el aforismo que dice que *el texto sin el contexto es un pretexto.* Debemos tenerlo en cuenta al tomar en serio el contexto de corrupción. En general, la referencia al contexto se limita al contexto históricoinmediato del texto bíblico en cuestión, o sea el *Sitz im Leben* del escritor y sus circunstancias. Nunca se debe minimizar que «la Palabra de Dios nos habla en una palabra humano histórica».[5] Lo que se plantea aquí, sin desmerecer con ello la importancia de considerar siempre el contexto del texto, es el contexto del intérprete, o sea, su *locus theologicus.* En el caso latinoamericano, el contexto de corrupción generalizada influye directamente sobre el intérprete. La opresión como lugar teológico —tal como ha sido privilegiada por la teología de la liberación latinoamericana— es sólo uno de los posibles lugares hermenéuticos para presentar la fe en el Hijo de Dios. «Toda teología cristiana que sea fiel a su origen bíblico, y sea por ello histórica, tiene que tomar absolutamente en serio los signos de los tiempos para su reflexión.»[6]

Advirtiendo de antemano que nada de lo que sigue existe en un estado puro o absoluto, el autor puntualiza a continuación algunos de los efectos negativos de la corrupción en la interpretación de las Escrituras.

1) *Autoridad de la Palabra de Dios.* Uno de los efectos más difundidos de la corrupción sobre la interpretación bíblica se relaciona con el concepto de la autoridad de las Escrituras. Sin

---

[5]Emerich Coreth, *Cuestiones fundamentales de hermenéutica,* Herder, Barcelona, 1972, p. 246.

[6]Jon Sobrino, *Jesús en América Latina,* Sal Terrae, Santander, 1 982, p. 251. Sobrino, como teólogo de la liberación, privilegia el lugar de la opresión y, en su caso particular, «el pueblo históricamente crucificado».

poner en duda la autoridad intrínseca de la Palabra de Dios como revelación, el autor advierte que frecuentemente se utilizan citas bíblicas, o se mencionan las Escrituras, para imponer un criterio personal. Como ejemplo se puede mencionar el frecuente uso de conceptos bíblicos por parte de los mandatarios de los países latinoamericanos, para apoyar o justificar sus acciones. Esto se produce también a nivel particular, en el uso que hace la gente de citas bíblicas para justificar sus pecados.

2) *Manipulación.* Como agravante del punto anterior, se produce la manipulación de los oyentes de la Palabra de Dios, bajo el pretexto de predicarla fielmente, para conducirlos a través de diversos mecanismos a la aceptación de las propuestas de algunos líderes inescrupulosos. Hay personas que, por medio de tales maniobras, se aprovechan de la buena fe y de la desesperación de sus oyentes. Tales individuos o movimientos atesoran numerosos bienes y fama, a costa de la gente desesperada, a la que llenan de falsas promesas e ilusiones (extraídas mayormente de la Biblia).

3) *Materialismo.* La corrupción se desarrolla especialmente en sociedades fuertemente impregnadas por el consumismo y el materialismo. Bajo el argumento de que «el fin justifica los medios», muchos cristianos entienden que pueden participar de actos corruptos, con tal de que sirvan «para la extensión del reino de Dios y para su gloria». Esta argumentación se encuentra en total disonancia con el mensaje bíblico. En la tercera sección se profundizará más el tema.

4) *Herejías.* El peor producto de la corrupción en la interpretación bíblica es el surgimiento de herejías cristianas. Los movimientos «pseudoevangélicos» han aprendido eficazmente del contexto social la distorsión de la verdad. Hábilmente se dedican a la interpretación y exposición de las Sagradas Escrituras con fines tendenciosos, corruptos y particulares. En este caso, la corrupción se transforma en el método de interpretación.

5) *Desconfianza.* El resultado de estas influencias, provenientes del contexto de corrupción, en la interpretación bíblica es la desconfianza. Aquellos cristianos que carecen de una sólida

preparación en el arte de la interpretación bíblica se sienten impotentes y preocupados de que su interpretación pueda resultar herética y desequilibrada. Por otra parte, los letrados en la materia pueden sentirse afectados por la desconfianza de sus oyentes o lectores. Es así como todo puede ponerse en duda y quedar bajo la sombra de la sospecha. La desconfianza es enfermiza y no forma cristianos seguros de sí mismos ni de su fe. Produce una total ambivalencia en lo relativo a los valores y a la pertinencia de la fe cristiana, precisamente en un contexto de corrupción.

La Palabra de Dios debe ser la autoridad innegociable para la motivación, los métodos y el contenido de la misión cristiana. La Biblia, como autoridad en contra de la corrupción, es palabra de libertad, de justicia y de paz.[7]

## Corrupción y estrategias misioneras

### Jesús como modelo misionero en un contexto de corrupción

Jesús es el modelo para las misiones: «Y aquel Verbo se hizo carne» (Jn. 1.14). Lo divino se comunicó a través de lo humano. Se identificó con nosotros sin renunciar a su propia identidad. Dicho principio de «identificación sin pérdida de identidad es el modelo para todo evangelismo».[8]

---

[7]Pablo A. Deiros, «La Biblia y la corrupción», ponencia presentada en el contexto de la Sociedad Bíblica Argentina, Buenos Aires, setiembre de 1993, pp. 4-7.

[8]Discurso de John R. W. Stott durante la Consulta sobre la Evangelización Mundial en Pattaya, Tailandia, en junio de 1980; adaptado por Jonatán Lewis, ed., *Misión Mundial: La base bíblica/histórica*, Missions Services, Portland, 1986, p. 5.

Durante su ministerio Jesús desafió de manera concreta a algunas instituciones o grupos organizados de su época, denunciando su corrupción y llamándolos a un nuevo estilo de vida.

1) *La corrupción de los líderes económicos.* Se encuentran en este grupo especialmente los terratenientes y los saduceos. Según F. F. Bruce, fue el grupo religioso-social en Israel con el cual Jesús tenía menos en común. «Los saduceos aparecen como parte de la aristocracia de los terratenientes, de las familias establecidas más antiguas.»[9]

Los saduceos eran parte del Sanedrín, tenían pocos seguidores, pero eran los primeros en dignidad. En Hechos 5.17-21 se los menciona como partidarios del sumo sacerdote. Los saduceos formaban un grupo organizado. Se guiaban estrictamente por la tora. «Debido a sus relaciones con la poderosa nobleza sacerdotal, las ricas familias patriarcas representan un factor muy influyente en la vida de la nación.»[10] Representan a la clase alta, acomodada a los poderes religiosos y políticos, con el fin de ejercer influencias y enriquecerse. Encontramos un paralelo de ella en la clase empresarial, industrial, bancaria o terrateniente de nuestro continente.

Aunque no aparecen como los adversarios habituales de Jesús, no dejaron de estar presentes en sus denuncias, como, por ejemplo, en Lucas 6.24. En relación con la acumulación de bienes, Jesús fue muy claro en sus enseñanzas. Enseñó que la riqueza es mala, en primer lugar, para los propios ricos. La riqueza es la deshumanización del rico (Mt. 6.21; Lc. 12.15, 34). Dificulta la apertura hacia Dios (Mc. 10.17-22), y, además, trae condenación (Lc. 6.24; 12.20; Mc. 10.25). Por otro lado, Jesús también fue claro

---

[9]F. F. Bruce, *The Real Jesus,* Hodder and Stoughton, Londres, 1985, p. 128.

[10]Joachim Jeremias, *Jerusalén en tiempos de Jesús,* Cristiandad, Madrid, 1977, p. 248.

en señalar que la coexistencia de ricos y pobres resulta intolerable e insultante. Hay ricos porque hay pobres y viceversa. Lucas incluso menciona que la riqueza no es sólo deshumanizante, sino injusta (Lc. 16.9). Jon Sobrino opina al respecto que «la riqueza para Jesús es, pues, un grave mal social y la razón intrínseca consiste en que es injusta».[11]

También Jesús presenta la maldad de la riqueza en relación antagónica con Dios (Mt. 6.24; Lc. 16.13). La riqueza funge ser ídolo: *Mamón*. «Es mal radical, porque es un ídolo: hace contra Dios, deshumaniza a quien le rinde culto y exige víctimas para subsistir.»[12] Por lo tanto, Jesús rechazó absolutamente el hecho de que se le diera prioridad a la acumulación de bienes sin importar el costo social y humano, que era una característica de los líderes económicos de su tiempo. Al contrario, le dio prioridad al trato humano, a la relación de igualdad de los hombres ante Dios como un tema importante de sus enseñanzas y también de su vida misma.

2) *La corrupción de los líderes religiosos*. Este punto se dividirá en tres, considerando por separado a los sacerdotes, a los escribas y a los fariseos, por la amplitud de referencias a sus controversias con Jesús, y por la responsabilidad distintiva de ellos.

En principio se debe dejar bien en claro que Jesús no se opuso al cumplimiento de la Ley (tora); por el contrario, defendió su cumplimiento en cuanto es de Dios y a favor de los hombres. Sin embargo, denunció el uso que se daba a la Ley para oprimir a las personas. Sus denuncias apuntaron especialmente a tres grupos sociales, estrechamente vinculados a la Ley: los escribas, los fariseos y los sacerdotes. Los tres tuvieron un enorme poder social.

---

[11]Jon Sobrino, *Jesucristo liberador: lectura histórico-teológica de Jesús de Nazareth*, Trotta, Madrid, 1991, p. 227. Los ricos son los opresores de los pobres y las situaciones de pobreza son causadas por el hombre opresor.

[12]*Ibíd.*, p. 228. Este mismo pensamiento también se ve reflejado en 1 Jn. 2.16 y 1 Ti. 6.10.

a) *Los escribas.* Como doctores de la Ley, eran los líderes intelectuales e ideológicos. El mayor factor de su poder estaba en el saber. Por eso los principales lugares en el Sanedrín, que era una especie de Corte Suprema de Justicia, los ocupaban los escribas. Estos, según los estudios de J. Jeremias, tenían prohibido cobrar por su actividad.[13] Jesús denuncia a los escribas por imponer cargas religiosas muy pesadas a la gente, mientras que ellos las evitan. Los denuncia por condenar a muerte a los enviados de Dios, mientras construyen tumbas para los profetas. Los acusa de ocultar la sabiduría de Dios ante la gente y de ambicionar trajes, saludos y cortesías especiales, ocupando además los primeros lugares de las sinagogas (Lc. 11.43, 46-52; 20.46). Aquí, pues, están las evidencias de la corrupción de los escribas. El propósito de su existencia era saber la Ley y transmitirla fielmente al pueblo, pero la pervertían y ocultaban de la gente la verdadera sabiduría divina.

b) *Los fariseos.* «Los fariseos fueron los que crearon el concepto de la doble Ley, lo exteriorizaron como una victoria sobre los saduceos, y lo hicieron operar en la sociedad.»[14] Los fariseos y Jesús aparecen frecuentemente confrontados en los Evangelios. Ante esta cuestión, Bruce opina que es precisamente porque, como

---

[13] Jeremías, *op. cit.*, p. 131. En la época de Jesús los escribas, concretamente los de la tradición de Hillel a diferencia de los de Shammai, podían ejercer un oficio paralelamente a sus funciones de escriba. Un ejemplo de ello era el mismo Hillel, durante su tiempo de estudios en Jerusalén. Otro ejemplo muy conocido es el del apóstol Pablo. Pero, básicamente, los escribas vivían de las ayudas recibidas.

[14] E. P. Sanders *Paul and Palestinian Judaism*, Fortress, Filadelfia, 1977, p. 61. Destaca Sanders a los fariseos como los más fieles cumplidores del judaísmo, siendo los saduceos los que tergiversaron la tora, y los esenios los que no reconocían la importancia del templo ni la centralidad de Jerusalén.

sucede tanto en la religión como en la política, los que tienen mucho en común son frecuentemente los que se confrontan más críticamente.[15]

Como cumplidores estrictos de la Ley, tenían un tremendo prestigio religioso, aún sin pertenecer sociológicamente a la clase superior. En una sociedad profundamente religiosa como la judía, tanto los fariseos como los escribas representaban un gran poder. Jesús los denunció porque no utilizaban tal poder para llevar a las personas a Dios, sino para oprimirlas (Lc. 11.25-53; Mt. 23.1-36).

Jesús los denuncia a los fariseos, concretamente, por su hipocresía en el incumplimiento de las prescripciones relacionadas con la pureza, y su hipocresía en el pago del diezmo de las legumbres, descuidando en ambos casos la actitud interna, la motivación para hacerlo (Lc. 11.39-43). Jesús denuncia su hipocresía y pide a la gente que se cuide de ellos (Mc. 12.38), y además les sugiere que no los imiten (Mt. 23.3).

Es conveniente remarcar la importancia de la palabra *hipocresía* en griego, que significa «actor». La corrupción de los fariseos, por lo tanto, era también la desnaturalización de su existencia. En lugar de ser modelos vivientes del cumplimiento de la Ley, buscaban que la gente los admirara por sus prácticas y no que Dios los aprobara. «Los anatemas contra los escribas no recalcan tanto la hipocresía, la contradicción interior/exterior, sino directamente la maldad opresora y objetiva.»[16] En particular a los fariseos les resultaba molesto que Jesús compartiera su tiempo con pecadores, impuros, publicanos, etc., como también que practicara el bien el día sábado.

Ambos grupos fueron denunciados por Jesús, no sólo por no ayudar al pueblo a cumplir la Ley, sino por estorbarlo. «Y lo peor

---

[15]Bruce, *op. cit.*, p. 129. Menciona que después de la resurrección, en los Hechos de los Apóstoles, los cristianos estuvieron más confrontados con los saduceos que con los fariseos, por el énfasis en la resurrección.

[16]Sobrino, *op. cit.*, p. 230.

es que lo oprimen y que lo pueden oprimir por el poder ideológico y simbólico-ejemplar que poseen en base a su estrecha vinculación con la ley.»[17]

No cabe ninguna duda de que la denuncia constante de Jesús contra estos grupos fue un factor decisivo en el camino a la cruz. J. Jeremias señala claramente que «fue una audacia sin precedentes ... dirigir públicamente y sin miedo también a estas gentes la invitación a la penitencia; esa audacia le condujo a la cruz».[18] Como queda demostrado en este punto, la lucha contra la corrupción implica sacrificio y sufrimiento.

c) *Los sacerdotes.* Los sacerdotes, en general, no pertenecían a la clase alta, sino que estaban ubicados mayormente en la clase media. Los sumo sacerdotes eran los que pertenecían a los círculos más pudientes. Esto lo confirma J. Jeremias, quien afirma que «según lo que nos transmite la tradición, en las casas de las familias de los sumo sacerdotes reinaba un gran lujo».[19] A lo largo de la vida de Jesús, los sacerdotes aparecen como sus principales enemigos. Los tres Evangelios sinópticos narran la escena de la expulsión de los mercaderes del templo. Sobrino interpreta que «la pregunta fundamental es si con esa acción Jesús se manifestaba proféticamente contra el templo en cuanto tal o contra abusos cometidos en él y en su nombre».[20] En contraposición a los otros

---

[17]*Ibíd.*, p. 231.

[18]Jeremias, *op. cit.*, p. 281.

[19]*Ibíd.*, p. 115. En su profundo análisis de las familias de los sumo sacerdotes, se mencionan abundantes despojos, actos de violencia y casos de corrupción, en el afán de atesorar riquezas.

[20]Sobrino, *op. cit.*, p. 231. Cita a J. Jeremias: «los sacerdotes han convertido el templo en guarida de ladrones, en guarida de la que salen constantemente malhechores para hacer sus fechorías. Los sacerdotes abusan de su vocación, que es realizar el culto para la gloria de Dios. Y, en vez de eso, se dedican a sus negocios y a obtener ganancias.»

Evangelios, Juan coloca la purificación del templo bien al principio del ministerio de Jesús (2.13-22). Esto no es casual, y el contexto lo demuestra. El templo era el símbolo del pueblo de Dios. Jesús era el cumplimiento de aquello que el templo representaba: era el cumplimiento del judaísmo apocalíptico y farisaico. Pero el templo en el tiempo de Jesús era el símbolo de las prácticas corruptas de los ricos. Había sido profanado. Jesús lo limpió y lo devolvió al Padre. «De esta manera, según Juan, Jesús lucha desde el principio en contra de la corrupción, a través de la limpieza del templo, para que vuelva a ser la casa de Dios.»[21]

Evidentemente, Jesús estaba en contra de la práctica abusiva y opresora de los sacerdotes, y no en contra del templo como tal. Se oponía a la corrupción del oficio sacerdotal, y a la corrupción de utilizar el templo para hacer negocios, cuando tenía que ser «casa de oración». Por lo tanto, se distanció de ese culto y profetizó la destrucción del templo, hecho que lo llevó finalmente a la cruz (Mc. 13.2; Mt. 24.2; Lc. 21.6). La destrucción del templo se mencionó luego en su juicio religioso (Mc. 14.58), también cuando se burlaron de él al pie de la cruz (Mc. 15.29), así como en el martirio de Esteban (Hch. 6.14). Es que el templo era «el centro de la vida económica, política y social del país».[22] «A través del tesoro del templo, al que todo judío debía pagar anualmente su cuota, los judíos del mundo entero contribuían al comercio de Jerusalén.»[23]

---

[21]Karl Rennstich, *Korruption: eine Herausforderung für Gesellschaft und Kirche*, Quell Verlag, Stuttgart, 1990, p. 184.

[22]*Ibíd.*, p. 233. En el templo se tomaban las decisiones políticas importantes (los sumo sacerdotes) y se acuñaba la moneda (finanzas). La casta sacerdotal se beneficiaba especialmente de él. J. Jeremias (*op. cit.*, p. 45) afirma que, en vista de que Jerusalén era la ciudad del templo, su importancia religiosa era más gravitante que su importancia política.

[23]Jeremias, *op. cit.*, p. 74. Era precisamente el templo el que daba importancia al resto de todo el comercio en Jerusalén.

Cuando Jesús atacó esta institución central de Jerusalén, fue considerado un provocador, un revolucionario. Denunciar la corrupción de los sacerdotes y la utilización corrupta de todo el entorno del templo para el enriquecimiento personal e institucional le costó la enemistad de los sacerdotes y de todos los admiradores de los mismos.

3) *La corrupción de los líderes políticos*. Palestina vivía en una constante crisis administrativa. No era posible establecer un equilibrio duradero entre las diversas estructuras de gobierno. Dice Gerd Theissen al respecto que «la aristocracia, atenta a la compensación, quedó en política realista debilitada por las fricciones con los príncipes de la clientela herodiana y con los procuradores romanos».[24]

Generalmente el estado (en este caso, el Imperio) se alegra de acoger a una religión que se limite a lo cúltico, como sucede bajo regímenes totalitarios, o que se relegue al campo de la piedad privada. Si la religión no se inmiscuye ni perturba el statu quo, puede llegar a ser tolerada e incluso domesticada para funcionar como una especie de legitimación sacramental de las funciones estatales.

La persona de Jesús, su movimiento y sus ideas, amenazaron seriamente el statu quo del Imperio Romano, razón por la cual él fue crucificado. En un análisis de la religión política Mardones llega a una conclusión semejante a la que enfrentó Jesús. Según él, aunque la religión neoconservadora recupera su relevancia social, «corre el riesgo de ser una funcionalización de la religión al servicio del mantenimiento del sistema».[25]

---

[24]Gerd Theissen, *Sociología del movimiento de Jesús*, Sal Terrae, Santander, 1979, p. 73.

[25]José María Mardones, *Capitalismo y religión: la religión política neoconservadora*, Sal Terrae, Santander, 1991, p. 16. Agrega que «la fe vale en tanto y en cuanto es útil para el sistema». De manera que el riesgo de la manipulación es claro, y tal domesticación corresponde a la

En este punto las investigaciones de J. Jeremias arrojan numerosas evidencias concretas sobre la vida de los líderes políticos del tiempo de Jesús. El mismo describe de manera notable la opulencia en la cual vivían los líderes políticos de ese tiempo. El estilo de vida de los mismos no se cubría con el sueldo asignado, sino con importantes confiscaciones de bienes de nobles del reino a los cuales se habían hecho ejecutar, y, además, «los regalos, o mejor dicho, los sobornos, venían a tapar más de un agujero en las finanzas de los príncipes».[26]

En el caso de Herodes el Grande, se destaca que la característica principal de su personalidad era una ambición insaciable. Los tributos y derechos de aduana sólo cubrían una pequeña parte de sus gastos. «Mucho más deben de haber pesado sobre el pueblo los regalos (a Herodes, a sus parientes y "amigos", así como a los recaudadores o arrendatarios de los impuestos y a sus subordinados), las confiscaciones de bienes y los impuestos extraordinarios.»[27] Los herodianos, que vivían para mantener los intereses de la familia de Herodes, hicieron causa común en algunas ocasiones incluso con los fariseos, para enfrentarse a Jesús. «Durante el ministerio de Jesús, dos miembros de la familia herodiana ocupaban posiciones de autoridad en la tierra de Israel o cerca de ella: Herodes Antipas, tetrarca de Galilea y Perea; y su hermano Felipe quien era tetrarca de la región este y noreste del lago de Galilea.»[28] Jesús advierte a sus discípulos que se cuiden de su levadura (Mc. 8.15; Lc. 13.32).

Resulta imposible —como mayormente ocurre en un contexto de corrupción— establecer el valor de los regalos y sobornos que

---

«corruptibilidad» de los discípulos actuales de Cristo, por lo menos de aquellos que se han aliado con los políticos corruptos.

[26]Jeremías, *op. cit.*, p. 110.

[27] *Ibíd.*, pp. 143-144.

[28] Bruce, *op. cit.*, pp. 134-135.

se daban a las autoridades y a los servicios administrativos. Juan el Bautista ya había exhortado a los soldados romanos en su predicación social, diciendo: «no extorsionen a nadie ni hagan denuncias falsas; más bien confórmense con lo que les pagan» (Lc. 3.14). También Mateo menciona un caso de soborno a los soldados romanos en Jerusalén, por parte de los jefes de los sacerdotes, que querían que esa trampa sirviera para negar la resurrección de Jesús (Mt. 28.12).

Por otra parte, en Hechos 22.28 se menciona el caso del jefe de la plaza de Jerusalén, quien admite haber adquirido su ciudadanía romana por soborno o compra, a diferencia de Pablo, quien tenía tal condición por nacimiento. Claudio Lisias pagó un alto precio, no para adquirir su libertad, sino como «soborno dado a los intermediarios del secretariado imperial de la administración provincial».[29] «La corrupción se extendía hasta los más altos puestos. No hay más que ver las numerosas quejas contra la venalidad de los procuradores.»[30] Will Durant, en su historia de la civilización romana en el tiempo de Jesús, menciona varios casos de corrupción, especialmente en el gobierno de Augusto y de Claudio. Afirma que en el caso de Augusto, «con trigo y juegos se sobornaba al populacho para que permaneciera tranquilo».[31]

---

[29] A. N. Sherwin-White, *Roman Society and Roman Law in the New Testament*, Baker, Grand Rapids, 1978, pp. 154-155.

[30] Jeremías, *op. cit.*, p. 145. Menciona además el reproche que hace Filón contra Pilato por su excesiva corrupción; además, cita a Félix, quien mantiene a Pablo en Cesarea con la esperanza de obtener soborno (Hch. 24.26).

[31] Will Durant, *César y Cristo*, Sudamericana, Buenos Aires, 1955, p. 356. Lo que estaba en juego en todos estos abusos era la intención de mantener la *pax romana*. En oposición a esta postura, L. Friedlaender, en *La sociedad romana* (Fondo de Cultura Económica, México-Buenos Aires, 1947), trata más bien de ensalzar todas las prácticas de la sociedad romana, justificándolas. El entiende que el Imperio Romano es más denostado que conocido (p. 877).

Jesús, con su estilo de vida, su énfasis en la pureza y la verdad, vino a ser también un desestabilizador del statu quo de la Palestina. En este sentido, Melba Maggay entiende que la tensión entre Jesús y Pilato tiene sus raíces en la ambigüedad intrínseca de la naturaleza del reinado de Jesús. «Aunque Jesús evita claramente darle un sentido meramente político a su mesiazgo, destacando la centralidad de sus dimensiones espirituales y de servicio tal como fueron profetizadas en Isaías 53, su predicación y práctica anunciaron una plataforma consecuente con la agenda política esbozada en Isaías 11: la restauración del Reino de David.»[32]

La condena a muerte de Jesús fue dictada por el gobernador romano Pilato en nombre del Imperio Romano. Dice claramente Moltmann que «el ajusticiamiento por crucifixión era, según el derecho romano, la pena disuasoria para la rebelión contra el orden político del Imperio Romano y contra el orden de la sociedad romana, basada en la esclavitud. Jesús fue ejecutado públicamente junto con dos judíos acusados de sedición».[33]

Su crucifixión no fue la consecuencia de un accidente de procedimiento en el tratamiento de casos problemáticos, ni fruto de la confusión reinante. Evidentemente, Jesús representaba una amenaza real para el orden y la *pax romana*. Como otros cabecillas de intentos de sedición, Jesús terminó crucificado. Su muerte se

---

[32]Melba Maggay, «Jesús y Pilato», *Al servicio del Reino*, Visión Mundial, San José de Costa Rica, 1992, p. 123. Esta ambigüedad implica que, aunque por un lado sea malo politizar el reinado de Jesús, es igualmente inapropiado espiritualizar ese reinado y verlo enteramente como algo futuro.

[33]Jürgen Moltmann, *El camino de Jesucristo: cristología en dimensiones mesiánicas*, Sígueme, Salamanca, 1993, p. 229. El sumo sacerdote juzgó la pretensión mesiánica de Jesús basándose en las tradiciones de la ley judía. Los saduceos lo entregaron a los romanos, presumiblemente para salvaguardar al pueblo judío.

produjo como consecuencia de su práctica, que Bravo Gallardo llama «subversiva».[34]

4) *La corrupción de sus discípulos.* Aunque parezca paradójico, Jesús tuvo que enfrentarse a la tentación de la corrupción en su propio grupo de seguidores y discípulos. Nos detendremos principalmente en los casos documentados, más cercanos a él, como el de la pretensión de poder (Juan y Santiago) y el de Judas. No profundizaremos mayormente en las expectativas distorsionadas que tenían las masas de Jesús como Mesías, ya que están claramente representadas en los dos casos que se analizarán a continuación.

La pretensión de seguir a Jesús sin renunciamientos, a los efectos de ocupar un sitial privilegiado, determinó que muchos abandonaran el seguimiento de Jesús, al entender su costo (Jn. 6.60-69). También la pretensión de utilizar a Jesús como elemento de liberación de la opresión romana, y para obtener bendiciones celestiales sin sacrificio, resulta evidente en las multitudes que lo seguían y que fueron alimentadas milagrosamente (Mt. 15.32-38; Jn. 6.26-27).

a) *Búsqueda de poder e influencia.* El pedido de Santiago y Juan de estar ubicados a ambos lados del trono de Dios una vez instaurado el reino sucede después de que Jesús les anuncia por tercera vez su muerte (Mc. 10.32-34). Aunque los demás discípulos

---

[34]Carlos Bravo Gallardo, *Jesús, hombre en conflicto: el relato de Marcos en América Latina,* Sal Terrae, Santander, 1986, p. 270. Gallardo apoya su afirmación definiendo la subversión en el sentido estricto de la palabra: cambio realizado desde abajo, desde la base del pueblo y desde la raíz del problema. Cita en tal sentido que Jesús denunció la perversión del proyecto de Dios, desenmascaró a los responsables de esa situación, previno al pueblo, rompió el círculo diabólico de la exclusión poniéndose del lado del pueblo, y también el círculo diabólico de la violencia, no resistiéndose a ella.

mostraron su reprobación ante la actitud de Santiago y Juan, el hecho de que Jesús les reconviene a los Doce indica que la tentación de utilizar a Jesús para ocupar cargos de importancia era generalizada.

Jesús aprovechó esta circunstancia para indicarles a sus discípulos que existe una diferencia básica entre el poder, según era habitual en los gobiernos que conocían, y el poder en el reino de los cielos. El servicio es el único instrumento de poder en el reino de los cielos (Mc. 10.35-45). Jesús se propuso a sí mismo como ejemplo de servicio. Entendió claramente el riesgo de la corrupción implícito en la petición de Santiago y Juan. Al demostrarles la alternativa, la salida de la tentación de la corrupción, se opuso a esa mentalidad entre sus discípulos. La primera carta de Juan (1.6; 2.15-17), como también la primera carta de Pedro (5.1-4), son evidencias internas que demuestran que los discípulos obedecieron a la exhortación de Jesús.

b) *La ambición materialista*. Aunque es posible debatir si Judas Iscariote traicionó a Jesús sólo por la obtención de ganancias económicas, ésta es, sin lugar a dudas, una de las tentaciones siempre presentes alrededor de Jesús como Mesías. Cuando Judas, que según la opinión de varios comentaristas había pertenecido al grupo de los zelotes, se dio cuenta de que Jesús no iba a derrocar a los poderes romanos de la Palestina, se sintió frustrado en el seguimiento. Se acercó a los líderes religiosos de Jerusalén (hecho que ya conocían los discípulos y Jesús), que buscaban cómo arrestar y matar a Jesús (Mt. 26.1-5). Se ofreció a los jefes de los sacerdotes, para entregarles a Jesús por treinta monedas de plata (Mt. 26.14-16). Resulta llamativo que Judas finalmente se quedó sin Jesús y también sin el importe por el cual lo entregó (Mt. 27.3-10).

Es importante señalar que hubo varios intentos claros que apuntaban a corromper a Jesús. El relato de la tentación (Mt. 4.1-11) nos muestra que uno de los objetivos era desviarlo de su propósito de hacer la voluntad del Padre. También en el relato de la crucifixión se apela a su divinidad —«si tu eres el Hijo de

Dios...»(Mt. 27.40)— incitándolo a abandonar el cumplimiento de los propósitos de Dios. Ambos relatos expresan cómo el mismo Jesús estuvo expuesto a la tentación de la corrupción. En ambos ejemplos —que son paradigmáticos— Jesús demuestra la actitud correcta ante la tentación de la corrupción: debemos tener en claro los principios y las motivaciones de nuestras reacciones ante la tentación, a los efectos de cumplir con la voluntad de Dios. En su resistencia a la tentación, son dignos de imitar el conocimiento de la Palabra de Dios y su aplicación a la situación.

## Corrupción y el futuro de las misiones cristianas

### Lucha contra los poderes y las estructuras de la corrupción

Lo que más rechazó el Imperio Romano del cristianismo primitivo fue su principio de solidaridad, elemento ni remotamente importante entre los romanos. Luego la corrupción se infiltró en el cristianismo hasta el punto de negociar el purgatorio de los fallecidos. La corrupción ama la oscuridad, se apega a lo oculto y no ama la verdadera solidaridad, sino un falso amiguismo. Nada temen los corruptos tanto como el hecho de que se diga cómo son las cosas en la realidad. La verdad y la corrupciónson incompatibles entre sí.[35] El cristiano no vive solo ni en un vacío. Es un ser social, y por lo tanto su conducta conlleva consecuencias sociales y estructurales. La corrupción siempre involucra a más de una persona, y siempre es un pecado en contra de la comunidad. Se necesita por lo menos uno que corrompe y otro que se deja corromper. La corrupción permite que el interés particular prime sobre el interés común. Bíblicamente, el pecado

---

[35]Karl Rennstich, *op. cit.*, p. 279.

no es sólo una situación personal, sino que también incluye lo estructural, lo social. No existe en la Biblia una distinción radical entre las acciones de la persona como individuo y como ser social. El mal existe en la sociedad, incluso fuera del individuo, y ejerce influencia sobre el individuo (Ro. 12.2). El pecado, sea individual o colectivo, produce culpa sobre el autor o los autores y destruye su autoestima. En este sentido las reacciones pueden y deben considerarse como intentos de autojustificación o autodestrucción.

La sociedad no es sólo la suma total de sus miembros, sino una compleja red de relaciones interpersonales, culturales e institucionales. La totalidad de estas relaciones conforma la personalidad de una sociedad. Hay numerosos ejemplos en la Biblia, especialmente en el Antiguo Testamento, de cómo Dios denuncia el pecado social e institucional de Israel. Estos pecados estructurales afectan a las personas de la misma manera en que los pecados personales afectan a la comunidad. En relación con esto, el Nuevo Testamento utiliza el concepto «mundo» en el sentido de cosmos o sistema, pero no relacionándolo con un lugar. En muchas referencias joaninas el sistema se presenta como «una colectividad ... personificada: ama, aborrece, escucha, sabe y da».[36]

La realidad es que cuesta mucho discernir los pecados estructurales y resulta difícil hacerse responsable de ellos. Toda liberación de la culpa y del pecado exige expiación. Esto incluye también los pecados personales y los estructurales. Las estructuras son productos humanos y pueden transformarse en verdaderos círculos viciosos. De manera coherente y lógica dice Moltmann al respecto que «el primer pecado fue consecuencia de la libertad, el

---

[36]Stephen Charles Mott, *Etica bíblica y cambio social*, Nueva Creación, Buenos Aires, 1995, p. 6. El mal se halla entretejido en la misma trama de nuestra existencia social.

segundo del hábito, y el tercero de la dependencia, de la esclavitud».[37]

Estas estructuras al servicio del mal producen en la sociedad problemas complejos para los cuales parece no haber solución. Uno de estos pecados estructurales es la corrupción. Es una práctica muy arraigada y bien cimentada en la mayoría de los gobiernos, empresas e instituciones en América Latina. Es uno de los poderes o potestades de las tinieblas que influye negativamente sobre toda la sociedad y deja infinidad de víctimas a su paso. Los corruptos generalmente justifican sus acciones en la legislación. Hacia afuera, todo debe parecer legal. Incluso abogan y luchan por la creación de nuevas leyes. La misma expedición de un documento logrado mediante soborno es toda una contradicción. «Esta es la *justificación* de la corrupción. Los que participan de la corrupción son los que tienen suficiente poder para influir en las decisiones. A la corrupción siempre le corresponde algún poder. El dinero y el poder son hermanos en la corrupción.»[38] En contraposición a la corrupción, el amor, que es una de las características básicas del cristianismo, busca siempre el bien del prójimo. Las instituciones y sociedades están interconectadas por una red de relaciones globales. Estas redes determinan la vida y la función de las instituciones. A estas redes se las denomina «estructuras», que se distinguen de las

---

[37]Jürgen Moltmann, *In der Geschichte des dreieinigen Gottes: Beiträge zur trinitarischen Theology*, Chr. Kaiser Verlag, Munich, 1991, p. 87. Esto no se produce sólo a nivel personal, sino también estructural. Aclara que no sólo el hombre produce sus estructuras, sino que las estructuras producen o moldean a los hombres. Las estructuras buenas o correctas no siempre hacen bueno al ser humano, ni viceversa.

[38]Rennstich, *op. cit.*, pp. 37-38.

instituciones por ser poderes invisibles. «Son a la sociedad lo que la mente es al cuerpo: el control lógico de su conducta.»[39]

La meta de estas estructuras es el monopolio del poder. Básicamente tienen un componente triple: económico, militar y científico; su objetivo es el enriquecimiento y el poder. «El mal existe aparte del individuo no solamente en el orden de la sociedad, sino también en los papeles políticos y sociales de los poderosos seres sobrenaturales.»[40] A estos poderes y los conflictos que provocan Jürgen Moltmann los llama «círculos viciosos», que élrefiere especialmente a la formación de patrones económicos, sociales y políticos sin ninguna esperanza, que arrastran la vida hacia la muerte. De manera apropiada él reconoce que en ellos se puede sentir la presencia de lo demoníaco en la vida.[41]

La realidad de estos poderes está ampliamente confirmada por el Nuevo Testamento, especialmente en la literatura paulina (Ef. 1.21; 3.11; 6.12; Col. 1.16; 2.10; Ro. 8.38; 1 Co. 2.8; 15.24-26).[42] Dice

---

[39]Rubem Alves, *Tomorrow 's Child: Imagination, Creativity and the Rebirth of Culture*, Harper & Row, Nueva York, 1972, p. 21. Citado en Orlando E. Costas, *Christ Outside the Gate: Mission Beyond Christendom*, Orbis, Maryknoll, 1982, p. 170.

[40]Mott, *op. cit.*, pp. 6-7. Para la concepción helénica, estos poderes eran dioses o demonios que sostenían el orden social. Para la concepción judeo-cristiana, son seres angelicales caídos ligados a Satanás (Ef. 2.2; 6.11-12), sobre los cuales Cristo ha triunfado (Col. 2.15).

[41]Jürgen Moltmann, *El Dios crucificado: la cruz de Cristo como base y crítica de toda teología cristiana*, Sígueme, Salamanca, 1975, pp. 403-404, 455.

[42]Para profundizar el tema de los poderes en el Nuevo Testamento ver los tres libros publicados por Walter Wink: *Naming the Powers: The Language of Power in the New Testament* , Fortress, Filadelfia, 1984; *Unmasking the Powers: The Invisible Forces that determine Human Existence*, Fortress, Filadelfia, 1986; *Engaging the Powers: Discernment and Resistance in a World of Domination*, Fortress, Filadelfia, 1992.

Costas al respecto que «esta corrupción del poder, esta rebelión contra el creador, fue una razón por la que el Hijo de Dios fue a la cruz».[43]

Ya en el siglo 17 Juan Calvino se había referido al «error general» según el cual las leyes y las costumbres protegen el vicio, apoyando el involucramiento del cristiano para traer nuevas esperanzas, aun a un sistema viciado de corrupción.[44] En relación con ello afirma Mott que «en este contexto de corrupción del sistema se ordena al creyente ser la sal de la tierra (Mt. 5.13), resistiendo la corrupción así como la luz resiste y combate las tinieblas...»[45]

El ámbito en el cual la corrupción produce actualmente los daños mayores es la ecología. La corrupción tiene aquí sus principales tentáculos: en la deforestación, en la contaminación de las fuentes naturales y en la destrucción de toda la naturaleza. La reconciliación con la naturaleza es urgente. «Uno de los significados del término corrupción es "perdición". Como imagen de Dios, el ser humano está llamado, por su Dios incorruptible, (Dt. 10.17) a ser co-responsable y a convivir con la naturaleza de acuerdo con la voluntad de Dios.»[46]

Dado que la corrupción es un problema ético en su raíz, el autor propone que la reflexión teológica-misionológica cristiana en un contexto de corrupción —y a los efectos de pertinencia al mismo— se base en una cristología. Jesucristo plantea tanto una teología contextual como una teología de compromiso de fe y compromiso con la historia. La cristología nos desafía a un testimonio radical en un contexto de corrupción. Plantea

---

[43] Costas, *Christ Outside the Gate*, p. 170.

[44] Juan Calvino, *Institución de la religión cristiana*, Nueva Creación, Buenos Aires, 1988, p. XXXIV.

[45] Mott, *op. cit.*, p. 18.

[46] Rennstich, *op. cit.*, p. 174.

transformaciones que llegan hasta las mismas raíces de la corrupción, las cuales no sólo se encuentran en el comportamiento individual de las personas, sino en muchos sistemas y estructuras de vida. Además, tales transformaciones no serán logradas por individuos bien intencionados y honestos, sino por la influencia que los mismos puedan ejercer a través de una comunidad alternativa.

## Desafío: misión cristológica con base en la comunidad alternativa

La cristología que toma en serio el contexto de corrupción necesariamente enfatizará el mensaje y la conducta del reino de Dios. Ante la tendencia de la corrupción generalizada de cosificar e instrumentar al prójimo en favor de las ambiciones de poder y posesión de los corruptos, la conducta del reino de Dios plantea la convivencia a partir de la comunidad alternativa (la iglesia) en este mundo. La sociedad corrupta está en oposición al reino de Dios, pues es una sociedad que se autodestruye. La comunidad alternativa se caracteriza por la vida en justicia, amor, servicio y santidad. La comunidad alternativa que no ha sido pervertida por los valores corruptos será, por su misma existencia, una presencia molesta y profética en la sociedad. Vivirá de acuerdo con los valores del reino de Dios, guiada por el Sermón del Monte.

Se proponen los siguientes énfasis como una respuesta inicial cristiana al contexto de corrupción generalizada en América Latina.[47]

1) La revalorización de la función de la comunidad alternativa como «sal y luz», de manera análoga a la propuesta de la organización «Transparencia Internacional» de formar *islas de integridad* en la lucha contra la corrupción. La comunidad alternativa cristiana es el grupo ideal para funcionar como *isla de*

---

[47]Todas estas propuestas pueden llevarse a cabo y se mencionarán específicamente a los efectos de una mejor comprensión.

*integridad* en un contexto de corrupción. Los cristianos tienen que estar dispuestos a luchar por el bien y en contra del mal en la sociedad. La comunidad alternativa debe detectar quiénes son los perjudicados y oprimidos a través de las pujas de poderes de la corrupción.

2) Además, como se ha elaborado en el análisis de los desafíos del apóstol Pablo, se sugiere una participación activa en la política de cristianos comprometidos para luchar por los cambios estructurales en la sociedad latinoamericana. La combinación de ambos esfuerzos será de vital importancia para que la fe cristiana y su ética hagan un aporte significativo en la lucha contra la corrupción generalizada en América Latina.

3) Velar constantemente por la transparencia interna y la purificación de la comunidad cristiana y de las instituciones eclesiásticas y paraeclesiásticas. Se sugiere a tal efecto la implementación de normas éticas que ayuden a mantener la transparencia y a controlar la corrupción. Sin lugar a dudas, las enseñanzas del Sermón del Monte adquieren una importancia singular en tal esfuerzo. Se requiere la voz profética de la comunidad alternativa en este contexto de corrupción.

4) Enfatizar en el discipulado, de manera prioritaria, la conducta y la lucha contra la corrupción. El discipulado incluye el acompañamiento de los cristianos en su afán por salir del círculo vicioso de la corrupción. La comunidad alternativa no puede bendecir ni recibir dinero mal habido ni donaciones que procedan de la corrupción. El discipulado cristiano debe enfatizar el concepto de mayordomía que Dios exige del ser humano. No se puede privilegiar lo económico por sobre otros valores. Se condenan, por lo tanto, actitudes que provocan beneficios sectoriales; los avances técnicos que benefician ciertos aspectos productivos, pero deshumanizan a los que se «benefician» o destruyen otros valores; procesos que provocan desocupación o situaciones sociales desesperantes; especulaciones políticas basadas en la emergencia social.

5) Dejar en claro que existen valores divinos, tales como el amor, la solidaridad, la justicia, la libertad, que definitivamente no son negociables. La corrupción justifica o racionaliza una ética de la desigualdad, la discriminación y la injusticia. Toda corrupción es pecado y la raíz o causa de la corrupción se encuentra en la falta de ética.[48] Estas pautas de relación o modos de pensar perversos deben ser combatidos en todos los niveles y sectores de la sociedad. Hay que rechazar toda actitud deshumanizante que busca convertir una forma sociocultural determinada en algo definitivo e inevitable para quien lo sufre y, en contraposición, hay que valorar la dignidad que Dios confiere al ser humano, la vida y la naturaleza toda.

6) Apoyar todos los esfuerzos, sean cristianos o no, que se dediquen a la lucha contra la corrupción. Para ello, los principios de lucha contra la corrupción son válidos y aceptables también para los cristianos.[49] Hay que crear redes locales, regionales, nacionales e internacionales de anticorrupción entre cristianos y no cristianos, con el objetivo de influenciar creativa y positivamente en las distintas esferas sociales.[50] Hay que utilizar todos los medios de comunicación existentes para que toda la sociedad tome conciencia del daño moral y social que representa la corrupción, presentando modelos de vida honestos y

---

[48]Ver la extensa obra con relación a la ética en Jorge R. Etkin, *La doble moral de las organizaciones: los sistemas perversos y la corrupción institucionalizada*, McGraw-Hill, Madrid, 1993.

[49]Ver el amplio desarrollo en relación a la lucha contra la corrupción en Luis Moreno Ocampo, *En defensa propia: cómo salir de la corrupción*, Sudamericana, Buenos Aires, 1993; Robert Klitgaard, *op. cit.*

[50]Un ejemplo de ello es la Asociación Cristiana de Abogados (ACDA), creada a fines de 1994, en Buenos Aires. Cada uno de sus integrantes debe ajustarse a un código de ética y, entre sus objetivos principales está la lucha contra la corrupción. Ver al respecto, «Cristianos, abogados y honestos: crean entidad para agruparlos y luchar contra la corrupción», *El Puente*, año IX, nº 17, marzo de 1995, p. 17.

transparentes. Es necesario promover la reflexión en torno a la corrupción, de tal manera que se logre mayor profundización y efectividad en la lucha contra la misma. En todos esos esfuerzos se tendrá que pagar el precio de las consecuencias de tales acciones, y muchas veces habrá que enfrentar fuertes oposiciones, persecuciones, amenazas y hasta el martirio. Será necesario adquirir la incorrupción como un estilo de vida, como una vocación cristiana.

# Guía de estudio

### Capítulo 1: La búsqueda histórica de las bases bíblicas de la misión

¿Existe una única manera de definir la misión de la iglesia? ¿Por qué? ¿Cómo la define Bosch y eso qué implica?

¿Qué es un paradigma?

¿Cuál es el esquema que sigue Bosch para interpretar la historia de la misión?

Caracterice el paradigma apocalíptico.

Resuma el paradigma helénico.

¿Qué elemento se sumó a la iglesia como agente de misión en el período constantiniano y que nueva concepción misionológica trajo?

¿Cuáles son las consecuencias para la misión del paradigma monástico?

Explique dos consecuencias de la manera de enfocar la realidad del período escolástico?

¿Cuáles son las bases bíblicas preferidas por los místicos, los reformadores y John Eliot?

¿Qué cambios operó el pietismo?

¿Qué dos grandes grupos reunía el paradigma cultural y cuáles eran sus bases bíblicas?

¿Qué aportes se hicieron en tiempos del paradigma ecuménico?

¿Qué rasgos de cada uno de estos paradigmas tiene su congregación o su denominación?

### Capítulo 2: La misión de Israel a las naciones: Pentateuco y Profetas anteriores

Sobre la base de la soberanía divina, ¿cuáles son las tres características de la misión que se desprenden de Génesis 1?

Bosqueje el esquema de autoridad y su inversión, y señale las consecuencias y la corrección de este giro de ciento ochenta grados.

¿Qué ingerencia para la misión tiene la unicidad de Yahvé? ¿Y el éxodo?

¿En qué sentido el esparcirse es clave para la misión del pueblo de Dios?

¿Qué ilustran los relatos de la burra de Balaam, de Rahab, de Naamán y de los gabaonitas?

¿Cuál es el lugar de la Palabra de Dios en la misionología, según Deuteronomio?

¿Qué acontecimientos de la historia de su congregación o denominación implicaron cambios, abrieron nuevos horizontes o confirmaron modos de trabajo en el campo misionero?

**Capítulo 3: La misión en los Salmos**

Enliste las propuestas misionológicas de los salmos.

¿Qué consecuencias misionológicas se desprenden de la soberanía de Dios?

El Salmo 22 y el Salmo 86 ¿qué enseñan en cuanto a la relación del pueblo de Dios con los otros pueblos?

Señale algunas maneras en que los salmos expresan la justicia de Dios y cómo éstas implican un desafío misionológico.

¿Qué enseñan los salmos sobre los pobres y el hacer misión?

Escriba su propio salmo misionero.

**Capítulo 4: La vocación profética: un acercamiento misionológico**

¿Qué entiende el autor como «universalismo» y cómo se aprecia este concepto inmerso en las historias de Abraham, Israel y la tora?

¿Cómo se vinculan el pasado y el presente en el ministerio profético?

¿En qué niveles realiza su trabajo el profeta? Cite profetas bíblicos y sus contextos, que ejemplifiquen cada caso.

Describa el neoliberalismo de Salomón tal como lo pintan Alonso Schökel y Sicre Díaz.

¿Qué cinco desafíos debe encarar la iglesia cristiana para recuperar su visión profética?

Elabore tres mensajes misioneros para una clase de escuela bíblica, cada uno de ellos basado en un profeta menor.

**Capítulo 5: La misión en Isaías**

¿Qué enseñanzas misionológicas se desprenden de los oráculos a las naciones?

¿Qué otros énfasis misioneros surgen del libro de Isaías?

¿Qué se le encargó al profeta que comunicase en su misión al pueblo de Dios y qué significan estas comisiones?

¿Qué quiere Dios para una sociedad bendecida y cómo podemos ofrecerlo como comunidad alternativa?

¿Cuáles son los métodos y los agentes de la misión según Isaías?

¿De qué manera el Siervo de Jehová es eje de la misión y qué aportan sus cantos al campo de la misionología?

Grafique los «embudos» de la conclusión y señale cómo se relaciona Isaías con el Nuevo Testamento, de acuerdo con lo que dice todo el capítulo.

Dice Breneman: «Cada vez más se reconoce la oración como base fundamental para llevar a cabo la misión» (p. 166). Destine un tiempo específico semanal para orar por las misiones. De ser posible, inserte el tema en las reuniones de oración de su congregación.

**Capítulo 6: La misión en Jeremías**

Al inicio del libro, ¿qué se dice sobre el misionero y la misión que se le encarga?

¿Qué mensaje debe proclamar?

¿Qué confusiones tenía el pueblo de Dios que obstaculizaron la tarea misionera de Jeremías?

Intente responder a las cinco preguntas de la conclusión.

Jeremías es pionero en destacar el tema del «nuevo pacto». Hoy día celebramos esta comunión en la Cena del Señor. ¿Cómo podemos hacer de este símbolo cúltico un elemento misionero? En la próxima celebración de su congregación, agréguele un tono misionero.

## Capítulo 7: La misión en la literatura apocalíptica

¿Qué aspectos hay que considerar al definir «misión»?

¿Por qué se ha generado un creciente interés por la literatura apocalíptica?

¿Qué quiere decir «apocalíptica» y cuál es la importancia de este tipo de literatura?

¿Por qué nos interesa como cristianos?

¿En qué se notó su influencia en el ministerio de Jesús?

Destaque cuatro afirmaciones que hay que tener en cuenta ante quienes dicen que Marcos 13 es una inserción en el relato de este Evangelio?

Señale tres consecuencias hermenéuticas para la misión de la iglesia.

Estudie detalladamente Marcos 13 y señale, particularmente, los aportes a la misionología que se extraen de este pasaje apocalíptico.

## Capítulo 8: La misión liberadora de Jesús según Lucas

¿Cuáles son los peligros que experimenta el clima en que vienen gestándose nuevas maneras de ser evangélicos?

Complete el cuadro señalando los principales énfasis interpretativos que cada autor le da a Lucas

*Comentarista Enfasis*
Esler
Senior y Stuhlmueller
Marshall
Gutiérrez
Barclay
Bosch
Gooding
Fitzmyer

¿Cuáles son los cinco ejes teológicos principales que articulan la perspectiva lucana de la misión?

¿Qué pasajes del Evangelio muestran el amor universal de Dios?

Defina «opción galilea» como elemento del enfoque misionero de Jesús.

¿Quiénes son los pobres y marginados a los que Jesús dirigió su ministerio?

Contáctese con una agencia que trabaje especialmente con pobres y marginados. Obtenga información de su trabajo y de las bases bíblico-teológicas que lo sustentan. ¿Se aprecian en ellas los cinco ejes teológicos lucanos? ¿Cómo? ¿Son estas bases adecuadas al trasfondo bíblico? ¿Por qué?

### Capítulo 9: La misión en el Evangelio de Lucas y en los Hechos

¿Por qué los misionólogos le han dado atención especial a Lucas, según Bosch?

Resuma «el progreso del camino».

De la siguiente cita de Bosch, subraye los temas que Davis analiza en el capítulo y luego escriba un párrafo de síntesis para cada uno.

> La totalidad de la comprensión «lucana» acerca de la misión cristiana: es el cumplimiento de las promesas bíblicas; llega a ser posible únicamente después de la muerte y resurrección del Mesías de Israel; su meollo es el mensaje del arrepentimiento y perdón; está destinado a «todas las naciones»; comienza «por Jerusalén»; se implementará por medio de «testigos»; y se llevará a cabo en el poder del «Espíritu Santo».

¿Cuáles son las tres agrupaciones de temas pertinentes al contexto de América Latina y en qué sentido el sufrimiento y el testimonio son relevantes para la misión latinoamericana?

¿Cuáles son los elementos clave del mensaje y el motivo misionero?

Haga planes, con el departamento de evangelización o de misiones de su congregación o denominación, para proclamar el evangelio en un sector determinado. Lléve a cabo esos planes.

**Capítulo 10: La misión en el Evangelio de Juan**

Señale algunas características distintivas del Evangelio de Juan.

¿Qué diferencia se establece en el uso juanino de *pémpein* y *apostéllein*?

¿Quién es el que envía y qué implica esto para la misión?

¿Qué aporte hace a la misionología el hecho de que Jesús fuera (1) el enviado, (2) encarnado y (3) el Logos?

¿Qué tareas de Jesús son importantes para definir la misión de la iglesia?

¿En qué sentido el Espíritu Santo y su comunidad afectan la manera de pensar y hacer misión?

¿Cuáles son los ocho principios que pueden extraerse del modelo de Jesús en el Evangelio de Juan?

En este capítulo se aprecia la importancia de las palabras en la comprensión de la misión cristiana. Con esto en mente, revise exhaustivamente los coros o canciones que se cantan en su congregación y que tengan motivos misioneros. ¿Encuentra errores conceptuales en la letra? ¿Cuáles? ¿Qué les cambiaría para aprovechar más la riqueza del lenguaje castellano en el campo misionero?

**Capítulo 11: Pablo y la misión a los gentiles**

¿Qué fuentes y qué metodo usa Escobar para aproximarse a los textos bíblicos paulinos?

Explique la importancia que tuvo el encuentro de Pablo con el Cristo resucitado para la obra misionera que luego emprendería.

De igual manera, ¿en qué aspectos influyó el trasfondo judío del apóstol?

¿Qué proclamaba, en síntesis, el misionero Pablo?

¿Qué metáforas usa para referirse al Espíritu Santo y a qué apuntan ellas?

Según Bosch, ¿qué tres modelos de misión precedieron a Pablo y qué tomó de ellos el apóstol para su obra misionera?

Resuma la manera en que Pablo veía el mundo gentil y proclamaba a él su mensaje.

¿Qué puntos de la estrategia misionera paulina son destacables?

¿Qué dos fases de la misionología de Lucas presenta González Ruiz?

Sintetice las posturas de Allen y Nock acerca del sostenimiento económico de Pablo.

¿En qué sentido la práctica de Pablo puede ayudar al compromiso social misionero que usted y su congregación han tomado o tomarán?

## Capítulo 12: La misión en el Apocalipsis

¿Cómo ve el Apocalipsis a la misión como envío?

¿Qué pasajes podrían referirse a la evangelización en este libro?

¿Cómo entiende Apocalipsis la buena nueva?

¿Qué características tiene la misión como discipulado, como testimonio y como resistencia?

¿Por qué Stam concluye que Apocalipsis es un libro sorprendentemente misionero?

¿Cómo encuentra en él la Gran Comisión de Mateo 28?

Lea íntegramente el Apocalipsis en tres versiones de la Biblia, una de las cuales debe estar escrita en lenguaje popula (*Dios habla hoy*, *El libro del pueblo de Dios*, etc.) y rescate los temas para una misionología que considere el último libro de la revelación divina.

## Capítulo 13: La misión en el sufrimiento y ante el sufrimiento

¿Cuáles son las distorsiones cristológicas que cita la autora y qué consecuencias acarrean?

¿Cuáles deben ser nuestras premisas al encarar el tema del sufrimiento?

¿Qué hizo Jesús frente a los que sufrían?

Señale tres de los principales esquemas interpretativos del sufrimiento en el Nuevo Testamento.

¿Cuáles son las dos consecuencias de la dinámica trinitaria de padecimientos y gloria?

¿Cuál es el doble movimiento al que está llamada a participar la iglesia cristiana?

¿En qué campos específicos de su ciudad se necesita un ministerio cristiano de consuelo ante el dolor? ¿Cómo puede practicarlo su congregación o denominación? ¿Qué le respondería a un líder cristiano que dice que esta tarea es para los psicólogos y que la iglesia debe preocuparse exclusivamente por la salvación de las almas?

## Capítulo 14: Los «laicos» en la misión en el Nuevo Testamento

¿Qué significa el término «laico»?

¿Qué significa «misión»?

¿De qué manera la iglesia encuentra en Jesús un modelo para su vida-en-misión en el mundo?

¿Qué enseñanza se extrae del concepto «reino de Dios»?

Explique quiénes eran los seguidores de Jesús, cómo fue su llamado y su preparación, y qué importancia tiene la comunidad que los integra?

¿Cuáles son los dos propósitos del Maestro al llamar a los Doce y qué les encarga?

Señale cómo el Espíritu Santo se interesa por todos los creyentes, y no sólo por los líderes?

¿Qué modelos misioneros naturales surgieron de la vida de los primeros cristianos y cómo podemos aplicarlas para la misión moderna?

Según el Nuevo Testamento, señale cinco atributos del perfil de los líderes y de los dones del Espíritu que hacen eficaz su ministerio.

¿Cuál es el aporte a la misionología que hacen las metáforas de la misión que se utilizan en las epístolas apostólicas?

La iglesia tal como aparece en el Nuevo Testamento, ¿qué aspectos desafía de los patrones de la vida eclesial y misionera de la congregación de nuestros días?

Analice cómo es la participación de los «laicos» en su congregación. ¿Hay espacio para las mujeres? ¿Dónde y cómo? ¿Tienen lugar los discapacitados en el ministerio global? ¿Cómo puede dársele lugar a alguien en estas condiciones? ¿Cómo participan los niños en la tarea de la iglesia? ¿Algunos dones reciben más atención que otros? ¿Cuáles? ¿Es correcto que esto suceda? Si la respuesta es negativa, ¿cómo debe corregirse esta tendencia? ¿En qué se parece, y en que se diferencia, la forma de gobierno de su congregación o denominación de la del país en que vive o de la de una empresa mutinacional representativa?

## Capítulo 15: La misión cristiana en un contexto de corrupción

¿Qué es la corrupción?

¿Cuáles son los modos de corrupción que puede abarcar la misión cristiana?

¿Cuáles son los tres ingredientes básicos para la toma de decisiones éticas?

Señale las virtudes del ejemplo de incorruptibilidad que brinda el apóstol Pablo.

Explique los cinco efectos negativos de la corrupción en la hermenéutica bíblica.

¿Cómo desafía Jesús a algunos grupos organizados de su época «denunciando su corrupción y llamándolos a un nuevo estilo de vida»?

Describa el ámbito social, estructural y espiritual en el que se experimenta la corrupción.

¿Qué énfasis se proponen como respuesta al contexto de corrupción de América Latina?

Registre los principales casos de corrupción que encuentre dentro de su país y de su congregación o denominación. Para cada uno de ellos señale de qué manera la Biblia condena esta situación y qué debe hacerse a nivel práctico para desterrar tal vicio.